Cuestiones sobre gestión de personas

Coordinación
de la serie Martha Alles
Gabriela Scalamandré

Diseño de tapa
Juan Pablo Olivieri

MARTHA ALICIA ALLES

Cuestiones sobre gestión de personas

Qué hacer para resolverlas

GRANICA

ARGENTINA - ESPAÑA - MÉXICO - CHILE - URUGUAY

© Martha Alicia Alles
© 2015 by Ediciones Granica S.A.

ARGENTINA
Ediciones Granica S.A.
Lavalle 1634 - 3º G / C1048AAN Buenos Aires, Argentina
Tel.: +54(11) 4374-1456 Fax: +54(11) 4373-0669
granica.ar@granicaeditor.com
atencionaempresas@granicaeditor.com

MÉXICO
Ediciones Granica México S.A. de C.V.
Valle de Bravo Nº 21 El Mirador Naucalpan Edo. de Méx.
53050 Estado de México - México
Tel.: +5255-5360-1010 Fax: +5255-5360-1100
granica.mx@granicaeditor.com

URUGUAY
Ediciones Granica S.A.
Scoseria 2639 Bis
11300 Montevideo, Uruguay
Tel: +59 (82) 712 4857 / +59 (82) 712 4858
granica.uy@granicaeditor.com

CHILE
granica.cl@granicaeditor.com
Tel.: +56 2 8107455

ESPAÑA
granica.es@granicaeditor.com
Tel.: +34 (93) 635 4120

www.granicaeditor.com

Reservados todos los derechos, incluso el de reproducción
en todo o en parte, en cualquier forma

GRANICA es una marca registrada

ISBN 978-950-641-871-7

Hecho el depósito que marca la ley 11.723

Impreso en Argentina. *Printed in Argentina*

Alles, Martha Alicia
   Cuestiones sobre gestión de personas: qué hacer para resolverlas / Martha Alicia Alles. - 1ª ed . - Ciudad Autónoma de Buenos Aires: Granica, 2015.
   376 p. ; 23 x 17 cm.

   ISBN 978-950-641-871-7

   1. Gestión. 2. Recursos Humanos. I. Título.
   CDD 658.3

RECONOCIMIENTO

*A Ariel Granica, por su apoyo permanente
y sus acertadas sugerencias.*

Índice

Presentación	13
Cuestión 1. Qué hacer para enfocarse en lo esencial en materia de gestión de personas.	21
Cuestión 2. Qué hacer cuando existe alta rotación de colaboradores. Cómo retener a los mejores.	35
Cuestión 3. Qué hacer para lograr esquemas/procesos/criterios de selección uniformes, especialmente en grandes organizaciones.	49
Cuestión 4. Qué hacer cuando los jefes no asumen su rol de jefe y cómo actuar con los jefes considerados difíciles por sus colaboradores.	61
Cuestión 5. Qué hacer cuando los jefes están muy ocupados para entrenar a sus colaboradores.	75
Cuestión 6. Qué hacer cuando los jefes están muy ocupados para delegar a sus colaboradores. Los peligros: falta de delegación *versus* sobredelegación.	87
Cuestión 7. Qué hacer cuando un colaborador de confianza no es un buen jefe.	98
Cuestión 8. Qué hacer cuando los colaboradores evidencian menor compromiso, especialmente entre las nuevas generaciones.	113
Cuestión 9. Qué hacer para motivar a los colaboradores. Cómo actuar cuando un colaborador no evidencia el comportamiento esperado para su puesto de trabajo.	127
Cuestión 10. Qué hacer para elegir las mejores herramientas de RRHH desde la mirada de los jefes.	141

CUESTIÓN 11. Qué hacer para darse cuenta de que un candidato (externo o del propio equipo) es el mejor para ocupar un determinado puesto. 155

CUESTIÓN 12. Qué hacer al momento de elegir un nuevo colaborador: tomar la decisión en función de lo que se necesita ahora, se necesitará más adelante o por el mejor candidato de todos. 169

CUESTIÓN 13. Qué hacer para elegir buenos colaboradores (desde la mirada del futuro jefe), tanto al elegir un nuevo colaborador como al promover a un colaborador del equipo. ¿A qué aspectos hay que darles más importancia (conocimientos, experiencia, competencias, motivación…)? 181

CUESTIÓN 14. Qué hacer para lograr que la promoción de un colaborador no se transforme en un problema (a futuro). 195

CUESTIÓN 15. Qué hacer frente a una vacante. La alternativa de buscar a un colaborador en el mercado o en la empresa. 207

CUESTIÓN 16. Qué hacer para asignar a los colaboradores objetivos relacionados con la estrategia organizacional y lograr que el equipo a cargo los alcance. 221

CUESTIÓN 17. Qué hacer para realizar una evaluación objetiva de los colaboradores y darles una adecuada retroalimentación, tanto a nivel individual como de equipo. 233

CUESTIÓN 18. Qué hacer cuando, en horario laboral, los colaboradores utilizan las redes sociales para cuestiones personales y por ello descuidan sus responsabilidades. 247

CUESTIÓN 19. Qué hacer para contar con sucesores o reemplazos adecuados para los puestos clave de la organización (alta gerencia). 263

CUESTIÓN 20. Qué hacer para desarrollar las capacidades de los colaboradores. ¿La Universidad Corporativa puede ser una solución válida? 277

Cuestión 21. Qué hacer frente a demandas particulares de los colaboradores, cómo atender sus diversas expectativas y planes personales, y cómo actuar con los jefes que hacen promesas a sus colaboradores que luego no pueden cumplir. 298

Cuestión 22. Qué hacer para definir la mejor capacitación/formación para los colaboradores. Criterios a utilizar. Cómo tomar en cuenta los deseos del colaborador. 313

CUESTIÓN 23. Qué hacer cuando el área de RRHH tiene bajo prestigio / poca credibilidad o simplemente se desea mejorar su nivel. 329

CUESTIÓN 24. Qué hacer frente a resultados insatisfactorios
    en una encuesta de clima (encuesta de satisfacción laboral). 343

CUESTIÓN 25. Qué hacer cuando hay una crisis de valores en la organización
    y/o en la sociedad donde la organización desenvuelve sus actividades. 357

Unas palabras sobre la autora 371

Guía de lecturas 373

Presentación

Ariel Granica me dijo, en algún momento: *Tienes que hablarle al oído a los responsables de RRHH, hacer un coaching dirigido a los encargados de lidiar con las personas en las empresas y organizaciones… quizá diciéndoles:* "Si a usted le pasa esto, fíjese *en el capítulo tal de mi libro; cuando me sucedió algo similar, yo hice esto…*".

A partir de esta sugerencia, pensé desde qué lugar podía *hablarle al oído a mis lectores…* Trabajo desde hace muchos años, he sido colaboradora y jefa, también socia y accionista, número 1 de consultoras de management, para, finalmente, ser en el presente titular de mi propia firma de Recursos Humanos…

Ocupando estos roles –socia, accionista, titular de mi propia firma– han transcurrido la mayoría de estos años, y si bien he sido número 1 de consultoras que se podrían considerar "grandes", por su propia naturaleza son empresas pequeñas en relación con compañías de otras industrias y actividades.

Al mismo tiempo, desde el rol de consultora, he acompañado y trabajado para empresas de todo tipo y tamaño, en diversos países. Por lo tanto, entiendo que el aporte más valioso que puedo ofrecer es desde ese rol. Este libro deberá leerse esencialmente como sugerencias basadas en mi experiencia como consultora profesional y experta reconocida.

¿Por qué elegí utilizar el término "cuestión" para designar los distintos temas a tratar en esta obra? Para responder a esta pregunta, creo importante resaltar dos de los significados del término, según la Real Academia Española. La primera acepción lo define como "Pregunta que se hace o propone para averiguar la verdad de algo controvirtiéndolo"; y la quinta acepción indica: "Problema que debe ser resuelto por métodos científicos". Basándome en ambos conceptos y en la sugerencia de Ariel, mencionada al principio, puse manos a la obra.

Para elegir los temas traté de recordar las cuestiones que con más frecuencia me han planteado y aún plantean, casi a diario, tanto los responsables de Recursos Humanos como directivos y jefes de otras áreas.

Así surgieron muchas cuestiones, que luego fui agrupando en temas que pudiesen responder a dudas del mayor número posible de personas.

Cómo leer las cuestiones aquí planteadas. Las distintas miradas sobre un mismo asunto

El tratamiento que aquí se dará a las diversas cuestiones está basado en las *buenas prácticas*. Este concepto hace referencia a aquellas formas de actuar y procedimientos que son considerados un parámetro o estándar a alcanzar según la opinión de un experto.

La disciplina Recursos Humanos estudia todo lo atinente a la actuación de las personas en el marco de una organización. Por lo tanto, cualquiera de las cuestiones aquí tratadas serán de interés para directivos y jefes, para colaboradores, para especialistas de diversos temas y, también, para especialistas de Recursos Humanos.

En mis obras utilizo el término "jefe" para hacer referencia a aquella persona que tiene a otras a su cargo dentro de una estructura jerárquica. Los jefes pueden tener niveles muy diversos, desde el número 1 de la organización hasta un integrante con pocos colaboradores a su cargo.

La palabra "jefe" implica un concepto referido a todos aquellos que tienen personas a su cargo, sin importar su nivel jerárquico. El número 1 de la organización es jefe al igual que otros que reportan a él y también tienen personas a su cargo. Del mismo modo, es jefe aquel que dirige una pequeña empresa en la que trabajan otras personas, familiares o no; y también es jefe el director de una película o de una orquesta, ballet o equipo deportivo.

También se dará a cada una de las cuestiones una mirada específica desde el área de Recursos Humanos.

El área de Recursos Humanos –usualmente una dirección, gerencia o división responsable de todas las funciones relacionadas con las personas que integran la organización– tiene una gran diversidad de funciones a su cargo. Todas las inherentes a los subsistemas de Recursos Humanos, administración de personal, relaciones gremiales o sindicales y otras adicionales, según la estructura de cada organización, en relación con servicios centrales, salud, etc.

En resumen, las distintas cuestiones son analizadas primero en términos generales, siempre desde la experiencia práctica, sumando un enfoque conceptual cuando es necesario. Nuestras sugerencias están, en todos los casos, basadas en la aplicación de las buenas prácticas profesionales. Luego del análisis preliminar ya mencionado, se brindan sugerencias desde diferentes miradas que se detallan a continuación.

- *Cómo resolver la cuestión desde la mirada del jefe.* Los jefes suelen ser pragmáticos, y muchas veces resuelven sus problemas desde el sentido común. El aporte que se realizará en estos casos será contemplando los intereses de todo directivo / jefe no especialista en RRHH que debe cumplir una serie de roles específicos en relación con las personas a su cargo por su rol de jefe.
- *Cómo resolver la cuestión desde la mirada del responsable de Recursos Humanos.* En la mayoría de los casos, el área de Recursos Humanos debería asumir un rol protagónico con relación a los temas tratados en cada cuestión, ya sea implementando herramientas adecuadas a cada situación como formando y entrenando a los jefes y directivos sobre la mejor manera de hacer las cosas.

La idea se expresa en la figura al pie: tanto el jefe como el área de Recursos Humanos tienen y aportan una mirada particular sobre cada tema.

En la parte derecha del gráfico, se muestra la mirada del número 1, CEO (*Chief Executive Officer*) o dueño de la organización, según corresponda. Esta mirada será múltiple, deberá contemplar la mirada de todos los jefes (él también lo es); por lo tanto, el primer enfoque sobre cada cuestión será desde su rol de jefe. En muchos temas, deberá ser un ejemplo y modelo a seguir por parte de otros jefes y directivos en la organización.

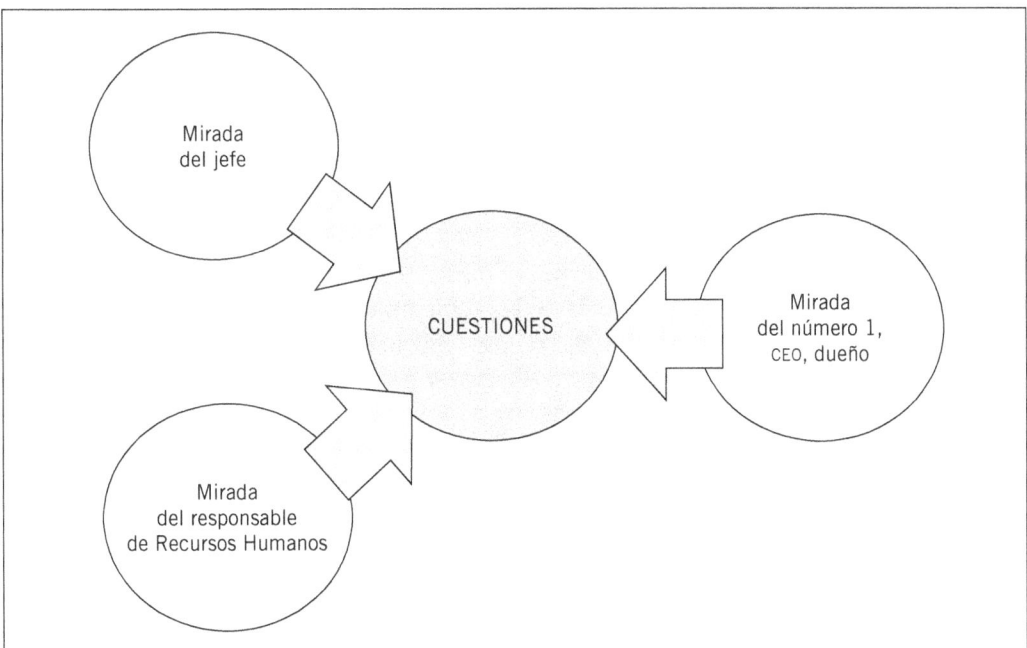

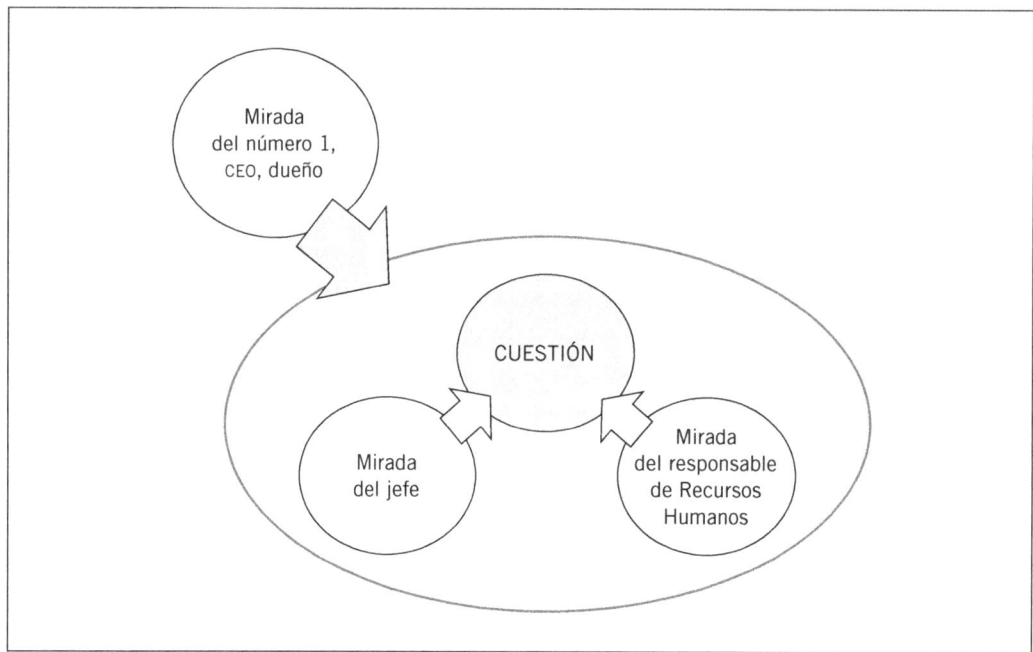

Continuando con el análisis del rol del número 1, deberá sumar a su propia mirada como jefe –ya mencionada– la del área de Recursos Humanos, funciones que también están a su cargo y por las cuales es responsable; y a todo lo anterior deberá sumar su mirada de número 1 o conductor de toda la organización, considerando que, de un modo u otro, también tendrá que rendir cuentas a los accionistas, socios, etc. También deberá ser el promotor de cambios estructurales que puedan requerirse en algunas de las cuestiones tratadas y que solo serán factibles si se aplica una fuerte decisión política.

Como se ha dicho en otras ocasiones, el número 1 de una organización tiene muchas cuestiones en sus manos, además de las relacionadas con los recursos humanos. Sin embargo, su éxito depende de las personas, por lo cual las deberá tener en cuenta en todas las cuestiones aquí planteadas. La idea se expresa en la figura precedente.

Considerar algunas cuestiones de manera conjunta o combinada

Algunas cuestiones se relacionan con otras y, en algunos casos, para solucionar un tema se deben considerar otros al mismo tiempo.

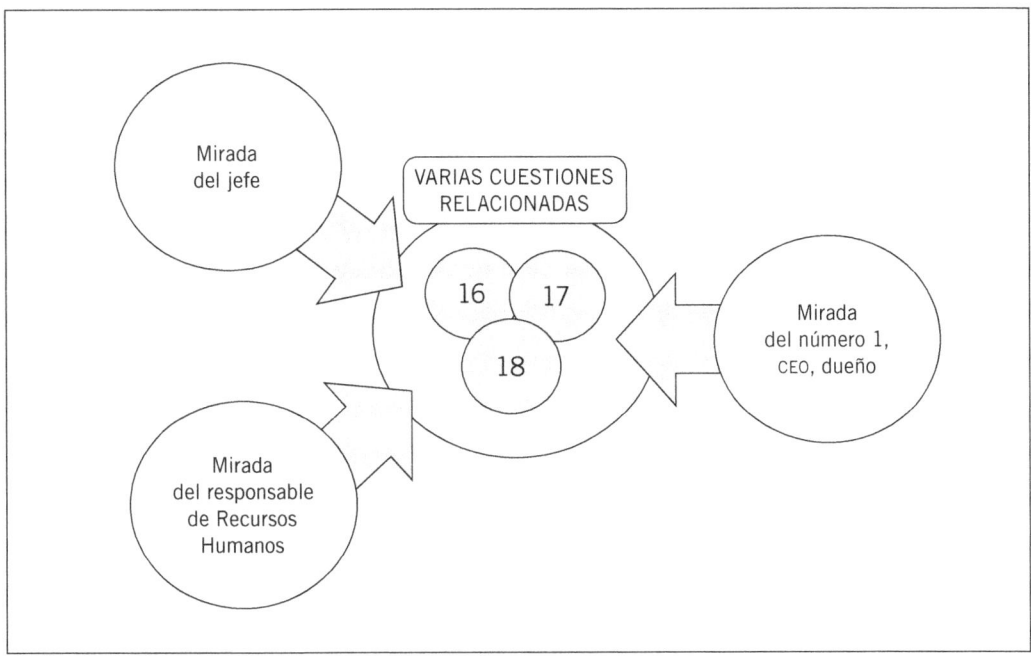

Veamos un ejemplo. Un jefe puede estar preocupado por la fijación de objetivos a los colaboradores, relacionados a su vez con la estrategia organizacional (Cuestión 16) y, al mismo tiempo, desea realizar una evaluación objetiva de colaboradores y dar una adecuada retroalimentación (Cuestión 17). Como se ve, ambos temas se tratan en cuestiones diferentes. Adicionalmente, un jefe puede no saber qué hacer con los colaboradores que, por ejemplo, utilizan las redes sociales para temas personales y por ello descuidan sus responsabilidades; frente a una situación de esta naturaleza, además de fijar políticas sobre los *social media*, se le sugerirá la fijación de objetivos (Cuestión 18). La idea se expresa en la figura precedente.

Leer las cuestiones en forma secuencial o el tema que interesa en un momento en particular

Esta obra puede ser abordada de muchas maneras, y entre estas posibilidades se encuentra la de ser un libro de consulta cuando un problema/situación se presente.

Cada lector podrá seguir su propio método de lectura. Cada cuestión está planteada como una unidad independiente y podrá ser analizada de forma aislada o junto con otras. Un lector interesando en el factor humano encontrará de interés la totalidad de las cuestiones. En cambio, un lector solo preocupado por un tema en particular podrá dirigirse directamente a la cuestión donde ese aspecto es abordado.

En cada cuestión encontrará al final una sección que hemos denominado "Continuar leyendo". Allí hallará dos tipos de sugerencias: otras cuestiones relacionadas, tratadas en esta obra, junto con una serie de libros sugeridos donde el lector podrá profundizar el desarrollo de los diversos temas. Adicionalmente, hemos preparado un anexo con "Herramientas recomendadas" para cada una de las cuestiones, elaborado de acuerdo con la obra *Las 50 herramientas de Recursos Humanos que todo profesional debe conocer* disponible en formato digital. La idea que se desea resaltar con esta mención es que existen muchas herramientas que ayudan a resolver problemas y situaciones diversos.

Contenido de la obra

Para la preparación de esta obra se han seleccionado las siguientes temáticas:

- Cuestión 1. *Qué hacer para enfocarse en lo esencial en materia de gestión de personas.*

- Cuestión 2. *Qué hacer cuando existe alta rotación de colaboradores. Cómo retener a los mejores.*

- Cuestión 3. *Qué hacer para lograr esquemas/procesos/criterios de selección uniformes, especialmente en grandes organizaciones.*

- Cuestión 4. *Qué hacer cuando los jefes no asumen su rol de jefe, y cómo actuar con los jefes considerados difíciles por sus colaboradores.*

- Cuestión 5. *Qué hacer cuando los jefes están muy ocupados para entrenar a sus colaboradores.*

- Cuestión 6. *Qué hacer cuando los jefes están muy ocupados para delegar a sus colaboradores. Los peligros: falta de delegación versus sobredelegación.*

- Cuestión 7. *Qué hacer cuando un colaborador de confianza no es un buen jefe.*

- Cuestión 8. *Qué hacer cuando los colaboradores evidencian menor compromiso, especialmente entre las nuevas generaciones.*

- Cuestión 9. *Qué hacer para motivar a los colaboradores. Cómo actuar cuando un colaborador no evidencia el comportamiento esperado para su puesto de trabajo.*

- Cuestión 10. *Qué hacer para elegir las mejores herramientas de RRHH desde la mirada de los jefes.*

- Cuestión 11. *Qué hacer para darse cuenta de que un candidato (externo o del propio equipo) es el mejor para ocupar un determinado puesto.*

- Cuestión 12. *Qué hacer al momento de elegir un nuevo colaborador: tomar la decisión en función de lo que se necesita ahora, se necesitará más adelante o por el mejor candidato de todos.*

- Cuestión 13. *Qué hacer para elegir buenos colaboradores (desde la mirada del futuro jefe), tanto al elegir un nuevo colaborador como al promover a un colaborador del equipo. ¿A qué aspectos hay que darles más importancia (conocimientos, experiencia, competencias, motivación…)?*

- Cuestión 14. *Qué hacer para lograr que la promoción de un colaborador no se transforme en un problema (a futuro).*

- Cuestión 15. *Qué hacer frente a una vacante. La alternativa de buscar a un colaborador en el mercado o en la empresa.*

- Cuestión 16. *Qué hacer para asignar a los colaboradores objetivos relacionados con la estrategia organizacional y lograr que el equipo a cargo los alcance.*

- Cuestión 17. *Qué hacer para realizar una evaluación objetiva de los colaboradores y darles una adecuada retroalimentación, tanto a nivel individual como de equipo.*

- Cuestión 18. *Qué hacer cuando, en horario laboral, los colaboradores utilizan las redes sociales para cuestiones personales y por ello descuidan sus responsabilidades.*

- Cuestión 19. *Qué hacer para contar con sucesores o reemplazos adecuados para los puestos clave de la organización (alta gerencia).*

- Cuestión 20. *Qué hacer para desarrollar las capacidades de los colaboradores. ¿La Universidad Corporativa puede ser una solución válida?*

- Cuestión 21. *Qué hacer frente a demandas particulares de los colaboradores, cómo atender sus diversas expectativas y planes personales, y cómo actuar con los jefes que hacen promesas a sus colaboradores que luego no pueden cumplir.*

- Cuestión 22. *Qué hacer para definir la mejor capacitación/formación para los colaboradores. Criterios a utilizar. Cómo tomar en cuenta los deseos del colaborador.*

- Cuestión 23. *Qué hacer cuando el área de RRHH tiene bajo prestigio / poca credibilidad o simplemente se desea mejorar su nivel.*

- Cuestión 24. *Qué hacer frente a resultados insatisfactorios en una encuesta de clima (encuesta de satisfacción laboral).*

- Cuestión 25. *Qué hacer cuando hay una crisis de valores en la organización y/o en la sociedad donde la organización desenvuelve sus actividades.*

Las 25 cuestiones se complementan con un Anexo, disponible en formato digital, bajo el título "Cómo relacionar las lecturas disponibles con los diversos temas y miradas de interés", se hace un recorrido por los distintos libros recomendados y su conexión con los diversos temas abordados en esta obra y otros de interés.

Invito al lector a que nos escriba, comentando sus dudas y sugerencias, y muy especialmente si desea aportar nuevas cuestiones a tratar. Podremos estar comunicados, como siempre, a través de cualquiera de nuestras participaciones en las redes sociales, así como escribiendo a la siguiente dirección de correo electrónico: **libros@marthaalles.com**

PARA TODOS LOS LECTORES

Disponible en formato digital dos Anexos:

1. "Herramientas recomendadas para cada una de las 25 cuestiones". Cuestión por cuestión hemos identificado las principales herramientas a utilizar, según las diferentes temáticas. Luego, podrá encontrar mayor detalle de dichas herramientas en la obra *Las 50 herramientas de Recursos Humanos que todo profesional debe conocer.*

2. "Cómo relacionar las lecturas disponibles con los diversos temas y miradas de interés" donde se ha realizado un análisis detallado de libros y subsistemas que complementa las temáticas abordadas en esta obra.

Cuestión 1
Qué hacer para enfocarse en lo esencial en materia de gestión de personas

Vivimos en un mundo complejo y diferente al de hace unos muy pocos años. Solo por poner un ejemplo sencillo, mi teléfono inteligente –sin mediar instrucción alguna de mi parte– por las mañanas me informa que el tiempo a mi lugar de trabajo es de "x" minutos y realiza un anuncio similar a la hora de regreso. Ante mi sorpresa e indagando un poco más, llegué a la conclusión de que, simplemente, el dispositivo ha concluido que por los horarios y el lugar en el cual me encuentro, estoy en mi casa (o en la oficina, según corresponda) y que como todos los días a través del GPS me ubica durante las horas laborales en otra dirección, presupone que esa es mi oficina… y está en lo cierto. Pero mi extrañeza no finalizó allí, ya que meses después de esta primera observación, vi ya sin asombro que informaba caminos similares, de un lugar a otro, en mis estadías en otras ciudades, frecuentes por cierto por la actividad profesional que realizo.

Esta "inteligencia" de la tecnología nos puede inducir a error. Uno de los tantos "expertos" o "gurúes" que es posible encontrar, con frecuencia, en los congresos de nuestra especialidad (management, recursos humanos, etc.) decía que en un futuro los jóvenes no necesitarán estudiar, porque solo deberán manejar tecnología, que se aprende intuitivamente y, por lo tanto, no será imprescindible la educación. Quizá sea cierto. Hoy no sabemos hasta dónde llegará la inteligencia artificial.

Analizando el contexto actual y el de los próximos años más o menos cercanos, no puedo imaginar al ser humano totalmente ignorante de todo, solo consultando por Internet información, aunque hoy (y desde hace un buen número de años) todos (y en el término "todos" me incluyo) utilicemos Internet de manera constante (no frecuente, sino *constante*) para buscar cosas diversas, desde el nombre de un actor en una película que estamos viendo en la Web o en la televisión y no recordamos, hasta una nueva tendencia del rubro que sea. También para servicios diversos y todos los etcéteras que se deseen sumar a estos meros ejemplos. Me asumo como una fanática al respecto.

Continuando con la anécdota anterior, debiéramos preguntarnos si el piloto de un avión debe ser un experto en manejar aviones o un intuitivo. Igual pregunta cabe hacerse en relación con un médico, solo por poner dos ejemplos (lo mismo vale para un abogado, un arquitecto...). ¿Dónde aprendieron el piloto y el médico los conocimientos que los habilitan para ejercer sus respectivas profesiones? Seguramente no de manera intuitiva, sino producto de muchos años de estudio y entrenamiento duro. Incongruencias hacia el futuro que no podemos aún evaluar ni conocer en su total dimensión. Tampoco podemos prever con algún grado de certeza cómo irán evolucionando los oficios en los años venideros.

Si tomásemos por cierto que no será necesario estudiar, porque cualquier cosa que queramos saber la encontraremos disponible en Internet, las empresas no deberían evaluar ni conocimientos ni experiencia, y todas las personas podrían ocupar cualquier puesto, etc. Pero no tiene sentido continuar este análisis, por estar vacío de contenido y razón.

Entre tanta confusión, entre mitos y verdades, entre cosas que son ciertas y otras que no lo son, entre estudios serios y otros no tanto, entre gurúes falsos y verdaderos, entre buenas prácticas y enfoques voluntaristas ajenos a la realidad, se desenvuelve la disciplina de Recursos Humanos.

No tengo muy en claro cómo se llegó a este estado de cosas, a tanta confusión, en una disciplina como RRHH, de vital importancia en cualquier proyecto organizacional que se desee encarar. No hay ni profesiones ni industria alguna que no esté soportada en las personas. Quizá el origen de este embrollo esté en las malas prácticas pasadas, cuyo enfoque era autoritario. No lo sé. Pero este solo argumento me parece pobre para avalar el estado actual. Ni enfoque autoritario ni enfoque permisivo. Las organizaciones necesitan *buenas prácticas.*

Para cerrar la anécdota relatada al inicio de esta sección, deseo rescatar una idea que creo valiosa. Muchas personas se aferran al pasado, a que todo tiempo pasado fue mejor; se niegan a las nuevas realidades y a las nuevas tecnologías. Y esto no es frecuente solo entre las personas mayores; conozco muchos individuos menores de 30 años, e incluso algunos menores de 25, que se aferran a conceptos absolutamente obsoletos. Profesores que continúan enseñando conceptos en desuso y herramientas que se dejaron de emplear hace más de 20 años... También comprendo que para contrarrestar el pasado se desee presentar un futuro que no se conoce a ciencia cierta, con facetas casi mágicas que resolverían problemas actuales como la mala o deficiente formación educativa, en todos sus niveles.

Frente a esta compleja realidad hay algo que no nos podemos permitir: bloquear en los jóvenes sus deseos de autosuperación, anular en ellos el reto de descubrir a través del estudio y la lectura. Si les transmitimos la idea que todo estará accesible "a un clic", sin ningún esfuerzo, solo estaremos fomentando la desidia y el desinterés. La realidad del mundo es diferente y los requisitos son también distintos.

Para completar la idea acerca de las buenas prácticas, deseo sumar otro aspecto: no es frecuente ver la falta de capacidad profesional como un comportamiento no ético. Usualmente se califica de malo, intermedio o bueno a un profesional de cualquier disciplina, pero difícilmente se tilde de falto de ética a un profesional que no tiene el nivel necesario para ejercer debidamente los roles que asume. En las profesiones reguladas por ley, como por ejemplo médicos o contadores públicos certificados, solo por citar dos ejemplos, los respectivos colegios profesionales cumplen un rol de control ético de la práctica profesional. Pero esto no sucede ni en relación con la disciplina de Recursos Humanos ni con ninguna de las que la circundan, como los expertos en management, liderazgo, innovación o cualquier otra similar. Por lo tanto, al no existir ningún tipo de reglamentación ni control al respecto, coexisten muy buenos profesionales con otros que no lo son.

Por lo antedicho, me gusta insistir en la utilización del término *buenas prácticas*. Para brindar al lector una explicación amplia sobre el significado de este concepto se hará a continuación una referencia a tres términos íntimamente relacionados entre sí: *buenas prácticas, buenas prácticas de Recursos Humanos* y *benchmarking*.

> *Buenas prácticas.* La expresión hace referencia a aquellas prácticas que son consideradas un parámetro o estándar a alcanzar según la opinión de un experto.

Si bien en diversos ámbitos, como los académicos, se diferencia adecuadamente la teoría de la práctica, para en la primera de ellas brindar conceptos y definiciones, y ejercitación en la segunda, en la materia que nos convoca (Recursos Humanos) es más adecuado explicar y referirse a las buenas prácticas que a la teoría[1], dado que este último término, en algunos casos, hace referencia a *conceptos no probados* y las organizaciones desean conocer acerca de cuestiones debidamente confirmadas en el ejercicio concreto y que garanticen la eficacia en cada uno de los aspectos involucrados.

Por lo tanto, la explicación de las buenas prácticas ofrece al interesado conceptos y definiciones probados en la vida real, por un gran número de organizaciones.

En resumen, se pretende acompañar la teoría y la investigación académica con la experiencia práctica en el ámbito de las organizaciones, para dar como resultado métodos de trabajo fiables que las organizaciones de todo tipo puedan implementar.

---

1 *Teoría.* Conocimiento especulativo, independiente de toda aplicación. En ocasiones, conjunto de conceptos no probados –en la práctica–, en relación con un tema específico. Al mismo tiempo, el término puede referirse a teorías sobre la realidad ampliamente comprobadas, como las teorías de Maslow y McClelland, solo por citar dos ejemplos. Fuente: *Diccionario de términos de Recursos Humanos*.

© GRANICA

En función de la cuestión aquí expuesta es posible hacer una referencia específica a nuestra disciplina:

Buenas prácticas en Recursos Humanos. La expresión hace referencia a aquellas prácticas que son consideradas un parámetro o estándar a alcanzar según la opinión de un experto en la temática en cuestión.

Las "buenas prácticas en Recursos Humanos" describen métodos de trabajo que las empresas han implantado y que se consideran "deseables", es decir, que sería bueno implementar o adoptar en aquellas organizaciones que no lo han hecho aún. Por lo tanto, las buenas prácticas no implican conceptos de tipo teórico, sino que describen los métodos de trabajo que representan la mejor manera de hacer las cosas en lo que respecta a un determinado tema o aspecto de la organización: *métodos de trabajo reales llevados a la práctica por organizaciones reales.*

En resumen, las buenas prácticas representan modelos de gestión que han sido exitosos en algunas o muchas organizaciones.

Un directivo preocupado por el factor humano deberá conocer, al actuar en su área, todas las variantes de prácticas disponibles a fin de identificar las más convenientes para lograr un buen desempeño general, así como también deberá hacerlo un experto en Recursos Humanos.

Por último, creo importante hacer referencia al concepto de *benchmarking.*

Benchmarking. Expresión en idioma inglés que se utiliza para denominar el proceso que permite comparar una determinada práctica organizacional con otras similares en el mercado que sean consideradas como "buenas prácticas".

El propósito con el cual se realiza *benchmarking* es implementar mejoras en los métodos de trabajo organizacionales. Por extensión, se puede realizar *benchmarking* interno, para comparar el funcionamiento de un área o sector con otro/s. Esta variante –*benchmarking* interno– es de aplicación frecuente en compañías transnacionales para comparar divisiones de negocios de diferentes países o regiones.

Un esquema sencillo para diferenciar lo esencial de lo que no lo es

Pensemos en un ejemplo sencillo como la familia: ¿cuál es el rol principal de una madre o un padre de niños pequeños? ¿Cuáles sus principales responsabilidades y deberes?

Una madre y un padre que amen a sus hijos, como resultado de ese amor, serán responsables por sus hijos. Así les brindarán comida sana y saludable, les proveerán cuidados para una buena salud –por ejemplo, vacunarán a los niños–, y se preocuparán por su educación. Siempre dentro de sus posibilidades y circunstancias.

Una vez que se ha cubierto lo básico: comida, salud, educación, si quedan recursos disponibles, léase dinero, tiempo, fuerzas, los padres brindarán a sus hijos salidas lúdicas, juegos, cine y entretenimientos variados, socializar con amigos y compañeros de colegio, y le permitirán ver televisión o cualquier otra distracción hogareña, como decíamos antes, según sus posibilidades. También, festejarán cumpleaños u otros eventos especiales, como Día del Niño, Halloween o lo que se acostumbre en cada lugar.

¿Cumplirían con sus deberes de padres aquellos que no alimenten adecuadamente a sus hijos y/o no los envíen al colegio y/o no cumplan con el calendario de vacunación infantil pero que en su rol de "buenos padres" les permitan ver todo el día televisión o los lleven al cine o a pasear, sin cumplir sus obligaciones?

El cien por ciento de las personas a las que formulé esta pregunta respondieron un rotundo "No".

Sin embargo, haciendo un analogía entre los mundos familiar y organizacional, al analizar lo que hacen (las organizaciones) en materia de recursos humanos es sumamente frecuente encontrar empresas que no tienen buenos procesos y políticas de selección, que no cuentan con descripciones adecuadas de los puestos y tareas para que jefes y colaboradores sepan qué se espera de ellos, que no evalúan de manera adecuada a los colaboradores y mucho menos cuentan con esquemas de desarrollo de personas para en un futuro contar con colaboradores preparados para asumir nuevas posiciones. Muchas de estas mismas organizaciones, empero, festejan el Día de la Madre o de la Familia, organizan un encuentro para fin de año y quizá envían correos a los colaboradores por sus cumpleaños. Otras que pretenden estar más en la "avanzada" disponen de un gimnasio para los colaboradores y/o un profesor de yoga al mediodía, y opciones similares. En ningún caso está cubierto lo básico y, en cambio, se ofrecen opciones que, si bien *a priori* pueden parecer interesantes, son meramente accesorias.

Como el lector podrá inferir, solo por poner un ejemplo, no estoy en contra del Día de la Madre (soy tres veces madre y tres veces abuela), solo que como madre, pienso que primero hay que brindar comida, salud, educación, y luego, una vez cubierto satisfactoriamente lo básico, utilizar los recursos disponibles en otros aspectos de la vida.

En el caso de Recursos Humanos, "lo básico" será brindar procesos ordenados de Selección, Desempeño y Desarrollo, los tres pilares de un sistema de Recursos Humanos exitoso, tanto desde la mirada de la organización como del colaborador y del jefe. Los tres pilares mencionados, a su vez, se basan en las descripciones de puestos.

Si un jefe, un responsable de Recursos Humanos o un CEO o número 1 no está seguro de brindar lo básico, de contar con lo esencial en materia de Recursos Humanos, está frente a un problema muy serio.

Roles y perfil del profesional de Recursos Humanos

En obras previas[2] he presentado diversos aspectos relacionados con el perfil del profesional de Recursos Humanos, bajo el concepto *roles del profesional de Recursos Humanos*.

Los especialistas de Recursos Humanos deben cumplir una serie de funciones inherentes a sus respectivos puestos de trabajo. En adición a ello, por el hecho de ser "profesionales" del área, deben asumir roles específicos para que esa área cumpla con el cometido que se espera de ella en el contexto actual. A continuación se expondrán los roles que se consideran más relevantes.

---

2 *Comportamiento organizacional*. Ediciones Granica, Buenos Aires, 2007. *Social Media y Recursos Humanos*. Ediciones Granica, Buenos Aires, 2012. *La Marca Recursos Humanos*. Ediciones Granica, Buenos Aires, 2014.

En la figura precedente se han identificado los principales roles del profesional de Recursos Humanos, que a su vez conforman el perfil requerido para desempeñar dicha función. Estos son:

- *Estrategia*. El directivo de Recursos Humanos debe primero comprender la estrategia organizacional, para luego llevar adelante planes de acción a fin de que esa estrategia se concrete. Para ello debe desplegar su manejo experto de los asuntos del área.

- *Personas*. El directivo de Recursos Humanos debe interpretar a los colaboradores dentro del marco organizacional. Interesarse por sus inquietudes y proyectos, analizar la satisfacción laboral y buscar la manera de compatibilizar los diferentes intereses individuales con los planes de la organización.

- *Talento*. Desarrollar el talento con un enfoque *ganar-ganar*. Cuando se trabaja de este modo, el desarrollo del talento de las personas es al mismo tiempo positivo para ellas –aumenta su autoestima, permite su autorrealización– y para la organización –que de esa manera contará con colaboradores altamente calificados, en conocimientos y competencias, en relación con los puestos que ocupan en la actualidad y/o que ocuparán en el futuro–.

- *Ética*. Implica evidenciar un comportamiento ético, en todo momento. Al comportamiento ético individual y grupal debe adicionársele la consideración de dichos principios en el diseño de los distintos subsistemas de Recursos Humanos. Por esta razón se lo menciona como un rol diferenciado de los otros.

- *Experto*. Ser un experto. Implica no solo conocer sobre Recursos Humanos sino ir un paso más allá: poder identificar las diferentes herramientas y buenas prácticas existentes para luego determinar cuáles de ellas son las adecuadas para la organización y las que permitirán alcanzar su estrategia.

Para alcanzar los resultados esperados y sus objetivos estratégicos la organización cuenta con *todas* las personas que la integran, directivos y colaboradores de todos los niveles. Un manejo experto de los recursos humanos implica, en todos los casos, aplicar un enfoque *ganar-ganar*.

La interrelación entre *Estrategia, Personas, Talento, Experto* y *Ética* no debe leerse en un solo sentido. Cada uno de los elementos se relaciona con los otros. Por ejemplo, para llevar adelante un programa orientado a las *Personas*, con el propósito de incrementar la satisfacción laboral, en su diseño habrá que contemplar al mismo tiempo elementos que integran los otros roles: *Estrategia, Talento, Ética* y *Experto*. Un análisis similar deberá realizarse en relación con los restantes roles.

© GRANICA

No es posible analizar uno de estos aspectos aisladamente. Y no alcanza con cubrir alguno/s de ellos, sino que se deberá tener en cuenta a todos de manera particular y en conjunto, al mismo tiempo.

En nuestra concepción, un directivo o gerente que no tiene los conocimientos y la experiencia necesarios para desempeñarse de manera profesional en su puesto de trabajo no solamente es un funcionario inadecuado: es una persona que no obra bajo principios éticos.

Lo esencial en materia de gestión de personas *versus* lo urgente

En ciertas circunstancias y situaciones, los colaboradores que integran una organización están disconformes, no con la gestión de Recursos Humanos en sí misma, sino de manera indirecta con los resultados que dicha gestión debería evidenciar, como por ejemplo respecto del rol de los jefes y las herramientas que se utilizan en relación con las evaluaciones de desempeño, las promociones internas y aspectos relacionados, solo por nombrar uno de los motivos más recurrentes.

Esas circunstancias pueden ser resultado de causas diversas. Pero, más allá de analizar y determinar las causas, a veces es necesario recurrir a soluciones urgentes. Tras lo cual, sin embargo, se deberán analizar esas causas que originaron la situación problemática. La eliminación de los factores causales implica, la mayoría de las veces, modificaciones y cambios cuya implementación no puede ser resuelta de manera inmediata. Como dijo hace muchos años un famoso personaje de Quino, *lo urgente no deja tiempo para lo importante*[3].

Un número 1, un directivo/jefe de cualquier área o especialidad y los responsables de Recursos Humanos deberán tener en claro lo esencial de una situación problemática, aunque no pueda ser resuelto en un plazo breve. Al mismo tiempo, se deberá considerar lo urgente y darle solución.

Cuando se presentan los denominados "temas urgentes" en relación con las personas, también debe considerarse que –con frecuencia– pueden observarse situaciones emergentes que enmascaran el verdadero problema. Un ejemplo: un grupo de personas presenta una queja sobre ciertos aspectos edilicios, iluminación y otros detalles de un sector de las oficinas. Se soluciona el problema pero las situaciones de queja persisten. Cuando el tema se analiza en profundidad, se descubre que en realidad ese grupo de personas tenía quejas sobre el estilo de conducción

---
3 Frase del personaje Mafalda, del autor argentino Joaquín Salvador Lavado Tejón (Quino).

del jefe de ese sector, aunque no las expresaba verbalmente. Desde ya, no siempre los responsables de los problemas son los jefes. Sin embargo, analizar las verdaderas causas de un problema podrá abrir un camino para que en un plazo corto, mediano o largo, según sea el tipo de circunstancia, el conflicto sea solucionado.

En resumen, desde la mirada de los responsables siempre hay que dar solución a los temas urgentes y/o a los derivados de otros, como en el ejemplo del párrafo precedente. Sin embargo, una buena gestión de personas, ya sea desde el número 1 de la organización, desde el rol del número 1 del área de Recursos Humanos y, también, desde las funciones de un conductor de grandes grupos, como un gerente de fábrica, de ventas, etc., implicará considerar a las personas como el factor clave para alcanzar los objetivos planteados.

Para alcanzar los objetivos organizacionales se deberá tener en cuenta que las personas que integran dicha organización deberán contar con las capacidades necesarias para alcanzar la visión y la estrategia. Con frecuencia se valoran las características de las personas que hicieron que las empresas hayan llegado a ser lo que son, las capacidades de los directivos y colaboradores que las llevaron al éxito actual. Es valioso considerar estas características y no olvidarlas. No obstante, no siempre estas capacidades que llevaron a una organización al éxito actual serán las necesarias para enfrentar los cambios y necesidades del futuro.

Cómo resolver la *cuestión 1* desde la mirada del jefe

La mayoría de los directivos y jefes con los que frecuentemente hablo tienen muy en claro lo que hemos observado en el párrafo anterior. También dueños de empresas y números 1. Los jefes suelen ser más pragmáticos y, muchas veces, resuelven sus problemas desde el sentido común.

El sentido común les indica que necesitan a los colaboradores de todos los niveles para alcanzar sus propios objetivos y, aun no dominando específicamente la disciplina Recursos Humanos, la experiencia los lleva a actuar correctamente al conducir a su gente.

Como se verá al tratar otras cuestiones, las buenas prácticas siempre permiten aplicar un enfoque ganar-ganar; por ejemplo, contar con un buen proceso de selección no es algo solo bueno para la organización. Es positivo para el colaborador o futuro colaborador, también para los compañeros de trabajo y, al mismo tiempo, es bueno para el jefe directo.

Si usted es jefe y no está seguro de si en su empresa utilizan buenas prácticas, indague, hable a su vez con su jefe directo y, en primer lugar, infórmese.

Aun cuando la organización no trabaje utilizando buenas prácticas usted podrá hacer una buena entrevista, evaluar bien a sus colaboradores, transformarse en un jefe entrenador y muchas cosas más.

No piense que si en la empresa no se hacen las cosas bien, entonces usted no es responsable. Siempre podrá hacer las cosas bien, de acuerdo con las buenas prácticas, dentro de su área de responsabilidad.

Cómo resolver la *cuestión 1* desde la mirada del responsable de Recursos Humanos

Una forma de evaluar si el área de Recursos Humanos se enfoca en lo esencial en materia de gestión de personas es conocer la percepción (opinión) que las otras áreas tienen de la gestión de RRHH. Así surge el concepto "marca de Recursos Humanos", el cual hace referencia a la valoración positiva que dentro de una organización posee el sector, producto de la eficacia de su gestión.

Trabajar sobre el concepto interno de *marca* tiene múltiples aplicaciones prácticas y se lleva a cabo desde diferentes perspectivas:

- *Mirada interna.* Cuando el área de Recursos Humanos alcanza un valor de marca alto, se facilita la implementación de cualquier programa, método o proyecto que proponga, dado que tanto los directivos como los colaboradores en general tienen confianza en su gestión.

- *Mirada externa.* El valor de marca alto produce buena imagen entre directivos y colaboradores, y todos ellos, de manera consciente o no, la transmiten fuera de la organización, como consecuencia de lo cual otras personas desean formar parte de ella.

Esto último implica obtener una respuesta altamente satisfactoria cuando se realizan acciones de atracción. Se logra atraer al mejor talento disponible para la posición ofrecida.

En la obra *La Marca Recursos Humanos* se abordan varios temas relacionados con este aspecto esencial de la gestión del área, desde todo lo necesario para ganar prestigio interno hasta las buenas prácticas y cómo implementarlas. También se presenta un concepto interesante que voy a compartir en relación con la temática tratada en esta cuestión que hemos denominado *Qué hacer para enfocarse en lo esencial en materia de gestión de personas:* indicadores para medir cómo se están haciendo las cosas, los cuales se categorizaron en tres niveles. Para graficar mejor la idea, me he valido de la figura del semáforo, identificando los tres niveles con colores:

- Rojo: nivel negativo.
- Amarillo: nivel intermedio.
- Verde: nivel positivo.

En su nivel rojo, el indicador expondrá una situación preocupante, pero también en las otras dos categorías (amarillo y verde) se sugiere seguir trabajando para alcanzar un nivel superior.

Veamos algunos indicadores acerca de la percepción sobre el prestigio interno del área de Recursos Humanos o conceptos tales como *marca de Recursos Humanos* y *marca empleadora*.

Nivel verde. Implica que el nivel es el esperado o superior. No obstante, podría analizarse la pertinencia de encarar algún plan adicional para mejorar. Algunos indicadores:

- En los casos en que se promueve que los colaboradores presenten postulaciones (amigos, compañeros, etc.) la respuesta es alta, superior o igual a la esperada.
- En las encuestas de satisfacción laboral y/o entrevistas de salida los colaboradores manifiestan alta conformidad con el clima interno.

Nivel amarillo. Implica que se debe mejorar. Por lo tanto, debe elaborarse un plan de acción para lograrlo. Indicadores:

- En los casos en que se promueve que los colaboradores presenten postulaciones (amigos, compañeros, etc.) la respuesta es menor a la esperada.
- En las encuestas de satisfacción laboral y/o entrevistas de salida los colaboradores manifiestan escasa conformidad con el clima interno.

Nivel rojo. Implica que se debe mejorar sensiblemente Por lo tanto, debe ponerse en práctica algún plan de acción, quizá de manera urgente. Indicadores:

- En los casos en que se promueve que los colaboradores presenten postulaciones (amigos, compañeros, etc.) la respuesta es escasa o nula.
- En las encuestas de satisfacción laboral y/o entrevistas de salida, los colaboradores manifiestan su disconformidad con el clima interno.

Los indicadores son solo ejemplos. La idea que se desea compartir es que se puede medir, a través de indicadores objetivos y concretos, cómo se están haciendo las cosas.

También se podría analizar la percepción externa (del mercado) con relación a la gestión de personas en la organización. Ejemplos:

- Alta respuesta a anuncios de oferta de empleo. *Indicador de nivel verde.*
- Escasa respuesta a anuncios de oferta de empleo. *Indicador de nivel amarillo.*
- Menor respuesta a la esperada en anuncios de oferta de empleo. *Indicador de nivel rojo.*

Por último, y siempre desde la perspectiva de esta cuestión –si el área de Recursos Humanos se enfoca o no en lo esencial–, otros indicadores podrían ser los siguientes (ejemplos de nivel verde):

- RRHH forma parte del Comité Ejecutivo (primer nivel de reporte al número 1).
- RRHH participa en la toma de decisiones y siempre es consultada antes de la toma de decisiones, en especial las relevantes, que involucren personas.
- RRHH es considerada un referente ético en la organización. Directivos y colaboradores sienten confianza en su gestión, generando en todos una alta credibilidad.

En este caso estaríamos midiendo la percepción sobre la gestión de RRHH desde la óptica de la máxima conducción y los resultados concretos en relación con la estrategia organizacional.

En resumen, y en relación con los indicadores aquí mencionados, no se puede utilizar solo unos pocos, se deberán considerar diferentes ángulos o puntos de vista, desde considerar el clima interno hasta el nivel de reporte o participación que RRHH posee en la toma de decisiones estratégicas.

El área de RRHH tiene roles y funciones variados; por ejemplo, diseñar e implementar métodos y procedimientos para que la organización en su conjunto alcance la estrategia y, al mismo tiempo, las personas desarrollen sus capacidades, todo a través de un manejo experto y en base a la ética profesional.

En relación con los temas de esta sección, a modo de resumen y desde la mirada del número 1 de RRHH (responsable del área) se podrían señalar algunos aspectos a tener en cuenta.

- Comprender su rol, en toda su magnitud y complejidad. Autoevaluarse al respecto.

- Integrar responsablemente la mesa de las decisiones. No con visión sectorial de RRHH o, lo que es peor aún, tomando partido por las personas "en contra" de la empresa.

- Proponer al número 1 de la organización programas de RRHH de mediano y largo plazo que permitan –al mismo tiempo– alcanzar la visión considerando a las personas.

- Hacer una revisión crítica de los procedimientos y herramientas actuales. ¿No son las adecuadas? Proponga un plan de acción con plazos concretos y metas intermedias para cambiar esa situación.

- Considerar que para que una persona, cualquiera sea su nivel, alcance el éxito en su puesto de trabajo deben combinarse de manera adecuada y al mismo tiempo los siguientes factores:
  - Conocimientos, competencias, experiencia.
  - Motivación y proyectos personales.

- Evaluar/analizar los procedimientos de RRHH *desde la mirada del otro* (es decir, considerando en primer término la percepción de quienes no integran el área).

Cómo resolver la *cuestión 1* desde la mirada del número 1, CEO o dueño

Como ya hemos señalado, un número 1 tiene muchas cuestiones en sus manos, además de las relacionadas con los recursos humanos. Sin embargo, su éxito depende de las personas, por lo cual deberá tenerlas en cuenta.

Medir la gestión de las diversas áreas a su cargo será siempre una buena idea. En relación con la disciplina RRHH, la evaluación deberá abarcar los diferentes roles o funciones que el área desempeña.

A modo de resumen y desde la mirada del número 1:

- El cambio necesario en los RRHH será contar con las personas con las capacidades necesarias para alcanzar la visión y la estrategia de cara al futuro.

- Para lo anterior será preciso identificar claramente cuáles son las características necesarias, y desarrollarlas.

- Elegir/seleccionar para dirigir el área de RRHH a un profesional que posea tanto un manejo experto como valores personales.

- Elegir/seleccionar un profesional que comprenda el negocio (de la organización), que vea la empresa con enfoque empresario.

- Integrar al responsable de RRHH al ámbito donde se toman las decisiones estratégicas, con voz y voto.

- Informarse de las buenas prácticas de RRHH que permitan –al mismo tiempo, es decir, dentro del mismo método de trabajo y/o procedimiento– alcanzar la visión considerando a las personas.

- Evaluar mediante indicadores concretos al director de RRHH. Fijar indicadores que contemplen tanto alcanzar la estrategia como considerar a las personas (siempre al mismo tiempo, no por separado).

Continuar leyendo

Sugerimos leer, con relación a esta temática, las siguientes cuestiones:

1. Cuestión 23. *Qué hacer cuando el área de RRHH tiene bajo prestigio / poca credibilidad o simplemente se desea mejorar su nivel.*
2. Cuestión 24. *Qué hacer frente a resultados insatisfactorios en una encuesta de clima (encuesta de satisfacción laboral).*
3. Cuestión 25. *Qué hacer cuando hay una crisis de valores en la organización y/o en la sociedad donde la organización desenvuelve sus actividades.*

Para los interesados en seguir leyendo sobre este tema, le sugerimos las siguientes obras:

- *La Marca Recursos Humanos*
- *Las 50 herramientas de Recursos Humanos que todo profesional debe conocer*
- *Diccionario de términos de Recursos Humanos*
- *Rol del jefe*
- *12 pasos para ser un buen jefe*

Cuestión 2
Qué hacer cuando existe alta rotación de colaboradores. Cómo retener a los mejores

La rotación de colaboradores implica, de algún modo, un concepto negativo. ¿Cuál es un índice de rotación aceptable? Es una pregunta difícil de responder y, además, no tiene una única respuesta. En algunos tipos de negocios o industrias, altos índices de rotación forman parte constitutiva de la actividad; un ejemplo muy conocido al respecto es el de las cadenas de comidas rápidas. Un mismo índice puede ser excesivamente alto en unas organizaciones y aceptable en otras. En cualquier caso, siempre deberá analizarse la tendencia.

En algunos contextos con fuerte crecimiento de la economía la rotación puede ser una consecuencia no deseable del desarrollo.

La cuestión aquí tratada hace referencia a dos palabras cuyo significado es importante diferenciar: rotación y retención. La precisión en la definición de conceptos es necesaria porque ayuda a definir el camino a seguir para solucionar/resolver el tema o cuestión; o, dado que en algunos casos no será posible solucionarlos totalmente, atenuar sus efectos negativos.

El manejo profesional tanto de la atracción y selección de los nuevos colaboradores como del desarrollo y retención de los que ya integran la organización es un tema relevante, sobre todo en un contexto como el actual, en el cual atraer y retener el talento es una de las preocupaciones más frecuentes de los números 1 de las organizaciones.

Primer análisis: atracción y selección de personas

Los pasos para realizar la atracción y selección de personas deben ser realizados de manera profesional, adaptando los métodos de trabajo a las nuevas realidades. Deben utilizarse las herramientas necesarias para asegurar que en la primera etapa se atraiga a los postulantes más adecuados para el puesto que se desea cubrir, y en segundo término, se evalúen los conocimientos y competencias necesarios. De este modo se podrá elegir, sobre la base de criterios preestablecidos (perfil de la búsqueda), a aquellos que presentan mayor posibilidad de adaptarse exitosamente al puesto disponible, de acuerdo con las necesidades de la organización.

Algunas definiciones a tener en cuenta:

- *Perfil de la búsqueda.* Conjunto de capacidades requeridas para un puesto de trabajo; su definición es necesaria para realizar la selección del futuro ocupante. Puede incluir, además, factores adicionales.
  La elaboración del perfil de la búsqueda es, en general, responsabilidad de la persona que llevará a cabo el proceso de selección, con sus etapas de *reclutamiento* y *selección*. Si la selección está a cargo del área de Recursos Humanos, en todos los casos, sin embargo, deberá participar el cliente interno, futuro jefe del nuevo colaborador.

- *Perfil del postulante.* Conjunto de capacidades de una persona, incluyendo sus estudios formales, conocimientos, competencias y experiencia, así como su motivación tanto en relación con su carrera como para el cambio laboral.

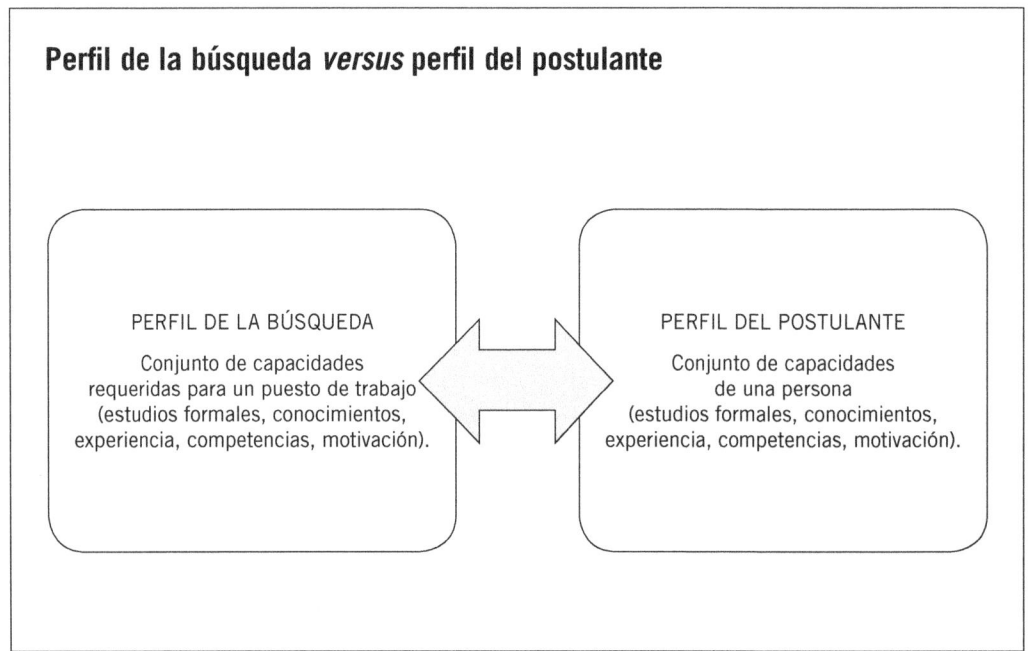

Perfil de la búsqueda *versus* perfil del postulante

PERFIL DE LA BÚSQUEDA

Conjunto de capacidades requeridas para un puesto de trabajo (estudios formales, conocimientos, experiencia, competencias, motivación).

PERFIL DEL POSTULANTE

Conjunto de capacidades de una persona (estudios formales, conocimientos, experiencia, competencias, motivación).

El gráfico expuesto implica la "solución" a la mayoría de los problemas que se analizarán a continuación. Es un concepto sencillo que, con frecuencia, no se aplica en su totalidad. Es decir, se considera una parte de lo allí expresado y sobre la base de una identificación parcial se toma la decisión de incorporar a un nuevo colaborador. Ejemplos: el postulante tiene los conocimientos y la experiencia requeridos pero no se analizan sus competencias y su motivación o, en un caso opuesto, se analizan las competencias y la motivación pero no se le asigna la importancia adecuada a los conocimientos y experiencia.

No deseo dar la idea equivocada de que la aplicación del método propuesto es sencilla o fácil. En nuestra consultora hemos analizado un número relevante de casos problemáticos o "no positivos", tanto desde la mirada del postulante –es decir, personas no conformes con sus nuevos trabajos–, como desde la mirada del futuro jefe –colaboradores que no responden a las expectativas–. En casi la totalidad de los casos analizados, la relación entre perfil de la búsqueda y el perfil del postulante no era la adecuada.

La idea plasmada en la figura precedente se divide en dos tareas igualmente importantes, que a su vez deben realizarse en el orden allí expuesto. Primero, definir con claridad el perfil de la búsqueda. Luego analizar y evaluar a los distintos postulantes y obtener el perfil de cada uno. Estos últimos serán cotejados con el primero de los mencionados (perfil de la búsqueda).

Para que la evaluación de postulantes sea efectiva se deberá contar con los casos adecuados (postulantes que *a priori* posean las características deseadas). Para ello deberá llevarse a cabo un proceso de atracción y reclutamiento eficaz. Luego, será posible aplicar herramientas fiables para determinar si las capacidades requeridas definidas en el perfil de la búsqueda se encuentran en las personas evaluadas, y en qué medida.

De la comparación del perfil de la búsqueda con el perfil de los postulantes surgirá el más adecuado para ocupar el puesto a cubrir.

Adicionalmente, se debe tener en cuenta que las nuevas generaciones y los medios de comunicación social han modificado tanto la atracción como el reclutamiento, los cuales podrán transformarse en el camino para lograr un proceso de selección exitoso. También, estos cambios afectarán los estilos de liderazgo, la forma en que los jefes de todos los niveles deberán conducir las áreas y los colaboradores a su cargo.

¿Por qué hablar de selección de personas cuando se hace referencia a la retención del talento? Porque muchas veces se enmascara un problema con otro. Por ello se debe analizar primero la rotación.

Rotación y retención

Como decíamos al inicio, diferenciar ambos conceptos es de suma importancia. Habitualmente el indicador para establecer si hay problemas con la retención de colaboradores es analizar la rotación.

El término "rotación", en relación con los recursos humanos, hace referencia a la salida de colaboradores de la organización, que luego son reemplazados por otros.

Por otra parte, "retención" se utiliza para designar al conjunto de acciones organizacionales, estructuradas y sistemáticas, que se realizan con el propósito de evitar que los buenos colaboradores dejen la organización buscando mejores opciones laborales.

Estas acciones deberán ser plasmadas en procedimientos concretos, los cuales se llevarán a cabo con el propósito de retener el talento organizacional.

Analicemos el siguiente gráfico. Sobre la izquierda se afirma que cuando las personas dejan la organización muy poco tiempo después de haber ingresado, quizá el problema no sea de retención sino de selección. Por lo tanto, las empresas preocupadas por la retención de personas deberán comenzar su análisis por los métodos de atracción y selección.

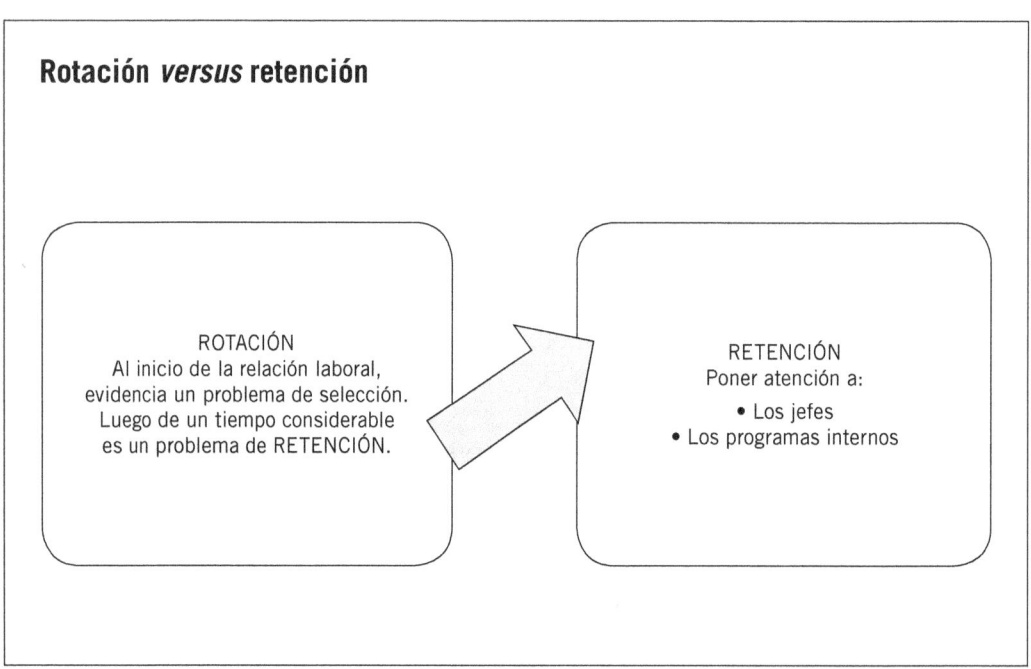

Si las personas dejan la organización al inicio de la relación –por ejemplo, en los 3-6 primeros meses–, usualmente en esos casos el problema se puede mejorar rápidamente adecuando los procesos de selección. En cambio, si los colaboradores dejan la organización luego de los 3-6 primeros meses, entonces sí se podría hablar de problemas estrictamente de retención.

¿Cuáles son los problemas más frecuentes en atracción y selección de personas que pueden originar una excesiva rotación de colaboradores? Entre los más habituales se pueden mencionar:

- Definición inadecuada del perfil del puesto a cubrir, del perfil de la búsqueda. Este aspecto puede ser visto de dos maneras diferentes y opuestas. Desde la mirada del especialista de Recursos Humanos, lo que sucede es que los jefes "no saben lo que quieren o no saben solicitar lo que necesitan", y desde la mirada de los jefes, "los especialistas en Recursos Humanos les presentan candidatos que no responden al perfil". La experiencia profesional nos indica que, posiblemente, todos tengan razón.
  Para atenuar esta dificultad, desde la mirada de Recursos Humanos, se deberán formular a los futuros jefes las preguntas adecuadas para obtener el perfil preciso de la búsqueda (puesto a cubrir). Usualmente los jefes saben lo que quieren y necesitan, pero muchas veces no saben expresarlo.
- Mediciones insuficientes. En ocasiones, los especialistas de Recursos Humanos realizan una serie de pasos en el proceso de selección de personas pero no utilizan las herramientas más adecuadas de medición. Por lo tanto, con frecuencia, no se obtiene un adecuado perfil del postulante.

No desconozco que en algunos mercados es difícil obtener los postulantes deseados. No obstante, si a esta dificultad se le suma una incompleta o inadecuada definición del perfil de la búsqueda y mediciones insuficientes o incompletas de los posibles candidatos, los problemas y dificultades en los procesos de selección serán mayores.

Problemas que originan la baja retención del talento

En nuestra firma hemos realizado una encuesta consultando a distintas personas en diferentes países hispanoparlantes, tanto responsables de Recursos Humanos como directivos de diferentes áreas y tipos de negocios. Los primeros visualizan la problemática como directamente relacionada con el rol de los jefes. Los segundos, en su mayoría, declinan su responsabilidad, asignándola a la

© GRANICA

máxima conducción de la empresa, por no fijar programas o políticas específicas al respecto.

Veamos en mayor detalle la problemática detectada, comenzando por los usuarios finales, es decir, los futuros jefes y los jefes de los colaboradores.

Analizando la tabla al pie es posible detectar algunos problemas que atañen a la organización en su conjunto, como por ejemplo: *Remuneraciones no competitivas en el mercado* y *Beneficios insuficientes, menores a los de otras empresas en el mercado*. Igualmente podríamos señalar en este sentido los factores *Falta de políticas de fidelización/retención*; *No ofrecer a los colaboradores en general planes de desarrollo profesional*; *No compensar los aportes (de los talentos) en la organización*.

Otros se podrían "solucionar" mejorando métodos y procedimientos del área de Recursos Humanos, como por ejemplo,

- *Fallas en los procesos de selección.*
- *Falta de motivación por parte de RRHH.*
- *Programas sobre motivación a cargo de RRHH insuficientes o deficientes.*

Retención del talento. Inventario de problemas
Desde la mirada de los jefes. Las áreas operativas
• Remuneraciones no competitivas en el mercado. • Beneficios insuficientes, menores a los de otras empresas en el mercado. • Falta de políticas de fidelización/retención. • Fallas en los procesos de selección. • Falta de motivación por parte de RRHH. • Programas sobre motivación a cargo de RRHH insuficientes o deficientes. • Valores de los colaboradores: falta de compromiso, entre otros valores personales. • Colaboradores insuficientes. Mucho trabajo, pocos colaboradores. RRHH no aprueba nuevas vacantes. • No ofrecer a los colaboradores en general planes de desarrollo profesional. • No compensar los aportes (de los talentos) en la organización. • Clima interno inadecuado. • Responsabilidades y objetivos poco claros, que deberían ser definidos desde la máxima conducción.

Algunos de los problemas mencionados podrían tener una responsabilidad conjunta entre la máxima conducción y el área de Recursos Humanos, tales como:

- *Colaboradores insuficientes. Mucho trabajo, pocos colaboradores. RRHH no aprueba nuevas vacantes.*
- *Clima interno inadecuado.*
- *Responsabilidades y objetivos poco claros, que deberían ser definidos desde la máxima conducción.*

Otros aspectos están relacionados con el mercado de trabajo, por lo tanto, son factores externos a la organización, tales como: *Valores de los colaboradores: falta de compromiso,* entre otros.

Veamos en la tabla al pie la misma problemática, analizada desde la mirada de los especialistas y responsables del área de Recursos Humanos.

Analizando los problemas detectados desde la mirada del área de Recursos Humanos, se observa que asignan todas o casi todas las responsabilidades a los jefes. Por lo tanto, si todos los problemas son de los otros, no habrá acción alguna a realizar, lo cual no responde a la realidad.

Retención del talento. Inventario de problemas
Desde la mirada del área de Recursos Humanos
• Jefes que no asumen el rol de gestores de RRHH. • Falta de retroalimentación oportuna por parte de los jefes. • Jefes que crean entre sus colaboradores expectativas que no pueden, luego, cumplirse. • Jefes que no realizan la inducción al puesto. • Jefes que no asumen sus responsabilidades. • Selección de personas realizada con urgencia (presión de los jefes para cubrir las vacantes en plazos cortos). • Jefes que no desarrollan a sus colaboradores por inseguridad, miedo a perder su lugar, etcétera. • Jefes que no desarrollan a sus colaboradores por no saber cómo hacerlo. • Jefes difíciles en su trato, en especial con sus colaboradores. • Jefes que al asignar responsabilidades y objetivos a sus colaboradores no lo hacen con claridad.

Retención del talento. Inventario de problemas
Mirada coincidente por parte del área de Recursos Humanos y de los jefes
• Nuevas generaciones con menor compromiso, no solo en lo laboral. • Jefes que no dan oportunidades a sus colaboradores.

Por último, en la tabla precedente mencionaremos situaciones que fueron mencionadas desde ambas miradas.

Frente a los problemas enunciados en la tabla precedente, la primera reflexión que podrá realizar el lector será que muchos de los problemas allí descritos son de difícil solución. Es cierto. Al mismo tiempo también es cierto que existen caminos a seguir, que si bien, en algunos casos, no brindarán resultados inmediatos, en un mediano plazo sí generarán una diferencia notoria.

Sin dejar de considerar la dificultad para solucionar o atenuar algunos problemas, se verán a continuación respuestas a los diferentes aspectos mencionados.

Posibles caminos para mejorar

En los primeros párrafos se dividió el problema en dos partes. Las sugerencias serán diferentes en cada caso.

Posibles acciones para mejorar la rotación en los primeros meses:

- Definir de manera precisa el perfil de la búsqueda. En este punto es importante señalar que sería de suma utilidad contar con los *descriptivos de puestos* actualizados. En muchas organizaciones dichos descriptivos existen pero no están actualizados o su confección es deficiente. Cuando se cuenta con esta documentación actualizada la definición del perfil de la búsqueda es muy sencilla.
De no contarse con *descriptivos de puestos* actualizados, la clave será realizar las preguntas adecuadas a los futuros jefes para definir/precisar los siguientes aspectos del perfil requerido: 1) estudios y conocimientos; 2) competencias; 3) experiencia; 4) aspectos motivacionales relacionados con el puesto a cubrir.

- Utilizar herramientas adecuadas en la selección de personas, según el tipo de búsqueda y características de la misma.
Las organizaciones, en especial las de gran tamaño, deberían contar con procedimientos específicos para los diferentes tipos/niveles de búsquedas junto con la definición de las herramientas a utilizar en cada caso.
La experiencia nos indica que existen muchas falencias al respecto.

Posibles caminos para mejorar la retención:

- Implementar los subsistemas de RRHH y/o revisar los existentes.
  Empresas de diferente tamaño y tipo no cuentan con una adecuada definición e implementación de los subsistemas de Recursos Humanos.
- Implementar programas internos para el desarrollo de personas.
  De acuerdo al tamaño de la organización, a su cultura y tipo de actividad, se deberán elegir algunos de los programas para el desarrollo de personas. No todos los programas serán necesarios.
- Programas para jefes.
  A diferencia del comentario anterior, los programas para jefes son necesarios en todas las empresas, de cualquier tamaño y tipo de actividad.

Algunas definiciones a tener en cuenta:

- *Programas para jefes*. Conjunto de programas dirigidos a todos los jefes, usualmente a partir del número 1 de la organización, con el propósito de fortalecer sus competencias y difundir las obligaciones adicionales que todo jefe debe asumir, inherentes a su rol específico de conductor de colaboradores.
  Los programas específicos para jefes pueden ser de índole diversa. Algunas temáticas que se podrían considerar "imprescindibles" para los jefes de todos los niveles, ordenadas por orden alfabético, son:
    - Cómo llevarme bien con mi jefe.
    - Conciliar vida profesional y personal.
    - Delegación.
    - Jefe entrenador.
    - Rol del jefe.

  Los mencionados son solo algunos de los programas posibles.
- *Programas internos para el desarrollo de personas - Mapa y ruta de talentos*. Proceso interno organizacional dividido en dos partes y que implica dos conceptos diferentes entre sí: *mapa* por un lado y *ruta* por otro.
  Mapa: registro del inventario de las capacidades de todos los colaboradores de la organización: conocimientos, experiencia y competencias.
  Ruta: elección de los programas organizacionales más adecuados, según la visión y estrategia, sobre la base de tres ejes:

– Para el resguardo del capital intelectual, programas como *Planes de sucesión, Diagramas de reemplazo, Carrera gerencial y especialista.*
– Para generar talento organizacional: *Planes de carrera, Jóvenes profesionales, Personas clave.*
– Para aprovechar la experiencia de los jefes: *Mentoring, Entrenamiento experto, Jefe entrenador.*

En resumen, con frecuencia se logra mejorar la retención de colaboradores realizando diversas acciones en simultáneo: trabajando con los jefes, por ejemplo, a través de programas específicos para mejorar el *rol del jefe* de cada uno de ellos; verificando la adecuada implementación de los subsistemas de Recursos Humanos y, además de todo lo anterior, implementando programas internos para el desarrollo de las personas que pertenecen a la organización, lo que usualmente se denomina *desarrollo del talento interno.*

Cómo retener a los mejores

La primera pregunta a realizarse será: ¿qué significa "retener a los mejores"? Para responder, cada organización deberá tener en cuenta su estrategia y analizar la situación de cara al futuro.

A partir del análisis de la figura siguiente se pueden diferenciar dos momentos: el actual –bajo la palabra "Hoy"–, y un segundo momento, futuro, que hemos identificado con el año 2025. El lector podrá reemplazar "2025" por otra opción, como cada uno desee: año 2030, 2035… La idea que se desea expresar es que la estrategia tiene relación con el futuro.

Adicionalmente, también en la figura puede observarse que la "Organización" está compuesta por dos elementos. Una determinada estructura, que se simboliza a través de un organigrama, la que podrá incluir el mencionado esquema organizativo (organigrama) así como métodos de trabajo, procedimientos, políticas, etc. Adicionalmente, componen una organización las personas que allí se desempeñan, de todos los niveles.

Volviendo al interrogante: ¿qué significa "retener a los mejores"?, deberá analizarse qué entiende cada organización por "los mejores".

Según nuestra opinión, en ese término ("los mejores") se debería incluir a aquellas personas que posean los conocimientos y competencias con la mirada puesta en el futuro, es decir, las necesarias para alcanzar la estrategia planteada por cada organización.

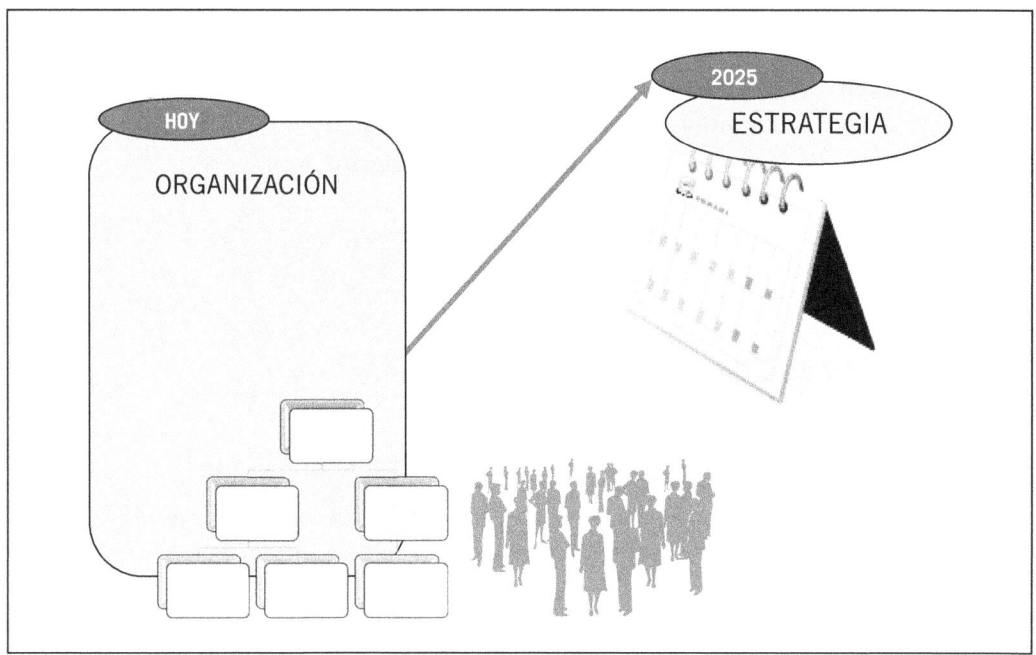

En resumen, los mejores no son ni los más jóvenes, ni los más experimentados, ni los más capaces, ni ninguna otra valoración *a priori* positiva, sino aquella mezcla de estos u otros conceptos igualmente positivos, necesarios para alcanzar la estrategia.

Adicionalmente a lo anterior, a los conocimientos y competencias requeridos para alcanzar la estrategia se podrían sumar valores personales, como *Ética, Integridad, Compromiso,* y competencias tales como *Conocimientos técnicos* y *Adaptabilidad-flexibilidad.* Estos valores y competencias parecieran ser necesarios en todo tipo de organización.

Cómo resolver la *cuestión 2* desde la mirada del jefe

Si usted es un jefe, directivo, dueño y/o número 1, le sugiero leer atentamente lo aquí expuesto, ya que es de su interés particular. Los jefes deben pensar en las características que necesitan de sus colaboradores de cara al futuro. También deben precisar dichas características desglosándolas en conocimientos, competencias, experiencia, etc. Al pensar en conocimientos, se deben distinguir los excluyentes o imprescindibles de los que no lo son, es decir aquellos que serían deseables pero no son indispensable. Igual debe hacerse con las competencias, hay que pensar y definir las más importantes en relación con la posición a cubrir.

Cuando entreviste postulantes determine y analice los comportamientos pasados, las experiencias realmente vividas, no utilice el escaso tiempo de una entrevista en conversaciones sobre opiniones u otras consideraciones carentes de relevancia al momento de medir las capacidades de una persona.

Si no se siente seguro sobre los aspectos señalados, solicite ayuda de su propio jefe y/o del área de Recursos Humanos.

Cómo resolver la *cuestión 2* desde la mirada del responsable de Recursos Humanos

Con frecuencia, los responsables de Recursos Humanos dan por sentado que la tarea en el área se hace bien y solo analizan los errores de los otros. Aun cuando los jefes deban mejorar, analice todos los pasos que se realizan dentro del área. Verifique los procedimientos o escríbalos, según corresponda.

En atracción y selección, determine si las herramientas utilizadas son las más eficaces en cada caso. Recuerde que no todas las herramientas son aplicables a todas las circunstancias. Habrá unas ideales para un perfil de búsqueda y otras adecuadas para otros diferentes.

Asegúrese de que se miden adecuadamente las competencias y valores así como la motivación, tanto en el caso de personas ajenas a la organización como en las búsquedas y promociones internas.

En cuanto a las personas que ya integran la organización, se debe tener en cuenta lo recomendado en relación con *Mapa y ruta de talentos* y los programas para jefes, ya mencionados.

Cómo resolver la *cuestión 2* desde la mirada del número 1, CEO o dueño

Los número 1, en ocasiones, seleccionan a sus colaboradores directos; en ese caso corresponden a ellos los mismos comentarios que los consignados más arriba (desde la mirada del jefe).

Como número 1 la persona tiene que tener en cuenta, además, otras consideraciones. Por un lado, qué indicadores utilizará para medir la problemática aquí expuesta y, por el otro, qué acciones deberá exigirle al responsable del área de Recursos Humanos tanto para mejorar la retención como la rotación.

Adicionalmente, y en especial en relación con la atracción, selección e incorporación de personas, las empresas deberían contar con un procedimiento para que luego pueda ser auditado.

Continuar leyendo

Sugerimos leer, con relación a esta temática, las siguientes cuestiones:

1. Cuestión 11. *Qué hacer para darse cuenta de que un candidato (externo o del propio equipo) es el mejor para ocupar un determinado puesto.*
2. Cuestión 12. *Qué hacer al momento de elegir un nuevo colaborador, tomar la decisión en función de lo que se necesita ahora, se necesitará más adelante o por el mejor candidato de todos.*
3. Cuestión 13. *Qué hacer para elegir buenos colaboradores (desde la mirada del futuro jefe), tanto al elegir un nuevo colaborador como al promover a un colaborador del equipo. ¿A qué aspectos hay que darles más importancia (conocimientos, experiencia, competencias, motivación…)?*
4. Cuestión 15. *Qué hacer frente a una vacante. La alternativa de buscar a un colaborador en el mercado o en la empresa.*
5. Cuestión 24. *Qué hacer frente a resultados insatisfactorios en una encuesta de clima (encuesta de satisfacción laboral).*

Para los interesados en seguir leyendo sobre este tema, sugerimos las siguientes obras:

- *Diccionario de comportamientos. La trilogía. Tomo 2*
- *Diccionario de preguntas. La trilogía. Tomo 3*
- *Las 50 herramientas de Recursos Humanos que todo profesional debe conocer*
- *Diccionario de términos de Recursos Humanos*
- *Rol del jefe*
- *12 pasos para ser un buen jefe*
- *La Marca Recursos Humanos*

Cuestión 3
Qué hacer para lograr esquemas/ procesos/criterios de selección uniformes, especialmente en grandes organizaciones

Las organizaciones, de todos los tamaños, necesitan procedimientos homogéneos, especialmente en relación con las personas que las integran y la disciplina que nos convoca, Recursos Humanos.

A mayor tamaño de una organización y cuanto más extendida geográficamente esté, mayor será el riesgo de que no se utilicen criterios uniformes en temas diversos –uno de ellos, la selección de personas.

Cuando se plantea "lograr esquemas/procesos/criterios de selección uniformes" la idea que se desea presentar al lector no es la de procesos exactamente iguales. Por el contrario, habrá que respetar las diferencias adecuadas para cada búsqueda. No será igual la selección de un joven profesional que la de un alto ejecutivo o un operario especializado. Cuando la situación lo amerite, se deberá contar con procedimientos y criterios uniformes para las diferentes necesidades. Por ejemplo, un procedimiento para jóvenes profesionales, otro para altos ejecutivos y un tercero para operarios especializados. Podrán coincidir algunos pasos y/o herramientas a utilizar y, a su vez, cada uno de ellos contar con otros particulares, diferentes a los de los otros procedimientos.

La solución a esta problemática se podría resumir en dos fases, definir procedimientos y luego, auditar su cumplimiento. Para darle un marco a esta respuesta comenzaré por realizar una breve reseña de un concepto que implica el inicio del camino a recorrer para alcanzar las buenas prácticas; en resumen, por dónde comenzar: la implementación de los subsistemas de Recursos Humanos.

Subsistemas de Recursos Humanos

El término "sistema" implica un conjunto de normas, políticas y procedimientos sobre una materia en particular, racionalmente enlazados entre sí, y que contribuyen a alcanzar un objetivo.

En cambio, "subsistema" se utiliza para el segmento de un sistema que puede llegar a funcionar de manera autónoma sin por ello dejar de pertenecer al sistema mayor que integra.

En cuanto a los subsistemas de Recursos Humanos, el término implica: segmentos del sistema de Recursos Humanos, compuestos por normas, políticas y procedimientos, racionalmente enlazados entre sí, que en conjunto contribuyen a alcanzar una meta, en este caso, los objetivos organizacionales, y que rigen el accionar de todos los colaboradores que integran la organización, desde el número 1 hasta el último nivel de la estructura.

Los subsistemas de Recursos Humanos son:

- *Análisis y descripción de puestos.*
- *Atracción, selección e incorporación de personas.*
- *Evaluación del desempeño.*
- *Remuneraciones y beneficios.*
- *Desarrollo y planes de sucesión.*
- *Formación.*

En todos los casos, los subsistemas de Recursos Humanos se diseñan a medida de cada organización.

En resumen, para una mejor gestión será necesario que todos los integrantes de la organización conozcan acerca de sus responsabilidades, sean evaluados en función de ellas y reciban la formación adecuada. Todo ello enlazado con la posibilidad de hacer una carrera y lograr un trato equitativo en su remuneración.

La definición de "subsistemas de Recursos Humanos" expuesta en párrafos previos hace referencia al término "procedimientos". Este concepto implica contar con un método ordenado de trabajo con relación a un determinado tema o función organizacional.

En cuanto al tema que aquí nos convoca, es importante resaltar otro concepto relacionado: "procedimiento estándar", el cual hace referencia a una característica por la cual un procedimiento definido dentro de una organización es luego tomado como punto de referencia para medir lo hecho (por ejemplo, en una auditoría).

También se puede utilizar el término cuando dicho procedimiento constituye una forma de trabajo que se desea alcanzar.

Subsistemas de Recursos Humanos

Procedimientos. Herramientas. Auditoría

Para cada uno de los subsistemas es posible y muy recomendable contar con *procedimientos*. El tema tratado en esta cuestión es uno de los más relevantes, desde ya no el único, sobre el cual habría que contar con los procedimientos aquí sugeridos.

Al mismo tiempo, los procedimientos deberán ser complementados con herramientas; es decir, en cada uno de los pasos, cuando corresponda, se deberá definir la o las herramienta/s que deberá/n ser utilizada/s.

En este contexto, el término "herramientas" hace referencia a cuestionarios, manuales, guías y otros materiales de apoyo, de probada eficacia para la resolución práctica de un determinado problema o situación.

Muchas personas poseen conocimientos sobre un tema, de manera amplia o parcial, y los utilizan para llevar a cabo una tarea –por ejemplo, selección de personas–. En ocasiones, las personas mezclan conocimientos, experiencias pasadas y creencias no fundadas. Quizá la mayoría realice las tareas en cuestión de la mejor manera posible y con la mejor intención. Pero todo esto no es suficiente.

En el ámbito de las organizaciones debe diseñarse un camino que señale los pasos a seguir para llevar a cabo la tarea a realizar de manera profesional y utilizando las mejores prácticas. Para ello es necesario contar con procedimientos y herramientas que respalden la actividad.

Continuando con el ejemplo dado –selección de personas–, no alcanza con tener buenas intenciones para realizar esa tarea. Será necesario contar con un esquema actualizado que incluya las nuevas tendencias e indique todo lo necesario a llevar a cabo según el tipo de posición a cubrir. Cada procedimiento será estándar pero no único. Así, continuando con el ejemplo, podrá contarse con un procedimiento para seleccionar gerentes y otro diferente para la selección de jóvenes profesionales.

La idea se expresa en el gráfico siguiente. Por cada subsistema, como mínimo, se debe contar con un procedimiento –puede ser más de uno, según convenga en cada organización– y las herramientas necesarias. Ejemplo: en el subsistema de Desarrollo se puede contar con diferentes programas, *Planes de carrera, Planes de sucesión, Programas de jóvenes profesionales*. En este caso se debería contar con tres procedimientos, uno para cada uno de los programas mencionados. Es posible contar con un número aún mayor de programas, cada uno de los cuales contará con un procedimiento y cada uno, a su vez, podrá ser auditado.

Si en una organización se buscan con frecuencia ingenieros especializados y jóvenes recién egresados del nivel secundario (*high school*), se podrían diseñar procedimientos con pasos algunos similares y otros diferentes para una y otra categoría

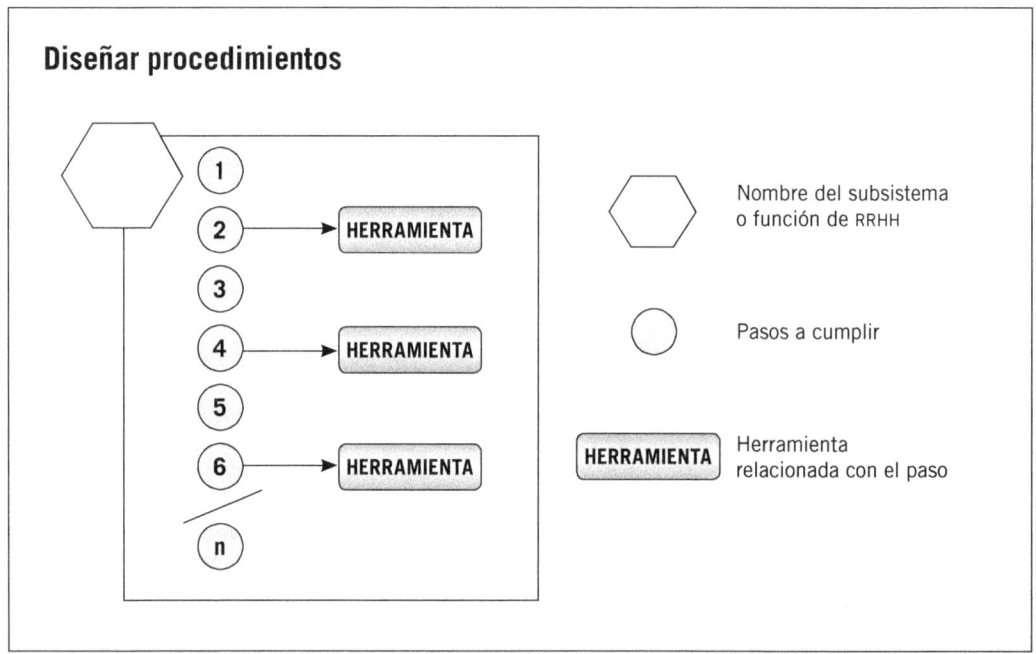

Paso	Procedimiento para ingenieros especializados	Procedimiento para jóvenes recién egresados del nivel secundario
1	Fuente de reclutamiento "Z"	Fuente de reclutamiento "Y"
2	Cuestionarios de preselección personalizados	Cuestionarios de preselección a través de la página web de la empresa
3	Entrevista preliminar y/o evaluación de conocimientos	*Assessment Center Method*
4	Entrevista estructurada por competencias	Entrevista individual solo a los finalistas
5	Entrevista con el futuro jefe	Entrevista con el futuro jefe
6	Proceso de admisión	Proceso de admisión

de búsqueda. En un esquema muy reducido se podrían administrar distintas herramientas, solo se mencionan algunos pasos a modo de ejemplo.

Una vez que se hayan diseñado y puesto en práctica los procedimientos, será posible auditarlos. La auditoría de Recursos Humanos no solo debería contemplar el cumplimiento, sino también el grado de aplicación de las herramientas relacionadas con cada uno de ellos.

Una auditoría de un proceso de selección, y/o la auditoría de Recursos Humanos, en general, implicará llevar a cabo un conjunto de procedimientos (de auditoría) a través de los cuales un agente independiente comparará determinadas características del proceso objeto de la auditoría, con estándares previamente definidos.

Para auditar procedimientos será necesario:

- Definir un procedimiento estándar detallado, contemplando todos los pasos necesarios y sus responsables.

- Diseñar un procedimiento de auditoría.

- Formar auditores de Recursos Humanos que conozcan sobre esta disciplina y a su vez dominen los dos aspectos anteriores: estándar definido y procedimiento de auditoría a utilizar.

En función de lo antedicho, la auditoría de Recursos Humanos implica la revisión de las prácticas organizacionales relacionadas con los recursos humanos efectuada por un auditor experto en la temática, junto con la aplicación de métodos y procedimientos adecuados.

La definición de los métodos de trabajo dependerá en cada caso del tipo y tamaño de la organización. En organizaciones de gran tamaño, será recomendable contar con diferentes procedimientos para la selección de personas; para ello se deberá tener en cuenta la frecuencia y el tipo de posiciones buscadas. Retomando el ejemplo anterior, los pasos a seguir serán diferentes si se busca de manera frecuente ingenieros especializados o jóvenes recién egresados del nivel secundario[1]. En resumen, se contará con un procedimiento uniforme por cada categoría o tipo de búsquedas a realizar.

Los procesos de selección deben ser uniformes, pero no iguales; podrán estar segmentados por categorías, por niveles, por especialidades, etc. Dependerá de cada situación. Deberán ser uniformes dentro de la categoría correspondiente.

En resumen, cada organización deberá definir sus métodos y procedimientos de trabajo de acuerdo con sus necesidades. Luego estos podrán ser auditados según cómo se los haya definido previamente.

Dos subsistemas a tener en cuenta: *Análisis y descripción de puestos* y *Atracción, selección e incorporación*

Análisis y descripción de puestos es uno de los subsistemas de Recursos Humanos. En este subsistema se recaba información sobre los distintos puestos organizacionales y se analizan sus contenidos (análisis de puestos) para luego, como resultado final, poder contar con los descriptivos de puestos de cada una de las posiciones que integran la organización. Adicionalmente es posible comparar los puestos entre sí para definir una estructura organizacional.

Cuando una organización decide llevar a cabo sus actividades organizacionales basándose en un *modelo de competencias*, la puesta en práctica de estas actividades tendrá relación con todos los subsistemas de Recursos Humanos. La idea se expresa en la figura siguiente.

---

[1] La expresión "nivel secundario" aquí utilizada hace referencia a la educación secundaria, educación media, segunda enseñanza, enseñanza secundaria, enseñanza media, bachillerato o estudios medios, entre otras denominaciones. En algunos países hispanohablantes se denomina educación preparatoria o bachillerato a los últimos cursos de la educación secundaria. Tiene como objetivo capacitar al alumno para poder iniciar estudios de educación superior. Tras la finalización de la educación secundaria, se puede optar por el mundo laboral, por una formación profesional o por la universidad.

Del análisis de la figura precedente deseo señalar dos aspectos allí mencionados y destacados en particular.

1. La expresión "modelo de competencias" hace referencia al conjunto de procesos relacionados con las personas que integran la organización y que tienen como propósito alinearlas en pos de los objetivos organizacionales.
Un modelo de competencias permite seleccionar, evaluar y desarrollar a las personas en relación con las competencias necesarias para alcanzar la estrategia organizacional.
Como resultado de la definición del modelo de competencias se confecciona una serie de documentos; entre los más relevantes se puede mencionar los *diccionarios de competencias y comportamientos* y la *asignación de competencias a puestos*.

2. El segundo aspecto a destacar es que el primer subsistema a implementar es *Análisis y descripción de puestos*. Con este subsistema ya diseñado será posible continuar con *Atracción, selección e incorporación* y/o *Evaluación del desempeño*.

Como ya se mencionara, *Atracción, selección e incorporación de personas* es uno de los subsistemas de Recursos Humanos. En este subsistema se parte de la necesidad de cubrir una posición y del respectivo perfil de búsqueda, para continuar con la atracción y luego la selección, y finalizar con la incorporación de personas a la organización. Incluye la *inducción*.

La atracción de las personas idóneas, una buena selección –de tipo profesional y aplicando las pruebas más convenientes en cada caso–, así como un acertado proceso de incorporación, son acciones que definirán un adecuado inicio de la relación laboral de un buen empleado. La elección sobre cuáles son las pruebas más convenientes dependerá de cada caso en particular. El responsable de conducir el proceso de selección deberá determinarlo según lo que considere más apropiado.

En el análisis de la figura al pie deseo destacar la secuencia de implementación de las buenas prácticas. En una primera instancia, el *modelo de competencias*. A continuación la implementación del subsistema *Análisis y descripción de puestos,* para luego continuar con el subsistema *Atracción, selección e incorporación de personas.*

En la mayoría de los casos, cuando las organizaciones implantan sus modelos de competencias ya cuentan con los subsistemas de *Análisis y descripción de puestos* y *Atracción, selección e incorporación*. Por lo tanto, lo más usual es que se realice una puesta a punto de estos dos subsistemas, llevando a cabo las actualizaciones que correspondan junto con las modificaciones necesarias para incorporar competencias en sus respectivos diseños.

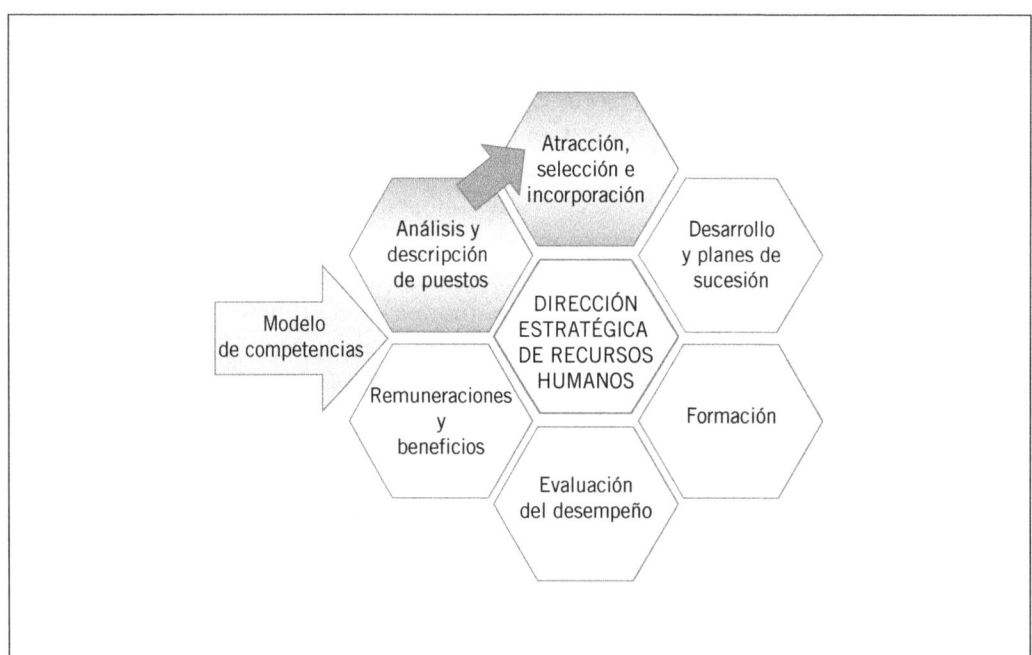

Cómo resolver la *cuestión 3* desde la mirada del jefe

Según cuál sea el nivel del jefe, quizá sienta que no puede hacer nada en materia de procedimientos de selección de personas, ya que los mismos son fijados por el área de Recursos Humanos. Sin embargo, siempre será posible hacer algo, proponer caminos para mejorar.

Si se desempeña en una gran organización, el jefe podrá consultar sobre métodos y procedimientos de otros sectores y proponer, a quien corresponda en cada caso, sus sugerencias al respecto.

Si, por el contrario, se desempeña en una organización más pequeña, la persona podrá manifestarle a su jefe o al responsable de Recursos Humanos que le sería de utilidad contar con un procedimiento a seguir en materia de selección de personas.

En relación con el tema aquí tratado, aunque el jefe no sea un especialista en Recursos Humanos, la lógica y el sentido común indican que se deben utilizar criterios uniformes en el momento de sumar un nuevo colaborador al equipo.

Cómo resolver la *cuestión 3* desde la mirada del responsable de Recursos Humanos

Si la organización no cuenta con procedimientos establecidos de selección, será responsabilidad del área de Recursos Humanos confeccionarlos y/o proponer al número 1 de la organización su diseño y realización. En ocasiones, la preparación de procedimientos para toda la organización podrá ser una tarea que implique muchas horas de trabajo y recursos y será necesario solicitar aprobación de la máxima conducción para llevarlos a cabo. Adicionalmente, también será responsabilidad de RRHH la aplicación de las buenas prácticas en selección de personas y proveer a los futuros jefes las herramientas adecuadas para la medición de conocimientos, competencias y valores, y la motivación, tanto en el caso de búsquedas orientadas a personas externas, como en las búsquedas y promociones internas.

Si la organización cuenta con procedimientos para actuar en este tipo de procesos, será responsabilidad de Recursos Humanos asegurar su homogeneidad.

Tanto en grandes organizaciones como en las más pequeñas, se debe contar con procedimientos uniformes para aplicar en cuestiones similares. No será posible que unos aspirantes a ingresar a la organización realicen una serie de pruebas y otros no. Deberán aplicarse criterios homogéneos.

Cuando se trata de grandes organizaciones, la uniformidad de criterios no implica procedimientos exactamente iguales en todos los casos.

© GRANICA

Cómo resolver la *cuestión 3* desde la mirada del número 1, CEO o dueño

Las organizaciones de todo tipo y tamaño, aun las pequeñas, deberían contar con políticas, procedimientos y normas internas respecto de los temas de mayor relevancia relacionados con las personas que la integran, entre ellos, selección de nuevos colaboradores, tanto externos como internos. El alcance de los procedimientos a aplicar dependerá del tamaño y de la complejidad de la organización.

Los procedimientos se diseñan para cumplirse, por lo tanto, deberá fijarse algún esquema de control de la adecuada aplicación de las políticas, procedimientos y normas organizacionales establecidos.

Cuando se trate una organización de gran tamaño, con amplia dispersión geográfica, será necesario implementar procedimientos estándar que luego puedan ser auditados para así asegurar su cumplimiento.

Continuar leyendo

Sugerimos leer, con relación a esta temática, las siguientes cuestiones:

1. Cuestión 2. *Qué hacer cuando existe alta rotación de colaboradores. Cómo retener a los mejores.*
2. Cuestión 11. *Qué hacer para darse cuenta de que un candidato (externo o del propio equipo) es el mejor para ocupar un determinado puesto.*
3. Cuestión 12. *Qué hacer al momento de elegir un nuevo colaborador, tomar la decisión en función de lo que se necesita ahora, se necesitará más adelante o por el mejor candidato de todos.*
4. Cuestión 13. *Qué hacer para elegir buenos colaboradores (desde la mirada del futuro jefe), tanto al elegir un nuevo colaborador como al promover a un colaborador del equipo. ¿A qué aspectos hay que darle más importancia (conocimientos, experiencia, competencias, motivación…)?*

A los interesados en seguir leyendo sobre este tema les sugerimos las siguientes obras:

- *Diccionario de comportamientos. La trilogía. Tomo 2*
- *Diccionario de preguntas. La trilogía. Tomo 3*

- *Las 50 herramientas de Recursos Humanos que todo profesional debe conocer*
- *Diccionario de términos de Recursos Humanos*
- *Construyendo talento*
- *Rol del jefe*
- *12 pasos para ser un buen jefe*
- *La Marca Recursos Humanos*

Cuestión 4
Qué hacer cuando los jefes no asumen su rol de jefe y cómo actuar con los jefes considerados difíciles por sus colaboradores

Los que somos jefes hemos comenzado a serlo de muy diferente manera. En mi caso, muy joven, sin experiencia ni preparación previa. La mayoría de los jefes de mi generación vivieron un proceso semejante. Mirando en retrospectiva a mis propios jefes, puedo decir que los he tenido de diferentes estilos. Todos han dejado alguna huella, aun aquellos que quizá no fueron "buenos jefes".

En obras previas, y como una suerte de compendio de muchas otras opiniones vertidas en distintos libros por autores diversos, hemos acuñado una denominación: *Rol del jefe,* utilizada tanto en un libro que lleva ese título, como en otros textos relacionados con el tema.

Para una mejor comprensión, primero hay que destacar que el término "jefe" involucra a todos los que cumplen esa función, desde el número 1 de la organización hasta aquel otro que solo tiene a su cargo un reducido número de colaboradores. El dueño de una empresa que ejerce un rol de conducción también es un jefe.

Por otra parte, el término "colaborador" hace referencia a aquella persona que coopera con otra. En el ámbito de las organizaciones el término se utiliza para denominar a las personas que trabajan bajo la conducción de otra/s.

En cuanto a la expresión "rol del jefe", se trata de un concepto integrador de las diversas facetas de la actividad de todo jefe. Enfoca su papel dentro de la organización, agregando a sus funciones tradicionales otras responsabilidades y tareas inherentes a esta condición (de jefe). Por ejemplo: seleccionar colaboradores, evaluar su desempeño y entrenarlos, solo por nombrar algunas.

Los distintos roles de un jefe se exponen en la figura de la página siguiente.

Un directivo o jefe, de cualquier área, debe asumir, además de las tareas inherentes a su puesto, una serie de responsabilidades adicionales por el mero hecho de ser jefe, es decir, por tener a otras personas a su cargo.

Entre los roles más importantes que debe asumir todo jefe se podría destacar la selección de su equipo de colaboradores. Pero no siempre será esta su responsabilidad,

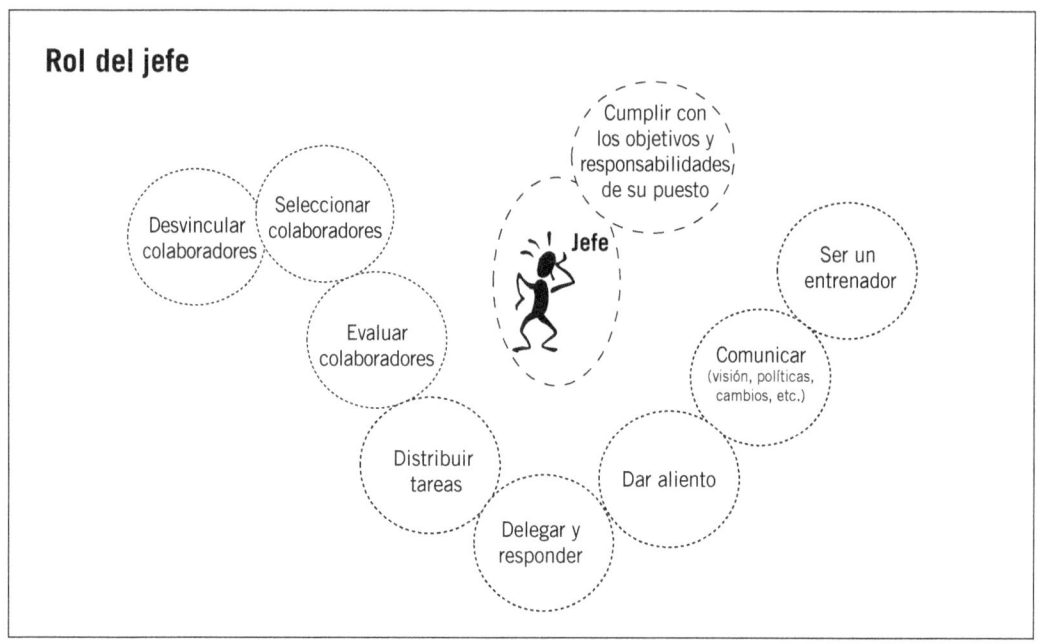

ya que muchas veces la persona asume una posición con colaboradores que ya están en sus puestos. En cualquiera de las dos situaciones descritas, un jefe evalúa a sus colaboradores, en el día a día y en las ocasiones que la organización haya definido para la evaluación del desempeño. Entre las funciones importantes también sobresalen la distribución de tareas y la delegación y, en particular, una que denominamos *Jefe entrenador*.

En nuestra metodología de trabajo, se le asigna mucha importancia a trabajar con los jefes, dado que la práctica profesional así lo indica.

Un gran número de problemas organizacionales devienen de la relación jefe-colaborador y de una deficiente gestión por parte de los jefes. Y esto ocurre no necesariamente porque se trate de "malos" jefes, ya que no es esta la problemática más frecuente. Por el contrario, en el mayor número de casos se trata de "buenos" jefes, llenos de buenas intenciones, que no saben cómo llevar adelante su rol de jefes.

En resumen, más allá de las distintas denominaciones, los aspectos que se tratarán a continuación serán aplicables a todos los directivos, tanto al número 1 de la organización como a otros niveles gerenciales y de supervisión.

Para cumplir dicho "rol de jefe" se debe poseer, en algún grado, la competencia *Conducción de personas,* y, para enfrentar, entre otros, los problemas que se derivan de la interacción con las nuevas generaciones, la capacidad de ser *entrenador*. Por último, se observa la necesidad de ser un *ejemplo*. Los conceptos involucrados en estas competencias son:

Conducción de personas	Capacidad para dirigir un grupo de colaboradores, distribuir tareas y delegar autoridad, además de proveer oportunidades de aprendizaje y crecimiento. Implica la capacidad para desarrollar el talento y potencial de su gente, brindar retroalimentación oportuna sobre su desempeño y adaptar los estilos de dirección a las características individuales y de grupo, al identificar y reconocer aquello que motiva, estimula e inspira a sus colaboradores, con la finalidad de permitirles realizar sus mejores contribuciones.
Entrenador	Capacidad para formar a otros tanto en conocimientos como en competencias. Implica un genuino esfuerzo para fomentar el aprendizaje a largo plazo y/o desarrollo de otros, más allá de su responsabilidad específica y cotidiana.
Liderar con el ejemplo	Capacidad para comunicar la visión estratégica y los valores de la organización a través de un modelo de conducción personal acorde con la ética, y motivar a los colaboradores a alcanzar los objetivos planteados con sentido de pertenencia y real compromiso. Capacidad para promover la innovación y la creatividad, en un ambiente de trabajo confortable.

Los jefes como parte del problema

Los jefes, como los seres humanos en general, pueden ser buenos o malos, unos mejores que otros y demás variantes. Es cómodo desde el área de Recursos Humanos asignarles a los jefes la responsabilidad por todos los problemas que se suscitan con el personal. Muchas veces dichos problemas, si bien se evidencian en los jefes, devienen de la falta de herramientas, de procedimientos inadecuados o, en ocasiones, aun contando con buenas herramientas, de fallas en su utilización por otros motivos, como escasa formación acerca de su uso y/o instructivos insuficientes y otras razones similares.

En todos los casos, Recursos Humanos deberá primero preguntarse si es adecuada –o no– la implementación de los subsistemas de Recursos Humanos y el soporte en materia de herramientas con el que cuentan los jefes de todos los niveles. En segundo término, deberá plantearse si los mencionados jefes conocen todas las herramientas disponibles, sus usos más adecuados, y si han sido debidamente capacitados para su implementación. Un ejemplo: con frecuencia los especialistas en RRHH expresan su disconformidad diciendo que "cuando hay que realizar la búsqueda de un nuevo colaborador los jefes no saben lo que quieren". Como siempre, podrá existir algún caso aislado en el cual los "jefes no saben lo que quieren"; sin embargo, en la mayoría de los casos los que fallan son los responsables de llevar a cabo el proceso de selección y/o el área de RRHH: muchas veces los jefes no cuentan con descriptivos de puestos actualizados, no se les formulan las preguntas adecuadas para definir el perfil de la búsqueda, y no siempre cuentan con las herramientas adecuadas para evaluar a los postulantes.

En materia de gestión de personas todos cumplen un rol. El área de Recursos Humanos por un lado y los jefes, de todos los niveles, por otro. Cuando existen problemas, se deberá determinar claramente sus causas y efectos, para poder diseñar cambios y métodos de trabajo fiables y eficaces para unos y otros.

Las buenas prácticas ofrecen soluciones aplicables a la mayoría de las situaciones organizacionales.

Una herramienta a implementar desde el área de Recursos Humanos para detectar problemas que puedan no ser evidentes a simple vista es la *entrevista de salida*. Es una buena práctica que no se utiliza con frecuencia.

Se trata de una reunión que realiza el área de Recursos Humanos con un colaborador cuando este decide dejar su puesto de trabajo (es decir, renuncia). Esta buena práctica podrá extenderse, además, a las personas que dejan la organización por otros motivos: despido, jubilación, retiro anticipado, etc.

Toda persona que se retira de la organización, cualquiera sea su nivel y el motivo que la ha llevado a hacerlo, debería ser entrevistada antes de su partida, idealmente por un responsable del área de Recursos Humanos, no necesariamente el número 1 del área, pero sí una persona con un cierto nivel jerárquico y con capacidad para detectar posibles problemas no expresados hasta ese momento y que quizá motivaron la desvinculación.

Otra buena práctica que permite obtener causas de eventuales problemas para así encontrar soluciones a ellos es la denominada *puertas abiertas*. La expresión hace referencia a una política organizacional por la cual los colaboradores pueden acceder a niveles superiores con facilidad, para plantear inquietudes y sugerencias, sin seguir una estricta línea jerárquica.

En la puesta en práctica, si bien se fomenta la comunicación entre los distintos niveles, esto se realiza sobre la base de algunas reglas previamente fijadas y conocidas por todos.

Si no se cuenta con ninguna de las opciones anteriores, siempre será posible estar atento a los comportamientos de los jefes de los distintos niveles, en especial cuando un jefe o directivo es jefe de colaboradores que, a su vez, son también jefes. El "jefe del jefe" puede transformarse en una guía muy valiosa para los jefes con menor experiencia y así ayudar a resolver problemas del día a día que, aun siendo de poca relevancia, pueden originar climas de trabajo positivos o negativos, según sean las circunstancias.

Las encuestas de satisfacción laboral y los jefes

Como se expresara, los jefes usualmente son señalados como los responsables de muchos problemas en materia de gestión de personas, que pueden repercutir en otros aspectos, como la consecución de los objetivos organizacionales.

Hay un factor de suma relevancia a tener en cuenta: el binomio "jefe-colaborador", en cualquier tipo de organización y estructura, conforma el núcleo de la relación laboral. Si bien muchas veces los jefes no tienen todo el poder de decisión, aun en niveles altos, son los que interactúan con frecuencia con sus propios colaboradores. Los jefes serán los primeros en detectar de manera temprana los problemas de sus colaboradores, los que podrán ayudarlos en su crecimiento y desarrollo y tantas otras circunstancias y situaciones positivas. En el polo opuesto, un jefe también podrá ser aquel que ignore las necesidades de sus colaboradores, que no los ayude, que no les permita crecer. Todo es posible.

Entre las buenas prácticas de Recursos Humanos podemos mencionar las *encuestas de satisfacción laboral*, también denominadas *encuestas de clima organizacional*, las cuales podrán brindar indicios cuando existen problemas con los jefes, con todos o con algunos de ellos.

Las mencionadas encuestas pueden ser de diferente tipo, no obstante, para que sean más eficaces deberían diseñarse a medida de cada organización y ser procesadas por un consultor externo que garantice la confidencialidad de las respuestas. Igualmente se recomienda que involucren a todos los colaboradores.

Una encuesta fiable brindará indicios acerca de los niveles generales de satisfacción respecto de la organización. Si las preguntas se abren en temas específicos, se podrá también evaluar otros aspectos, desde cuestiones edilicias hasta opiniones sobre políticas de Recursos Humanos, etc.

Para un resultado satisfactorio, tanto para la alta dirección y los jefes como para los colaboradores en general, será fundamental el diseño de la encuesta, que las preguntas versen sobre temas pertinentes a esa organización en particular, y la comunicación posterior sobre los resultados y las acciones a tomar en función de la información recogida.

Una vez que se han procesado los resultados, el primer análisis será por parte de los especialistas y/o el responsable de Recursos Humanos e, inmediatamente después, por los niveles gerenciales de la organización.

Si bien la experiencia indica que los resultados impactan más a los directivos que a los empleados, la comunicación a estos será muy importante y de suma utilidad. Un error común en el que muchas veces incurren las organizaciones es prestar atención solo a los grandes problemas. Los pequeños también deben ser considerados. Otro aspecto que con frecuencia induce a error son los temas/problemas que enmascaran otros conflictos. El análisis de los resultados de este tipo de encuestas debe ser amplio y detallado al mismo tiempo, correlacionando las distintas respuestas, contemplando todas las posibilidades. Como se dijo antes, un buen resultado depende de un buen diseño de las preguntas y de la encuesta en general.

A lo largo de mi trayectoria profesional he acompañado a muchas organizaciones que han realizado encuestas de clima (nombre que personalmente no me gusta, por ello las denominamos en todos nuestros trabajos como *encuestas de satisfacción*) y he participado de manera directa o indirecta tanto en las soluciones posibles como en atenuar problemas y consecuencias.

Los jefes como parte de la solución

Una de las "soluciones" que proponemos a nuestros clientes, tanto frente a cuestiones como la aquí planteada (qué hacer cuando los jefes no asumen su rol de jefe y cómo actuar con los jefes considerados difíciles por sus colaboradores) o bien como una manera de prevenir problemas, son los denominados "programas para jefes", expresión que hace referencia a un conjunto de programas dirigidos a todos los jefes, usualmente a partir del número 1 de la organización, con el propósito de fortalecer sus competencias y difundir las obligaciones adicionales que todo jefe debe asumir, inherentes a su rol específico de conductor de colaboradores.

Los programas específicos para jefes pueden ser de índole diversa. Para la obra *Las 50 herramientas de Recursos Humanos que todo profesional debe conocer* hemos seleccionado algunas temáticas que se podrían considerar "imprescindibles" para los jefes de todos los niveles. Ordenados por orden alfabético, estos programas son: *Cómo llevarme bien con mi jefe, Conciliar vida profesional y personal, Delegación, Jefe entrenador, Rol del jefe*.

A continuación, una breve explicación de cada uno de ellos:

- *Cómo llevarme bien con mi jefe.* Programa organizacional tendiente a lograr que los colaboradores de todos los niveles jerárquicos lleguen a transformarse "en el colaborador que la empresa desea". Se abordan varias temáticas: los jefes y los colaboradores; los amigos en el trabajo; el uso de los bienes de la empresa; autonomía en la relación jefe-colaborador, entre otras.

- *Conciliar vida profesional y personal.* Programa organizacional en tres partes. Primero, se identifican los diferentes intereses personales. Luego, se aborda el tema con dos miradas, la organizacional y la individual. El propósito de esta doble mirada será lograr el ideal buscado por todos: una vida armónica alcanzando tanto los objetivos profesionales como los personales.

- *Delegación.* Programa organizacional dirigido al desarrollo de la competencia denominada *Delegación* o *Conducción de personas.* Permite a los jefes distribuir tareas entre sus colaboradores de manera efectiva. Una buena delegación se relaciona con el programa siguiente en esta enumeración.

- *Jefe entrenador.* Programa organizacional dirigido al desarrollo de la competencia *Entrenador.* Todo jefe, desde el número 1 de la organización hasta aquel que tiene a su cargo pocos colaboradores, debe cumplir un rol en relación con estos: guía y apoyo a los colaboradores para que realicen mejor sus tareas.

- *Rol del jefe.* Cada jefe debe cumplir un rol en relación con sus colaboradores, una serie de tareas derivadas del hecho de contar con personas que le reportan. Para que este rol se verifique será necesario que la organización asuma una actitud activa al respecto, y nuestra sugerencia es hacerlo a través de programas específicos para jefes.

A las temáticas expuestas se podrían adicionar el desarrollo de la competencia *Liderar con el ejemplo,* también el desarrollo de otras competencias relacionadas, como *Toma de decisiones, Logro de acuerdos,* etc.

Este conjunto de programas mezcla conocimientos y competencias. Usualmente, se sugiere comenzar por *Rol del jefe.* Este es un programa de conocimientos sobre todo lo que debe hacer una persona con gente a su cargo para ser "un buen jefe".

Luego se puede continuar con cualquiera de los otros programas. En la figura superior de la página siguiente, se muestran dos programas sobre el lado izquierdo: *Delegación* y *Jefe entrenador.* Ambos tienen el foco en el desarrollo de una competencia, en el primer caso, la competencia *Conducción de personas* o, si se prefiere, *Delegación* o *Capacidad para delegar efectivamente,* y la segunda actividad o herramienta se focaliza en el desarrollo de la competencia *Entrenador.*

Conducción de personas y *Entrenador* son conceptos que, al haber sido desarrollados como competencias, cuentan con una definición y su apertura en grados o niveles, con sus respectivos comportamientos asociados.

Los temas relacionados con los jefes, en todos los casos, deberán ser analizados e implementados *de arriba hacia abajo* en el organigrama, partiendo del número 1 de la organización y, en cascada, llegando a todos los niveles de gerencia, jefatura y supervisión. La idea se expresa en la figura inferior de la página siguiente.

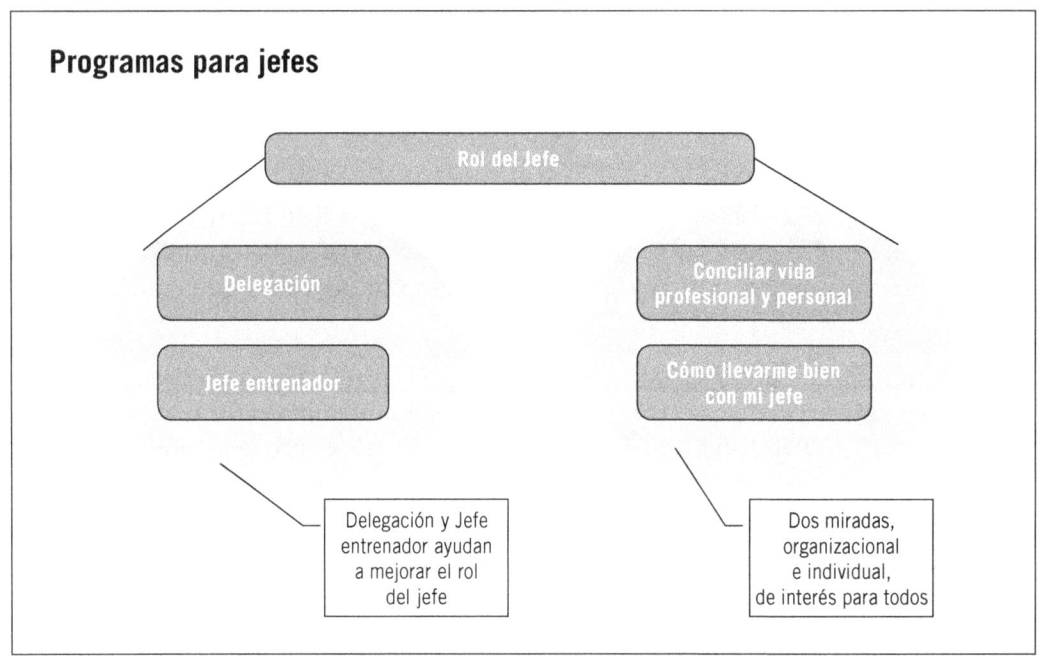

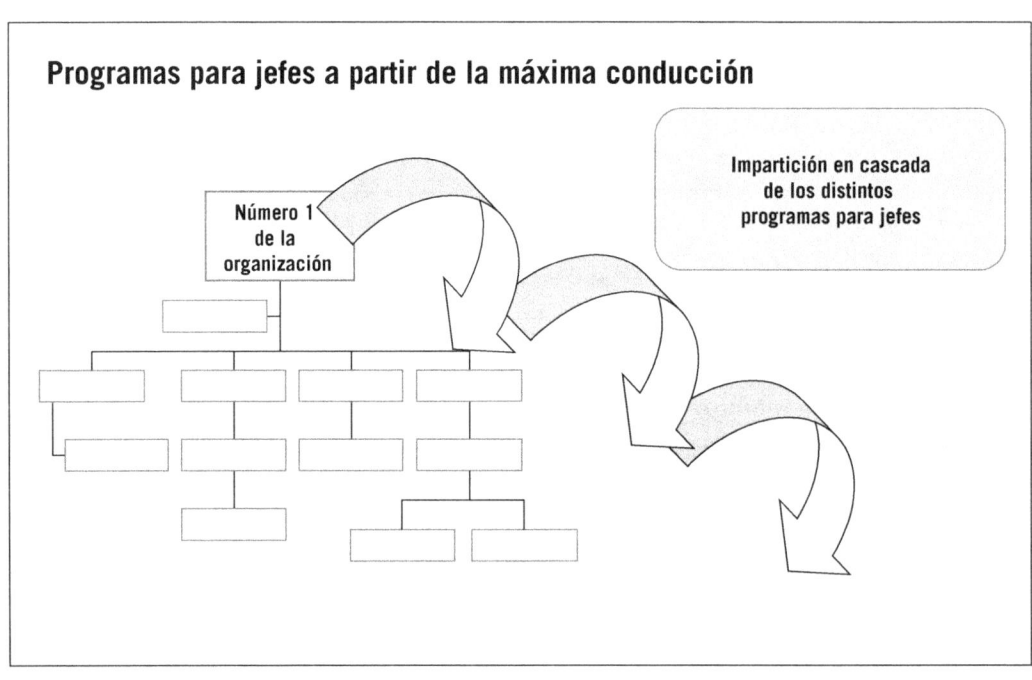

La temática de Recursos Humanos, tal como se la concibe en la actualidad, es vasta y diversa. Sin embargo, esta no es su característica más importante. Recursos Humanos no es una disciplina que competa solo a los especialistas. Por el contrario, es un tema que involucra a *todos*.

Les atañe a los jefes, dado que ellos conducen equipos de trabajo, de diferente índole y magnitud. Y afecta la perspectiva del colaborador, que muchas veces no comprende el porqué de algunas políticas o procedimientos.

Por esta razón, es muy importante trabajar sobre el rol de los jefes y el de los colaboradores. Cuando ambas miradas y puntos de vista se ensamblan adecuadamente, la relación se torna del tipo *ganar-ganar*.

La relación entre un jefe y su/s colaborador/es puede ser analizada desde dos *ángulos*. En la figura siguiente se muestra dicha interacción, donde cada uno de los conceptos es el complemento del otro, que es su opuesto.

A su vez, es importante recordar que, en muchas ocasiones, una persona es al mismo tiempo jefe y colaborador. De allí la riqueza de trabajar en simultáneo sobre los dos roles, y por este motivo *Cómo llevarme bien con mi jefe* se considera tanto un programa para jefes como un programa de liderazgo.

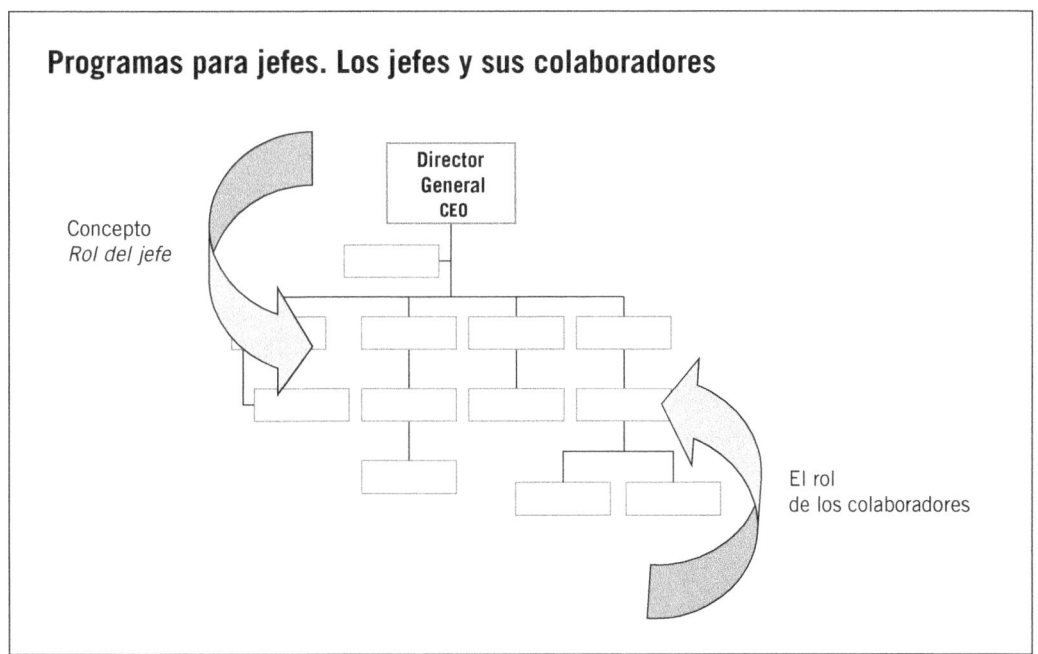

Las nuevas generaciones y los estilos de liderazgo

En el concepto de "nuevas generaciones" los límites no son muy precisos, y para definirlos hay que tener en cuenta la situación y las circunstancias de cada organización. Por lo cual aquí se hará una referencia de tipo general.

Según los especialistas, las nuevas generaciones responden a un nuevo tipo de liderazgo; de hecho, llegan a la vida laboral quizá ya perteneciendo a comunidades *on line*, donde el común denominador es la estructura horizontal. De ser esto así, la pregunta a formularse será acerca de los modelos de liderazgo más eficaces.

Más allá de las nuevas generaciones y los *social media*, casi como un consejo de salud organizacional diré que para enfrentar el presente, lo que se considera nuevo en el momento actual y lo que vendrá, hay que adoptar una suerte de "círculo virtuoso" básico: *entrenar, delegar, entrenar, delegar...* y así indefinidamente, desde el número 1 de la organización, en cascada, llegando a todos los niveles. Esta idea, que puede parecer meras palabras, constituye la base de todo esquema eficaz de liderazgo.

¿Por qué "entrenar-delegar-entrenar-delegar"? Existe un mito, que les atribuye a los jóvenes el deseo de *crecer rápido* (también en el ámbito organizacional), pero esto no siempre es así. Esto puede no ser exactamente así, y además podría no ser un aspecto negativo, si el marco organizacional es el adecuado. Si un jefe entrena a sus colabora-

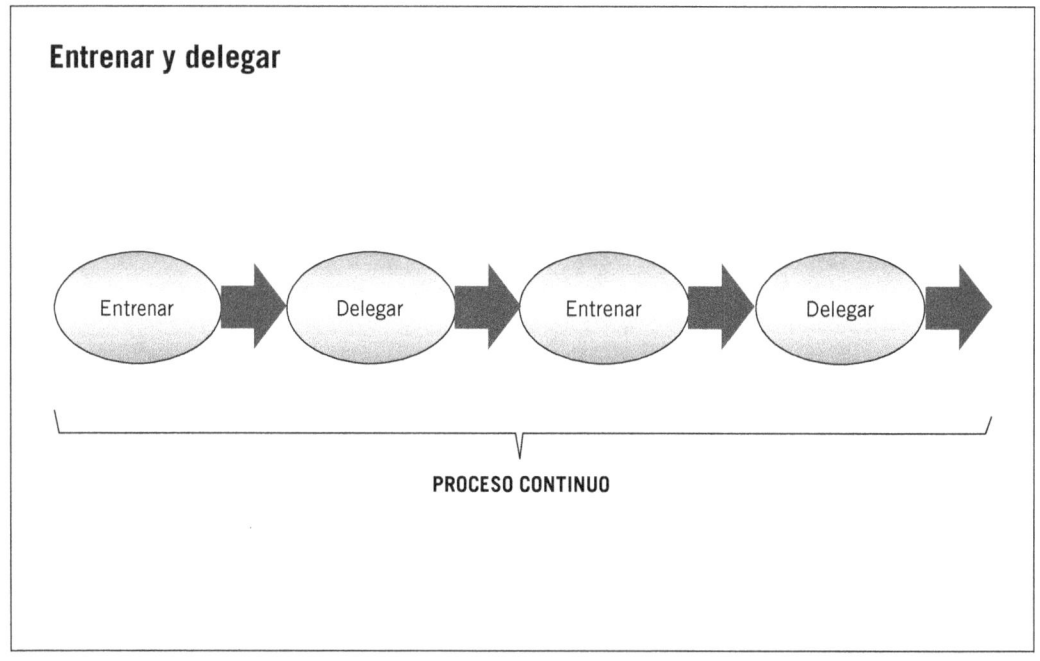

dores, ellos podrán ir asumiendo nuevas tareas y responsabilidades. Si el proceso es continuo, también de manera continua estos irán creciendo en sus puestos de trabajo.

¿Acerca de qué temas un jefe deberá "entrenar-delegar-entrenar-delegar"? Dependerá de cada caso y, como decíamos más arriba, no solo con relación a las nuevas generaciones. Cada jefe deberá determinar sobre qué entrenar y hasta dónde delegar. Este círculo virtuoso no será la solución de todos los problemas. Si, por ejemplo, el colaborador desea hacer otra cosa en lugar de la tarea que se le ha adjudicado, trabajar en otra actividad, el jefe no logrará mucho aunque aplique estas sugerencias. El mismo enfoque podrá ser sumamente productivo aplicado en una persona que ocupa el puesto adecuado y que está motivado por su función.

Los directivos, con frecuencia, se quejan por la alta rotación del personal, en especial entre los jóvenes. Si bien las causas de dicha rotación son diversas, uno de los caminos para mejorar la retención e incrementar la motivación, en especial de las nuevas generaciones, pasa por el proceso continuo expuesto en el gráfico precedente.

Las nuevas generaciones tienen una alta valoración de sus propios intereses, en algunos casos en detrimento de sus jefes y lugares de trabajo en general. Al mismo tiempo, no es sencillo motivarlos. Cuando se verifica el ciclo mencionado –entrenar, delegar, entrenar, delegar…–, los jóvenes sienten que al estar incrementando sus capacidades, al mismo tiempo están obrando en beneficio de sus intereses personales. Como es obvio, cuando ese proceso continuo se lleva a cabo en línea con la estrategia organizacional, se produce una situación del tipo *ganar-ganar*, positiva para todos los participantes.

Todo lo antedicho, siempre será considerado de cara al futuro –por ejemplo, el año 2025 o el momento elegido por cada organización–.

Especialmente en relación con las nuevas generaciones, surge un concepto muy interesante a tener en cuenta: "conciliación de vida profesional y personal", el cual hace referencia a la tarea constante que todas las personas realizan para llevar adelante, con equilibrio, su desarrollo laboral y profesional, por un lado, y por otro la plena realización de las necesidades y los deseos personales. El varón y la mujer necesitan, por razones económicas y psicológicas, crecer en el ámbito laboral, lo que sin duda implica un proceso altamente demandante. Pero también anhelan disponer de tiempo y energía suficientes para su dimensión personal, que no solo está referida a la familia sino a una variedad de intereses y anhelos. La conciliación entre los diferentes planos es de interés tanto individual como organizacional.

Todas las personas, no solo las nuevas generaciones, tienen diferentes intereses personales que administrar. Al mismo tiempo, la persona es un todo en todo momento. Todos estos conceptos debieran integrarse a los aspectos a considerar también para analizar a los jefes y directivos de todos los niveles.

Los términos líder y liderazgo pueden significar e implicar muchas cosas diferentes. Las organizaciones deberán definir cuál es el camino a seguir para alcanzar los planes estratégicos definidos, como ya se mencionara, de cara al futuro. Luego, sobre la base de estas definiciones estratégicas, deberán estipular qué capacidades de directivos y jefes de todos los niveles serán las necesarias.

No siempre cuando los jefes no asumen su rol de jefes o no son buenos jefes o sus colaboradores los ven como difíciles, la situación es como se ve en una primera instancia. En cualquier circunstancia se deberá analizar el problema o la situación con un criterio amplio, considerando todas las variables relacionadas.

No hay un estilo específico de liderazgo para adoptar. Los hay diversos y exitosos, según las estructuras organizacionales y los distintos contextos sociales.

Cada organización tendrá su visión y estrategia (de cara al futuro). En todos los casos, habrá que tener en cuenta que esta visión y estrategia solo se alcanzará con una adecuada elección de las competencias necesarias y, muy especialmente, las capacidades gerenciales de sus directivos y jefes.

Cómo resolver la *cuestión 4* desde la mirada del jefe

Según cuál sea su nivel jerárquico, un jefe podrá tener mayor o menor injerencia en las decisiones organizacionales. Pero siempre, en todos los casos, algo –mucho o poco– podrá hacer para llevar adelante su rol de jefe. Por lo tanto, en este sentido no valen las excusas basadas en características particulares de su empresa. Lea atentamente en qué consiste el rol del jefe y analice cómo mejorar al respecto. Según las circunstancias, podrá consultar en el área de Recursos Humanos sobre las herramientas disponibles en relación con sus roles como jefe.

Todos los jefes tienen su propio jefe, por lo tanto, sea proactivo y proponga mejoras en aquellos aspectos que considere importantes y sobre los cuales no pueda tomar decisiones.

Cómo resolver la *cuestión 4* desde la mirada del responsable de Recursos Humanos

Si bien esta cuestión tiene por título *Qué hacer cuando los jefes no asumen su rol de jefe y cómo actuar con los jefes considerados difíciles por sus colaboradores,* antes de poner el foco sobre los jefes y sus capacidades, sugiero primero analizar en profundidad los métodos y procedimientos de Recursos Humanos. Muchas veces los jefes tienen problemas con sus colaboradores como una consecuencia de aspectos relativos a la gestión de personas a nivel organizacional.

Analice los distintos procesos de RRHH, tanto en los aspectos que se resuelven dentro del área a su cargo (RRHH), como en los que involucran a otras áreas, tanto al nivel de jefes como de colaboradores. De este análisis detallado podrá obtener conclusiones y determinar áreas de mejora.

Adicionalmente, investigue si existen quejas y/o reclamos por parte de jefes y/o colaboradores sobre temas involucrados con la gestión de Recursos Humanos. Quizá podrá encontrar indicios de problemas o situaciones que podrían ser una fuente de problemas y objeto de alguna mejora.

En párrafos previos se ha sugerido una serie de programas y herramientas, desde los programas para jefes hasta la entrevista de salida y las encuestas de satisfacción laboral. Cuando las sugerencias surgen del área de RRHH se deberá enfocar su aplicación y explicación desde *la mirada del otro*. Ejemplo, proponer una encuesta de satisfacción laboral o encuesta de clima puede ser visto por la alta gerencia como algo superfluo si no se correlaciona con los resultados finales de la organización y la detección temprana de problemas, y esta observación vale con relación a cualquier otra buena práctica a adoptar.

En la obra *La Marca Recursos Humanos* he desarrollado una serie de aspectos a tener en cuenta para alcanzar un alto prestigio interno. Si bien puede suceder que la conducción de la organización sea difícil, que los jefes no cumplan sus roles de jefe y otras situaciones análogas, el camino para lograr el cambio deseado implicará, en todos los casos, alcanzar primero un alto valor de marca del área a su cargo (Recursos Humanos).

Cómo resolver la *cuestión 4* desde la mirada del número 1, CEO o dueño

Los número 1 tienen, en materia de gestión de personas, todas las responsabilidades y la mayoría de las soluciones. En primer lugar, deben evaluar la situación actual y definir en función de la estrategia lo necesario de cara al futuro. Con el panorama en claro, la mejor forma de canalizar estas inquietudes es a través de los programas para jefes. Si hay problemas, es una buena manera de comenzar a solucionarlos. Si no hay problemas, es una buena manera de prevenirlos. Sea un ejemplo y participe.

Adicionalmente, evalúe con el responsable de Recursos Humanos procedimientos y herramientas a implementar:

- Si los jefes disponen de herramientas sencillas y efectivas para cumplir sus roles de jefe.
- Las herramientas y procedimientos implementados desde RRHH que involucran a los jefes.

© GRANICA

- Las herramientas y los procedimientos que permiten analizar resultados y/o descubrir problemas, como los mencionados antes, la entrevista de salida y las encuestas de satisfacción personal. Algunos son muy sencillos de poner en práctica. Otros pueden tener un costo mayor.

Continuar leyendo

Sugerimos leer, con relación a esta temática, las siguientes cuestiones:

1. Cuestión 5. *Qué hacer cuando los jefes están muy ocupados para entrenar a sus colaboradores.*
2. Cuestión 6. *Qué hacer cuando los jefes están muy ocupados para delegar a sus colaboradores. Los peligros: falta de delegación versus sobredelegación.*
3. Cuestión 7. *Qué hacer cuando un colaborador de confianza no es un buen jefe.*
4. Cuestión 20. *Qué hacer para desarrollar las capacidades de los colaboradores. ¿La Universidad Corporativa puede ser una solución válida?*
5. Cuestión 21. *Qué hacer frente a demandas particulares de los colaboradores, cómo atender sus diversas expectativas y planes personales, y cómo actuar con los jefes que hacen promesas a sus colaboradores que luego no pueden cumplir.*
6. Cuestión 24. *Qué hacer frente a resultados insatisfactorios en una encuesta de clima (encuesta de satisfacción laboral).*

Para los interesados en seguir leyendo sobre este tema, sugerimos las siguientes obras:

- *Rol del jefe*
- *12 pasos para ser un buen jefe*
- *Cómo delegar efectivamente en 12 pasos*
- *Cómo transformarse en un jefe entrenador en 12 pasos*
- *Conciliar vida profesional y personal. Dos miradas, organizacional e individual*
- *12 pasos para conciliar vida profesional y personal. Desde la mirada individual*
- *Las 50 herramientas de Recursos Humanos que todo profesional debe conocer*
- *Diccionario de términos de Recursos Humanos*

Cuestión 5
Qué hacer cuando los jefes están muy ocupados para entrenar a sus colaboradores

Jefes entrenadores. Jefes que nos inspiraron. Jefes que dejaron enseñanzas. Jefes a los cuales nos queremos parecer... Todos hemos tenido buenos y malos jefes. Jefes de los cuales hemos aprendido mucho y otros de los que no. Jefes que son, aun después de mucho tiempo, un modelo a seguir, y otros a los cuales no nos queremos parecer. Personas que a la distancia valoramos como mentores o guías y otras que casi no recordamos.

Aquellos jefes de los que se ha aprendido mucho también varían en sus estilos. Están los que nos daban largas explicaciones, otros de pocas palabras a los cuales había que observar atentamente para aprender. También aquellos que nos plantearon retos y desafíos importantes, que nos brindaron su confianza, y otras opciones positivas y enriquecedoras.

Explicaremos en esta sección qué implica ser un jefe entrenador y cómo transformarse en jefe entrenador y/o mejorar esta característica fundamental. Ahora bien. No todos los jefes son entrenadores.

¿Qué argumentos usan los que no son entrenadores?

- *No comparto mis conocimientos porque me hacen valioso en la organización.*
- *No entreno a mi equipo porque "no tengo tiempo" para enseñar / explicar las tareas.*
- *No enseño porque mis colaboradores no me inspiran confianza.*
- *No enseño porque mis jefes no me enseñaron, ninguno fue generoso conmigo. ¿Por qué debo hacerlo yo?*

Para el título de esta cuestión he considerado uno de estos "argumentos" o excusas, por ser lo que se esgrime con mayor frecuencia. Introduzco la palabra "excusa" porque, como se verá más adelante, no es necesario "tener tiempo" o utilizar tiempo extra para ser un entrenador, más bien lo contrario. Ser entrenador no implica recarga alguna en las tareas a cargo. En realidad produce el efecto inverso, permite disponer de más tiempo para otros asuntos.

También con frecuencia nos preguntan: ¿Cómo transformarse en *un jefe entrenador*?

- ¿*Cómo ser un buen jefe entrenador de mis colaboradores?*
- ¿*Debo realizar acciones a diario o solo muy de vez en cuando?*
- ¿*Cómo ser un jefe entrenador si nunca se fue jefe? ¿Se aprende de la experiencia?*
- ¿*Por qué debo ser un jefe entrenador si mi propio jefe no lo es conmigo?*

Como ya se expusiera, el término "jefe" involucra a todos, desde el número 1 de la organización hasta aquel otro que solo tiene a su cargo un reducido número de colaboradores. El dueño de una empresa que ejerce un rol de conducción también es un jefe.

Entre los roles más importantes o funciones adicionales a las propias de su especialidad (producción, finanzas, compras, auditoría, administración, sistemas, recursos humanos, ventas, etc., según corresponda) y derivadas de la mera circunstancia de ser jefe, de tener personas a su cargo, se puede mencionar el armado de sus equipos de trabajo (selección) y también el entrenamiento y la formación (de las personas a su cargo). Adicionalmente, todo jefe evalúa a sus colaboradores, tanto en el día a día como en las oportunidades que la organización haya definido como las adecuadas para la evaluación del desempeño de todos los colaboradores.

Entre las funciones importantes también sobresalen la distribución de tareas y la delegación, y relacionada directamente con el tema que nos atañe en este apartado, el *jefe entrenador*.

El jefe entrenador, además de evaluar a sus colaboradores en el día a día, les brindará su apoyo y aliento, tanto cuando una persona hace las cosas bien como cuando algo no sale de la manera deseada. Siempre se debe dar soporte al colaborador para que continúe perseverando hasta alcanzar el objetivo buscado, el nivel pretendido. Ser un jefe entrenador no implica dar clases o un curso a sus colaboradores; por el contrario, un jefe entrenador será aquel que los guía en forma permanente, tanto en materia de conocimientos como en lo referente a los comportamientos (competencias y valores). Por ejemplo, dirá de manera cotidiana y natural, según corresponda: "está muy bien", "debería mejorar", "no está bien, debería hacerse de tal otro modo".

A modo de resumen, podemos decir que el término "jefe entrenador" se utiliza para identificar uno de los roles de los jefes, mencionado más arriba. Dicho concepto implica que el jefe es una persona que al mismo tiempo que cumple el *rol de jefe* lleva adelante otra función respecto de sus colaboradores: ser guía y consejero en una relación orientada al aprendizaje, función que debiera asumir de manera deliberada, deseando hacerlo y convencido de los resultados a obtener.

Para que un jefe se transforme en jefe entrenador o, ya siéndolo, mejore esta capacidad, el camino sugerido es el desarrollo de la competencia *Entrenador*.

Convertirse en jefe entrenador no implica adicionar tareas. Por el contrario, se trata de un comportamiento permanente que un jefe lleva a cabo en la relación cotidiana con sus colaboradores.

Por último, más allá de las distintas denominaciones, los aspectos que se tratarán a continuación serán aplicables a todos los directivos, tanto al número 1 de la organización como a otros niveles gerenciales y de supervisión. Adicionalmente, y como ya se expresara en otros apartados, deberían ser implementados *de arriba hacia abajo*, partiendo del número 1 de la organización y, en cascada, llegando a todos los niveles.

Para cumplir con el mencionado "rol de jefe" se debe poseer, en algún grado, la competencia *Delegación,* que en nuestra metodología, con un enfoque amplio, se denomina *Conducción de personas*. Adicionalmente, para enfrentar, entre otros, los problemas que se derivan de la interacción con las nuevas generaciones, se debe sumar al concepto anterior la capacidad para ser *entrenador*. Por último, se observa la necesidad de ser un *ejemplo*. Los conceptos involucrados en estas competencias son:

Conducción de personas	Capacidad para dirigir un grupo de colaboradores, distribuir tareas y delegar autoridad, además de proveer oportunidades de aprendizaje y crecimiento. Implica la capacidad para desarrollar el talento y potencial de su gente, brindar retroalimentación oportuna sobre su desempeño y adaptar los estilos de dirección a las características individuales y de grupo, al identificar y reconocer aquello que motiva, estimula e inspira a sus colaboradores, con la finalidad de permitirles realizar sus mejores contribuciones.
Entrenador	Capacidad para formar a otros tanto en conocimientos como en competencias. Implica un genuino esfuerzo para fomentar el aprendizaje a largo plazo y/o el desarrollo de otras personas, más allá de su responsabilidad específica y cotidiana.
Liderar con el ejemplo	Capacidad para comunicar la visión estratégica y los valores de la organización a través de un modelo de conducción personal acorde con la ética, y motivar a los colaboradores a alcanzar los objetivos planteados con sentido de pertenencia y real compromiso. Capacidad para promover la innovación y la creatividad, en un ambiente de trabajo confortable.

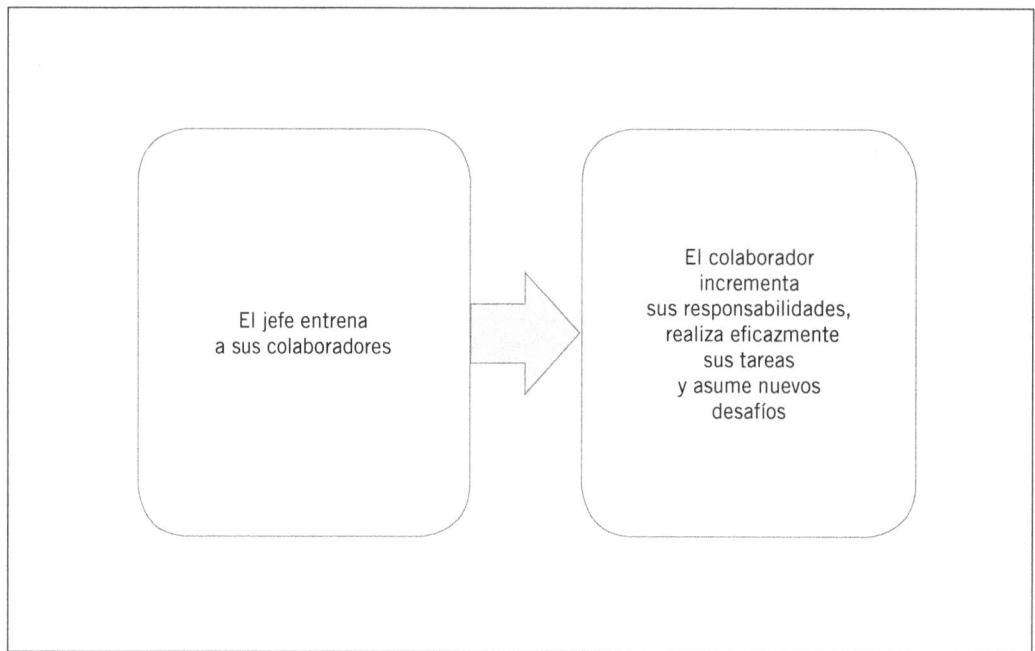

Cuando un jefe entrena a sus colaboradores siempre es bien visto por todos, en especial por los propios colaboradores, dado que les permite mejorar, desenvolverse con mayor autonomía, identificándose más con sus tareas y obteniendo mejores resultados. El jefe entrenador permite que el colaborador desarrolle sus capacidades (conocimientos, competencias, experiencia), incrementando así su autoestima. Se produce un círculo virtuoso que beneficia a ambas partes.

El jefe que ayuda a su colaborador en su crecimiento, indirectamente él también mejora su propio desempeño e incrementa sus capacidades.

Autodesarrollo de la capacidad para ser jefe entrenador en 12 pasos

Como se expresara en párrafos previos, ser entrenador es una competencia, y uno de los mejores caminos para el desarrollo de cualquier competencia es el autodesarrollo, que podría definirse como aquellas acciones que realiza una persona, por su propia iniciativa, para mejorar. Sin embargo, en muchas ocasiones una persona, estando convencida y deseosa de llevar a cabo su autodesarrollo, no sabe cómo hacerlo.

Entre otros métodos para el desarrollo compartiremos a continuación uno de probada eficacia, que se denomina "12 pasos" y está pensado y diseñado para el autodesarrollo de diferentes tipos de capacidades.

Este método forma parte de la Metodología Martha Alles International y lo hemos denominado "Método 12 pasos"©.

En resumen, el *Método 12 pasos* permite desarrollar tanto un conocimiento como una competencia, y podría aplicarse dentro o fuera del trabajo o, según el caso, de manera mixta, en los dos ámbitos.

Para el desarrollo de un conocimiento y/o de una competencia, siempre es mejor dividir la acción a realizar en partes, en unidades de menor dimensión. Usualmente, dichas partes tienen una secuencia lógica.

La idea es que los pasos se van llevando a cabo uno a uno, por ello están numerados a partir del 1 y hasta el número 12. A continuación se expondrán los 12 pasos sugeridos para el desarrollo de la competencia *Entrenador* y/o para convertirse en un jefe entrenador y/o mejorar al respecto.

1. Transfórmese en un referente en materia de aprendizaje.
2. Promueva el desarrollo.
3. Guíe a sus colaboradores.
4. Sea un ejemplo para sus colaboradores.
5. Construya el compromiso con la acción.
6. Brinde aliento.
7. Difunda los valores organizacionales. Luego, evalúe y brinde retroalimentación.
8. Transfórmese en un modelo a seguir por sus valores y principios éticos.
9. Sea proactivo en relación con las capacidades de sus colaboradores.
10. Comparta conocimientos.
11. Sea un modelo a seguir en relación con las competencias organizacionales.
12. Desarrolle a su equipo a través de la delegación.

Como se ha explicado, los pasos siguen una secuencia lógica, primero se debe cumplir el paso 1, para luego realizar el paso 2, y así sucesivamente.

El paso 1 hace referencia al propio jefe: no será posible ser un buen entrenador si la persona no lo es con relación a sí misma (es decir, si no tiene la voluntad de incrementar sus capacidades o no sabe cómo hacerlo). Ahora bien, cubierto este primer aspecto, y a partir del paso 2, un jefe debe proponer el desarrollo, la formación de las personas a su cargo, guiarlas al respecto y, una cuestión muy relevante, deberá brindar retroalimentación honesta, respetuosa y objetiva, señalando fortalezas y debilidades, junto con las necesidades de desarrollo/formación que cada colaborador requiera. En todos los casos, el jefe deberá ser un ejemplo a seguir, no será posible decir "usted haga tal cosa" y, al mismo tiempo, hacer otra diferente.

La confianza se construye a partir del ejemplo, demostrando a los colaboradores que se espera que ellos hagan las cosas bien, para lo cual cuentan con el apoyo del jefe.

Otro de los pasos mencionados indica "brindar aliento"; sin embargo hacerlo bien es un arte. El aliento debe darse en la justa medida, en el momento oportuno. Sin exagerar ni los elogios frente a un acierto ni las indicaciones correctivas frente a un error.

Para completar todo lo anterior, un jefe debe compartir conocimientos y experiencias relacionadas. Cuando se explican las tareas a realizar, deberá transmitir conocimientos como una forma de complementar las instrucciones. Póngase en el lugar del otro, de ese modo, podrá determinar la justa medida, lo necesario en cada caso.

Retomando el aspecto señalado en el título, "los jefes no entrenan porque están ocupados", es importante destacar que los pasos sugeridos no implican una carga adicional para la persona que los lleve a cabo, ya que se realizan en simultáneo con las tareas habituales. Implica tomar conciencia de la condición de entrenador en relación con el equipo a cargo. Es un comportamiento que se incorpora a los habituales.

Una vez que completó los pasos 1 a 10, la capacidad para ser un jefe entrenador se habrá incrementado. No obstante, se podría completar dicho nivel superior con dos acciones adicionales: ser un *modelo*, en especial, en relación con las competencias organizacionales y, por último, entrenar a los colaboradores a través de la *delegación*. Delegar dando las instrucciones pertinentes es, también, una forma de entrenar a sus colaboradores (ver figura superior en la página siguiente).

En resumen, a través de los pasos 11 y 12 se perfeccionan las acciones realizadas para mejorar el rol de jefe entrenador.

Para el desarrollo de la capacidad para ser entrenador no es necesario ser jefe. Es posible ser entrenador también en otras circunstancias.

Para desarrollar una capacidad mediante el método 12 pasos, primero se divide dicha capacidad en 12 partes, y eventualmente cada una de estas partes podría abrirse en otras más pequeñas o subpasos.

Para alcanzar mayor efectividad, entre paso y paso se debe realizar una autoevaluación-reflexión, antes de pasar al paso posterior.

La idea se expresa en la figura al pie de la página siguiente.

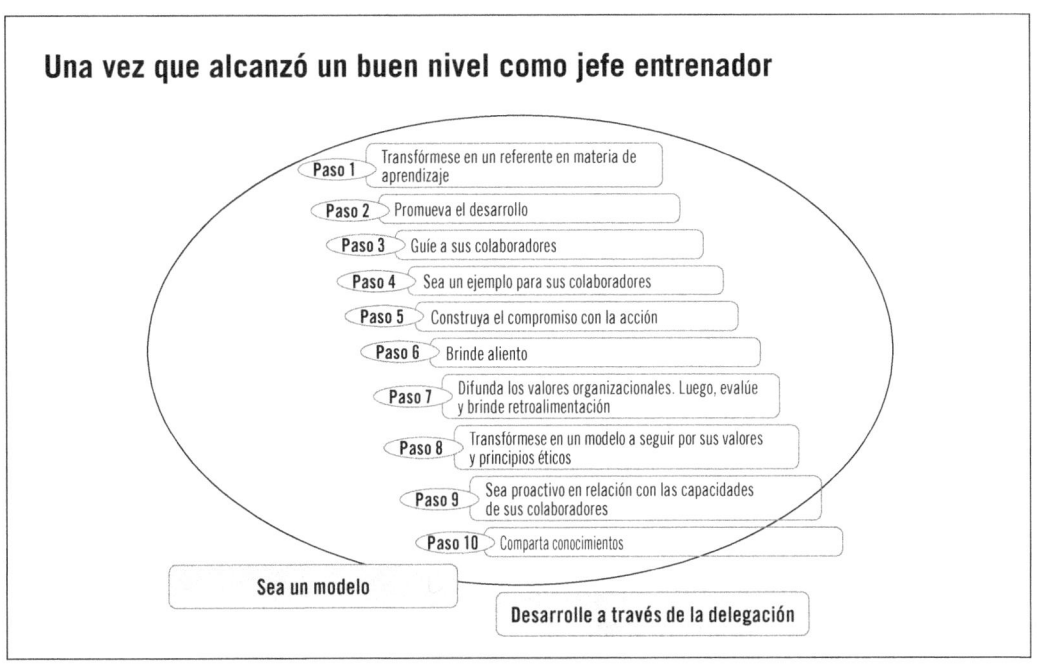

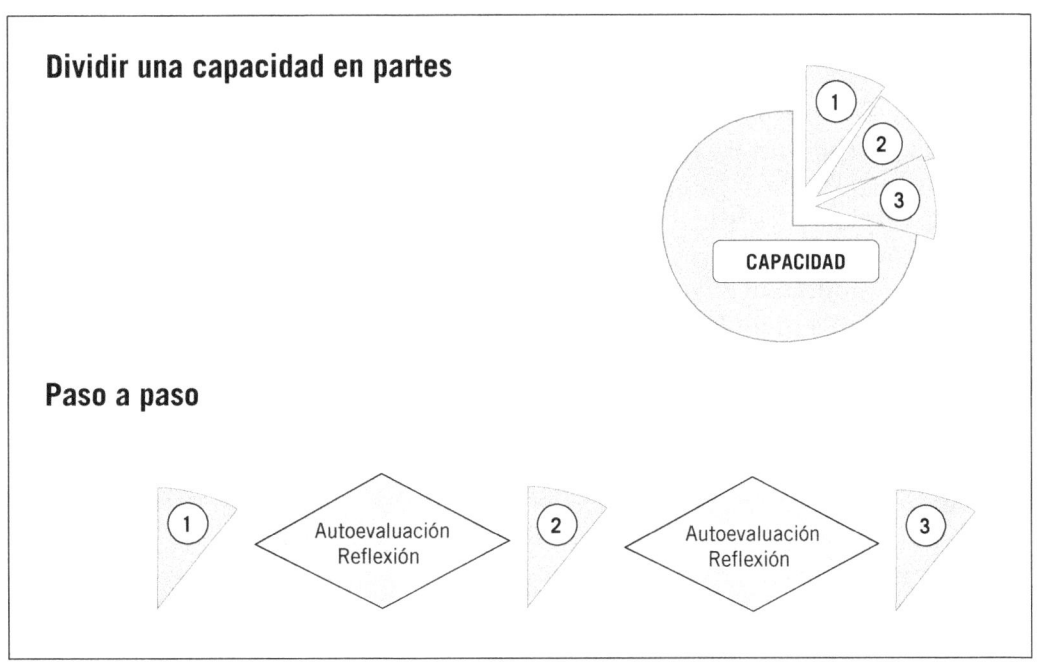

En resumen, el método 12 pasos, como su nombre lo indica, consiste en ir desarrollando *paso a paso* una capacidad.

Muchas personas son entrenadores de otras sin proponérselo, sin ser jefes o siéndolo, de manera natural. Otras, aun deseando ser entrenadores de las personas a su cargo, no saben cómo hacerlo. Para unos y para otros, el método 12 pasos será de suma utilidad.

Las nuevas generaciones y la conducción de personas

En la actualidad el tema de las nuevas generaciones, su menor compromiso, la falta de comprensión de los mayores sobre los comportamientos de los más jóvenes y otras preocupaciones circundantes, es un asunto frecuente en conversaciones, congresos, seminarios y otros foros. Entre otros conceptos, se afirma que es necesario contar con un nuevo estilo de liderazgo para integrar *todas* las generaciones que hoy conviven en el ámbito de las organizaciones –no solo las nuevas–, aunque estas parecieran ser el foco del problema.

Las nuevas generaciones han nacido en un mundo digital donde, entre otras características, podemos señalar la inmediatez en las comunicaciones, y en el cual los resultados de las acciones son casi inmediatos. Podrán ser buenos o malos, pero siempre se espera que sean instantáneos.

Esta inmediatez en las acciones, propias y del contexto en general, podría ser la causa de un eventual menor compromiso, no solo frente a lo laboral, sino en general, frente a otros aspectos de la vida también.

Para contrarrestar, de algún modo, esa necesidad de los más jóvenes por obtener resultados rápidos, desde la mirada del jefe y la organización una buena sugerencia será contar con jefes entrenadores. Estos jefes, a través de una acción cotidiana y permanente, podrán ayudar a los jóvenes a crecer, a crecer más rápido. Desde ya, no es la solución a todos los problemas, pero atenúa los posibles efectos negativos.

Continuando con los jefes que son entrenadores, la acción de entrenar a su equipo se complementa con la delegación. Si los colaboradores mejoran sus capacidades será posible delegarles más funciones, de mayor responsabilidad y alcance.

En resumen, podríamos dibujar un imaginario círculo donde para delegar hay que entrenar y una forma de entrenar es delegar.

Para que todo lo hasta aquí descrito se verifique será necesario el compromiso por parte de los jefes –para entrenar y delegar– y por parte de los colaboradores para asumir de manera efectiva las tareas delegadas y, además, transformarse en sujetos de aprendizaje eficaces.

Cómo resolver la *cuestión 5* desde la mirada del jefe

Retomando un comentario formulado al inicio, la mayoría de las veces, cuando un jefe argumenta que no entrena a su equipo por falta de tiempo, porque está muy ocupado, esto es solo una excusa. Sin embargo, esta afirmación es muy frecuente. Quizá sus razones para "no entrenar" sean otras diferentes, o bien simplemente no sabe cómo hacerlo.

En cualquier circunstancia, si usted es uno de los jefes que plantean estar muy ocupados para entrenar, le sugiero que analice las verdaderas razones. Además, tenga en cuenta que el primer beneficiado de entrenar a sus colaboradores será usted mismo y, por último, cuando usted adquiera comportamientos de jefe entrenador, no estará más ocupado, sucederá todo lo contrario.

El sueño de todo jefe es delegar tareas y que estas sean realizadas tal cual lo esperado; contar con un equipo que les permita a todos alcanzar los objetivos, es decir, los objetivos que él mismo deba alcanzar y los del sector/área a su cargo, etc. Sin embargo, las soluciones mágicas no existen.

Un jefe debe entrenar a sus colaboradores porque el primer beneficiado será él mismo. En ocasiones esto no se ve así, surgen los miedos, las envidias y otros factores negativos. También es cierto que pueden existir malos colaboradores. Todo es posible. No obstante, no habrá ni crecimiento personal ni éxito a mediano o largo plazo si no se cuenta con un equipo a cargo fuerte, con un grado alto –eventualmente medio– de desarrollo de sus capacidades.

Si usted es de los que piensan como lo expresa el título de esta cuestión, que no entrena a sus colaboradores porque está muy ocupado y/o no tiene tiempo para dedicar a esa función, revea su actitud. Analice la situación en su verdadera dimensión. Tenga en cuenta que ser entrenador de sus colaboradores no implica adicionar tareas a las que ya tiene sino que, por el contrario, es un comportamiento cotidiano en relación con sus colaboradores, que lo beneficiará.

Cómo resolver la *cuestión 5* desde la mirada del responsable de Recursos Humanos

Como se expresara en la mirada anterior (la del jefe), la experiencia profesional nos indica que cuando los jefes argumentan no tener tiempo para entrenar, aunque sea cierto que están muy ocupados, no es esta la razón por la cual no lo hacen. Entrenar al equipo no lleva tiempo, es un comportamiento que se concreta al mismo tiempo que se hace cualquier tarea y, eventualmente, se lo puede desarrollar.

Si los jefes y/o colaboradores de todos los niveles están muy ocupados, las razones podrán ser diversas y no relacionadas con el rol de todo jefe –ser un entrenador de su equipo–. De todos modos, si ese es el problema, se deberá realizar un diagnóstico para determinar las causas. La sobrecarga de tareas, en cualquier nivel organizacional, debe ser evaluada y analizada.

Si se reciben quejas por parte de los colaboradores con relación a que los jefes no entrenan, no dan buenas explicaciones de las tareas a realizar u otras deficiencias similares, se debería –también– hacer un diagnóstico y plan de mejora al respecto. Es posible que una situación de este tipo se evidencie de manera directa o indirecta en una encuesta de clima o satisfacción laboral.

Desde el área de Recursos Humanos con frecuencia se promueven y se llevan a cabo actividades de formación sobre liderazgo. Revea las temáticas, asegúrese de que los programas para jefes consideren lo que denominamos "rol del jefe" y, muy especialmente, considere el desarrollo de la competencia *Entrenador* en todos los jefes, de todos los niveles.

Cómo resolver la *cuestión 5* desde la mirada del número 1, CEO o dueño

El número 1 es, le guste o no la idea, un modelo a seguir. Lo será se lo proponga o no. En los temas relacionados con los roles de los jefes, lo será en grado superlativo.

Si usted es de los número 1 que utilizan excusas para no entrenar, revise esta actitud a la luz de lo expuesto en las páginas previas. Del mismo modo, analice este aspecto si los jefes/directivos a su cargo utilizan argumentos similares.

Con relación a ser o no un jefe entrenador, analice cuidadosamente sus comportamientos. Adicionalmente, analice los pasos del Método 12 pasos. Vea si usted los lleva a cabo y, muy especialmente, analice –además– qué imagen tienen sobre usted las otras personas en relación con su rol de jefe entrenador.

Si por alguna circunstancia usted evaluara que no es percibido como tal, deberá pensar en hacer algo para transformarse en un ejemplo en este aspecto.

Si, por el contrario, usted considera que en el ámbito de la organización es considerado como un jefe entrenador, analice si puede mejorar más aún.

Por último, en todos los casos, proponga e implemente programas para jefes que incluyan el desarrollo de la competencia *Entrenador* y participe activamente de dichos programas.

Continuar leyendo

Sugerimos leer, con relación a esta temática, las siguientes cuestiones:

1. Cuestión 4. *Qué hacer cuando los jefes no asumen su rol de jefe y cómo actuar con los jefes considerados difíciles por sus colaboradores.*
2. Cuestión 6. *Qué hacer cuando los jefes están muy ocupados para delegar a sus colaboradores. Los peligros: falta de delegación versus sobredelegación.*
3. Cuestión 7. *Qué hacer cuando un colaborador de confianza no es un buen jefe.*
4. Cuestión 20. *Qué hacer para desarrollar las capacidades de los colaboradores. ¿La Universidad Corporativa puede ser una solución válida?*
5. Cuestión 24. *Qué hacer frente a resultados insatisfactorios en una encuesta de clima (encuesta de satisfacción laboral).*

Para los interesados en seguir leyendo sobre este tema, sugerimos las siguientes obras:

- *Rol del jefe*
- *12 pasos para ser un buen jefe*
- *Cómo delegar efectivamente en 12 pasos*
- *Cómo transformarse en un jefe entrenador en 12 pasos*
- *Las 50 herramientas de Recursos Humanos que todo profesional debe conocer*
- *Diccionario de términos de Recursos Humanos*

CUESTIÓN **6**
Qué hacer cuando los jefes están muy ocupados para delegar a sus colaboradores. Los peligros: falta de delegación *versus* sobredelegación

Delegar es una de las funciones habituales de todos los jefes: unos lo hacen bien, otros no. Unos delegan poco, otros lo hacen en demasía.

La capacidad de delegar es una competencia[1], por lo cual se evidencia en comportamientos; y no es necesario haber sido jefe para tener, en algún grado, dicha competencia. Niños pequeños, personas que no han trabajado ni han sido jefes delegan con entusiasmo y alta efectividad.

Por lo tanto, siendo la capacidad de delegar una competencia, será posible observarla en distintos grados. Al mismo tiempo, el nivel necesario de delegación para ser un buen jefe dependerá del tipo de trabajo y/o de la categoría del puesto ocupado.

¿Qué es posible observar de manera frecuente en el ámbito de las organizaciones? Ambas situaciones mencionadas más arriba, jefes que delegan poco y, en el sentido opuesto, otros que delegan "demasiado" –es decir, delegan aquello que, por alguna razón, deberían hacer ellos–. A esto lo denominamos sobredelegación. Ambos extremos suelen ser negativos.

¿Qué argumentos esgrimen los que no delegan?

- *No delego porque "lo hago mejor". No delego porque "lo hago más rápido".*

- *No delego porque "no tengo tiempo" para enseñar/explicar las tareas a delegar.*

---

1 En la Metodología MAI la competencia "delegación", con un enfoque amplio, se denomina *Conducción de personas*. La definición de dicha competencia es: *Capacidad para dirigir un grupo de colaboradores, distribuir tareas y delegar autoridad, además de proveer oportunidades de aprendizaje y crecimiento. Implica la capacidad para desarrollar el talento y potencial de su gente, brindar retroalimentación oportuna sobre su desempeño y adaptar los estilos de dirección a las características individuales y de grupo, al identificar y reconocer aquello que motiva, estimula e inspira a sus colaboradores, con la finalidad de permitirles realizar sus mejores contribuciones.*

- *No delego porque mis colaboradores no me inspiran confianza.*
- *No delego porque mi jefe no me delega otras tareas…*

Y los que delegan en demasía dicen:

- *Confío en mis colaboradores, por ello delego sin mucho análisis.*
- *Hay que darles oportunidades a las generaciones jóvenes.*
- *No tengo tiempo, por eso delego lo más posible.*

Quizá unos y otros tengan razón. Hacer las cosas uno mismo, en ocasiones, implica insumir menos tiempo en la realización de una tarea. Por otro lado, confiar y dar oportunidades siempre es bueno.

Pero aunque cada uno de los argumentos expuestos pueda tener su asidero, siempre se debe delegar con criterio para no caer en ninguno de los dos extremos ya mencionados.

¿Hasta dónde delegar?

La palabra "jefe" aquí utilizada es un concepto referido a todos aquellos que tienen personas a su cargo, sin importar el nivel jerárquico que posean. El número 1 de la organización es jefe al igual que otros que reportan a él y también tienen personas a su cargo. Del mismo modo, es jefe aquel que está al frente de su propia empresa, en la que trabajan otras personas, familiares o no, y también es jefe el director de una película o de una orquesta, un ballet o un equipo deportivo. Con esta perspectiva se utiliza en todos los casos la palabra "jefe".

En la obra *Rol del jefe* se plantearon las siguientes preguntas: ¿qué significa ser jefe?; ¿hasta dónde se debe delegar?, y ¿hasta qué punto es responsable uno (el jefe) y otros (los colaboradores)? Muchos jefes piensan que una vez que delegaron una tarea ya no son responsables de ella, y si no se lleva a cabo o se hace mal –por cualquier razón– aducen: "el responsable es XX", donde el mencionado XX es un colaborador a quien el jefe supervisa. Los que tenemos algunos años de experiencia sabemos que esta atribución de responsabilidades no es correcta.

Un jefe que delega una tarea sigue siendo, de un modo u otro, "responsable" por dicha tarea, razón por la cual tiene la obligación de supervisar su desarrollo y sus resultados. Cuando se delega una tarea, la persona que la asume es responsable solo ante el jefe por su ejecución. El jefe no se libera de la responsabilidad por los resultados o consecuencias: será el que *responda* por la tarea delegada a su colaborador. Allí surgen dos conceptos:

- Ser responsable por...
- Responder por...

Esto significa:

- El jefe (gerente o número 1) es la persona que responde por el trabajo tanto propio como de sus colaboradores; la delegación de tareas que realiza no implica un abandono o desentendimiento respecto de ellas sino exclusivamente un traspaso de la responsabilidad por su ejecución, siendo él la persona que responderá ante otros por los resultados.

- El jefe (gerente o número 1) es la persona responsable de administrar los recursos y conducir a su gente de modo tal de potenciar las capacidades individuales en pos de alcanzar los mejores resultados.

- El jefe (gerente o número 1) debe brindar a su equipo una guía eficaz, agregando valor al trabajo de sus subordinados.

Los que no delegan suelen presentar excusas muy convincentes para fundamentar su actitud. De todos modos, y a pesar de que usualmente se propone mejorar la delegación, como decíamos más arriba, existe el peligro de la *sobredelegación*. No delegar puede ser tan malo como delegar lo que no debería ser delegado. Todo jefe debe aprender a delegar *adecuadamente*.

Otro aspecto que se sugiere tener en cuenta es que la delegación debe realizarse *en cascada*. Si se delega una tarea a un colaborador, podrá al mismo tiempo evaluarse si alguna tarea de este puede ser a su vez total o parcialmente delegada a otro colaborador, por ejemplo, más *junior* o de menor nivel en la estructura de su área o sector (ver figura superior en página siguiente).

Una delegación eficaz es siempre bien vista por el colaborador, dado que le permite mejorar, desenvolverse con mayor autonomía. Al mismo tiempo que se identifica más con sus tareas, obtiene mejores resultados, lo cual le permite desarrollar sus capacidades (conocimientos, competencias, experiencia) incrementando su autoestima. Se produce un círculo virtuoso para ambas partes (ver imagen inferior en la página siguiente).

Proceso de delegación *en cascada*

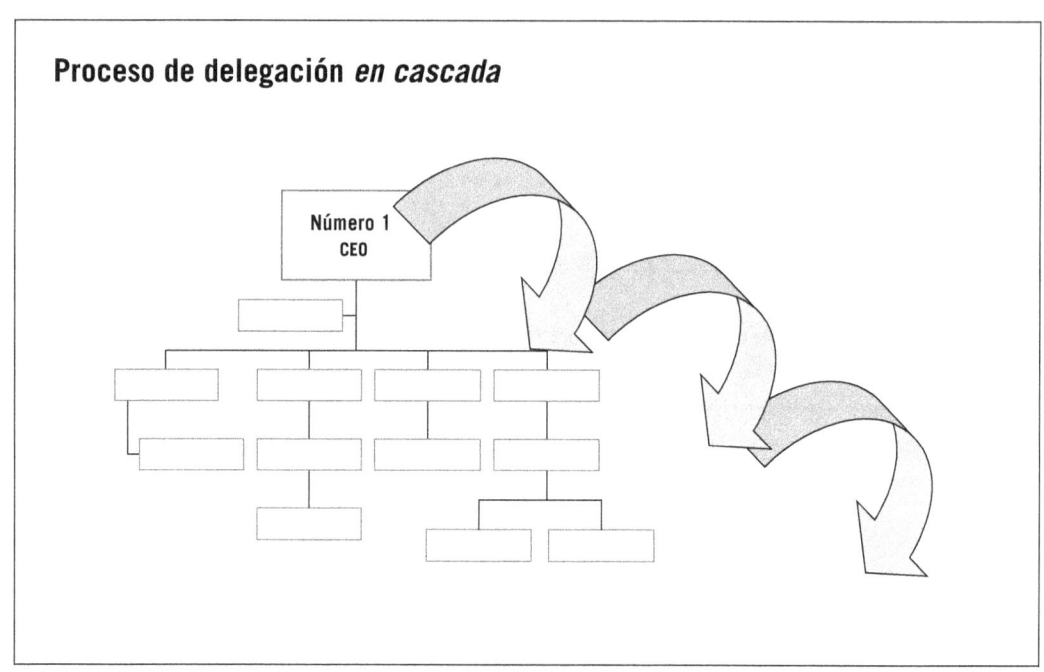

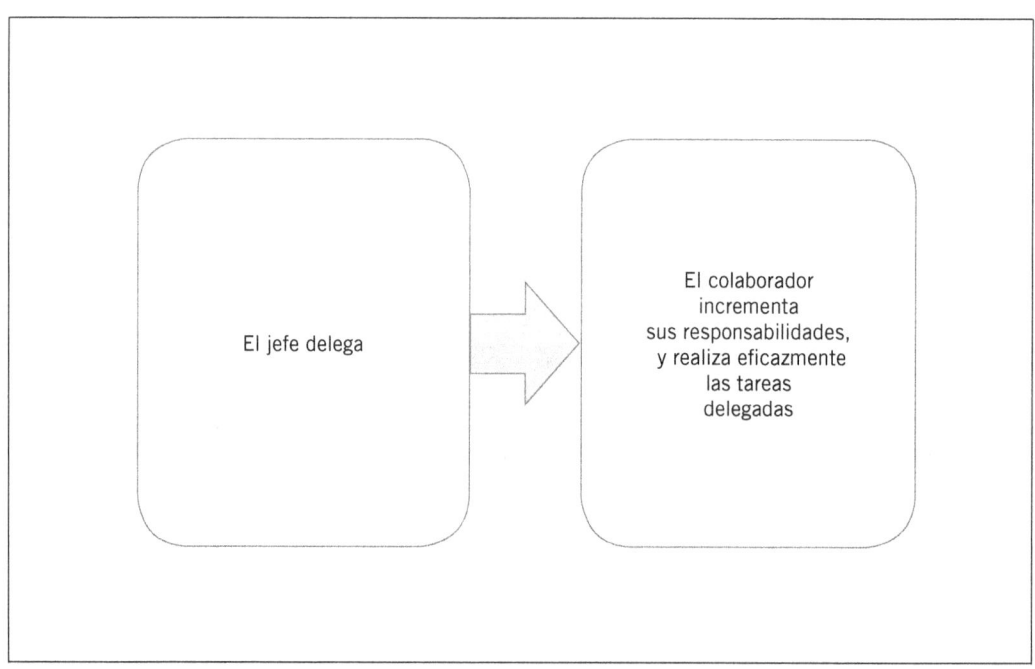

Errores frecuentes en delegación
• Elegir a la persona inadecuada
• Delegar tareas que no deberían delegarse
• Comunicar de manera inadecuada
• Dar instrucciones y/o asignar recursos insuficientes o inadecuados
• Realizar controles y seguimiento insuficientes o nulos

Desde la mirada del jefe, el logro de mejores resultados por parte del colaborador permite asignarle tareas más desafiantes, con mayores responsabilidades. En todos los casos implica un crecimiento mutuo.

En la tabla precedente, algunos errores frecuentes en delegación.

Brindar retroalimentación es una de las funciones de los jefes. Sin embargo, no siempre se la realiza de la mejor manera, y esto podría señalarse como una de las situaciones que con más frecuencia deberían mejorar.

Las personas, tanto los colaboradores como los jefes, tienen tendencia a decir solamente las cosas que están mal o no están del todo bien. Si, por ejemplo, un jefe piensa *No tengo tiempo para decir si cada cosa está bien o mal, solo informo sobre aquello que es necesario modificar o corregir,* así lo percibirán sus colaboradores. El colaborador podrá pensar: *Si el jefe no dice que algo está mal, es porque está bien. Esa es su forma de comunicar que se están haciendo las cosas bien. ¡Nunca un elogio!*

A brindar retroalimentación y a comunicarse efectivamente se puede aprender; es posible mejorar estas capacidades para alcanzar un nivel satisfactorio. Cuando esto se logra, es bueno tanto para el propio jefe como para los colaboradores.

La delegación es un proceso que debe realizarse *paso a paso*

El *proceso de delegación* implica una serie de pasos, que se recomienda seguir, para llevarla a cabo de manera adecuada. Muchas personas desearían delegar, pero no saben cómo hacerlo. Otros lo han intentado sin éxito.

En el presente existen muchas personas sobrecargadas de tareas y que son *workaholics* o *adictos al trabajo.* Estos casos son más frecuentes que lo que se podría imaginar. Suelen ser personas con baja o escasa capacidad de delegación. Los *workaholics* también tienen su repertorio de excusas para justificar este tipo de comportamiento; una de ellas es la que asignamos como título a esta cuestión: *estar muy ocupados para delegar.*

Cada jefe deberá llevar a cabo un profundo análisis de todas las tareas a su cargo para luego reflexionar e identificar cuáles puede delegar. Un registro minucioso inicial será de gran ayuda para un análisis eficaz de la situación.

La capacidad de delegar, como ya se expresara, es una competencia y como tal es posible desarrollarla. Para ello, uno de los mejores caminos es el autodesarrollo, el cual podría definirse como aquellas acciones que realiza una persona, por su propia iniciativa, para mejorar. Sin embargo, aun convencidos de hacerlo, no siempre se sabe cómo llevar adelante ese proceso de mejora.

En nuestra metodología se consideran varios métodos para el autodesarrollo. Uno de ellos es el que denominamos "12 Pasos"[2]. Se trata de un método de aprendizaje que permite desarrollar tanto competencias como conocimientos. Para alcanzar dicho desarrollo se propone dividir la acción a realizar en partes, en unidades de menor dimensión. Usualmente, dichas partes tienen una secuencia lógica.

A continuación se expondrán de manera secuencial los pasos sugeridos para el desarrollo de la capacidad para delegar, ya sea que no se la posea o que se desee mejorar y alcanzar un nivel superior.

1. Analice las tareas a su cargo
2. Evalúe las capacidades de sus colaboradores
3. Elija a quién delegar
4. Comunique las tareas a delegar
5. Brinde indicaciones precisas
6. Determine necesidades de aprendizaje
7. Analice caso por caso
8. Asegúrese de contar con los recursos necesarios
9. Brinde retroalimentación
10. Evalúe el proceso de delegación
11. Analice otra vez las tareas a su cargo
12. Delegue nuevas tareas

---
2 El Método 12 pasos forma parte de la Metodología Martha Alles International©.

La delegación comienza con un análisis exhaustivo de las propias tareas (paso 1). Como decíamos en párrafos anteriores, algunas serán delegables y otras no. Delegar las que no deberían ser delegadas produce un problema ya mencionado, la sobredelegación.

Una vez que el jefe determinó cuáles tareas será factible delegar, comienza el análisis de las capacidades de los colaboradores para luego elegir a quién delegar cada tarea. Este aspecto es clave; si se delega una tarea a la persona equivocada, el perjuicio puede ser significativo para todos los involucrados.

Una vez que el responsable realizó esta elección, comenzará el proceso de delegación. Desde comunicar hasta brindar indicaciones precisas al respecto.

Adicionalmente se deberá tener en cuenta si los colaboradores necesitan algún tipo de apoyo en materia de aprendizaje, si cuentan con todo lo materialmente necesario, etc.

Una vez llevados a la práctica los primeros 8 pasos, el proceso de delegación se completa con los pasos 9 y 10, que consisten en brindar retroalimentación y evaluar el proceso de delegación.

La retroalimentación es un factor clave y se la menciona como esencial con relación a varias cuestiones analizadas en esta obra. En el caso que aquí nos ocupa, la delegación, será recomendable realizar un seguimiento acerca del grado de avance, de las eventuales dudas, etc., en la frecuencia previamente estipulada, por ejemplo, diaria, semanal, mensual, según se haya convenido. Adicionalmente, el jefe deberá responder las consultas que le sean formuladas; será muy importante que lo haga en el momento en que estas dudas surgen, para favorecer el proceso de aprendizaje y delegación.

Por último, cuando el jefe realice seguimiento y/o responda dudas, debería confirmar el grado de satisfacción, tanto desde su perspectiva como de la de otros implicados en la tarea delegada.

A partir del paso 9 (brindar retroalimentación), será el momento de analizar todo lo actuado y evaluar los resultados, determinar si las cosas resultaron de acuerdo con lo esperado o bien si será necesario aplicar alguna medida correctiva.

Si todo salió de acuerdo a lo esperado, se podrá profundizar el proceso de delegación. La idea se expresa en la figura de la página siguiente.

Una vez que se completó un proceso de delegación, se podrá perfeccionar dicha acción realizando los pasos 11 y 12, es decir, analizar nuevamente las tareas, determinar si en función de los resultados obtenidos es factible delegar otras.

De algún modo el proceso de delegación se reinicia, delegando nuevas tareas.

El Método 12 pasos, si bien en una primera lectura parece solo aplicable al ámbito de las organizaciones, cuando se lo analiza en detalle se ve que puede utilizarse en otros ámbitos, desde los de tipo personal hasta otros como en la organización de actividades sociales, comunitarias, etc.

Paso a paso para delegar efectivamente

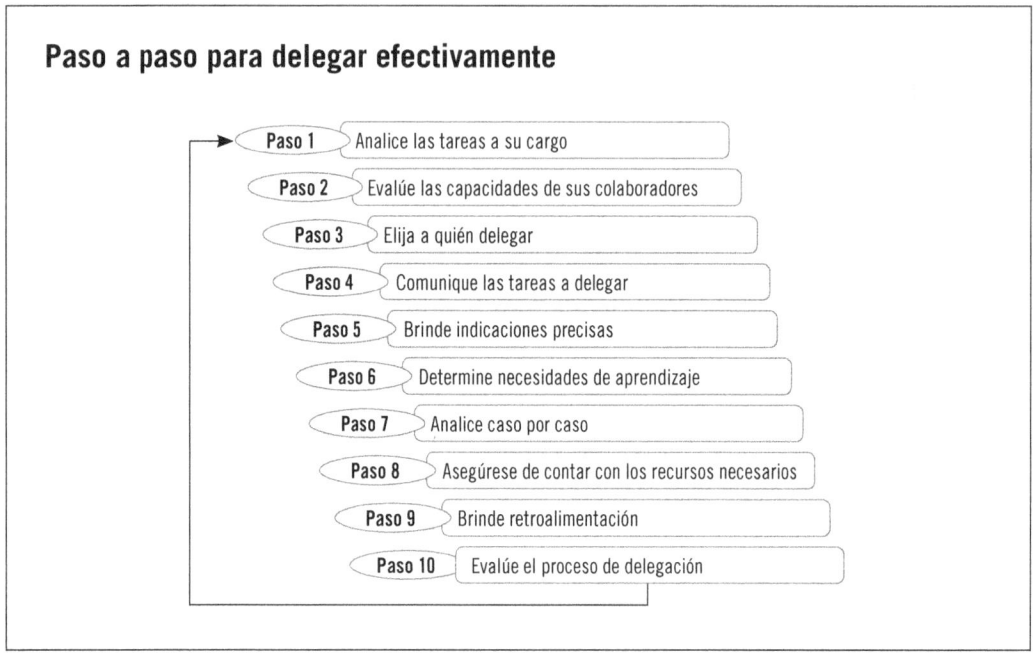

Cómo resolver la *cuestión 6* desde la mirada del jefe

La delegación, como ya se expresara, es una tarea y una competencia ligada de manera sumamente estrecha al rol de todo jefe o conductor de un grupo de personas. Por lo tanto, todo lo expuesto en esta cuestión les atañe directamente a todos los directivos y jefes.

Al analizar las tareas a su cargo para elegir cuáles delegar, usted deberá ser al mismo tiempo cuidadoso y asumir riesgos. La decisión de cuáles tareas delegar y cuáles no, con muy escasas excepciones, será una decisión a tomar bajo su propia responsabilidad.

Una vez que se tomó la decisión acerca de las tareas a delegar, deberá seguir los pasos posteriores sugeridos, comenzando por analizar las capacidades de sus colaboradores. Una vez que eligió y asignó las tareas a delegar, preste especial atención a la comunicación, brindando indicaciones precisas, y determine si es necesario algún aprendizaje adicional por parte del colaborador. Confirme que sus colaboradores tienen todo lo necesario para llevar a cabo las tareas delegadas. Por último, brinde la retroalimentación adecuada.

Recuerde evaluar el proceso de delegación. Siempre se pueden hacer las cosas un poco mejor. Por ello, tanto si usted piensa que delega bien o no está conforme con cómo lo hace, siempre será una buena idea hacer algo para mejorar.

Si usted es un jefe que se siente agobiado por tener muchas tareas a su cargo, no utilice excusas de ningún tipo y abóquese a aprender a delegar. Le será de gran utilidad en todos los ámbitos, no solo en relación con la vida profesional.

Cómo resolver la *cuestión 6* desde la mirada del responsable de Recursos Humanos

Si los jefes y/o colaboradores de todos los niveles están muy ocupados, las razones podrán ser diversas y no relacionadas con la delegación en sí misma. Si en la organización los jefes están realmente "muy ocupados", se deberá realizar un diagnóstico para determinar las causas de esa situación. La sobrecarga de tareas, en cualquier nivel organizacional, deberá ser evaluada y analizada.

Si en la organización se presentan muchos problemas porque los directivos delegan tareas que deberían hacer ellos o las encargan a colaboradores no preparados, se debería –también– hacer un diagnóstico y elaborar un plan de mejora al respecto. Es posible que una circunstancia de este tipo se evidencie de manera directa o indirecta en una encuesta de clima o satisfacción laboral.

Los número 1 del área Recursos Humanos son, usualmente, los responsables de la confección de los planes de formación. También tienen a su cargo determinar, diseñar y/o elegir herramientas para la medición de capacidades, en este caso, la capacidad para delegar. Desde este rol, será posible incluir el desarrollo de la capacidad para delegar como una competencia, tal cual fue expuesto en estas páginas. En nuestra metodología, la competencia específica es *Conducción de personas*.

Para mejorar la capacidad de delegación de los jefes de todos los niveles se sugieren los programas para jefes, comenzando con la temática *Rol del jefe* y, a continuación, encarar el desarrollo específico de la capacidad de delegación.

Para el desarrollo de las capacidades para ser entrenador y para delegar efectivamente se puede utilizar –además de los programas para jefes mencionados en el párrafo anterior– el autodesarrollo a través de, por ejemplo, el Método 12 pasos descrito antes.

Cuando se hayan detectado en los jefes brechas significativas entre los comportamientos deseados y los efectivamente observados, se recomienda la utilización de más de un camino para alcanzar el desarrollo.

Cómo resolver la *cuestión 6* desde la mirada del número 1, CEO o dueño

Como ya se ha expresado, los número 1 (CEO, dueño), junto con otros altos directivos, son un modelo de referencia para los colaboradores, tanto para ser imitados, como para no serlo, cuando no se los considera un ejemplo positivo. Por lo tanto, las buenas prácticas en materia de delegación deben ejemplificarse desde la máxima conducción.

Si usted es de los que utilizan excusas para no delegar, revise esta actitud a la luz de lo expuesto en las páginas previas. También deberá rever la situación si los jefes/directivos a su cargo utilizan argumentos similares.

En cuanto a los jefes que le reportan, el número 1 debería promover la delegación como parte de los métodos de trabajo, empezando con su propio ejemplo. Una de las formas sería a través de una asignación de responsabilidades más cercana a la ocurrencia de los hechos, es decir, "bajar" las decisiones todo lo que sea posible según el tipo de actividad y la estructura organizacional.

Cualquiera sea la situación del número 1, es decir que delegue o no de manera adecuada, siempre será imprescindible que participe activamente en los programas internos que se lleven a cabo para el desarrollo de las capacidades de los jefes, para que todos cumplan mejor sus roles de jefe.

En cuanto a los métodos de trabajo, como el *modelo de competencias*, el número 1 debería propiciar la inclusión de competencias específicas gerenciales[3] que incluyan la delegación como parte de las capacidades necesarias para ser jefe y/o directivo en el marco de esa organización en particular. De este modo, cada vez que se designe un nuevo directivo/jefe, ya sea a través de una promoción interna o de un proceso de selección externa, se mediría la capacidad para delegar, antes de efectivizarse el nombramiento.

Continuar leyendo

Sugerimos leer, con relación a esta temática, las siguientes cuestiones:

1. Cuestión 4. *Qué hacer cuando los jefes no asumen su rol de jefe y cómo actuar con los jefes considerados difíciles por sus colaboradores.*

---

3 En la cuestión número 5 se mencionaron 3 competencias específicas gerenciales como las consideradas indispensables en todo jefe: *Conducción de personas, Entrenador, Liderar con el ejemplo.*

2. Cuestión 5. *Qué hacer cuando los jefes están muy ocupados para entrenar a sus colaboradores*

3. Cuestión 7. *Qué hacer cuando un colaborador de confianza no es un buen jefe.*

4. Cuestión 20. *Qué hacer para desarrollar las capacidades de los colaboradores. ¿La Universidad Corporativa puede ser una solución válida?*

5. Cuestión 24. *Qué hacer frente a resultados insatisfactorios en una encuesta de clima (encuesta de satisfacción laboral).*

Para los interesados en seguir leyendo sobre este tema, sugerimos las siguientes obras:

- *Rol del jefe*
- *12 pasos para ser un buen jefe*
- *Cómo delegar efectivamente en 12 pasos*
- *Cómo transformarse en un jefe entrenador en 12 pasos*
- *Las 50 herramientas de Recursos Humanos que todo profesional debe conocer*
- *Diccionario de términos de Recursos Humanos*

Cuestión 7
Qué hacer cuando un colaborador de confianza no es un buen jefe

La expresión "colaborador de confianza" es utilizada con frecuencia e involucra muchos aspectos. El término "confianza"[1] en su acepción primera significa "esperanza firme que se tiene de alguien o algo". Sin embargo, cuando es utilizado en este contexto, el término implica usualmente otros significados adicionales, tales como:

- Sentir y obrar en todo momento de acuerdo con los valores morales y las buenas costumbres (Ética).
- Sentir como propios los objetivos de la organización (Compromiso).
- Actuar con congruencia entre el decir y el hacer (Integridad).
- Dar a otros y a uno mismo un trato digno, franco y tolerante (Respeto).

Definido el concepto "confianza" con la amplitud aquí señalada, el mismo representa un conjunto de valores altamente deseable en todos los colaboradores. Por lo tanto, la confianza es un gran valor personal que, en algunos contextos sociales, puede ser difícil de encontrar.

No obstante lo antedicho y la importancia que debe asignársele a este valor, la evaluación acerca de las capacidades para designar a una persona para ocupar un puesto de trabajo, en especial, si estará a cargo de otras personas, debería considerar, además, otros factores. Se desarrollará esta idea en las páginas siguientes.

---
1 Fuente: www.rae.es

Si se designó un jefe que no responde a las expectativas

Como se infiere desde el título de esta cuestión, en ocasiones, por priorizar valores personales que son muy importantes, se designan jefes que no tienen las capacidades necesarias para desempeñar ese rol. Lamentablemente, es muy frecuente la designación de jefes, incluso altos directivos, que no poseen las competencias para ser un buen jefe y, por ende, luego no responden a las expectativas. Los casos son diversos, jefes que saben mucho de su especialidad pero no son buenos dirigiendo su equipo, o que no planifican o no controlan, y muchas otras características y circunstancias.

En cada caso se deberá determinar las causas por las cuales una persona no responde a las expectativas como jefe. Usualmente, se detectan brechas en materia de competencias. El primer paso será determinar el tipo de brecha (o brechas) y establecer un pronóstico al respecto. Algunas brechas podrán tener un pronóstico favorable, por lo cual, será posible alcanzar una mejora en un tiempo razonable. En otros casos, esto puede no ser así.

En el primero de los supuestos, un pronóstico favorable, se sugiere confeccionar un plan de desarrollo combinando distintas herramientas para lograr resultados en el menor tiempo posible.

Si el pronóstico fuese negativo, se deberá evaluar cada caso. Quizá sea mejor para todos los involucrados una reasignación a otra posición. Las empresas, con frecuencia, desvinculan al jefe que no alcanzó un buen desempeño. No estoy de acuerdo –en términos generales– con esta "solución", retomaremos este tema más adelante.

Para los jefes que son buenos jefes y para los que no lo son tanto, se sugiere la implementación de programas, tales como el denominado *Rol del jefe*, el cual permite a jefes y directivos revisar todas las implicancias de *ser jefe*, todas las funciones que una persona debe asumir por el mero hecho de ser jefe. Adicionalmente, siempre será también una buena idea implementar programas para desarrollar y/o mejorar capacidades que todos los jefes deberían tener, como la delegación y su condición de entrenador de sus colaboradores (*Jefe entrenador*).

A continuación se verá todo lo que hay que hacer antes de designar a una persona a una nueva posición. De cumplirse los pasos sugeridos, se minimizan las designaciones inadecuadas, con jefes que luego no cumplen con las expectativas.

También se verán diferentes tipos de carreras organizacionales, para tener en cuenta cuando sea necesario y así poder analizar las distintas opciones disponibles. Personas con firmes valores personales y competencias también muy valiosas podrán ser consideradas para posiciones diversas, continuando un desarrollo de carrera interesante y fructífero para todos.

Qué hacer antes de nombrar un nuevo jefe

Para ocupar cualquier puesto de trabajo es necesario contar con conocimientos, experiencia (no requerida en algunos casos), competencias y motivación.

Cuando se realiza una búsqueda externa o interna, primero se define el perfil de la búsqueda, concepto que implica el conjunto de capacidades requeridas para un puesto de trabajo, y que es una información necesaria para realizar la selección de su futuro ocupante. Puede incluir, además, factores adicionales.

Este perfil de la búsqueda se contrasta o coteja con el perfil del postulante o conjunto de capacidades de una persona, incluyendo sus estudios formales, conocimientos, competencias y experiencia, así como su motivación tanto en relación con su carrera como para el cambio laboral.

Esta comparación entre condiciones requeridas y capacidades de una persona también debería realizarse en el caso de las promociones internas, concepto que hace referencia a las acciones mediante las cuales los colaboradores de la organización son elevados a un nivel superior al que poseían. Por extensión, el término también se utiliza en el caso de desplazamientos laterales o de otro tipo, dentro de la organización. En todos los casos, las promociones internas deberían realizarse analizando y evaluando los conocimientos, experiencia y competencias de una persona en relación con el puesto a ocupar.

Sin embargo, lo antedicho no siempre se tiene en cuenta. Muchas veces la designación de una persona, ya sea promovida por su jefe directo, un alto directivo y/o el área de Recursos Humanos, se basa en consideraciones personales tales como las mencionadas más arriba, su confianza, lealtad, compromiso y otros valores que son de gran importancia pero que podrían llegar a ser insuficientes.

Las buenas prácticas indican que antes de designar un nuevo jefe se deben analizar y evaluar los aspectos que se exponen en la figura de la página siguiente.

Según se desprende de la figura un puesto se conforma de los siguientes conceptos/requisitos:

- *Conocimientos*. En este ítem se incluyen diversos aspectos relacionados, desde la necesidad de un título universitario o académico en particular, hasta los conocimientos derivados de dichos estudios. Pueden agregarse otros conocimientos adquiridos en capacitaciones adicionales. Aquí se incluyen, además, idiomas y cualquier otro requisito análogo.

- *Experiencia*. Dependerá de cada puesto el tipo de experiencia que se requiera. Puede ser solo en relación con las funciones específicas o incluir, además, experiencia en el manejo de equipos de trabajo.

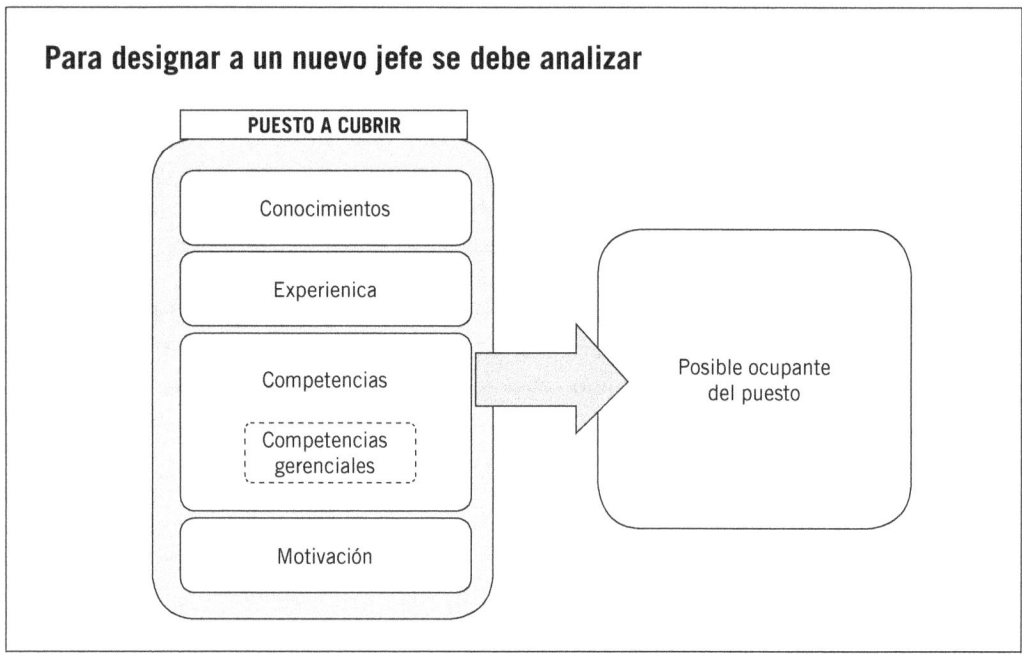

- *Competencias*[2]. Usualmente los modelos de competencias consideran en su diseño competencias cardinales[3], competencias específicas[4] gerenciales y competencias específicas por área. Todas son importantes y necesarias.

- *Motivación en relación con el nuevo puesto.* En ocasiones se da por descontada la motivación positiva en relación con un nuevo puesto que implique mayor remuneración y responsabilidades y no siempre es así. Por lo cual, en todos los casos, deberá ser evaluada.

Los diferentes ítems mencionados en la figura precedente que integran el "puesto a cubrir" deberán ser analizados y evaluados en cada uno de los posibles candidatos a ocupar cualquier tipo de posición.

---

[2] *Competencia:* el término hace referencia a las características de personalidad, devenidas en comportamientos, que generan un desempeño exitoso en un puesto de trabajo.
[3] *Competencia cardinal:* competencia aplicable a todos los integrantes de la organización. Las competencias cardinales representan la esencia de la organización y permiten alcanzar su visión.
[4] *Competencia específica:* competencia aplicable a colectivos específicos, por ejemplo, un área de la organización o un cierto nivel, como el gerencial.

En el caso de posiciones que impliquen algún nivel de supervisión, las implicancias son múltiples. Contar con los requisitos del puesto no solo le permitirá a esa persona en particular alcanzar el éxito en su respectivo puesto de trabajo, sino que afectará sensiblemente el desempeño, las carreras y la motivación del equipo de colaboradores a su cargo.

En mis años de práctica profesional me he encontrado con incontables situaciones donde muy buenas personas fueron designadas para ocupar puestos para los cuales no contaban con las competencias necesarias. Luego de un tiempo, estas personas fueron separadas de sus cargos con la consecuente pérdida del empleo y, aun en casos en que la persona siguió perteneciendo a la organización, lo hizo de algún modo "degradada" en su carrera y sus perspectivas. Cuando esto sucede se escuchan frases tales como "no respondió a las expectativas", "no dio la talla" y otras semejantes. Difícilmente se analice cómo y por qué esa persona fue designada para ese puesto para el cual no estuvo a la altura. Usualmente, la decisión fue tomada por alguien superior en rango jerárquico, quien no asume las consecuencias de su error. El "jefe", ahora cuestionado, solo se limitó a aceptar una nueva posición que le fue propuesta.

Para prevenir malas decisiones, el procedimiento a seguir es el expuesto en párrafos previos. A una persona que se aprecia y valora es mucho más honesto y considerado decirle antes de asumir que no es el indicado que, luego, frente a la realidad de una mala gestión, separarla de su puesto.

Distintos tipos de carrera

Retomando algunas consideraciones iniciales, no siempre hacer carrera debería implicar ascender a un nivel superior. Muchas personas pueden realizar carreras altamente satisfactorias en otra dirección.

El término "carrera" se utiliza para señalar el camino que una persona recorre en el ámbito de una organización y que contempla los intereses de ambas partes, empleado y empleador, en una relación *ganar-ganar*.

La carrera puede ser de tipo gerencial o como especialista, entre las variantes más difundidas.

El término *carrera ascendente* –o *carrera vertical ascendente*– es la variante más conocida, e implica que la persona es promovida a niveles superiores a lo largo de su permanencia en la organización.

Por el contrario, la *carrera descendente*, si bien no es frecuente, implica que una persona vuelve a un nivel anterior luego de una promoción que por algún motivo no se resuelve favorablemente. Puede ocurrir también cuando una persona,

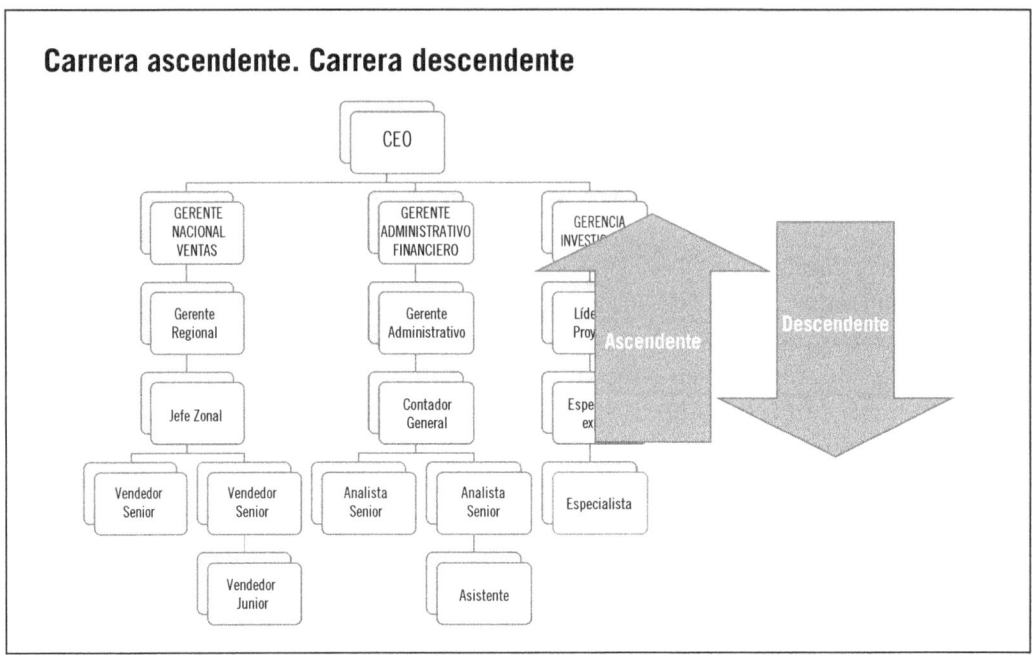

en una carrera vertical ascendente, momentáneamente pasa a una posición de menor nivel para ganar experiencia en un área determinada diferente a la de su especialidad.

En relación con la primera variante (una persona vuelve a un nivel anterior), este tipo de situación puede presentarse cuando una persona no responde a las características del nuevo puesto, ya sea por falta de las capacidades requeridas o bien porque las nuevas funciones implican ciertas exigencias –por ejemplo, viajes prolongados o jornada laboral extendida– que no se corresponden con sus proyectos personales.

En todos los casos, y como ya se señalara, antes de la designación a un nuevo puesto deberán medirse las capacidades (conocimientos, competencias y experiencia) y evaluarse, además, la correspondencia entre las exigencias del nuevo puesto y los proyectos personales del colaborador en cuestión.

Por último, podemos mencionar el *desplazamiento lateral,* que puede ser producto de una rotación de puestos, tanto temporal como definitiva, o bien ocurrir cuando una persona es designada para ocupar otro puesto de igual nivel dentro de la estructura organizacional.

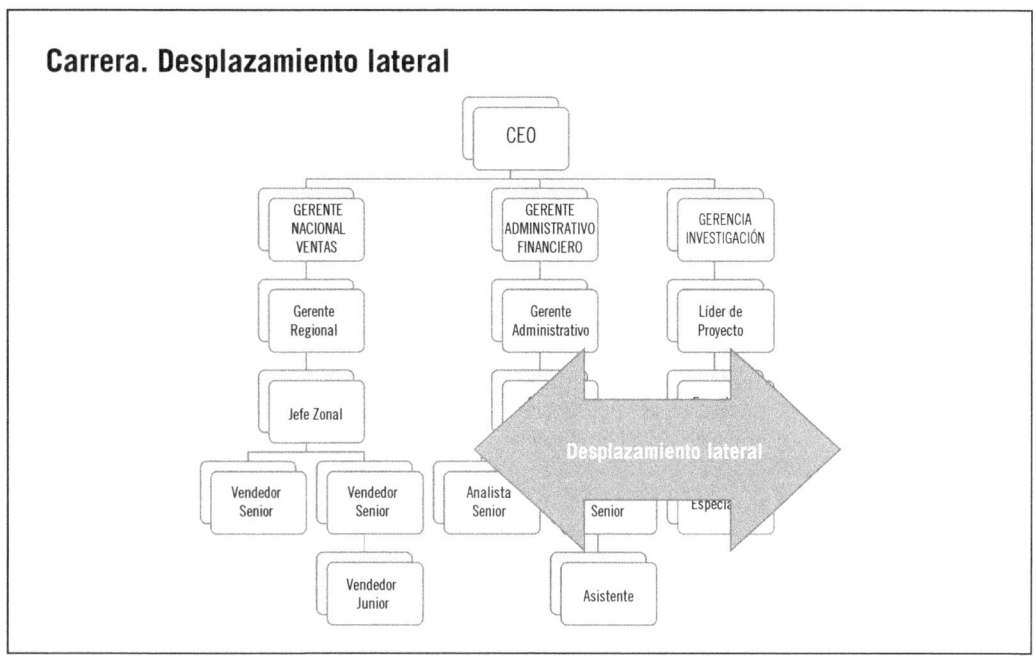

En relación con carreras diferentes a las jerárquicas o verticales, también podemos analizar otros dos conceptos, opuestos y relacionados entre sí.

El término "enriquecimiento" en relación con un puesto de trabajo implica el incremento en la profundidad de las tareas, en su calidad y en el nivel de responsabilidad adjudicado. Por el contrario, no implica mayor cantidad de tareas iguales a las anteriores.

Por lo tanto, se le agrega valor a la tarea realizada.

¿Cómo se incrementa la profundidad? A través de mayor control, responsabilidad y discrecionalidad sobre cómo realizar las tareas y en la toma de decisiones.

En la mayoría de los casos el enriquecimiento en las tareas aumenta la satisfacción laboral (ver gráfico superior en la página siguiente).

En contraposición al concepto "enriquecimiento" encontramos otro relacionado: "extensión", acción por la cual se le asigna a un colaborador una mayor carga de tareas.

Implica mayor cantidad de tareas y/o responsabilidades similares a las que ya realiza. Es un concepto opuesto al de *enriquecimiento* (ver gráfico inferior en la página siguiente).

© GRANICA

ENRIQUECIMIENTO DEL PUESTO

Acción mediante la cual se le adicionan a un puesto responsabilidades de mayor relevancia e importancia; de este modo se jerarquiza la posición, generando mayor satisfacción en su ocupante.

EXTENSIÓN DEL PUESTO

Acción mediante la cual se le adiciona a un puesto un mayor número de tareas iguales a las que la persona ya tiene a cargo. No implica una jerarquización del puesto y, usualmente, no genera mayor satisfacción en su ocupante (por el contrario, puede generar insatisfacción).

En resumen, la extensión en el trabajo implica para el colaborador un mayor número de tareas a su cargo, las cuales pueden ser iguales a las que ya realiza, o diferentes pero que no agregan valor a su puesto.

En ocasiones y según el tipo de tareas, la extensión en el trabajo puede permitirle al colaborador el desarrollo de nuevas competencias y conocimientos, por lo cual no debe considerarse en todos los casos una opción negativa.

Qué opciones ofrecen las buenas prácticas para hacer carrera sin asumir posiciones jerárquicas superiores

Como se expresara, las carreras son de diverso tipo y, en relación con el tema que nos ocupa, es importante destacar un tipo de carrera en particular, la denominada "carrera como especialista", ya mencionada. Las dos opciones posibles son: *carrera gerencial* y *como especialista*.

Una organización –tanto de muchas personas como de pocos integrantes– requiere de directivos con altas capacidades gerenciales y, al mismo tiempo, necesita de especialistas en los distintos temas. Por lo tanto, los directivos con altas competencias de dirección y los especialistas se necesitan mutuamente, para –en conjunto– alcanzar los objetivos propuestos, y no es factible determinar cuál de estas categorías es la más importante. En la mayoría de los casos, unos no pueden desempeñarse sin los otros.

Desde esta perspectiva, las organizaciones necesitan contar con dos tipos de carrera, la de tipo gerencial y otra, donde el foco no está dado por el ascenso vertical sino por la profundización en un mismo puesto o especialidad, y en la que también será posible el crecimiento: hacer carrera como *especialista*. En resumen, cada una de las carreras mencionadas podría definirse como se indica a continuación:

- *Carrera gerencial* es aquella que permite que una persona vaya recorriendo un camino ascendente hacia la dirección de la organización. No necesariamente implica que será el número 1 de toda la institución o un director de área, pero su carrera será en esa dirección. En una carrera de este tipo, una persona joven puede iniciarse en un nivel no jerárquico y alcanzar un nivel gerencial luego de unos años; es decir, se prepara para ir creciendo profesionalmente y llegar a ser gerente o director en algún momento.

- *Carrera como especialista* es aquella donde el foco está en el crecimiento en profundidad. Su diseño y definición brindan resultados altamente satisfactorios tanto para la organización como para los colaboradores involucrados. Es de gran utilidad y frecuente aplicación para las diferentes situaciones donde una persona, por ocupar un determinado puesto o por características propias, hace una carrera profesional sin que esto implique asumir posiciones de tipo jerárquico o gerencial. La carrera como especialista le permite a la persona profundizar en un determinado tema para, como la denominación lo indica, transformarse en un especialista.

La carrera como especialista podría ser reflejada en un documento organizacional que describa esta modalidad de carrera, sus diferentes niveles o estratos, las relaciones de cada posición con otros niveles de la misma organización, así como sus principales responsabilidades y funciones. Señala y destaca la importancia de los especialistas ofreciéndoles oportunidades de crecimiento a través de la profundización de sus puestos de trabajo.

El diseño de carreras diferenciadas –gerencial y como especialista– se relaciona con el subsistema de Remuneraciones y la estructura de puestos organizacional. Desde ya, debe reflejarse, además, en los respectivos descriptivos de puestos.

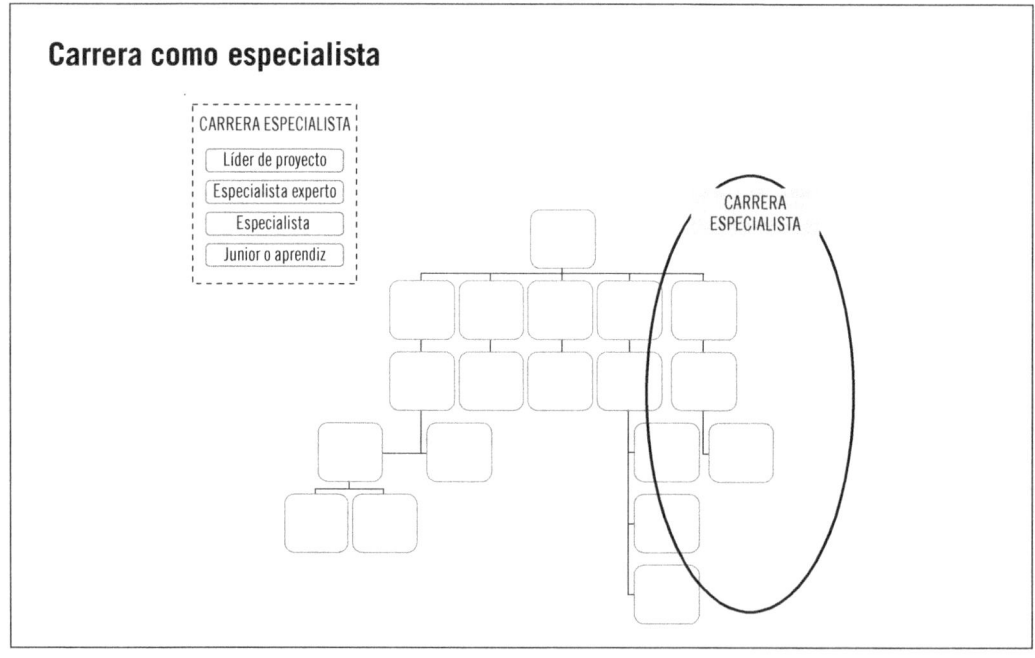

Cómo resolver la *cuestión* 7 desde la mirada del jefe

Como se ha dicho en otras ocasiones, desde el lugar del jefe, cualesquiera sean su nivel jerárquico y sus responsabilidades, se podrá poner en práctica algunas de nuestras sugerencias, dentro de su ámbito de incumbencia.

Si usted es jefe de otro jefe y este colaborador suyo no es un "buen jefe", podrá ayudarlo de diversas maneras. Le sugiero comenzar por identificar aquellos aspectos que debería mejorar y, a partir de este diagnóstico, evaluar los posibles cursos de acción. En algunos casos podrá aconsejarlo, en otros podrá constituirse en un modelo. También sugerir lecturas y actividades formativas. Si a partir del diagnóstico no se siente seguro de poder ayudarlo, podrá hablar del tema con su propio jefe o con el área de Recursos Humanos.

Si se produce una vacante, antes de proponer a un colaborador para un puesto diferente al actual, analice dicha posibilidad considerando por separado los requisitos de conocimientos, experiencia, competencias y motivación que plantea el nuevo puesto. Si la persona en cuestión nunca fue jefe antes, debe considerar que podrá tener las competencias requeridas, pero para saberlo estas deberán ser evaluadas.

Si no cuenta con las herramientas para medir competencias o no sabe cómo implementarlas, una buena sugerencia será analizar comportamientos pasados y, de ese modo, predecir con algún grado de certeza cuál podrá ser el comportamiento futuro de esa persona en un rol de jefe.

Cómo resolver la *cuestión* 7 desde la mirada del responsable de Recursos Humanos

Cuando se ha designado a una persona para jefe y no responde a las expectativas, es posible que el área de Recursos Humanos tome conocimiento de la situación por algún comentario de algún directivo, quizá por queja de sus colaboradores o bien como resultado de una evaluación del desempeño. Frente a un caso concreto, y de acuerdo con lo expuesto más arriba, se podrá preparar un plan individual para el desarrollo haciendo especial foco en las brechas detectadas. Recuerde que cuando se ha llegado a la situación de designar como jefe a una persona que no posee las capacidades necesarias para serlo, usualmente la situación es de difícil solución. Se deberán contemplar todas las opciones disponibles para lograr una mejora al respecto.

Si el caso, por su gravead, no tuviese una solución posible en un plazo razonable, analice si hay otras posibilidades de encontrar un sustituto dentro de la organización.

© GRANICA

Por otra parte, el área de RRHH podrá proponer programas preventivos, en dos líneas de acción:

1. Para los jefes en funciones, implementar programas para desarrollar sus capacidades.
2. Implementar programas por los cuales se evalúen las capacidades de las personas antes de ser designadas a nuevos puestos y de este modo evitar problemas como los aquí planteados: jefes que no posean las capacidades requeridas para sus respectivos puestos de trabajo.

Para varias de las cuestiones relacionadas con la gestión de personas la herramienta más adecuada y sugerida por nosotros es la que lleva el número 50 en la obra *Las 50 herramientas de Recursos Humanos que todo profesional debe conocer*; se denomina "Promociones Internas". Esta herramienta debería conformar un procedimiento interno previo a cualquier promoción o traslado lateral de personas dentro de la misma organización. A través de esta herramienta se realizará la comparación detallada de cada uno de los tipos de requisitos antes mencionados: conocimientos, experiencia, competencias, motivación.

Otra de las propuestas que Recursos Humanos podrá proponer a la alta dirección será contar con carreras diferenciadas, como las descritas más arriba.

Cómo resolver la *cuestión 7* desde la mirada del número 1, CEO o dueño

Desde la mirada del número 1, la respuesta a qué hacer con jefes que no responden a las expectativas será similar a la formulada para los jefes: desarrollar, ser un ejemplo y aconsejar, por citar algunas opciones. No obstante, creo que el principal aporte desde este nivel será prevenir que esto ocurra.

Los número 1, en especial los que tienen mucha experiencia en organizaciones, son los que con frecuencia, a la hora de promover personas, se dejan guiar por la intuición. La mayoría de las veces las cosas salen bien, pero en algunas ocasiones no. Para lograr resultados positivos, desde la óptica de la organización en su conjunto, siempre será mejor guiarse por las buenas prácticas. Esto no implica descartar la experiencia y la intuición producto de la experiencia, pero esta percepción deberá ser confirmada o validada mediante la aplicación de herramientas de probada eficacia.

Si la organización es de gran tamaño, entre otras circunstancias, una muy buena idea será considerar como opción implementar la carrera como especialista por separado de la carrera gerencial.

Si, por el contrario, la empresa es pequeña o mediana, y no es conveniente pensar en contar con carreras específicas y diferenciadas, se puede trabajar, en los casos que lo ameriten, con la figura de enriquecimiento del puesto.

Los colaboradores de confianza y con altos valores personales deben ser considerados para ocupar posiciones donde puedan desplegar su potencial.

Continuar leyendo

Sugerimos leer, con relación a esta temática, las siguientes cuestiones:

1. Cuestión 4. *Qué hacer cuando los jefes no asumen su rol de jefe y cómo actuar con los jefes considerados difíciles por sus colaboradores.*
2. Cuestión 5. *Qué hacer cuando los jefes están muy ocupados para entrenar a sus colaboradores.*
3. Cuestión 6. *Qué hacer cuando los jefes están muy ocupados para delegar a sus colaboradores. Los peligros: falta de delegación* versus *sobredelegación.*
4. Cuestión 20. *Qué hacer para desarrollar las capacidades de los colaboradores. ¿La Universidad Corporativa puede ser una solución válida?*

Para los interesados en seguir leyendo sobre este tema, sugerimos las siguientes obras:

- *Diccionario de comportamientos. La trilogía. Tomo 2*
- *Rol del jefe*
- *12 pasos para ser un buen jefe*
- *Cómo delegar efectivamente en 12 pasos*
- *Cómo transformarse en un jefe entrenador en 12 pasos*
- *Las 50 herramientas de Recursos Humanos que todo profesional debe conocer*
- *Diccionario de términos de Recursos Humanos*

Cuestión 8
Qué hacer cuando los colaboradores evidencian menor compromiso, especialmente entre las nuevas generaciones

La cuestión aquí planteada hace referencia a una palabra utilizada con frecuencia en ámbitos diversos. Se habla de si los jugadores de la selección de fútbol tienen compromiso, si el maestro de nuestros hijos desempeña su labor con compromiso, etc. También con frecuencia se juzga y/o califica el compromiso –o su ausencia– de las generaciones más jóvenes.

¿Qué queremos decir cuando hablamos de "compromiso"?

La palabra "compromiso", junto con expresiones coloquiales tales como "amor a la camiseta" y otras tantas similares, se usa a diario. ¿Qué alcance o significado le damos a este término cada uno de nosotros? Si hiciésemos esta pregunta a muchas personas, de manera conceptual y profunda, obtendríamos significados muy diversos. Desde considerar el compromiso como un valor personal, hasta asignarle una mirada organizacional, tal vez integrado como valor o competencia a un modelo de competencias u otro esquema semejante para la gestión de personas. Se verán estos significados más adelante.

Sin embargo, esta última enunciación es limitada cuando se desea hablar de compromiso, tanto en relación con la actividad laboral o de una empresa, como desde la mirada de un individuo en particular. En todos los casos, se deben sumar otros aspectos. Si bien en el título de la cuestión he incluido en la problemática a las nuevas generaciones, no es un tema exclusivo de ellas. Se hará aquí un análisis con un enfoque amplio.

A continuación se considerarán los principales elementos relacionados con el término "compromiso" y que, de algún modo, lo complementan o modifican. Veamos el gráfico siguiente.

Conceptos relacionados con el compromiso

El compromiso con el que cada uno de nosotros asuma las distintas actividades que realiza será el resultado de una fórmula compuesta –*a priori*– por los elementos enunciados en el gráfico –visión individual, intereses personales, proyectos personales, competencias y valores–, y quizá algún otro adicional. Esta mezcla o fórmula que todos tenemos y que combina en algún grado o cantidad dichos elementos la desconocemos cuando nos referimos a otras personas. En ocasiones, esta mezcla también la desconocemos o no la tenemos absolutamente en claro con relación a nosotros mismos.

Para comprender mejor esta afirmación se verán a continuación los aspectos y las definiciones incluidos en cada caso.

Desde la mirada individual. Valores personales, intereses, visión individual y proyectos personales

Todas las personas tenemos una mirada de nosotros mismos, una visión individual, actual y futura. Quizá nunca reflexionamos al respecto, pero de algún modo está presente. Del mismo modo, las personas poseen diferentes intereses y valores.

Valores personales

Son los principios básicos inherentes a cada individuo en particular. Se relacionan con las creencias más profundas del individuo, con la forma en que cada uno ve las cosas y, además, con los proyectos personales.

Los valores de una persona se observan en sus comportamientos, en cualquier momento o circunstancia.

El concepto *valores personales* engloba aspectos como *integridad* y *ética,* y también otros, como, por ejemplo, *calidad* o *excelencia,* según la manera en que estos diferentes elementos integran las creencias profundas de cada persona.

Definición de "compromiso" como un valor personal[1]: *es actuar con decisión para lograr el cumplimiento de los objetivos.*

Proyectos personales

Se trata de aquello que una persona desea ser y hacer en el marco de lo posible. Se relaciona con la visión o imagen del futuro deseado para sí mismo.

Visión desde la perspectiva individual

Es la imagen del futuro deseado para uno mismo. Implica fijarse retos y objetivos a alcanzar en un futuro.

Intereses personales

Esta expresión se utiliza para designar al conjunto de los diferentes planos de acción en la vida de una persona.

El poseer múltiples intereses es una situación que se presenta tanto en varones como en mujeres, y esa multiplicidad de tópicos debe ser administrada adecuadamente. Más allá de que entre los varones ciertos roles o intereses pueden ser poco demandantes, y que en las mujeres algunos de ellos se viven como obligatorios, toda persona posee diferentes intereses que, a su vez, pueden variar a lo largo de la vida.

---

1 *Manual para detector valores personales en selección,* MAI.

Al mismo tiempo, es cierto que muchos de los roles o intereses mencionados pueden no darse todos juntos simultáneamente.

Es posible observar distintos intereses en una persona. Ejemplo:

- *Profesional.* Actividad remunerada, mediante la cual se gana la vida.
- *Otros intereses profesionales.* Complementarios o no de la actividad principal.
- *Intereses comunitarios, política.*
- *Intereses espirituales, religión.*
- *Intereses culturales.* En este grupo se puede incluir cualquier manifestación cultural, desde la música hasta las artes plásticas.
- *Deportes / hobbies.*
- *Familia.* Esta categoría puede incluir al grupo familiar más cercano o, en una concepción más amplia, otros vínculos familiares y relaciones de amistad.
- *Tiempo libre.* Actividades recreativas no incluidas en otras categorías.

La enumeración realizada puede ser incompleta y no implica un orden de prioridad. Además, cada ítem puede abrirse en otros; por ejemplo, en lo que respecta a *familia*, una persona puede tener su familia directa y luego otros familiares menos cercanos. Del mismo modo, pueden abrirse los otros ítems mencionados en categorías adicionales o intermedias.

Completando la idea del párrafo anterior, la referencia a la familia no solo implica la ya mencionada familia directa, denominación que usualmente se utiliza para referirse a aquella formada por una persona al contraer matrimonio. La familia próxima puede estar también conformada por padres, hermanos y/u otros familiares. Cada persona tiene constituidas sus relaciones familiares de una manera particular. En un caso, el vínculo con un tío puede ser lejano y en otro, esta figura ser de vital importancia para la persona en cuestión.

Además, entre los intereses personales, expresamente no se han mencionado aquellas otras tareas que las personas realizan y son necesarias, como asistir a controles médicos o la reparación de desperfectos en el hogar.

La diversidad de intereses puede variar entre una persona que se desempeñe en una organización de cualquier tipo, un político, un religioso, o un deportista profesional, solo por mencionar algunas variantes. Se desarrolla, para una mejor exposición del tema, una de ellas: el trabajador organizacional. Esta opción se relaciona con un sinnúmero de otras posibles variantes, por ejemplo un colaborador de cualquier nivel de un banco, de una empresa industrial, comercial, o de una oficina gubernamental.

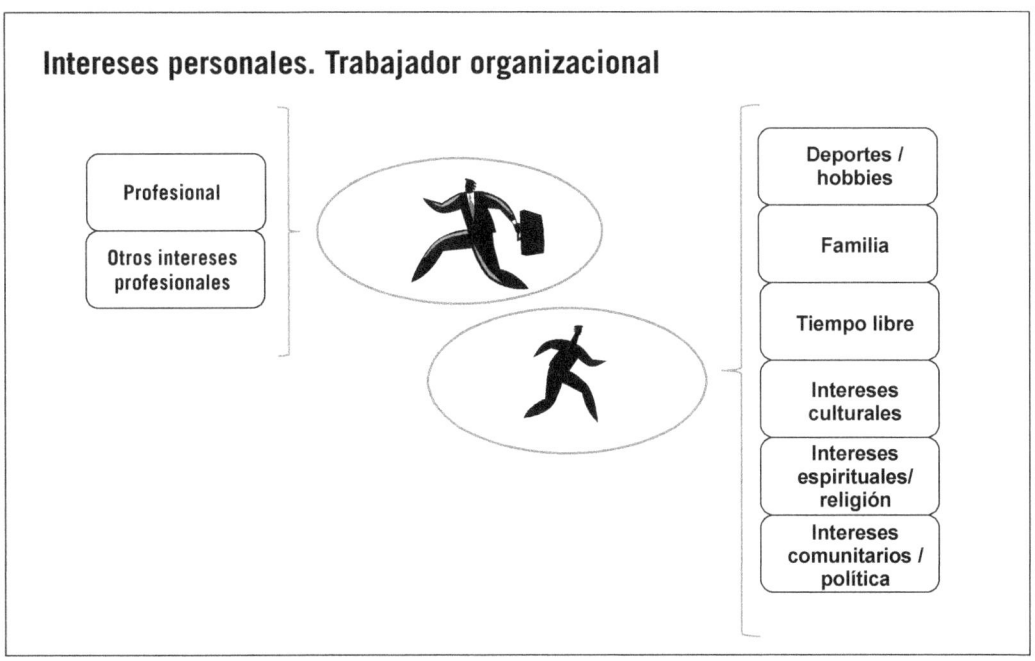

El trabajador organizacional podrá pertenecer a una empresa con muchos colaboradores o con pocos, de tipo nacional o transnacional, una dependencia del gobierno o una ONG, la Justicia o una fuerza de seguridad. Todos los ejemplos mencionados son organizaciones y los que allí trabajan pueden ser considerados *trabajadores organizacionales*.

Asimismo, el individuo podrá ser un directivo de alto nivel, el dueño de la empresa o un colaborador que ocupe un puesto no jerarquizado. Todas las personas, no importa su nivel o tipo de ocupación, tienen otros intereses además de los profesionales.

Según se desprende de la figura precedente, el trabajador organizacional podría tener los siguientes intereses personales:

Profesionales	Personales
Profesional (trabajo remunerado principal)	Deportes / hobbies
Otros intereses profesionales (remunerados o no)	Familia (incluye amistades)
	Tiempo libre
	Culturales
	Espirituales, religiosos
	Comunitarios, política

Analizando con mayor detalle la columna izquierda, los intereses profesionales propiamente dichos podrían ser de diversa índole. Para expresar mejor la idea, se expondrán tres ejemplos aplicables al *trabajador organizacional* y sus otros intereses profesionales.

- Un trabajador organizacional que realiza tareas académicas complementarias remuneradas; por ejemplo, un especialista en sistemas informáticos que por la noche imparte clases sobre temas relacionados con esta disciplina.
- Un trabajador organizacional que estudia disciplinas complementarias a su especialidad; por ejemplo, un joven vendedor de electrodomésticos que estudia mercadeo y publicidad.
- Un trabajador organizacional cuya actividad principal es la de profesor con dedicación completa (*full time*) y que –entre otros intereses profesionales– realiza trabajos de consultoría dos meses al año.

Es posible realizar un análisis similar referido a las otras opciones mencionadas en párrafos anteriores: deportista, político, religioso, o cualquier otra.

Retomando la figura precedente, si la persona en cuestión enfrenta los distintos intereses desde una posición de conflicto, la realización de unos intereses le impide concretar otros; y si no puede administrar con un cierto equilibrio todos sus intereses, será posible que ese conflicto incida en su motivación, llegando a anular o disminuir sus capacidades laborales.

Del mismo modo, si la visión individual, solo por tomar uno de los elementos mencionados con anterioridad, se contradice con sus actividades actuales, tanto profesionales como de los otros aspectos definidos como intereses, será posible que esta situación origine otros desajustes que puedan llegar a evidenciarse en sus comportamientos.

Compromiso desde una mirada organizacional y definido como una competencia

El "compromiso organizacional" es una expresión que hace referencia al compromiso conjunto de los colaboradores de una organización en relación con los objetivos, la visión y la estrategia que esta ha definido, cómo se identifican con dichos conceptos, y qué consistencia tiene este compromiso con respecto al futuro.

El concepto "compromiso" puede formar parte de un modelo de competencias, con diversas definiciones. A continuación trascribimos algunas posibles, consideradas en la preparación de la Nueva Trilogía (*Diccionario de competencias. Diccionario de comportamientos. Diccionario de preguntas*).

> *Compromiso.* Capacidad para sentir como propios los objetivos de la organización y cumplir con las obligaciones personales, profesionales y organizacionales. Capacidad para apoyar e instrumentar decisiones, consustanciado por completo con el logro de objetivos comunes, y para prevenir y superar obstáculos que interfieran con el logro de los objetivos del negocio. Implica adhesión a los valores de la organización.
>
> *Compromiso con la calidad de trabajo.* Capacidad para actuar con velocidad y sentido de urgencia y tomar decisiones para alcanzar los objetivos organizacionales, o del área, o bien los propios del puesto de trabajo, y obtener, además, altos niveles de desempeño. Capacidad para administrar procesos y políticas organizacionales a fin de facilitar la consecución de los resultados esperados. Implica un compromiso constante por mantenerse actualizado en los temas de su especialidad y aportar soluciones para alcanzar los estándares de calidad adecuados.
>
> *Compromiso con la rentabilidad.* Capacidad para sentir como propios los objetivos de rentabilidad y crecimiento sostenido de la organización. Capacidad para orientar sus propias acciones y las de sus colaboradores al logro de la estrategia organizacional, racionalizar las actividades y fomentar el uso adecuado de los recursos, a fin de generar un resultado óptimo.

Las organizaciones y sus directivos siempre tienen en cuenta el compromiso como un valor o como una competencia, aunque no haya sido expresado de este modo en los métodos y procedimientos de trabajo adoptados en la organización en cuestión. Las definiciones utilizadas son diferentes y su empleo dependerá del enfoque que desee dársele al término en cada caso.

En el ámbito de las organizaciones será posible medir y desarrollar el compromiso de los colaboradores. En todos los casos se deberá tener en cuenta los conceptos enunciados al inicio de esta sección. Las personas poseen diferentes visiones de sí mismas, intereses personales y proyectos. Por lo tanto, las herramientas a utilizar para la medición del compromiso y las motivaciones personales deberán incluirlos.

Herramientas disponibles para medir los diferentes aspectos mencionados

El compromiso de un colaborador podrá ser evaluado de manera similar a la forma habitual de medir una competencia, es decir, mediante la observación de comportamientos. Se podrán utilizar herramientas tales como *Evaluación vertical, Fichas de evaluación* y *Assessment Center Method (ACM).* También podrán observarse comportamientos en una entrevista se selección utilizando para ello la *Entrevista por competencias,* la *Entrevista estructurada* y el ya mencionado ACM[2].

A continuación se hará una breve descripción de herramientas menos difundidas que permiten medir valores y proyectos personales, aspectos que influyen de un modo u otro en el compromiso de las personas.

Manual para detectar valores personales en Selección

Conjunto de teoría, casos, ejercicios y formularios que permiten la aplicación práctica de las distintas herramientas necesarias para la detección de valores personales en selección de personas.

Los manuales usualmente contienen documentos e instructivos específicos y detallados que, en este caso en particular, permitirán al selector o futuro jefe detectar de forma temprana comportamientos no deseados en postulantes, previo a su ingreso en la organización.

Las herramientas a su vez se complementan con indicadores para medir dichos valores.

El contenido del *Manual para detectar valores personales* de la Metodología MAI[3] se expone en la figura superior de la página siguiente.

Encuesta sobre valores y proyectos personales

Medición interna para conocer los proyectos personales de los colaboradores y su grado de adherencia a los valores organizacionales.

No son de uso frecuente en el ámbito de las organizaciones. Sin embargo, su utilización es altamente recomendable.

Para una mejor explicación se presenta la encuesta de valores en forma separada de la de proyectos personales. Además, una organización podría decidir implementar una sola de ellas.

La encuesta sobre valores permite conocer el grado de adherencia o no que los colaboradores sienten en relación con los valores que la organización pretende encarnar. En la encuesta se deberá consignar la denominación que se le ha dado a cada valor, junto con su definición (ver figura inferior en la página siguiente).

---

2 El lector podrá encontrar las definiciones y descripciones de las herramientas *Evaluación vertical, Fichas de evaluación, Assessment Center Method, Entrevista por competencias y Entrevista estructurada* en la obra *Las 50 herramientas de Recursos Humanos que todo profesional debe conocer.*
3 Martha Alles International

Manual para detectar valores personales en Selección

- Aplicación práctica
- Formularios e instructivos
- Cuestionarios
  Preguntas
  Casos situacionales
- Indicadores de valores personales

Para detectar valores personales se debe contar con diferentes herramientas, las cuales pueden ser combinadas entre sí, según el tipo de puesto a cubrir. El selector optará por las más adecuadas en cada caso.

Encuesta sobre valores organizacionales y el grado de adherencia por parte de los colaboradores

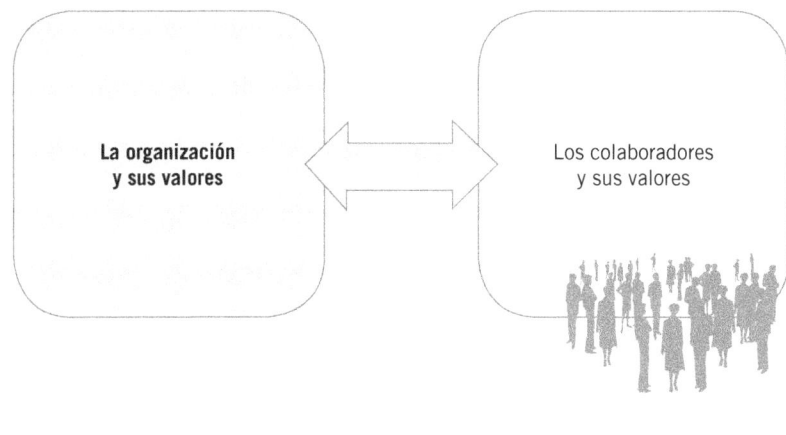

La organización y sus valores ⇔ Los colaboradores y sus valores

Los colaboradores podrán expresar su grado de adherencia a los valores organizacionales seleccionándolos en una escala, por ejemplo: 1) En desacuerdo, 2) Ligeramente de acuerdo, 3) De acuerdo, 4) Comparto plenamente, 5) Deseo ser un referente.

Para indagar sobre los proyectos personales, se pueden realizar preguntas abiertas o cerradas. En el ejemplo de la figura al pie se expone una pregunta cerrada.

Continuando con el ejemplo del gráfico, a las personas que respondieron seleccionando las opciones 1 (*siempre me impide hacer otras cosas*) o 2 (*la mitad de las veces*) se le podría repreguntar al respecto, utilizando una pregunta abierta:

> *¿Qué sugiere usted para que su dedicación horaria no lo perjudique en relación con sus otros proyectos personales?*
>
> ....
>
> ....

Usualmente se administran de manera conjunta las preguntas para indagar sobre valores personales y sobre proyectos personales.

Encuesta sobre proyectos personales. Ejemplo

PREGUNTA

¿La dedicación horaria de su puesto de trabajo le impide realizar alguna otra cosa que usted desearía hacer (en relación con su familia, su religión, sus hobbies, etc.)?

RESPUESTA — OPCIONES

1. Siempre (me impide hacer otras cosas)
2. La mitad de las veces
3. Muy pocas veces
4. Armonizo bien ambos aspectos
5. Estoy en absoluta armonía

Según los casos y circunstancias, se podría interrogar a los colaboradores, de manera personalizada, sobre sus proyectos personales.

Algunas reflexiones sobre las generaciones en el ámbito laboral

Como ya se ha manifestado en otras ocasiones, en el ámbito de las organizaciones el reto es y será la administración de las diferentes generaciones.

Al momento de escribir estas palabras, en la mayoría de las empresas coexisten todas las generaciones que aquí se mencionarán, en alguna proporción. Siendo una característica diferenciadora, en el contexto actual, que no necesariamente las generaciones mayores serán las que conduzcan dichas organizaciones.

El término "generación" hace referencia al conjunto de personas que, por haber nacido en fechas próximas, y haber recibido educación e influjos culturales y sociales semejantes, se comportan de manera afín o comparable en algunos sentidos.

En una obra previa, *Social Media y Recursos Humanos*, tomé como referencia la definición de generaciones en relación con la utilización de Internet **s**egún la obra *The 2020 workplace*[4]:

1. Tradicionalistas
2. *Baby boomers*
3. Generación X
4. *Millennials*
5. Generación 2020

Una breve descripción de cada una.

Generación 2020. Nacidos después de 1997. Sus integrantes se caracterizan por basar su accionar en valores tales como la hiperconectividad permanente, por haber accedido a dicha conectividad antes de comenzar la escolaridad formal (escuela primaria), y por ser intensivos usuarios de medios digitales. Se estima que ingresarán al mercado laboral una vez graduados, en el 2020, de allí el nombre dado a esta categoría generacional.

---

[4] Meister, Jeanne C.; Willyerd, Karie. *The 2020 Workplace*. Harper Business, HarperCollins Publishers, Nueva York, 2010.

Millennials. Nacidos entre 1977 y 1997. Esta generación se caracteriza por basar su accionar en valores tales como inmediatez en las comunicaciones, enfoque comunitario, lectura en medios digitales, tolerancia, diversidad, confianza en los otros. Se utilizan otros nombres para denominar a esta categoría, tales como: nativos digitales, Generación Y, entre otros.

Generación X. Nacidos entre 1965 y 1976. Esta generación se caracteriza por basar su accionar en valores tales como comportamiento ecléctico, independencia, balance vida-trabajo.

Baby boomers. Esta generación de personas nacidas entre 1946 y 1964 se caracteriza por basar su accionar en valores tales como la competitividad (ser competitivos), el trabajo duro y la extensa dedicación. Se utiliza su denominación en inglés dado que es de uso frecuente y así se menciona a esta generación en muchas obras sobre, por ejemplo, Recursos Humanos y desarrollo, en diferentes lenguas.

Tradicionalistas. Nacidos antes de 1946. Esta generación se caracteriza por basar su accionar en valores tales como lealtad, sacrificio, disciplina, respeto por la autoridad.

A modo de cierre del análisis sobre las generaciones: tener en cuenta que no existen comportamientos exclusivos de una generación u otra. En las grandes tendencias esto puede darse; sin embargo, cuando se analiza un caso en particular, cuando un jefe debe evaluar a un colaborador, será mucho más efectivo considerar y analizar sus comportamientos sin tomar en cuenta, a modo de juicio previo, la generación a la que pertenece.

Cómo resolver la *cuestión 8* desde la mirada del jefe

A todos los jefes debemos hacerles una recomendación sencilla y difícil a la vez, basada –además– en el sentido común: no se maneje sobre la base de juicios previos. Analice a sus colaboradores uno a uno, evalúe sus comportamientos, indague sobre sus proyectos personales, etc. Cada caso puede ser diferente a otro.

Adicionalmente, no compare personas entre sí, no emita juicios ni positivos ni negativos sobre la base de creencias. Tampoco compare a un colaborador más joven que usted, con cómo era usted y sus comportamientos cuando tenía su edad.

Limítese a los hechos, a las cosas concretas, a las evidencias. Los hechos y las cosas concretas que debe considerar cuando tenga que evaluar personas son los comportamientos. No lo que dijo una persona que haría sino aquello que realmente hizo.

A todo lo anterior debe sumarle que las personas, de todas las edades, tienen diferentes visiones de sí mismas, así como diferentes proyectos personales e intereses. No analice las situaciones de los otros sobre la base de "sus" proyectos personales e intereses.

Cómo resolver la *cuestión 8* desde la mirada del responsable de Recursos Humanos

El área de Recursos Humanos tampoco debe basarse en creencias, sino en conocimientos y en las buenas prácticas.

Como se expuso en párrafos previos, existe una gama amplia de buenas prácticas para utilizar. Si la organización no cuenta con procedimientos con relación a los temas aquí expuestos, será responsabilidad del área de Recursos Humanos confeccionarlos y/o proponer al número 1 de la organización su realización.

Adicionalmente, también será responsabilidad de RRHH brindar apoyo a jefes (de todos los niveles) y colaboradores en relación con valores, proyectos personales, etc., así como el adecuado tratamiento de las diferentes generaciones.

Si la organización cuenta con procedimientos, será responsabilidad de Recursos Humanos asegurar su homogeneidad.

Cómo resolver la *cuestión 8* desde la mirada del número 1, CEO o dueño

Todo lo expuesto aquí se relaciona con organizaciones de todo tipo y tamaño, aun las pequeñas. Los métodos de trabajo a implementar podrán diferir según el tamaño de la organización. No obstante, desde su rol de número 1 deberá solicitarle al área de Recursos Humanos el análisis de la problemática aquí expuesta y el diseño de cursos de acción adecuados.

Cuando se trate de una organización de gran tamaño, con amplia dispersión geográfica, podrá ser conveniente contar con encuestas como las mencionadas en este apartado. En cambio, si la organización es pequeña, esta misma consulta a los colaboradores podría hacerse a través de los jefes o mediante un taller. El camino a seguir dependerá de cada caso. La sugerencia será siempre tener estos aspectos en cuenta.

Continuar leyendo

Sugerimos leer, con relación a esta temática, las siguientes cuestiones:

1. Cuestión 2. *Qué hacer cuando existe alta rotación de colaboradores. Cómo retener a los mejores.*
2. Cuestión 9. *Qué hacer para motivar a los colaboradores. Cómo actuar cuando un colaborador no evidencia el comportamiento esperado para su puesto de trabajo.*

© GRANICA

3. Cuestión 11. *Qué hacer para darse cuenta de que un candidato (externo o del propio equipo) es el mejor para ocupar un determinado puesto.*

4. Cuestión 12. *Qué hacer al momento de elegir un nuevo colaborador: tomar la decisión en función de lo que se necesita ahora, se necesitará más adelante o por el mejor candidato de todos.*

5. Cuestión 20. *Qué hacer para desarrollar las capacidades de los colaboradores. ¿La Universidad Corporativa puede ser una solución válida?*

6. Cuestión 21. *Qué hacer frente a demandas particulares de los colaboradores, cómo atender sus diversas expectativas y planes personales, y cómo actuar con los jefes que hacen promesas a sus colaboradores que luego no pueden cumplir.*

Para los interesados en seguir leyendo sobre este tema, sugerimos las siguientes obras:

- *Conciliar vida profesional y personal. Dos miradas. Organizacional e individual*
- *12 pasos para conciliar vida profesional y personal. Desde la mirada individual*
- *Desarrollo del talento humano. Basado en competencias*
- *Las 50 herramientas de Recursos Humanos que todo profesional debe conocer*
- *Diccionario de términos de Recursos Humanos*
- *Social Media y Recursos Humanos*
- *Diccionario de comportamientos. La trilogía. Tomo 2*
- *La Marca Recursos Humanos*

CUESTIÓN **9**
Qué hacer para motivar a los colaboradores. Cómo actuar cuando un colaborador no evidencia el comportamiento esperado para su puesto de trabajo

Los términos motivar y motivación, como tantos otros, los usamos a diario en relación con temáticas diversas. Por ello, la motivación puede ser tratada desde distintos enfoques.

En este caso, se analizará la motivación en relación con el trabajo, entendiendo por trabajo una actividad remunerada, de cualquier tipo, que constituya para la persona su medio de ganarse la vida; también podría aplicarse a otros ámbitos.

El término ha sido definido en el *Diccionario de términos de Recursos Humanos*[1] de la siguiente manera:

> *Motivación.* Razón, causa o motivo para hacer algo: trabajar, cambiar de empleo, de carrera, etc. El estudio de la motivación o motivaciones de las personas en relación con la disciplina de Recursos Humanos es un tema complejo, dado que dichas motivaciones pueden obedecer a causas diversas y abarcan otras razones o motivos más allá de los aspectos económicos que implica toda relación laboral.

Un jefe debe manejar una serie de factores para analizar la motivación de sus colaboradores. No es tan sencillo como decirles "vamos que usted puede" o frases similares que, quizá, puedan ser necesarias en algún momento. Si se desea abordar de manera completa la motivación de las personas en relación con el trabajo, deberá tenerse en cuenta una serie amplia de factores.

---
1 Alles, Martha. *Diccionario de términos de Recursos Humanos*. Ediciones Granica, Buenos Aires, 2010.

Las personas y sus puestos de trabajo

Comenzando por el principio, una de las primeras cuestiones que deberá dilucidar todo jefe es si sus colaboradores ocupan los puestos más adecuados para cada uno de ellos. Para llevar a cabo este análisis deberá tener en cuenta la siguiente definición[2]:

> *Adecuación persona-puesto.* Relación que se establece entre los conocimientos, la experiencia y las competencias que un puesto requiere, y los del ocupante de esa posición.

Para la determinación de la *adecuación persona-puesto* en primer lugar se deberán establecer los requisitos del puesto y luego habrá que evaluar a su ocupante, considerando como mínimo tres elementos: conocimientos, experiencia y competencias.

El concepto citado (adecuación persona-puesto) suele ser considerado, de manera equivocada, como de interés organizacional. Es cierto que para la organización es valiosa esta adecuación, pero es solo una parte de la verdad. El primer interesado en contar con los conocimientos, la experiencia y las competencias necesarias para llevar exitosamente su puesto de trabajo será –siempre– el ocupante de dicha posición. Todas las personas, de cualquier nivel, se sienten mejor cuando ocupan los puestos de trabajo para los que están capacitadas.

Un cierto desfase entre lo que el puesto requiere y las propias capacidades puede llegar a ser desafiante en algunos casos. Pero si este desfase es de magnitud, la persona se sentirá estresada, vulnerable, temerosa, y en muchos casos esto podrá afectar tanto la salud física como mental del individuo.

Las buenas prácticas indican tomar en cuenta la adecuación persona-puesto de todos los integrantes de la organización; cuando esto así ocurre, es positivo para todos los involucrados. La idea se refleja en la figura de la página siguiente.

El gráfico plantea/propone los beneficios derivados de la aplicación de las buenas prácticas, en el ámbito de una organización (beneficiarios internos).

En la parte superior, se expone a la organización junto con beneficiarios (de las buenas prácticas) de tipo externo a la misma, como clientes y proveedores. Indirectamente, aunque allí no se menciona, otros organismos interesados se verán beneficiados por las mencionadas buenas prácticas, desde accionistas, bancos, entes reguladores, hasta oficinas del gobierno, solo por mencionar los más frecuentes.

En la mitad inferior del mismo gráfico se enuncian algunos de los interesados dentro de la propia organización (beneficiarios internos): el jefe directo, la persona interesada o sujeto de este análisis, que denominamos "colaborador", los

---
[2] Obra citada.

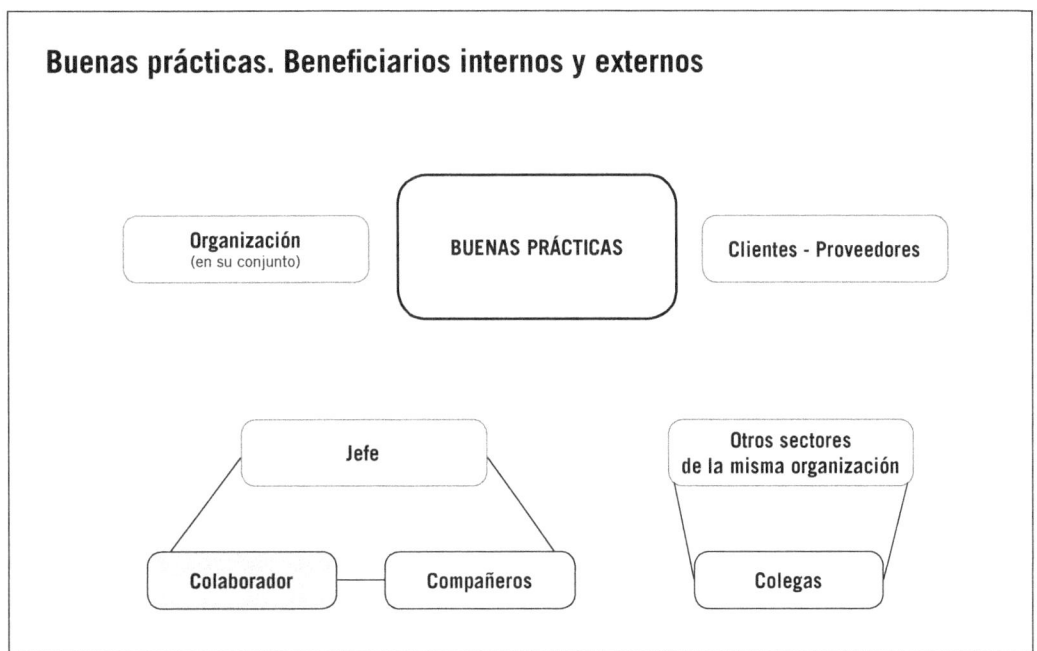

compañeros de trabajo y, también, otros sectores con los cuales potencialmente el colaborador interactúa en su trato con colegas que integran dichos sectores.

Una buena práctica como la aquí mencionada (adecuación persona-puesto), al igual que otras, beneficia a todos los actores mencionados. Pongamos un ejemplo sencillo: si un colaborador no hace bien su tarea, o entrega el resultado de dicha tarea fuera de horario o incompleto, perjudica a sus compañeros, a colegas de otros sectores que deberían recibir la tarea bien realizada, así como a su jefe directo, a los jefes de otras áreas, etc. Por el contrario, una tarea bien realizada, entregada a tiempo, será beneficiosa para todos los involucrados.

Con relación a la motivación, si una persona no realiza bien su tarea –por ejemplo, porque no tiene los conocimientos necesarios–, perjudicará a todos los actores mencionados y, en consecuencia, será un factor distorsivo en la relación de ese grupo humano. Esa falta de conocimientos de una de las personas del equipo podrá constituirse en un factor de desmotivación para los otros integrantes del grupo. Si esta falencia se evidencia con frecuencia, afectará la relación del grupo en su conjunto.

Ni la persona directamente involucrada, ni los otros, se sentirán motivados. Y así comienzan a gestarse climas laborales de difícil solución, a partir de un problema que en un principio era pequeño y sencillo de resolver.

Los factores externos y la motivación

Las personas, todos nosotros, nos vemos a diario afectados por circunstancias externas, tanto personales como sociales, positivas o negativas. En el gráfico siguiente asumimos la misma idea: a la persona interesada o sujeto de análisis se la ha denominado "colaborador" y se la ha situado dentro de una organización, la cual cuenta con buenas prácticas. El colaborador a su vez se relaciona con su jefe directo, el cual también cuenta con su propio jefe (jefe del jefe). Asimismo, el colaborador posee compañeros y colegas que pertenecen a otros sectores.

Continuando con el análisis de la figura al pie, el colaborador, además de recibir las influencias de su propia organización, se ve influenciado por factores externos. Algunos de ellos relacionados con su puesto de trabajo, como por ejemplo clientes y proveedores. Eventualmente también otros agentes externos con los cuales se relaciona, producto de sus tareas y responsabilidades.

En adición a todo lo anterior, una persona se ve influenciada por las normas y regulaciones externas que debe cumplir, por el contexto externo en el cual se desenvuelve, el contexto social y familiar… Todos estos factores mencionados, más otros quizá aquí omitidos, podrán aportar miradas positivas y/o negativas que, de un modo u otro, influyen en la motivación de las personas.

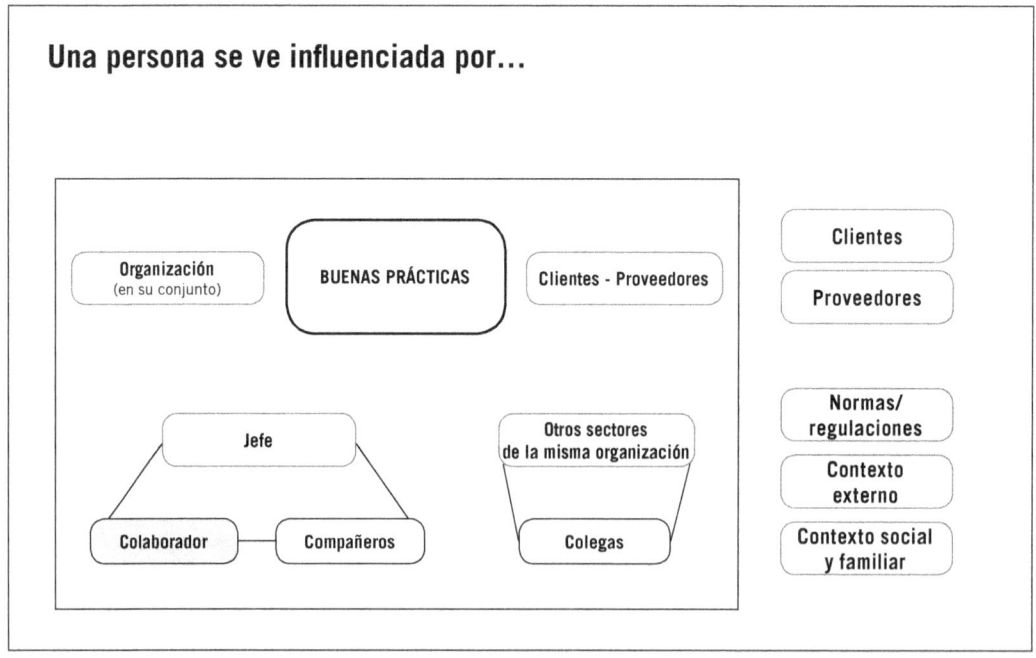

Sobre la mayoría de los factores externos no se podrá actuar, sobre otros sí. No obstante, en cualquier circunstancia será muy importante conocer e identificar qué elementos afectan la motivación de los colaboradores. Ruego interpretar el término "afectan" tanto de manera positiva como negativa.

Ejemplo 1: si una persona ve afectado su traslado diario de su casa al trabajo porque con frecuencia se producen alteraciones en el tránsito (léase disturbios, tránsito congestionado, etc.) quizá se sienta motivada por trabajar en un lugar que le quede más cerca de su casa y esa preocupación redunde en una desmotivación en relación con su trabajo actual.

Ejemplo 2: una persona se siente muy estresada porque tiene a su cargo un familiar que está pasando por un mal momento y esta situación trae aparejado que trabaje desconcentrada en sus tareas habituales, con la consecuente baja de rendimiento. Si este proceso se extiende en el tiempo, quizá la situación afecte tanto la relación con su jefe directo como con sus propios compañeros.

En el ejemplo 1 el jefe directo quizá no pueda ejercer acción alguna y quizá él mismo sufre una situación análoga. En el ejemplo 2 el jefe directo puede ofrecer algún tipo de flexibilización de horarios, la posibilidad de trabajar desde el hogar por un tiempo, u otra opción que las circunstancias permitan.

En cualquiera de los dos ejemplos o en cualquier otra situación, lo importante será conocer e identificar las causas de la falta de motivación.

Los valores y proyectos personales de los otros

Existe una tendencia muy frecuente a ver en otras personas cosas que nos pasan y/o pensamos nosotros mismos. Le pido al lector que no asigne a esta afirmación un enfoque negativo, ni haga apreciaciones rápidas tales como que la persona que no es ética piensa que todos obran del mismo modo, etc. Veamos un mismo tipo de afirmación, cada una desde un ángulo particular.

- *Un ejecutivo fuertemente motivado por su propio crecimiento personal piensa que todos desean alcanzar posiciones más altas.*
- *Una persona fuertemente motivada por el trabajo piensa que esa es la manera adecuada de comportarse y que todos deberían sentir lo mismo.*

Si analizamos cada una de estas afirmaciones, podrá darse que se verifiquen en un conjunto de personas, y en otras no. Aunque estas afirmaciones puedan ser adecuadas para un gran número de personas, no necesariamente aplican a la totalidad de los individuos.

En resumen, tanto en materia de valores como de proyectos personales, se deberá analizar caso por caso, y cada jefe debe identificar los valores de cada uno de sus colaboradores.

Algunos conceptos para recordar:

Valores personales. Principios básicos inherentes a cada individuo en particular. Se relacionan con las creencias más profundas del individuo, con la forma en que cada uno ve las cosas y, además, con los proyectos personales.

Visión desde la perspectiva individual. La imagen del futuro deseado para uno mismo. Implica fijarse retos y objetivos a alcanzar en un futuro.

Proyectos personales. Aquello que una persona desea ser y hacer en el marco de lo posible. Se relaciona con la visión o imagen del futuro deseado para sí mismo.

¿Es posible motivar a otros a hacer algo o a emprender un camino, cuando estos no lo desean?

Esta pregunta es muy difícil de responder. Si nos ubicamos en el caso del padre de una persona menor de edad, su rol será mostrarle las opciones y caminos para que el joven desarrolle su potencial de la mejor manera posible. Si nos ubicamos en el ámbito laboral, un jefe, ¿debería desarrollar un rol análogo? ¿Es parte del rol de los jefes y/o del responsable de Recursos Humanos guiar a las personas para alcanzar metas superiores si no lo desean? No hay una respuesta única, y cualquiera podría ser refutada con buenos argumentos.

Haciendo un paralelo con un padre o tutor, un jefe podría mostrarle a un colaborador las opciones disponibles y dejarle a este la decisión de encarar o no alguno de esos caminos posibles.

Los factores internos y la motivación

Los factores internos que motivan y desmotivan a las personas pueden ser de diversa índole y no claramente identificables en algunos casos.

Si una persona tiene un jefe desagradable, que se maneja con malos modos y no trata bien a su equipo de trabajo, el factor de desmotivación es evidente para todos. En ocasiones, los jefes tratan de manera inapropiada a su equipo de trabajo puertas adentro y son sumamente afables puertas afuera. En estos casos, la identificación del factor negativo es evidente para su equipo de trabajo y muchas veces no lo es tanto para otras personas de la misma organización.

Existen otros motivos de insatisfacción no siempre evidentes, por ejemplo, los procedimientos inadecuados. En ocasiones una persona debe llevar a cabo tareas de acuerdo con un procedimiento diseñado de manera inadecuada, por ejemplo, ir dos veces a un determinado lugar cuando la tarea podría resolverse de otra manera, a través de un esquema de trabajo diferente. Este tipo de situaciones produce insatisfacción y, si bien muchas veces los involucrados pueden determinar que el procedimiento podría ser mejorado, no siempre atribuyen a este factor la desmotivación.

Competencias y motivación

Cuando se considera a la motivación como algo estratégico, necesario para alcanzar un cambio cultural, entre otras apreciaciones, la primera recomendación será otorgarle al concepto rango de competencia e incluirlo en el modelo organizacional. Cuando esto ocurra, las personas serán seleccionadas y, luego, evaluadas en función de los comportamientos observables en relación con la competencia en cuestión. Adicionalmente la competencia será considerada en promociones internas, planes de sucesión, etc.

De acuerdo con lo antedicho, se podría trabajar la temática aquí desarrollada como si fuese una competencia; en ese caso, una definición posible sería:

> *Motivar a otros.* Capacidad para fomentar en los demás una actitud permanente de superación, que se pone de manifiesto a través de un desempeño superior, en diferentes momentos y circunstancias. Implica involucrar a los colaboradores en la consecución de los objetivos organizacionales, identificar y conocer aquello que los estimula e inspira, sin descuidar, al mismo tiempo, la individualidad de cada uno de los integrantes del equipo de trabajo.

Para los que no están familiarizados con los modelos de competencias, estas se abren en grados, usualmente cuatro, que se asignan según las responsabilidades del puesto que cada persona ocupa.

Las competencias pueden ser desarrolladas, ya sea para que una persona alcance un nivel superior o bien para lograr algún grado de desarrollo cuando se verifica su ausencia. En este último caso, no será tarea sencilla, pero puede alcanzarse si la persona realmente así lo desea.

Así como se ha definido *Motivar a otros* como una competencia, podría también considerarse una definición para otra competencia diferente pero relacionada: *Automotivación*. Si bien su uso es posible, no es frecuente en el ámbito organizacional. La definición podría ser:

> *Automotivación.* Capacidad para actuar de manera constante con ansias de superación, que se pone de manifiesto a través de un desempeño superior, en diferentes momentos

y circunstancias. Capacidad para conocerse a sí mismo y así identificar aquello que lo estimula e inspira, según la situación o el momento en el cual se encuentra. Implica actuar involucrado en la consecución de los objetivos organizacionales y/o personales y/o comunitarios, etc., según corresponda.

Dinero y motivación

Con frecuencia, el dinero y los aspectos económicos en general son considerados como el principal factor de motivación, en relación con la actividad laboral y, en especial, para las personas que trabajan en relación de dependencia.

Los que dicen que la remuneración es la principal motivación de las personas están en lo cierto, pero es una afirmación incompleta.

El dinero como tal asume muchas caras; en algunos casos, en especial en relación con las remuneraciones más bajas, puede ser una fuente de desmotivación que el salario no permita alcanzar los niveles mínimos de subsistencia, como la alimentación, la educación de los hijos, etc.

Sin embargo, y mirado desde el otro extremo –las remuneraciones altas–, el dinero es también un parámetro de medición, es un elemento para demostrar poder y lograr muchas otras percepciones.

Situándonos en el ámbito de las organizaciones y asumiendo que las personas tienen cubiertas sus necesidades básicas, comienzan a surgir otras necesidades que no necesariamente se relacionan con el dinero, al menos no de manera directa.

Cuando deba resolverse un problema o una situación –desde el área de Recursos Humanos y/o desde el rol de un jefe de cualquier nivel– y se plantee el dinero como factor de motivación, de una persona en particular y/o de un grupo de personas, deberán considerarse –además– otras posibles causas/motivaciones de la situación observada.

Por un lado, hay que considerar que una persona puede tener aspiraciones económicas tanto actuales como futuras, de mediano y largo plazo.

Al mismo tiempo, debe tenerse en cuenta que las buenas prácticas indican la fijación de una política retributiva adecuada, la cual incluye el cuidado de la equidad interna y externa de las remuneraciones. En consecuencia, las remuneraciones se fijan en función de los puestos de trabajo y las capacidades necesarias para alcanzar un desempeño exitoso.

Como surge de la figura siguiente, existe una relación entre las aspiraciones económicas de los colaboradores y la política organizacional. Cuando dicha relación es de correspondencia, como es la idea aquí expresada, se estará en una situación de equilibrio. Si se produjera un desfase significativo dicha relación puede llegar a quebrarse y/o romperse.

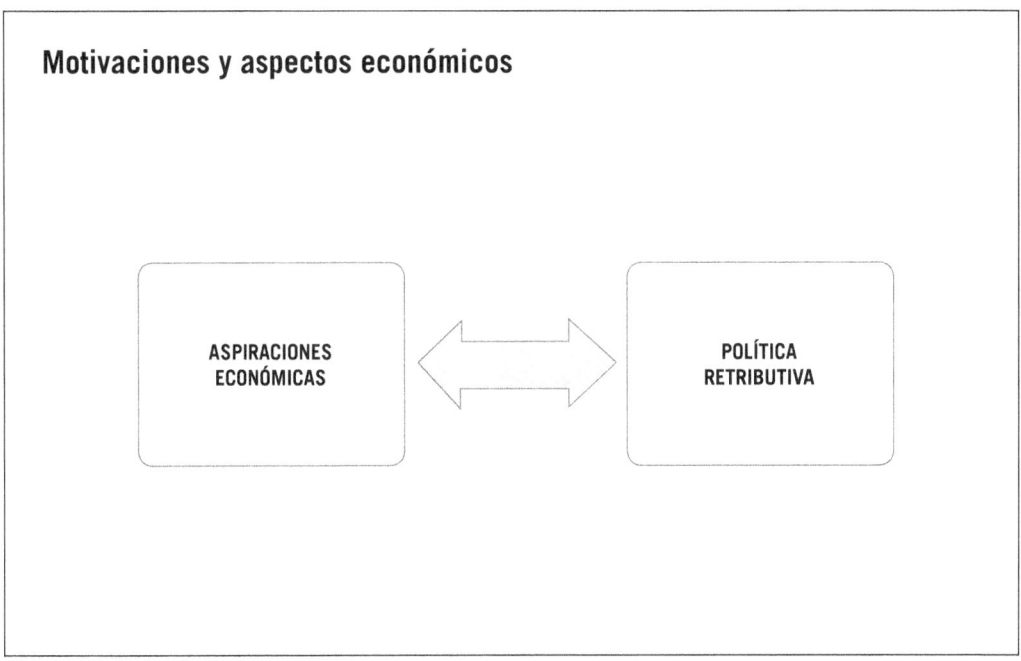

En consecuencia, y continuando con el análisis de la figura, se desea enfatizar que, en todos los casos, las aspiraciones económicas de una persona o de un grupo deberán cotejarse con la política retributiva organizacional. Veamos este concepto.

Política retributiva. Conjunto de normas internas en relación con la retribución de todos los integrantes de una organización, incluye *remuneraciones* y *beneficios*.

La política retributiva debe ser objetiva. Para ello deben implementarse criterios cuantificables que garanticen la equidad de las compensaciones.

Los *descriptivos de puestos* deben ser la base de la política de remuneraciones. A partir de ellos será posible valorar y categorizar cada puesto o cargo.

Remuneraciones es uno de los subsistemas que pueden ser auditados. La política retributiva se complementa con una comparación con el mercado, dando como resultado final el diseño de una estructura de remuneraciones.

La idea se expresa en la figura de la página siguiente.

Retomando conceptos anteriores, en todos los casos deberán considerarse los temas económicos cuando estos sean planteados. No obstante, deberá analizarse cada situación en particular con un enfoque amplio; quizá existan otros factores en

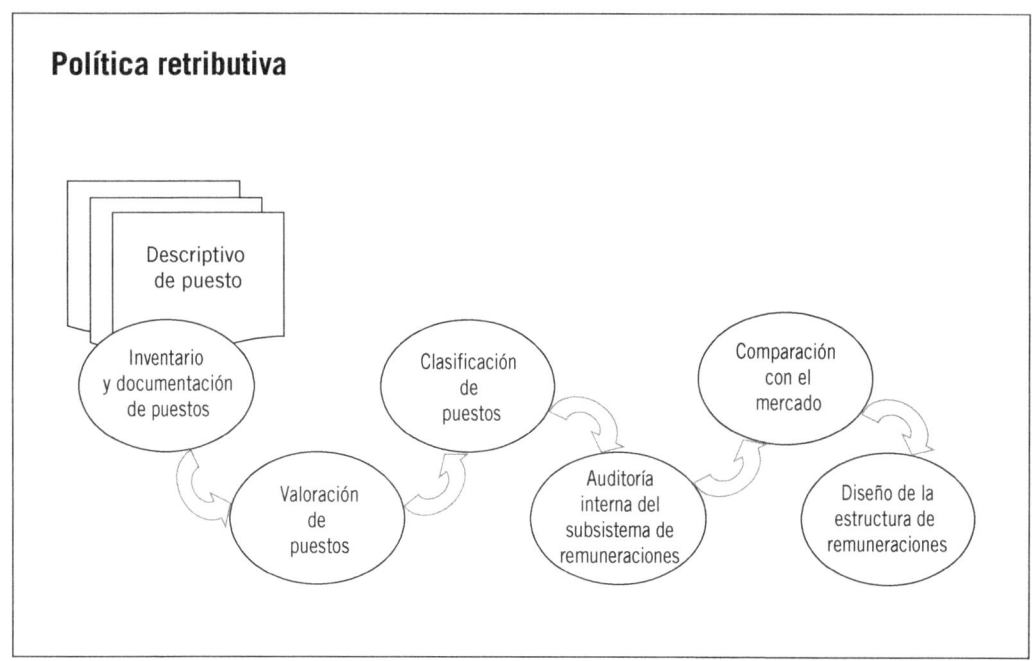

juego, no expresados. En la experiencia profesional hemos observado numerosos casos en los cuales detrás de un planteo económico se ocultaban otras necesidades o motivos de conflicto.

En otro orden de cosas, ofrecer mejoras económicas cuando se presenta un problema de cualquier otra índole puede ser inapropiado; incluso –al cambiar el foco del problema– por esta vía se puede dar por cerrado un conflicto que sigue vigente, el cual resurgirá en el momento menos pensado. Ejemplo: una persona plantea al área de Recursos Humanos que está desmotivada porque su jefe no le asigna tareas de mayor relevancia y el responsable de Recursos Humanos le ofrece un incremento en sus remuneraciones como una forma de mejorar la relación laboral. Es posible que esta mejora económica genere una reacción positiva en esta persona; sin embargo, si no se soluciona el problema de base, al poco tiempo se volverá a la situación anterior.

Las motivaciones de las personas con frecuencia están relacionadas con conceptos vertidos en páginas previas: la adecuación persona-puesto, los valores particulares, la visión individual acerca de sí misma, los proyectos personales, así como también el ambiente de trabajo, la relación con el jefe y compañeros y un sinnúmero de razones relacionadas con las aquí mencionadas.

Cuando un colaborador no evidencia el comportamiento esperado para su puesto de trabajo

La cuestión nos plantea qué hacer cuando un colaborador no alcanza el nivel de desempeño esperado. Como hemos visto hasta aquí, los factores que se ponen en juego en la vida laboral son diversos, desde la adecuación al puesto hasta otros que motivan o desmotivan a las personas.

Cuando un colaborador no responde a lo esperado habrá que analizar, en primera instancia, si posee los conocimientos, la experiencia y las competencias requeridos para desempeñarse en el puesto que ocupa. Una vez despejadas estas incógnitas, se deberá analizar su motivación. Como se ha visto, la motivación de una persona se relaciona con aspectos diversos, que no siempre son visibles para los otros y, en ocasiones, la misma persona desconoce en profundidad las razones de su propia insatisfacción.

Usualmente, los jefes directos son los más indicados para desentrañar los diferentes asuntos aquí tratados.

Por último, al analizar este tipo de situaciones habrá que tener en cuenta el grado de desajuste de una persona con su puesto de trabajo y si se trata de una situación prolongada en el tiempo o circunstancial. Cada caso suele ser diferente de otro, y no hay una única respuesta para todos.

Nuestra sugerencia, cuando un colaborador no alcance el nivel esperado, es considerar las distintas posibilidades antes de tomar una decisión que pueda no ser beneficiosa ni para el colaborador en cuestión ni para el resto de los involucrados, en especial los compañeros y el jefe directo.

Cómo resolver la *cuestión 9* desde la mirada del jefe

Los jefes, con frecuencia, plantean los aspectos económicos como causa de la desmotivación del equipo a su cargo.

Las razones son variadas, desde el deseo de obtener beneficios para el equipo y para sí mismo, hasta un enfoque de tipo paternalista-positivo por el cual desea mejorar la remuneración de sus colaboradores para que se sientan mejor.

Sin embargo, cuando se habla con estos mismos jefes y se les propone analizar la temática desde otra óptica, considerando que además de los temas económicos existen otros factores que motivan y/o desmotivan a las personas, son ellos mismos los que aportan su percepción al respecto.

Por lo antedicho, si usted es jefe, analice y considere los aspectos que motivan y desmotivan a cada una de las personas a su cargo. Ellos, individualmente, pueden tener una forma diferente de ver las cosas, diferente de la suya y de la de otros compañeros de trabajo.

Cómo resolver la *cuestión 9* desde la mirada del responsable de Recursos Humanos

Desde Recursos Humanos se sugiere tener en cuenta, por un lado, el estado actual de la implementación de los subsistemas de Recursos Humanos. Cuando se aplica un enfoque sistémico, coordinando entre sí los diferentes procedimientos relacionados con el desempeño de las personas, se logra contar con personas más y mejor motivadas.

Una vez que se hayan implementado las buenas prácticas con relación a los descriptivos de puestos, selección de personas, evaluación del desempeño, remuneraciones y formación, para incrementar la motivación será muy importante destinar esfuerzos al desarrollo de las personas, en especial a los programas internos de desarrollo para todas las personas que integran la organización.

Cuando las organizaciones cuentan con programas internos de desarrollo, las personas pueden percibir un horizonte de futuro para sus carreras. Esta circunstancia siempre es visualizada de manera positiva por parte de los colaboradores, y es un factor clave de motivación.

Adicionalmente, se deberá revisar la política retributiva de la organización.

Por último, pero no menos importante, se deberá entrenar a los jefes de todos los niveles para que puedan observar en sus equipos de trabajo los factores que motivan y desmotivan a las personas a su cargo.

En ocasiones los responsables de Recursos Humanos asignan la responsabilidad de todos los problemas a los jefes de las otras áreas. Aun en el caso que esto sea así de algún modo, siempre el área de RRHH podrá ayudar y apoyar. Por ejemplo, implementado programas como *Rol del jefe* para los jefes de todos los niveles.

Cómo resolver la *cuestión 9* desde la mirada del número 1, CEO o dueño

Los número 1 de las organizaciones son los primeros en sufrir las consecuencias de los equipos de trabajo desmotivados, en especial porque estos no alcanzan sus objetivos.

Desde su rol particular, el número 1 deberá controlar la aplicación de las buenas prácticas de RRHH. Esto es sencillo y difícil a la vez. Muchas de las buenas prácticas se dejan de lado, y las consecuencias de esto son diversas, aunque no se vean a corto plazo; y cuando los efectos llegan a ser visibles, son difíciles de solucionar.

Por lo tanto, el primer aspecto a considerar será la aplicación de las buenas prácticas en todo el ámbito de la organización.

Al mismo tiempo, debe trabajar en todos los niveles –partiendo de su nivel (número 1)– con el programa denominado *Rol del jefe*. El cual no resolverá todos los problemas, pero será un gran paso hacia un objetivo organizacional de relevancia: tener a los colaboradores motivados.

Continuar leyendo

Sugerimos leer, con relación a esta temática, las siguientes cuestiones:

1. Cuestión 2. *Qué hacer cuando existe alta rotación de colaboradores. Cómo retener a los mejores.*
2. Cuestión 8. *Qué hacer cuando los colaboradores evidencian menor compromiso, especialmente entre las nuevas generaciones.*
3. Cuestión 11. *Qué hacer para darse cuenta de que un candidato (externo o de su propio equipo) es el mejor para ocupar un determinado puesto.*
4. Cuestión 12. *Qué hacer al momento de elegir un nuevo colaborador: tomar la decisión en función de lo que se necesita ahora, se necesitará más adelante o por el mejor candidato de todos.*
5. Cuestión 20. *Qué hacer para desarrollar las capacidades de los colaboradores. ¿La Universidad Corporativa puede ser una solución válida?*

Para los interesados en seguir leyendo sobre este tema, sugerimos las siguientes obras:

- *Conciliar vida profesional y personal. Dos miradas. Organizacional e individual*
- *12 pasos para conciliar vida profesional y personal. Desde la mirada individual*
- *Rol del jefe*
- *Construyendo talento*

- *Desarrollo del talento humano. Basado en competencias*
- *Las 50 herramientas de Recursos Humanos que todo profesional debe conocer*
- *Diccionario de términos de Recursos Humanos*
- *Social Media y Recursos Humanos*
- *Diccionario de comportamientos. La trilogía. Tomo 2*
- *La Marca Recursos Humanos*

Cuestión 10
Qué hacer para elegir las mejores herramientas de RRHH desde la mirada de los jefes

En las organizaciones, y no solo en relación con los temas de Recursos Humanos, con frecuencia, un procedimiento, herramienta o método de trabajo es diseñado por un equipo o por un área y luego utilizado por un gran número de personas. También con frecuencia, estos usuarios que no formaron parte del pequeño grupo que diseñó/seleccionó la herramienta, procedimiento, etc., no están conformes, expresan quejas y otras situaciones análogas.

Si bien un jefe no será el responsable del diseño, por ejemplo, de una herramienta, será su usuario, y desde esa perspectiva se analizará esta cuestión.

Las buenas prácticas en Recursos Humanos y los jefes de todos los niveles

La elección y el diseño de una herramienta siempre deberían hacerse dentro del marco de las buenas prácticas. En este punto, creo importante recordar el significado del concepto "buenas prácticas", que hace referencia a aquellas formas de hacer las cosas que son consideradas un parámetro o estándar a alcanzar según la opinión de un experto.

En ocasiones, se eligen herramientas que llaman la atención, que a primera vista lucen "atractivas", que parecen eficaces, pero que no lo son. Las razones son diversas, desde que no consideran en su diseño criterios básicos de Recursos Humanos hasta que no respetan principios éticos entre otros factores. En resumen, no brindan la solución esperada.

La mayoría de las herramientas se vehiculizan en un software, pero lo importante será siempre el contenido del mismo, no su aspecto visual, que desde ya es importante pero no determinante.

En síntesis, podemos decir que para elegir adecuadamente las herramientas a utilizar en cada caso será conveniente basarse en las buenas prácticas que implican conceptos y definiciones probados en la vida real, por un gran número de organizaciones.

Adicionalmente, es posible hacer una referencia específica identificando las *buenas prácticas en Recursos Humanos.* En este caso la expresión hace referencia a aquellas prácticas que son consideradas un parámetro o estándar a alcanzar según la opinión de un experto en la temática en cuestión.

Las buenas prácticas en Recursos Humanos describen métodos de trabajo que las empresas han implantado y que se consideran "deseables", es decir, que sería bueno implementar o adoptar en aquellas organizaciones que no lo han hecho aún. Por lo tanto, las buenas prácticas no implican conceptos de tipo teórico, sino que describen los métodos de trabajo que representan la mejor manera de hacer las cosas en lo que respecta a un determinado tema o aspecto de la organización: *métodos de trabajo reales llevados a la práctica exitosamente por organizaciones reales.*

En lo que respecta a las herramientas, y a modo de resumen, las buenas prácticas representan modelos de gestión que han sido exitosos en una cantidad representativa de organizaciones.

Por lo tanto, tanto un especialista en Recursos Humanos como un jefe o directivo preocupado por el factor humano deberán conocer, al actuar en sus respectivas áreas, todas las variantes de prácticas disponibles a fin de identificar las más convenientes para lograr una buena gestión de personas.

Sobre la base de las buenas prácticas, según se definiera en los párrafos precedentes, presentaré a continuación aquello considerado como imprescindible, desde la mirada de los jefes y directivos, pensando a su vez en organizaciones de cualquier tamaño y tipo.

Las herramientas imprescindibles desde la mirada del jefe

La palabra "herramienta" se vincula con un sinnúmero de aplicaciones. La primera que usualmente surge en nuestra mente remite a un instrumento de metal destinado a usos específicos, tanto en el hogar, en el taller de un artesano o en talleres de otro tipo, para la reparación de maquinarias, etc.

¿Qué concepto se desea representar a través del término "herramientas" y en relación con la temática aquí planteada, Recursos Humanos desde la mirada de los jefes? En el contexto de las ciencias de la administración y en la disciplina de Recursos Humanos, la palabra "herramienta" se utiliza para hacer referencia a cuestionarios, manuales, guías, etc., destinados a la resolución práctica de problemas o situaciones determinadas.

Como surge de esa definición, la disciplina de Recursos Humanos requiere de herramientas sencillas, eficientes y eficaces para todos los temas que le atañen, comprendidos desde nuestra perspectiva, en los denominados subsistemas de Recursos Humanos.

La mayoría de los asuntos relacionados con las personas que integran una organización son asumidos por los jefes directos de los colaboradores, que tienen, además, otra serie de funciones y responsabilidades. Por lo tanto, el área de RRHH debería proveer a sus clientes internos (los jefes de cada sector) cuestionarios, manuales, guías y otros materiales de apoyo para la resolución práctica de todos los asuntos relacionados con sus equipos de colaboradores.

Ahora bien, el uso de las herramientas de Recursos Humanos puede ser analizado desde diferentes ángulos. El más frecuente es desde la mirada del especialista del área. Sin embargo, en esta parte de la obra se analizará el uso de las herramientas desde la mirada de los jefes de otras áreas, ya sean estos altos directivos o de un nivel menor. También se complementará el análisis con la mirada de las mismas herramientas desde la óptica del colaborador.

Las herramientas de Recursos Humanos y los directivos y jefes (de todos los niveles)

Cada uno de los jefes debe cumplir un rol específico por ser jefe, que se denomina *rol del jefe*, desde el CEO o número 1 de la organización hasta jefes de menor nivel jerárquico. Para cumplir adecuadamente con su rol de jefe la persona deberá seleccionar a su equipo, evaluar su desempeño y ser un entrenador de sus colaboradores, solo por nombrar algunas de estas responsabilidades. Para llevar adelante cualquiera de estas actividades deberá tomar decisiones, realizar ciertas acciones, etc. Este conjunto de actividades, responsabilidades y tareas debe ser llevado adelante con la ayuda de herramientas prácticas, sencillas y, al mismo tiempo, eficaces.

En el caso de los jefes, para poseer manejo experto en conducción de personas, es decir, para contar con el manejo experto –en Recursos Humanos– que se requiere para ser un buen jefe, será fundamental conocer y manejar adecuadamente las herramientas disponibles en el ámbito de la propia organización. En resumen, el área de RRHH será responsable por la elección de las herramientas a utilizar junto con los procedimientos que correspondan en cada caso, y los jefes deberán conocer y poseer un manejo experto de su uso, en la medida en que la herramienta en cuestión deba ser utilizada por ellos.

Un directivo o jefe de otra área puede saber un poco más o un poco menos sobre RRHH. En cualquier circunstancia, las herramientas, de algún modo, le permitirán el "manejo experto" necesario para cumplir su rol de jefe.

Las herramientas son necesarias para todos. Para los especialistas en RRHH y para los jefes. No obstante, cuando menos sepa un jefe (de cualquier área) sobre RRHH, más necesario será que cuente con herramientas fiables para la gestión de personas.

En resumen, para ser un buen jefe no se requiere ser un experto al mismo nivel que un profesional de RRHH, solo será necesario conocer qué herramientas se deben usar en cada caso, sus beneficios, y ser un experto en su aplicación en lo que atañe específicamente a su rol de jefe.

Todas las herramientas suelen ser *útiles e* interesantes, pero empleadas de manera equivocada pueden producir incluso el efecto contrario al deseado, y ser perjudiciales en algunos casos.

Las herramientas de Recursos Humanos desde la mirada de los colaboradores

En las organizaciones, la mayoría de los jefes son, también, colaboradores. Por lo tanto, al hablar de la mirada de los colaboradores no nos referimos solo a la de aquellos que no tienen equipos a su cargo. Por el contrario, la mirada de los colaboradores incluye a todos los integrantes de la organización. El presidente de una multinacional, por su parte, será un colaborador desde la perspectiva de su jefe, ubicado quizá en la casa matriz o *headquarter*.

La utilización de herramientas desde la mirada del colaborador genera apreciaciones absolutamente positivas. Se las percibe como instrumentos que aseguran la objetividad, que implican reglas claras y uniformes para todos, no discriminación e igualdad de oportunidades. Los colaboradores perciben que los jefes no pueden actuar discrecionalmente, solo por citar una de las ya mencionadas apreciaciones positivas.

A continuación se presentarán los diversos temas siguiendo un orden de prioridad, en especial pensando en lectores no expertos en la disciplina Recursos Humanos. No obstante, para los especialistas y/o quienes se desempeñan en compañías que hace muchos años ya trabajan en temas de Recursos Humanos, la categorización de los asuntos de manera ordenada también podrá ser de utilidad, a modo de reflexión.

Comenzando por el principio

Como el sentido común indica, una organización deberá primero asegurarse del correcto cumplimiento de las leyes y normativas vigentes, junto con el cuidado de la relación con sindicatos y otros temas considerados como de primer orden, y que podríamos denominar "obligaciones". El no cumplimiento de estas obligaciones o su cumplimiento parcial o no satisfactorio tanto desde la mirada de los directivos como de los colaboradores en general, trae aparejado, sin excepción, desprestigio y, en casos extremos, problemas de índole aun más grave.

Por lo antedicho, los directivos de Recursos Humanos, junto con la máxima conducción de la organización, primero deberán asegurar su cumplimiento. Por ejemplo, en una organización en la que no se abonan los salarios de los colaboradores de manera puntual y/o de acuerdo con la normativa vigente –u otras situaciones similares– será difícil cualquier implementación relacionada con la disciplina de Recursos Humanos.

Existe una herramienta ampliamente difundida y no siempre bien utilizada por el área de Recursos Humanos: *Descriptivo de puestos o cargos*. Adicionalmente, se trata de una herramienta considerada –casi siempre– como un documento que es para uso exclusivo de dicha área.

Estoy absolutamente en desacuerdo con esta última apreciación, y en diversos ámbitos siempre trato de rescatar y resaltar el uso de dicha herramienta. Veamos, en primer término, su definición.

> *Descriptivo de puesto.* Documento interno donde se consignan las principales responsabilidades y tareas de un puesto de trabajo. Adicionalmente se registran los requisitos necesarios para desempeñarlo con éxito: conocimientos, experiencia y competencias.

Para que la función de Recursos Humanos sea efectiva y el uso que se describirá más adelante también lo sea, los mencionados *Descriptivos de puesto* deberán estar actualizados y, además, contemplar aspectos estratégicos. ¿Qué se desea expresar a través de esta afirmación? Que las responsabilidades y tareas asignadas a los diferentes puestos deben reflejar aquello necesario para que la organización en su conjunto alcance la estrategia organizacional.

Los *Descriptivos de puesto* incluyen la *Asignación de competencias a puestos*, procedimiento interno por el cual se asignan competencias a los distintos puestos de trabajo, junto con el grado en que son requeridas. La asignación se refleja en un documento interno donde se indica, para los distintos puestos de trabajo, las competencias requeridas junto con los grados en que se necesitan.

Un jefe debería conocer y tener a mano, a modo de consulta, los descriptivos de puestos correspondientes a las posiciones que ocupan todos sus colaboradores. Además del descriptivo de su propio cargo.

Para comprender mejor lo antedicho, pensemos en una situación de la vida cotidiana, por ejemplo, la organización de una reunión con amigos, donde varios o todos tienen a su cargo alguna actividad: reservar el lugar; comprar y/o preparar comida, bebidas, postre; llevar música y equipos; llamar a los distintos invitados, etc. Uno de ellos tendrá a su cargo la coordinación. Para cumplir con su rol de coordinador, tendrá perfectamente en claro qué parte de la tarea tendrá a su cargo cada uno de los participantes de la organización de dicho evento y, continuando con el ejemplo, tomará nota de la asignación de tareas en una libreta, en un cuaderno o confeccionará una planilla en su ordenador. Cualquiera sea el soporte en que lo haga, llevará un registro de la tarea asignada a cada uno, incluyendo su propia responsabilidad.

Con un jefe de cualquier nivel y en cualquier tipo de organización ocurre más o menos lo mismo. Un jefe usualmente tiene clara la distribución de tareas realizada entre su equipo de colaboradores, y para registrar esta distribución podría valerse de un cuaderno, una libreta o una planilla en su ordenador, o bien utilizar los ya mencionados *Descriptivos de puesto*.

Esta última opción, además de tratarse de un sistema homogéneo en toda la organización, permitiría a los colaboradores consultar los mencionados descriptivos en el caso de considerarlo necesario en algún momento.

Con un esquema así de simple, se podría mejorar el día a día de jefes y colaboradores y, como puede rápidamente apreciarse, con un enfoque como el descrito, estos documentos no pertenecerían al área de Recursos Humanos sino que, muy por el contrario, serían de uso compartido con los jefes de todas las áreas.

Una vez que se han ordenado y distribuido las tareas de todo el grupo de colaboradores, área o sector, según corresponda, la relación de un jefe con su equipo (de colaboradores) se basará en tres pilares fundamentales: Selección, Desempeño y Desarrollo. La idea se expresa en la figura de la página siguiente.

A continuación se analizarán las herramientas necesarias de acuerdo con los tres pilares mencionados.

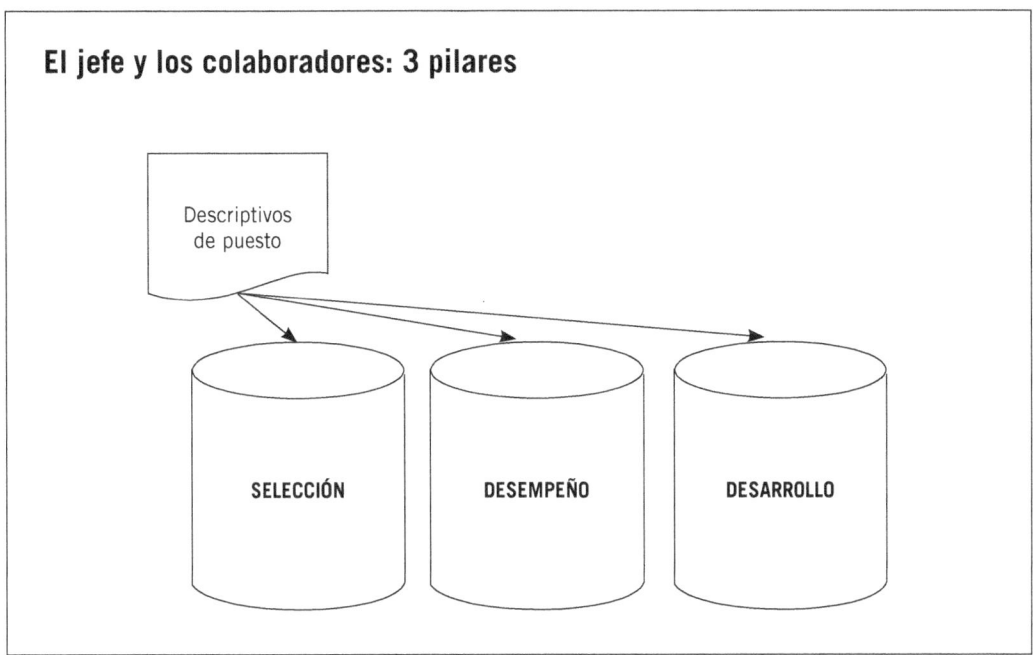

Herramientas para incorporar nuevos colaboradores

La selección de personas se realiza de manera particular según las políticas y los procedimientos organizacionales que han sido definidos. Podemos observar desde empresas con áreas de Recursos Humanos que llevan adelante todo el proceso y presentan los candidatos finalistas a los jefes, hasta otras donde los jefes tienen la totalidad de la tarea a su cargo.

En cualquiera de las situaciones, siempre hay una parte de la selección a cargo del jefe directo. Para llevar adelante esa tarea, es recomendable contar con herramientas sencillas y prácticas que garanticen un buen resultado.

La mayoría de los jefes, en su rol de entrevistadores son muy buenos y se sienten muy cómodos preguntando y evaluando conocimientos. Sin embargo, a la hora de despedir a un colaborador, usualmente lo hacen por un mal desempeño en relación con sus comportamientos (solo por mencionar comentarios habituales: *el colaborador no trabaja en equipo, no se muestra suficientemente comprometido, no realiza la tarea con la calidad deseada...* y tantas otras cuestiones que reflejan comportamientos no deseados).

Por lo antedicho, un jefe debe estar en condiciones de evaluar, en una entrevista, además de conocimientos y experiencia, los comportamientos de sus colaboradores (competencias).

En Selección se sugiere en primer lugar, por su relevancia, la herramienta denominada *Entrevista estructurada*, para cuya confección se toma como base el *Diccionario de preguntas*. Para la realización de las evaluaciones de las distintas postulaciones se utilizará, además, el *Diccionario de comportamientos*.

A continuación las definiciones de las herramientas mencionadas.

Entrevista estructurada. Entrevista basada en un conjunto de preguntas e indicaciones previamente definidas para indagar sobre una serie de aspectos determinados.

Diccionario de preguntas. Documento interno de la organización en el cual se consignan ejemplos de preguntas que permiten evaluar las competencias del modelo en una entrevista.

Diccionario de comportamientos. Documento interno en el que se consignan ejemplos de los comportamientos observables asociados o relacionados con las competencias del modelo organizacional.

Estas herramientas usualmente incluyen instructivos para su uso, y su aplicación suele ser sencilla.

Pero es posible que la organización no cuente con este tipo de herramientas. En casi todos los casos existen versiones disponibles en el mercado que pueden ser utilizadas.

La evaluación del desempeño de los colaboradores por parte del jefe

En la actualidad, la mayoría de las empresas cuentan con algún método para medir el desempeño de sus colaboradores, pero no siempre los jefes y colaboradores están satisfechos con él. Usualmente esta disconformidad no proviene de métodos inapropiados sino de una formación insuficiente o equivocada sobre cómo aplicarlos. En estas situaciones, el jefe podrá plantear al área de Recursos Humanos su insatisfacción al respecto y pedir ayuda.

Considerando las buenas prácticas para medir el desempeño, será imprescindible contar con la *Evaluación vertical*, la cual integra *objetivos* a la medición, permitiendo así una adecuada interacción con el subsistema de Remuneraciones y beneficios. Al igual que en Selección, para la evaluación de las competencias de los colaboradores por parte de sus jefes el documento a utilizar será el *Diccionario de comportamientos* (ya mencionado).

A continuación la definición de la herramienta de evaluación mencionada.

Evaluación vertical. Medición del desempeño realizada por el jefe o superior, que se complementa con la autoevaluación del propio colaborador y la revisión del nivel superior al jefe directo ("jefe del jefe").

Proceso organizacional estructurado que tiene un doble propósito: 1) se utiliza para medir el desempeño de los colaboradores (usualmente se combinan objetivos y competencias) y, al mismo tiempo, 2) es un derecho del colaborador, al permitirle recibir retroalimentación sobre cómo está haciendo las cosas (desempeño).

La denominación de "vertical" hace referencia a los actores más usuales del proceso: el jefe directo, el colaborador (autoevaluación), y una mirada adicional, como es la del "jefe del jefe" (en nuestra metodología ese aspecto lo denominamos *la tercera firma*).

Existen otras herramientas para medir el desempeño. No obstante, esta será la más adecuada y responde al mayor número de necesidades de jefes y colaboradores. Una vez que esta evaluación es utilizada con eficacia y efectividad, se podrían sumar otras opciones.

Desarrollo y sus distintas variantes desde la mirada de los jefes

Los jefes son los que están en contacto cotidiano con sus colaboradores y, de manera consciente o no, cumplen una serie de roles con relación a ellos. Desde transformarse en un modelo positivo a seguir (o negativo, aquello que los colaboradores no quieren llegar a ser), hasta aspectos relacionados con su formación y desarrollo. Adicionalmente, son también los jefes los primeros en detectar problemas en la conciliación de vida profesional y personal del equipo a su cargo.

En consecuencia, bajo la palabra "Desarrollo" se incluyen dos temas o subsistemas de Recursos Humanos, *Formación* y *Desarrollo* y *planes de sucesión*, para los cuales se identifican como imprescindibles varias herramientas.

Para la adquisición de conocimientos y el desarrollo de competencias se sugiere el método *Codesarrollo*. Para el desarrollo específico de competencias, las *Guías de desarrollo dentro y fuera del trabajo*. Veamos las definiciones correspondientes.

Codesarrollo. Método para el desarrollo de personas, aplicable tanto a competencias como a conocimientos.

El Codesarrollo implica acciones concretas que de manera conjunta realiza el sujeto que asiste a una actividad de formación guiado por un instructor para el desarrollo de sus competencias y/o conocimientos. Conforma un ciclo: 1) taller de Codesarrollo; 2) seguimiento; 3) segundo taller de Codesarrollo.

Guías dentro del trabajo. Documento interno organizacional en el cual se describen las posibles acciones que se sugiere incorporar en la actividad cotidiana, a fin de alcanzar comportamientos más altos en relación con la competencia a desarrollar, o incrementar/perfeccionar conocimientos, según corresponda.

Guías fuera del trabajo. Documento interno organizacional en el cual se describen las posibles ideas que permiten desarrollar las competencias del modelo organizacional en otras actividades no relacionadas con el ámbito laboral, poniendo en juego la competencia o permitiendo incrementar/perfeccionar conocimientos, según corresponda.

¿Qué puede hacer un jefe en relación con estas herramientas? En cuanto a Codesarrollo, podrá estar informado de las ofertas existentes y sugerir a sus colaboradores las más adecuadas según corresponda. Un diálogo fluido con el área de Recursos Humanos será de gran ayuda al respecto.

En cuanto a las guías para el autodesarrollo, no todas las empresas cuentan con ellas. En el caso que la organización haya incorporado la utilización de las mencionadas guías, el rol del jefe consistirá en ayudar a sus colaboradores en la aplicación práctica de estas herramientas.

En temas de desarrollo y formación el rol del jefe es muy importante y, al mismo tiempo, limitado. Es muy importante porque puede sugerir, apoyar, alentar, dar el ejemplo, otorgar permisos, etc. Por otra parte, si el colaborador no desea mejorar, el rol del jefe quedará restringido. Podrá explicar las ventajas y beneficios del desarrollo, pero si el interesado no se convence de ello, los esfuerzos serán en vano.

Dentro de desarrollo de personas existe un concepto muy interesante para compartir:

Mapa y ruta del talento. Proceso interno organizacional dividido en dos partes y que implica dos conceptos diferentes entre sí: mapa por un lado y ruta por otro.

A continuación sus diferencias e interrelación.

- Mapa: registro del inventario de las capacidades de todos los colaboradores de la organización: conocimientos, experiencia y competencias.
- Ruta: elección de los programas organizacionales más adecuados según la visión y la estrategia, sobre la base de tres ejes: para el resguardo del capital intelectual; para generar talento organizacional; para aprovechar la experiencia de los jefes.

Ahora bien, es muy importante destacar que la "ruta" siempre existe, sea esta planeada desde la organización o no. Por lo tanto, si bien aquí se está sugiriendo el uso de herramientas específicas a ser utilizadas en cada caso, es importante tener en cuenta que aun sin herramientas las personas siempre transitan alguna ruta o algún camino dentro de las organizaciones en las cuales se desempeñan. De lo que se trata es que dicha ruta sea conocida y explícita.

En cuanto a la implementación de programas internos para el desarrollo, dependerá de cada organización. Desde las buenas prácticas se considera imprescindible contar, como mínimo, con un programa para cada uno de los ejes identificados dentro del concepto *Mapa y ruta del talento*:

- Para el resguardo del capital intelectual, los programas indicados son *Diagramas de reemplazo* y/o *Planes de sucesión*.
- Para generar talento organizacional, se sugiere *Planes de carrera*.
- Para aprovechar la experiencia de los jefes, la recomendación es comenzar por los programas para jefes denominados *Rol del jefe* y *Jefe entrenador*.

Cómo resolver la *cuestión 10* desde la mirada del jefe

Todos los jefes tienen su propio jefe, que aquí denominamos "el jefe del jefe". Según sea la relación con dicho jefe, generalmente es una buena idea apoyarse en él para este tipo de cuestiones organizacionales, por tener, usualmente, mayor experiencia; incluso se puede recurrir a antiguos jefes u otros con el *expertise* necesario. Esta opción dependerá de las diferentes situaciones y circunstancias.

Otra sugerencia será consultar con el área de Recursos Humanos sobre las herramientas disponibles. Muchas veces los responsables de RRHH piensan que los jefes no están interesados en estos temas.

En todos los casos, muéstrese motivado por conocer acerca de todo aquello que pueda facilitarle sus responsabilidades como jefe, desde elegir a sus colaboradores hasta evaluarlos y guiarlos en su accionar.

Para cumplir adecuadamente su rol de jefe, sería de suma importancia que cuente con herramientas sencillas y eficaces, que al mismo tiempo cuenten con un alto rigor metodológico y profesional y, por otra parte, que sean simples al momento de ser utilizadas; por ejemplo, un listado de preguntas para utilizar en una entrevista y una herramienta objetiva para evaluar el desempeño. Todo esto se lograría utilizando las herramientas mencionadas en esta sección.

© GRANICA

Cómo resolver la *cuestión 10* desde la mirada del responsable de Recursos Humanos

Con frecuencia, y como decíamos más arriba, los profesionales de Recursos Humanos piensan que los directivos y jefes de otras áreas no están interesados en la aplicación de herramientas. Esta creencia muchas veces se basa en experiencias previas no positivas. No obstante, hay que persistir.

En primer lugar, se debe identificar las herramientas más adecuadas desde la mirada de los jefes y directivos. No porque estos "no sepan de RRHH" sino porque el foco de su actividad es otro y el rol del experto en RRHH es facilitarles la tarea.

Una vez identificadas las herramientas a utilizar, hay que procurar que cuenten con un instructivo de uso.

Por último, deberá analizarse si la/s herramienta/s en cuestión requiere/n de alguna explicación adicional, o capacitación más específica.

A todo lo anterior deberá sumarse siempre un diálogo abierto con los jefes y directivos para que ellos brinden sus aportes y sugerencias y, muy especialmente, compartan experiencias con otros jefes en situaciones análogas.

Cómo resolver la *cuestión 10* desde la mirada del número 1, CEO o dueño

Los número 1, en ocasiones, están alejados de los detalles de la gestión, y pensar en herramientas y su mejor aplicación pareciera que no les atañe. No es así.

En un primer análisis, el número 1 también debe elegir colaboradores, evaluarlos y guiarlos en su desarrollo, por lo tanto, es un usuario más de las herramientas "desde la mirada del jefe", junto con un rol más importante aún, de ser jefe de todos los jefes de la organización, y como "jefe de jefes" deberá también considerar sus necesidades al respecto.

Por lo tanto, deberá instar al responsable de Recursos Humanos a llevar a cabo las sugerencias aquí señaladas para el área, participando desde su rol de número 1 en la elección de las mencionadas herramientas.

En párrafos previos, al inicio de esta sección, se analizaron las herramientas de Recursos Humanos desde la mirada de los directivos y jefes de otras áreas, de todos los niveles. Luego, más adelante, desde la mirada de los colaboradores. A continuación se sumará una tercera mirada.

Las herramientas de Recursos Humanos y los CEO

Entre las nuevas tendencias en materia de Recursos Humanos debe mencionarse la auditoría de todos –o al menos algunos– los procesos de Recursos Humanos.

Selección y Formación son los procesos o subsistemas de Recursos Humanos que generan mayor preocupación, especialmente en las grandes empresas, y la auditoría usualmente comienza por ellos.

Por lo tanto, las herramientas (cuestionarios, manuales, guías y otros materiales de apoyo de probada eficacia para la resolución práctica de problemas o situaciones determinados) aquí descritas se pueden relacionar con otros conceptos, tales como *Auditoría de Recursos Humanos, Modelo de competencias, Modelo de conocimientos, Modelo de valores,* entre otros.

Cuando una empresa, en especial de grandes dimensiones, trabaja aplicando herramientas, es más fácil diseñar y describir los procedimientos y, en consecuencia, es más sencillo auditarlos.

Adicionalmente, y como ya se mencionara, las herramientas de Recursos Humanos se pueden relacionar también con diversos roles o funciones dentro de la organización, tales como el denominado *rol del jefe,* ya mencionado.

En resumen, desde, por ejemplo, la mirada de un CEO o de un conjunto de accionistas, implementar herramientas de Recursos Humanos, confiables y auditables, no solo asegura una mejor calidad de los procesos, sino que también garantiza una mejor consecución de los objetivos organizacionales.

Continuar leyendo

Sugerimos leer, con relación a esta temática, las siguientes cuestiones:

1. Cuestión 2. *Qué hacer cuando existe alta rotación de colaboradores. Cómo retener a los mejores.*

2. Cuestión 12. *Qué hacer al momento de elegir un nuevo colaborador: tomar la decisión en función de lo que se necesita ahora, se necesitará más adelante o por el mejor candidato de todos.*

3. Cuestión 15. *Qué hacer frente a una vacante. La alternativa de buscar a un colaborador en el mercado o en la empresa.*

4. Cuestión 16. *Qué hacer para asignar a los colaboradores objetivos relacionados con la estrategia organizacional y lograr que el equipo a cargo los alcance.*

5. Cuestión 17. *Qué hacer para realizar una evaluación objetiva de los colaboradores y darles una adecuada retroalimentación, tanto a nivel individual como de equipo.*

6. Cuestión 20. *Qué hacer para desarrollar las capacidades de los colaboradores. ¿La Universidad Corporativa puede ser una solución válida?*

Para los interesados en seguir leyendo sobre este tema, sugerimos las siguientes obras:

- *Las 50 herramientas de Recursos Humanos que todo profesional debe conocer*
- *Diccionario de términos de Recursos Humanos*
- *Rol del jefe*
- *12 pasos para ser un buen jefe*
- *La Marca Recursos Humanos*

CUESTIÓN **11**
Qué hacer para darse cuenta de que un candidato (externo o del propio equipo) es el mejor para ocupar un determinado puesto

Analizar si una persona es adecuada para un puesto implica siempre considerar una serie de conceptos, tanto si se analizan los requisitos para un cargo de director técnico de un equipo de fútbol, un director de orquesta o un gerente o jefe de cualquier área, en el ámbito de una organización. Igualmente será considerado un conjunto de requisitos si se está evaluando un alto directivo o un colaborador de un nivel diferente.

Para ocupar cualquier puesto será necesario contar con una mezcla de conocimientos, experiencia, competencias y motivación. Cambiarán los términos de esa mezcla o fórmula, pero los elementos constitutivos siempre deberían estar en consideración, en la proporción requerida en cada caso.

Dentro del ámbito de las organizaciones, ya sea una búsqueda interna o externa, una promoción o cualquier otra situación, la comparación de un futuro ocupante de un puesto con la posición a cubrir deberá incluir, como mínimo, los siguientes elementos para su análisis: conocimientos (incluye estudios formales), experiencia, competencias y motivación. La idea se expresa en la figura de la página siguiente.

Como se desprende de la figura, deben compararse cada uno de los elementos por separado y entre sí. Recordemos algunas definiciones:

Conocimientos: conjunto de saberes ordenados sobre un tema en particular, materia o disciplina.

Experiencia: práctica prolongada de una actividad (laboral, deportiva, etc.) que permite incorporar nuevos conocimientos e incrementar la eficacia en la aplicación de los conocimientos y las competencias existentes, todo lo cual redunda en la optimización de los resultados de dicha actividad.
La experiencia –junto con los conocimientos y las competencias requeridos– debe ser considerada frente a las diferentes situaciones que impliquen la toma de decisiones en relación con el futuro de un colaborador, tanto en un proceso de selección interna o externa como en los diferentes programas internos para el desarrollo del talento organizacional.

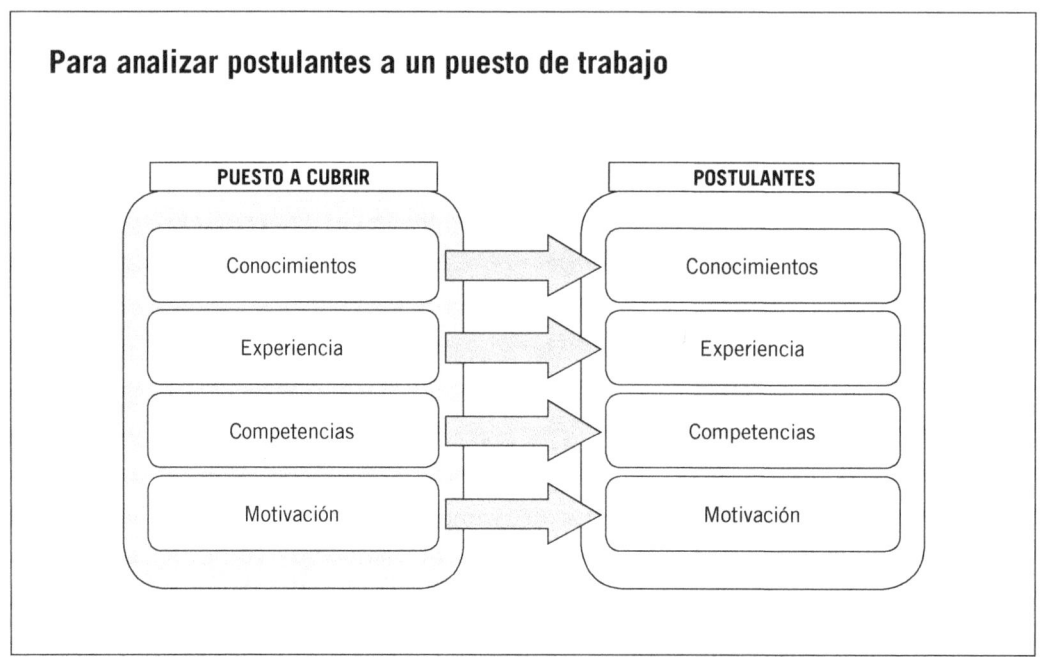

Competencia: hace referencia a las características de personalidad, devenidas en comportamientos, que generan un desempeño exitoso en un puesto de trabajo.

Motivación: razón, causa o motivo para hacer algo: trabajar, cambiar de empleo, de carrera, etc.
El estudio de las motivaciones de las personas en relación con la disciplina de Recursos Humanos es un tema complejo, dado que dichas motivaciones pueden obedecer a causas diversas y abarcan otras razones o motivos más allá de los aspectos económicos que implica toda relación laboral.

En materia de conocimientos y experiencia es importante tener en cuenta los siguientes conceptos:

Requisitos excluyentes: conjunto de características imprescindibles para desempeñar un determinado puesto con eficacia, que serán tomadas en cuenta –especialmente– en los procesos de selección de nuevos colaboradores. Implica que si una persona no las posee, no será considerada para cubrir esa posición.

Requisitos no excluyentes: conjunto de características deseables, pero no imprescindibles, para desempeñar un determinado puesto con eficacia. Implica que si la persona no las posee, podrá de todos modos ser considerada y, eventualmente, elegida para cubrir la posición en cuestión.

En cuanto a competencias, será importante recordar la siguiente definición:

Competencia dominante: este concepto, que se utiliza en selección de personas, hace referencia a aquellas competencias que por alguna razón son consideradas más relevantes para ese proceso de selección en particular y se utilizan para planear la entrevista.

A continuación se verán con mayor detalle cada uno de los elementos mencionados.

Conocimientos y experiencia

En muchas organizaciones, los conocimientos y estudios junto con la experiencia son, usualmente, considerados como los más relevantes. Si bien los conocimientos son necesarios y deben estar cuando así corresponda, deben ser considerados en conjunto con los otros aspectos mencionados.

Para analizar los conocimientos se deben abrir en los diferentes ítems que los componen y separarlos en excluyentes y no excluyentes. Ejemplo:

CONOCIMIENTOS		
Descripción	Excluyentes	No excluyentes
Estudios formales: • Secundarios • Universitarios • Posgrados • Etc.		
Matrícula habilitante (en el caso de que la profesión así lo requiera)		
Certificaciones (derivadas de estudios)		
Formación adicional – Cursos cortos sobre temas específicos		
Licencias, como permiso para conducir determinados vehículos		
Conocimientos específicos		
Idiomas con sus diferentes opciones, desde bilingüe hasta comprensión de textos		
Otros		

Un análisis similar se puede efectuar en relación con la experiencia requerida.

EXPERIENCIA		
Descripción	Excluyente	No excluyente
En el puesto		
En un puesto similar		
En conducción de equipos de trabajo		
En relación con clientes y negocios		
En aspectos específicos como el manejo de una determinada maquinaria, vehículo, etc.		
En el uso de un idioma en relación con el puesto		
Otros		

Competencias y motivación

Como se expresara en párrafos anteriores, con frecuencia se les otorga mucha relevancia a los estudios, conocimientos y experiencia y se descuidan otros aspectos fundamentales, como las competencias y la motivación.

Es cierto que son los dos aspectos más difíciles de medir/evaluar, sin embargo, serán determinantes en el comportamiento futuro del nuevo colaborador.

Si una organización posee un modelo de competencias, podrán contar –por ejemplo– con competencias categorizadas como se expone en el gráfico de la página siguiente.

Recordemos definiciones:

Competencia cardinal: competencia aplicable a todos los integrantes de la organización. Las competencias cardinales representan la esencia de la organización y permiten alcanzar su visión.

Competencia específica: competencia aplicable a colectivos específicos, por ejemplo, un área de la organización o un cierto nivel, como el gerencial.

Cuando se diseña un modelo de competencias primero se definen las competencias cardinales. Luego, para definir las competencias específicas gerenciales se consideran las competencias cardinales ya elegidas para dicha organización.

Cuestión 11

```
┌─────────────────────────────────┐
│      Competencias               │
│      cardinales                 │
└─────────────────────────────────┘

┌─────────────────────────────────┐
│      Competencias               │
│   específicas gerenciales       │
└─────────────────────────────────┘

┌─────────────────────────────────┐
│      Competencias               │
│   específicas por área          │
└─────────────────────────────────┘
```

Competencias cardinales

Incluyen valores: *Ética, Fortaleza, Integridad, Justicia, Prudencia, Respeto, Sencillez, Temple*, y también *Responsabilidad personal, Responsabilidad social*.

Incluyen también: *Adaptabilidad a los cambios del entorno, Innovación y creatividad, Calidad e Iniciativa*, entre otras.

Competencias específicas gerenciales

	COMPETENCIAS	
Descripción	Dominantes	Otras
Cardinales • Nombre y definición y grado requerido de cada una de las competencias cardinales		
Específicas gerenciales • Nombre y definición y grado requerido de cada una de las competencias específicas gerenciales		
Específicas por área • Nombre y definición y grado requerido de cada una de las competencias específicas por área		

Un enfoque similar se utiliza para definir las competencias específicas por área. En este caso se tendrán en cuenta las competencias cardinales y las competencias específicas gerenciales.

Las competencias a considerar en la elección de un nuevo colaborador se pueden clasificar de acuerdo con el ejemplo precedente.

Por último, con relación a la motivación hay que centrarse en los aspectos relacionados con un eventual puesto futuro. La indagación sobre la motivación frente a un nuevo puesto de trabajo debe hacerse tanto en los casos en que se entreviste a personas externas a la organización como en búsquedas internas, promociones o cualquier otra variante que implique la designación de una persona para ocupar un puesto diferente.

Las preguntas o aspectos a considerar en relación con la motivación se diferencian en dos grandes grupos:

1. Expectativas de desarrollo/carrera profesional futura.

2. Motivaciones para el cambio laboral (también en casos internos).

La idea se expresa en la figura de la página siguiente.

Usualmente se confunde explorar sobre la motivación con indagar sobre las pretensiones económicas. Estas últimas deben ser consideradas, no obstante analizarse por separado de las motivaciones para el cambio laboral.

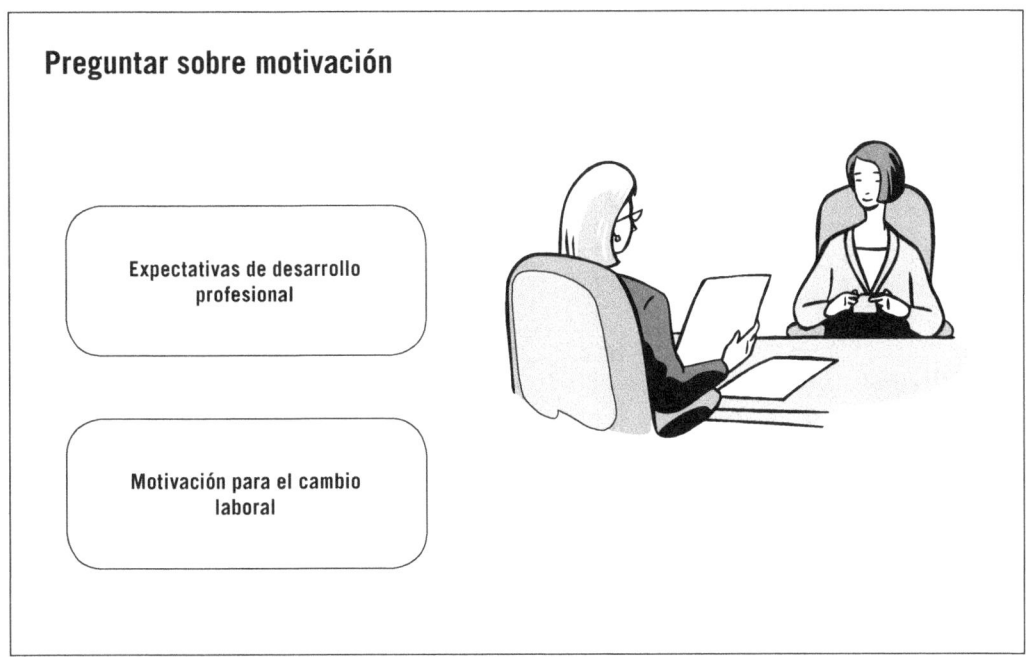

Fijar prioridades y niveles de importancia

¿Cuál es la proporción de conocimientos, competencias y experiencia que un puesto requiere? No hay una respuesta única para esta pregunta, depende de cada caso en particular.

Dentro de una misma organización las proporciones también pueden ser diferentes; dependerán de los distintos puestos y responsabilidades. Incluso puede llegar a darse el caso de que una misma búsqueda, es decir, un proceso de selección para elegir una persona para ocupar un puesto de trabajo, en un momento dado pueda requerir una mezcla diferente que en otro.

En todos los casos se debe considerar que las competencias marcan la diferencia. Una persona puede contar con todos los conocimientos y la experiencia que el puesto requiere, pero si no posee las competencias necesarias para desempeñarse exitosamente en él, seguramente no es la persona más adecuada.

Cuando se debe elegir a un candidato, en especial frente a posiciones retadoras/desafiantes, críticas o difíciles, la mejor forma de considerar la situación expuesta hasta aquí será asignarles una ponderación a los diferentes elementos que componen el perfil de la búsqueda. La idea se expresa en la figura siguiente.

© GRANICA

En la figura precedente, sobre la izquierda se reproduce la misma enunciación de requisitos que al inicio de esta sección. Sobre la derecha se indica que a cada uno de los elementos que componen el puesto a cubrir será posible asignarle un factor de ponderación. En cuanto a la motivación, podría asignársele un factor (porcentaje) de ponderación o ser considerada como una restricción.

Restricción: elemento a tomar en cuenta como una limitación, por el cual se deja fuera de un proceso de selección a ciertos candidatos o postulantes que presenten ese factor limitante. Ejemplos: nivel de salario solicitado, lugar de residencia (si esto fuese un elemento a tomar en cuenta), y aun otros que, si bien pueden ser considerados como discriminatorios, en algunas organizaciones o circunstancias específicas pueden ser tenidos en cuenta, como el sexo de la persona.

En muchos casos, considerar la motivación como una restricción será lo adecuado. Si las características de una nueva posición tienen aspectos en colisión con intereses y proyectos personales o implican aspectos que hoy son causa de fuerte insatisfacción, esa persona no será la más adecuada para ocupar ese puesto de trabajo.

Si una persona no es la adecuada para ocupar un puesto de trabajo por algún motivo considerado como restricción, no tendrá sentido seguir adelante con el proceso, evaluar capacidades, etc.

En cuanto a cómo utilizar los factores de ponderación, se debe tener en cuenta que dichos factores (de ponderación) siempre deberán sumar 100. Ejemplo:

Requisito	Factor de ponderación
Conocimientos. Estudios formales	10
Experiencia	40
Competencias	50
Sumatoria	100

Una asignación de ponderaciones como la expuesta podría estar relacionada con una posición de vendedor, donde el mayor peso se asigna a la experiencia y las competencias.

En otro caso podría asignarse una proporción totalmente diferente, como en el ejemplo siguiente.

Requisito	Factor de ponderación
Conocimientos. Estudios formales	50
Experiencia	20
Competencias	30
Sumatoria	100

Una ponderación como la del ejemplo precedente podría identificarse con el perfil de un profesor, donde se prioricen los conocimientos y estudios formales como elemento diferenciador, apoyado en competencias como factor importante, pero no el principal.

Como se ve en estos ejemplos, las opciones y posibilidades son múltiples y diversas.

¿Cómo se utilizan luego estos factores de ponderación en los perfiles de búsqueda?

Una vez que los distintos postulantes hayan sido evaluados, aplicar dichos factores a los diferentes ítems de la evaluación permitirá comparar las diferentes candidaturas sobre la base de indicadores concretos.

La utilización de factores de ponderación, en todos los casos, deberá fijarse al inicio del proceso, antes de evaluar a los diferentes candidatos.

Cómo realizar la comparación de postulantes para luego elegir al candidato más adecuado

La forma de realizar la comparación es sencilla y compleja a la vez. Primero se deberá comparar ítem por ítem, como se planteó al inicio de esta sección.

En aquellos casos en que se verifiquen brechas entre lo requerido y la evaluación

Cuando se verifiquen brechas, se debería formular –al respecto– dos preguntas:

1. ¿En cuánto tiempo es factible reducir considerablemente las brechas en cuestión?
2. ¿Cuál es la chance de que esas brechas se cierren o se reduzcan a un nivel tal que no afecten el desempeño futuro?

Veamos dos ejemplos.

- *Ejemplo 1:* Las brechas son pequeñas, se estima que la persona podrá alcanzar el nivel requerido realizando un curso de tres meses de duración. Se le asigna una chance alta de consecución.
- *Ejemplo 2:* Las brechas son significativas. Se estima que la persona podrá alcanzar el nivel requerido en un plazo de dos o tres años. Se le asigna una chance alta de consecución.

Un postulante que responda al Ejemplo 1 podrá ser considerado para la posición de manera favorable. En cambio, un postulante que responda al Ejemplo 2 seguramente será desestimado aunque tenga una alta chance de consecución, dado que alcanzaría el nivel requerido recién en dos o tres años.

No hay una regla al respecto. Solo el sentido común y las necesidades del puesto a cubrir. Si el ítem en el cual se verifica la brecha no es relevante, la brecha pierde peso o significado. En el caso opuesto, la misma brecha será un motivo suficiente para dejar fuera al candidato.

Cómo comparar candidatos y considerar las brechas cuando se utilizan factores de ponderación

Como se explicara, los factores de ponderación se aplican a cada ítem por separado. Continuamos el análisis de este punto a partir de los ejemplos expuestos más arriba.

Si se utilizaron factores de ponderación y los ítems con brecha tienen un factor muy bajo –por ejemplo, menor a 10– quizá no tendrán un peso importante en la decisión. Si, por el contrario, el factor de ponderación es alto (50), ese ítem cobrará mayor importancia respecto de los restantes.

Cómo resolver la *cuestión 11* desde la mirada del jefe

Los jefes, directivos, dueño y/o número 1 con muchos años de experiencia suelen guiarse por la intuición cuando tienen que elegir un nuevo colaborador. Muchas veces las cosas salen bien. No obstante, aun cuando se preste atención a la intuición, siempre será una buena idea utilizar las buenas prácticas, que han sido explicadas en los párrafos previos, en relación con esta cuestión.

La mayoría de las veces se consideran los conocimientos y experiencia y no se miden adecuadamente otros ítems que, luego, constituyen las verdaderas causas del éxito o del fracaso. Sin caer en lugares comunes o frases hechas, un muy buen operario puede ser un mal supervisor. Recuerde este ejemplo sencillo.

Adicionalmente, siempre que analice la designación de un colaborador a un nuevo puesto, ya sea un candidato externo o de la misma organización, dicho análisis deberá realizarse con la mirada puesta en el futuro. Considere qué será necesario para llevar adelante las tareas y responsabilidades de aquí en más.

Si no se siente seguro sobre los aspectos señalados, solicite la ayuda de su propio jefe y/o del área de Recursos Humanos.

Cómo resolver la *cuestión 11* desde la mirada del responsable de Recursos Humanos

La decisión final de contratar a un nuevo colaborador es del futuro jefe. Sin embargo, con frecuencia los jefes toman esta decisión sobre la base de las sugerencias realizadas por el área de Recursos Humanos.

Por lo tanto, para asegurar decisiones efectivas en la contratación de nuevos colaboradores y en la promoción y evaluación de personas que ya forman parte de la organización, se deberá tener en cuenta dos aspectos: 1) el responsable de Recursos Humanos deberá aplicar herramientas fiables en la medición de capacidades y, luego, en la comparación de las diferentes candidaturas; 2) será imprescindible ofrecer a los jefes y directivos herramientas sencillas y confiables, junto con entrenamiento, para alcanzar los resultados esperados.

En todas las instancias, será necesario medir adecuadamente conocimientos y experiencia así como también competencias y valores y la motivación, tanto en el caso de personas externas como en las búsquedas y promociones internas.

Cómo resolver la *cuestión 11* desde la mirada del número 1, CEO o dueño

Los número 1, en ocasiones, deberán elegir a sus colaboradores directos, ya sea a través de búsquedas en el mercado, como producto de programas internos de desarrollo (diagramas de reemplazo, planes de sucesión) o promociones internas. En cualquiera de estos casos, le corresponden los mismos comentarios que los consignados más arriba (desde la mirada del jefe).

Como número 1 tendrá, además, que tomar en cuenta otros aspectos. Por un lado, qué indicadores utilizará para medir la problemática aquí expuesta y, por el otro, qué acciones deberá exigirle al responsable del área de Recursos Humanos, tanto en las tareas que se realizan dentro de su área como en su responsabilidad de proveer herramientas fiables y entrenamiento para los jefes y directivos de otras áreas de la organización.

En todos los casos se recomienda, además, contar con procedimientos que luego podrán ser auditados.

Continuar leyendo

Sugerimos leer, con relación a esta temática, las siguientes cuestiones:

1. Cuestión 2. *Qué hacer cuando existe alta rotación de colaboradores. Cómo retener a los mejores.*

2. Cuestión 12. *Qué hacer al momento de elegir un nuevo colaborador: tomar la decisión en función de lo que se necesita ahora, se necesitará más adelante o por el mejor candidato de todos.*

3. Cuestión 13. *Qué hacer para elegir buenos colaboradores (desde la mirada del futuro jefe), tanto al elegir un nuevo colaborador como al promover a un colaborador del equipo. ¿A qué aspectos hay que darles más importancia (conocimientos, experiencia, competencias, motivación…)?*

4. Cuestión 14. *Qué hacer para lograr que la promoción de un colaborador no se transforme en un problema (a futuro).*

Para los interesados en seguir leyendo sobre este tema, sugerimos las siguientes obras:

- *Diccionario de comportamientos. La trilogía. Tomo 2*
- *Diccionario de preguntas. La trilogía. Tomo 3*
- *Las 50 herramientas de Recursos Humanos que todo profesional debe conocer*
- *Diccionario de términos de Recursos Humanos*
- *Construyendo talento*
- *Rol del jefe*
- *12 pasos para ser un buen jefe*
- *La Marca Recursos Humanos*
- *Selección por competencias*

Cuestión 12
Qué hacer al momento de elegir un nuevo colaborador: tomar la decisión en función de lo que se necesita ahora, se necesitará más adelante o por el mejor candidato de todos

En la presente cuestión se verá la propuesta en el título y, además, qué hacer para contar con personas formadas (listas) para asumir diversos puestos de trabajo. Cuando hay que tomar una decisión y se dispone de varias opciones, y más aún si estas opciones son diferentes entre sí, las dudas siempre estarán presentes. La consideración de "pros" y "contras" y otros posibles métodos de análisis surgen cómo la solución a llevar a la práctica.

Comenzar el análisis con una pregunta: ¿Cuál será la mejor decisión/opción al momento de elegir un nuevo integrante del equipo de trabajo? Posibles respuestas:

- Incorporar un candidato que responda a las necesidades actuales.

- Incorporar un candidato que responda a las necesidades futuras.

- Incorporar al mejor candidato que sea posible. En este punto quizá haya que interpretar: el mejor candidato que sea posible en relación con la remuneración ofrecida.

Por años he escuchado a altos directivos, en organizaciones y países diversos, plantearse estos interrogantes, con sólidos argumentos a favor en un sentido u otro.

El primer aspecto a tener en cuenta antes de analizar y responder la pregunta aquí planteada será definir el puesto a cubrir o necesidad actual, determinando los requisitos planteados por la posición: conocimientos, experiencia, competencias y motivación.

Los requisitos también podrán ser clasificados como excluyentes y no excluyentes. Los primeros (excluyentes) son los que deben estar indefectiblemente presentes, es decir que si una persona no los posee, no será considerada para cubrir esa posición. Los segundos (no excluyentes), en cambio, son aquellos otros requisitos que si la persona no posee, podrá de todos modos ser considerada y, eventualmente, elegida para cubrir la posición en cuestión.

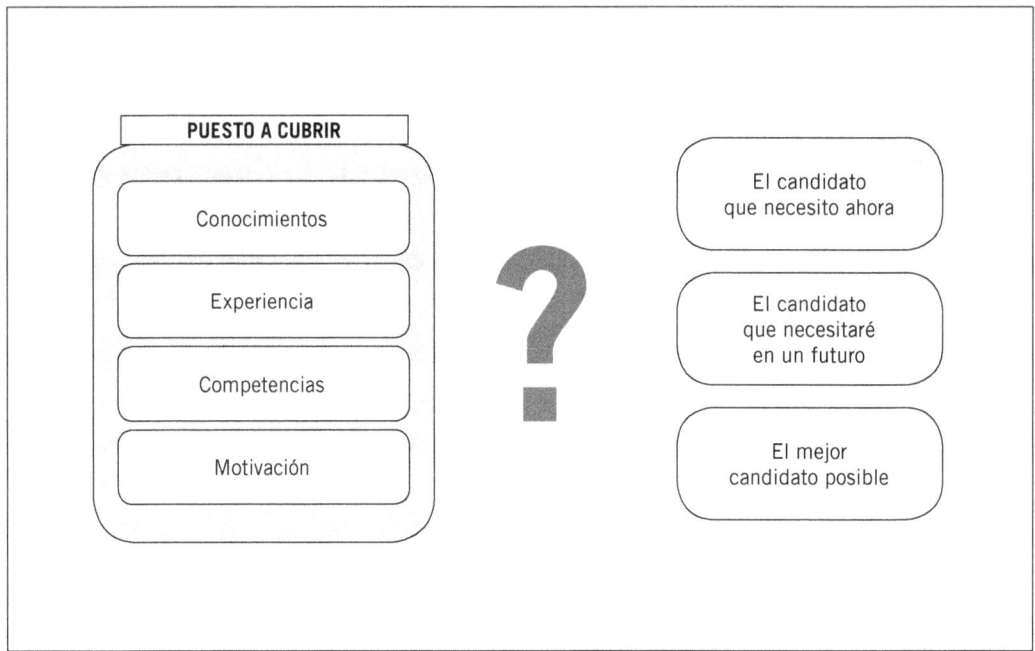

Se analizarán a continuación los interrogantes planteados.

Elegir al candidato que necesito ahora. Elegir al candidato que necesitaré en un futuro

Como ya se expresara y se expone en la figura precedente, todo puesto de trabajo está compuesto por una mezcla de factores: conocimientos, experiencia, competencias y motivación. Cada uno de estos podrá tener, a su vez, un mayor peso o importancia según la posición a cubrir y las circunstancias más generales. Ejemplo: para un tipo de posición serán más importantes los estudios, conocimientos y experiencia, y en otro caso se dará mayor importancia a un conjunto de competencias.

¿Cómo responder, de acuerdo con las buenas prácticas, los interrogantes planteados al inicio de esta sección? Desde ya, no hay una única respuesta, siempre habrá que analizar cada caso en particular. Aquí se darán lineamientos generales, aplicables a la mayoría de las situaciones de búsqueda.

Como primer aspecto a tener en cuenta, podemos asegurar que cuando se deba cubrir un puesto siempre se deberá incorporar una persona que se ajuste a las necesidades actuales. Con frecuencia los candidatos presentan alguna brecha en relación con el puesto a cubrir; en estos casos se deberá tener en cuenta: 1) el tiempo en el cual será factible reducir la brecha en cuestión, y 2) la chance o posibilidad que esa brecha se cierre o se reduzca a un nivel tal que no afecte el desempeño futuro.

Continuando con los interrogantes planteados al inicio y en adición a lo planteado hasta aquí, se podrá considerar un eventual puesto futuro que la persona que se está analizando pueda llegar a ocupar, dentro de la lógica y, muy especialmente, dentro de las políticas y normas organizacionales. En muchas organizaciones, como se verá más adelante, existen caminos o rutas de carrera establecidos para determinados puestos, áreas o niveles. También, y aun en el caso que esto no esté definido conformando un programa organizacional, podrán considerarse experiencias previas y antecedentes relacionados.

Para clarificar esta idea voy a proponer un ejemplo.

El puesto actual a cubrir es el de *analista contable junior*. Se están evaluando varias opciones de candidatos, entre ellas una persona que de acuerdo con sus conocimientos, experiencia y competencias posee un nivel equivalente al de analista contable senior. Por razones no especificadas, el salario pretendido está dentro de la banda salarial prevista para la posición.

Opción 1: La organización posee una estructura compuesta por varios analistas de diferentes niveles (junior y senior). Si bien la vacante disponible es de nivel junior, se espera contar con una nueva vacante de nivel senior en aproximadamente 6 meses, dado que una persona que hoy ocupa dicha posición será transferida a otro sector de la misma organización.

Opción 2: La organización posee una estructura compuesta por un jefe de sector y dos analistas de nivel junior. No se prevé otra vacante en el sector, dado que la estructura contable es pequeña y el nivel de operaciones de la compañía no prevé incrementos de relevancia en el volumen de trabajo y en la plantilla.

En el caso de la opción 1 será posible considerar la incorporación de un candidato de mayor nivel a la necesidad actual dado que existe una oportunidad concreta de crecimiento. En cambio, en la opción 2 esta posibilidad de carrera no se ve como viable en un plazo considerable.

El ejemplo planteado es muy sencillo y las opciones muy claras. No siempre esto es así.

En resumen, y para todos los casos en los que no se hayan preestablecido las rutas de carrera, se podría responder al interrogante en relación con el futuro empleando la figura de la página siguiente.

Analizando la figura, vemos que sobre la izquierda se ha representado el puesto a cubrir. A partir de que una persona responda al perfil del puesto a cubrir, es decir, "el candidato que necesito ahora", con sus conocimientos, experiencia, competencias y motivación en una adecuada relación con la posición actual, a partir de allí

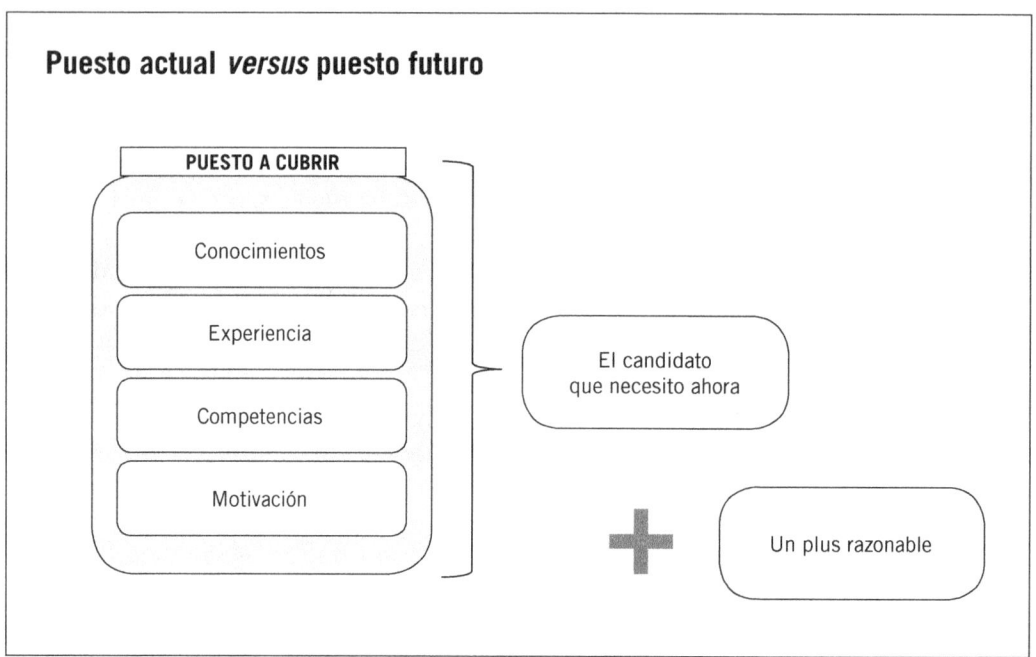

se podrá considerar un plus razonable en materia de requisitos. Por ejemplo, estudios/conocimientos superiores o competencias en un mayor grado de desarrollo.

Un último aspecto a tener en cuenta: si las brechas positivas, es decir, en exceso de lo requerido por el puesto a cubrir, son significativas, quizá no sea una buena idea considerar a ese candidato.

Elegir el mejor candidato posible

La expresión "elegir el mejor candidato posible" suena como música en los oídos de la mayoría de las personas. Sin embargo, habrá que analizar su significado en toda su dimensión y alcance.

Elegir el mejor candidato posible, según el perfil del puesto buscado y dentro de la remuneración ofrecida, será la mayor aspiración de todo selector de personal y de todo futuro jefe. No obstante, la expresión aquí planteada puede inducir a error o implicar alguna variante no deseada.

En épocas de alto desempleo, de crisis en alguna industria en particular y/o en situaciones diversas, podrán encontrarse personas que, luego de un período desempleadas, estén dispuestas a aceptar posiciones inferiores a su nivel, con remuneraciones más bajas. Siendo Argentina un país que ha sufrido diversas crisis, esta situación la hemos vivido muchas veces. También en otros países hispanoparlantes. Cuando estas circunstancias se presentan, muchos altos directivos y dueños de empresas se ven tentados frente a lo que, en primera instancia, consideran una oportunidad.

La experiencia, en la mayoría de los casos, no es positiva, en especial cuando las diferencias de nivel entre el candidato y el puesto son significativas.

Para completar las ideas planteadas, vamos a suponer una tercera opción en el ejemplo expuesto en párrafos anteriores, la selección de un analista contable junior.

Opción 3: La organización posee una estructura compuesta por varios analistas de diferentes niveles (junior y senior). La vacante disponible es de nivel junior y se presenta como postulante para cubrir dicha posición una persona que responde a los requisitos de la posición de jefe del sector. Como esta persona está desempleada, aceptaría el nivel de remuneración previsto para la posición de analista contable junior.

En una circunstancia similar a la expuesta en la Opción 2, no será una buena idea elegir un nuevo colaborador notoriamente excedido del nivel requerido, aunque acepte el nivel salarial ofrecido.

En resumen, elegir al mejor candidato disponible será una buena idea dentro de un esquema lógico de brechas o diferencias.

Para completar la temática aquí expuesta se verá a continuación uno de los programas internos para el desarrollo de personas dentro de la organización.

Programa organizacional para el desarrollo de personas. Planes de carrera

Entre las buenas prácticas existe una altamente recomendable que se denomina *Mapa y ruta de talentos*. Se trata de un proceso interno organizacional dividido en dos partes y que implica dos conceptos diferentes entre sí: mapa por un lado y ruta por el otro.

Mapa: registro del inventario de las capacidades de todos los colaboradores de la organización: conocimientos, experiencia y competencias.

Ruta: elección de los programas organizacionales más adecuados, según la visión y estrategia, sobre la base de tres ejes: 1) para el resguardo del capital intelectual; 2) para generar talento organizacional; 3) para aprovechar la experiencia de los jefes. Dentro del segundo grupo se encuentra el programa *Planes de carrera*.

Los programas internos para el desarrollo son todos muy interesantes. No obstante, cada organización debería analizar cuál o cuáles de ellos responde/n a sus necesidades. Muchas empresas poseen áreas con muchas personas de la misma especialidad, por ejemplo, auditores en un estudio profesional de una especialidad determinada, o vendedores, etc. Cuando se verifica esta situación –áreas con muchas personas de la misma especialidad–, un programa adecuado a poner en práctica es el denominado *Planes de carrera,* ya mencionado.

El concepto *Planes de carrera* implica el diseño de un esquema teórico referido a cuál sería la carrera dentro de un área determinada para una persona que ingresa a ella, usualmente desde la posición inicial. Para ello se definen los requisitos para ir pasando de un nivel a otro, instancias que conformarán los pasos a seguir por todos los participantes del programa.

En cualquier organización existe algún tipo de carrera, planeada o no, expresada en estos términos o no. Cuando se utiliza la expresión "planes de carrera" es en referencia a programas organizacionales específicos diseñados a tal efecto. Un ejemplo de carreras puede apreciarse en la figura al pie.

Las carreras organizacionales pueden reflejarse en documentos escritos que se denominan *planes de carrera.* Allí se deja constancia de cuál sería el camino a seguir para ir escalando los distintos puestos. Es decir, qué requisitos se deben cumplir

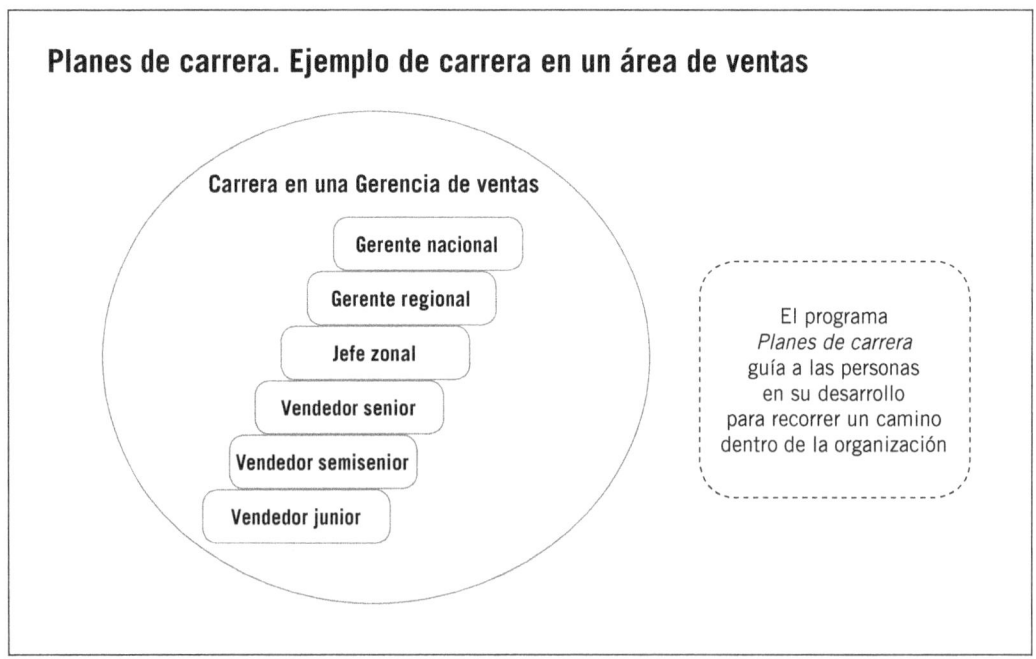

para pasar de un escalón al otro. Estos requisitos no están ligados al mero transcurrir del tiempo, aunque usualmente se hace una referencia al respecto. Sin embargo, estos plazos solo deben considerarse como un dato indicativo.

Como puede apreciarse en la figura al pie, para pasar de un nivel a otro hace falta adquirir y/o desarrollar conocimientos, competencias y experiencia.

Analicemos la figura en relación con el tema aquí tratado. Imaginemos que se está contratando un vendedor de nivel semisenior y entre los candidatos se presenta uno con algunas de las características necesarias para cubrir una posición de nivel senior. En un caso similar al planteado, se podrá evaluar la posibilidad de contratar una persona que exceda el nivel buscado en el momento, dentro de una línea de carrera posible.

Si, por el contrario, el potencial candidato excede la posición buscada y su perfil no se encuentra dentro del camino señalado por los planes de carrera organizacionales, su contratación no parece una buena idea.

No obstante lo expresado en el párrafo anterior, en ningún caso deberán interpretarse estos conceptos como esquemas rígidos. Continuando con el ejemplo, un candidato podría no contar con las características para continuar su carrera dentro del área de ventas y contar con un perfil adecuado para alcanzar un buen desarrollo

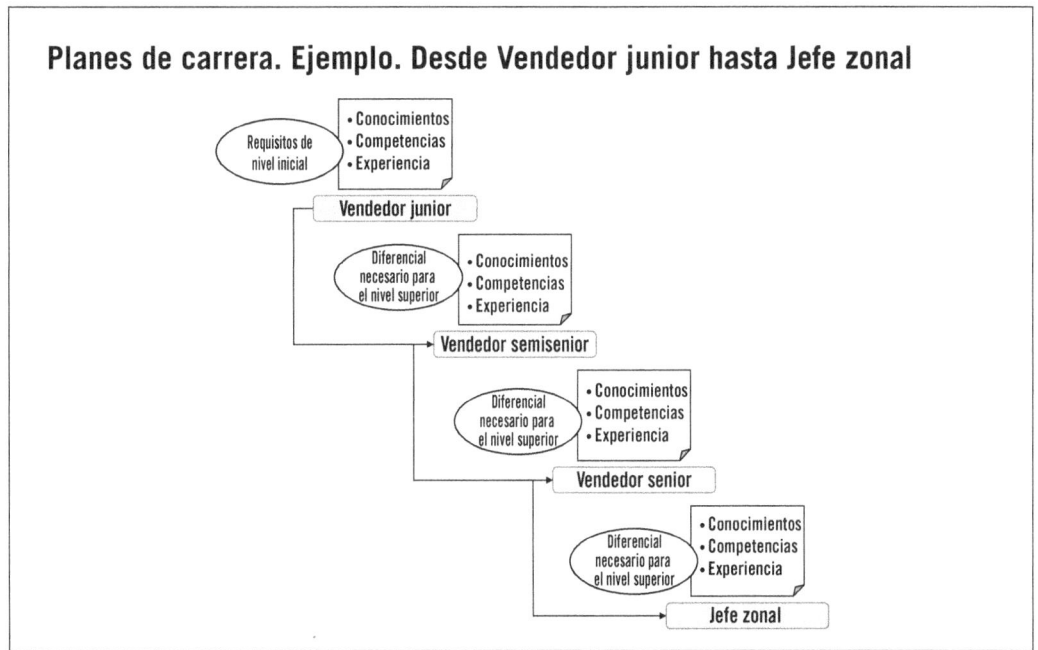

Planes de carrera. Ejemplo. Desde Vendedor junior hasta Jefe zonal

en el área de operaciones. En ese caso se deberá analizar la pertinencia o no de ser considerado para continuar su carrera en otra dirección.

Hasta aquí hemos planteado los planes de carrera dentro de una misma especialidad. En algunos tipos de industria también es posible el diseño de planes de carrera multiáreas. No hay una única forma de diseñar planes de carrera, se deberá analizar la variante más conveniente en cada caso.

Los planes de carrera multiárea

Los ejemplos y diseños de planes de carrera más usuales son aquellos que definen una carrera dentro de un área en particular, como los expuestos en párrafos previos. Sin embargo, es posible el diseño abarcando varias áreas, situación que dependerá del tipo de organización, su tamaño y la actividad en la cual se desenvuelve.

A continuación se brindará un ejemplo de la industria hotelera que, basándose en la calidad de sus recursos humanos, podrá brindar un adecuado servicio al cliente. Un *plan de carrera multiárea* también podría darse en una empresa de salud, una firma de auditoría o una empresa comercial o industrial, entre otras.

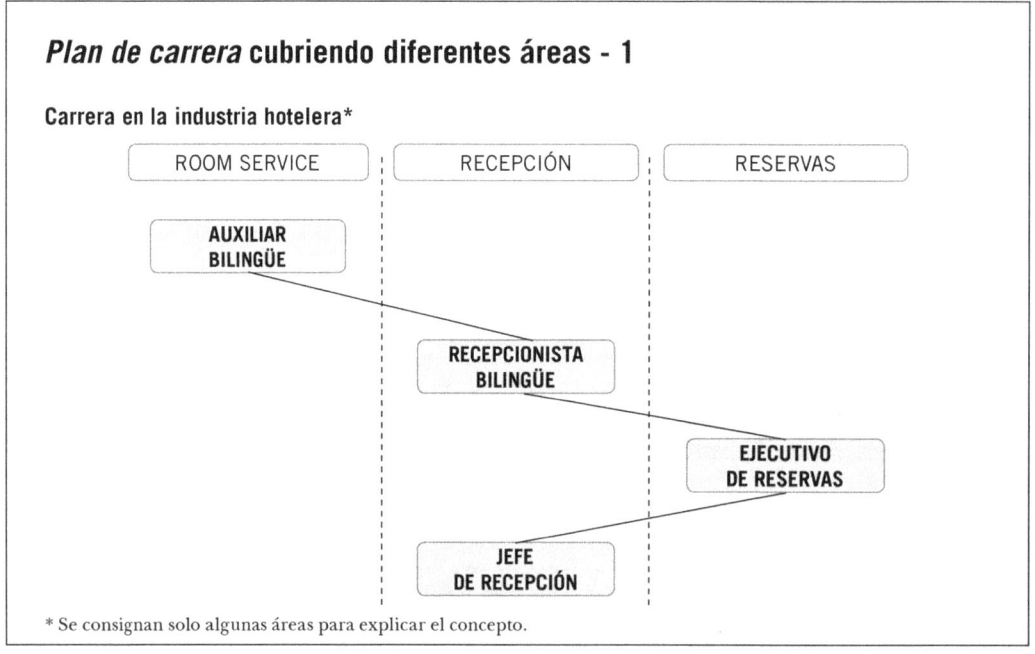

Plan de carrera cubriendo diferentes áreas - 1

Carrera en la industria hotelera*

* Se consignan solo algunas áreas para explicar el concepto.

Como puede apreciarse en el gráfico precedente, un graduado de una carrera de Hotelería ingresa en una posición inicial de "Auxiliar bilingüe" en el área de Room Service. Los requisitos mínimos serán, en este caso, el título universitario junto con un manejo excelente del idioma inglés (u otro/s, según corresponda).

El "escalón" siguiente en esta carrera será "Recepcionista bilingüe", para luego acceder a "Ejecutivo de Reservas", alcanzando finalmente el nivel (elevado en esta industria) de "Jefe de Recepción". La carrera, en este ejemplo, abarca tres áreas: Room Service, Recepción y Reservas, que a su vez reportan a gerencias diferentes.

En todos los casos se definirán los conocimientos, competencias y experiencias diferenciales y necesarias para acceder al nivel superior dentro de otra área, la cual está debidamente preestablecida. Para que estos planes tengan éxito y eficacia, se debe actuar de manera coordinada entre todas las áreas participantes en el *Plan de carrera*.

Como ya se expresara, los planes de carrera son sumamente eficaces en todas las organizaciones que, por un motivo u otro, requieren permanentemente contar con personal preparado para ocupar diversas posiciones. La hotelera es una de las industrias consideradas de *mano de obra intensiva,* donde la calidad del servicio depende, fundamentalmente, de los recursos humanos en todos los niveles organizacionales.

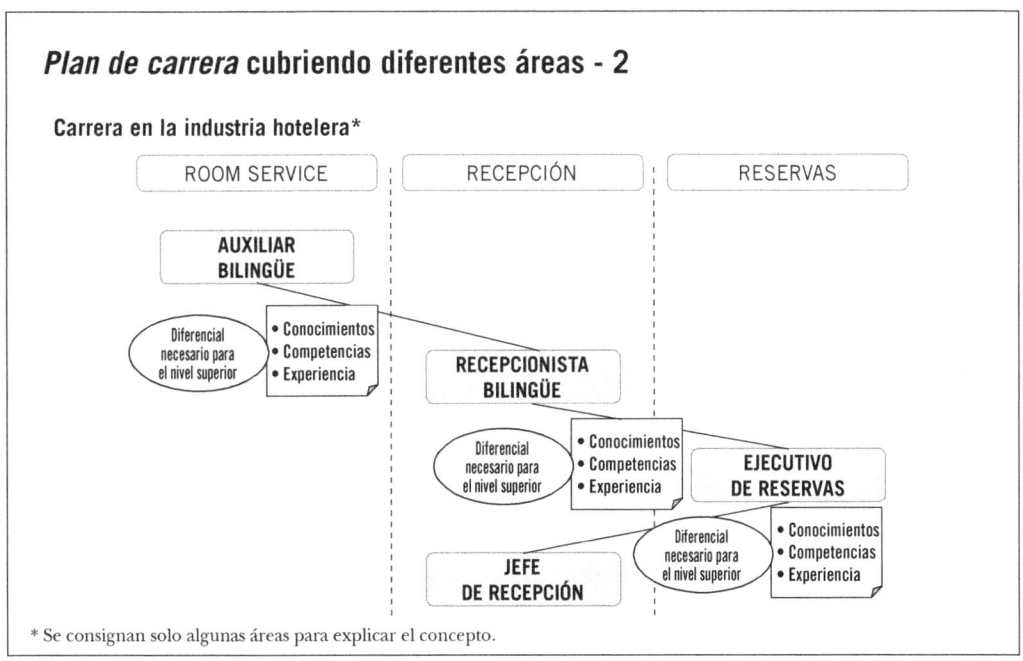

Beneficios de los planes de carrera

La puesta en práctica de planes de carrera aporta muchos beneficios, desde mejorar la retención de colaboradores, ser un factor motivador de todos los colaboradores –participantes de los planes de carrera o no–, mejorar su satisfacción y los resultados de las encuestas respectivas (encuestas de satisfacción personal o encuestas de clima), hasta permitir contar con personas preparadas en el momento que se requiera cubrir una vacante, solo por mencionar algunos de sus efectos positivos.

En relación con la temática planteada en esta cuestión –al elegir un nuevo colaborador, tomar la decisión en función de lo que se requiere ahora, se necesitará más adelante o por el mejor candidato de todos–, contar con planes de carrera dará la respuesta esperada, dentro de la especialidad para la cual se haya implementado dicho programa.

Cómo resolver la *cuestión 12* desde la mirada del jefe

Los jefes, usualmente, eligen a sus colaboradores enfocados en las necesidades actuales, no siempre considerando los requerimientos futuros. Los directivos, dueños y/o números 1 tienen una mayor inclinación a ver las postulaciones con una mirada más *de futuro*. En cualquiera de los casos siempre podrán aparecer los interrogantes planteados al inicio.

Como ya se ha sugerido, cuando un jefe no se siente seguro sobre los aspectos aquí tratados siempre será una buena idea que solicite la ayuda de su propio jefe y/o del área de Recursos Humanos.

En cuanto a los planes de carrera, según el nivel del jefe, quizá no se encuentre en su ámbito de autoridad la decisión de implementarlos. No obstante, si considera que este tipo de programa podría ser conveniente y adecuado dentro de su área, será una buena idea proponer su implementación a quien corresponda, idealmente siguiendo la línea jerárquica de reporte, por ejemplo, al gerente o director correspondiente.

Cómo resolver la *cuestión 12* desde la mirada del responsable de Recursos Humanos

La responsabilidad de Recursos Humanos estará centrada, fundamentalmente, en la aplicación de las buenas prácticas, el cumplimiento de los procedimientos y normas internas, así como en la adecuada medición de conocimientos y experiencia, competencias y valores y la motivación, tanto en el caso de contratar personas externas como en las búsquedas y promociones internas.

También será responsabilidad del área de Recursos Humanos el asesoramiento a sus clientes internos, tanto en el caso de postulaciones externas como en las promociones y traslados dentro de las propias filas.

En cuanto a los programas internos, como los *planes de carrera*, se deberá evaluar la pertinencia de su implementación.

Cuando se implementan *planes de carrera* será muy importante tanto el diseño de dicho programa como su difusión.

Cómo resolver la *cuestión 12* desde la mirada del número 1, CEO o dueño

Para los número 1, en su rol de jefes de sus propios colaboradores, valen los mismos comentarios ya expuestos.

En cuanto a los planes de carrera, si aún no se han implementado y la organización cuenta con área/s con numerosos colaboradores de una misma especialidad, evaluar la implementación de dicho programa será una buena idea, desde todos los puntos de vista.

En relación con los planes de carrera, los número 1 y/o altos directivos suelen preocuparse por qué hacer con las personas que alcanzan un nivel superior y no se dispone de una vacante para ellas, y se preguntan si esta situación no será desmotivadora para estas personas y/o no será la causa de que decidan emigrar a otras empresas.

La respuesta a esta objeción es la siguiente: los planes de carrera deben considerarse para áreas numerosas donde, con frecuencia, se produzcan vacantes en los niveles superiores. Estas son las dos variables a considerar antes de tomar la decisión de su puesta en práctica.

Adicionalmente, se deben explicar las características de los planes de carrera a todos los integrantes de la organización a través de programas de difusión. No solamente a los participantes del programa, sino a todos los colaboradores en general. Usualmente se recomienda informar al respecto en la intranet organizacional y en los programas de inducción de nuevos colaboradores.

Continuar leyendo

Sugerimos leer, con relación a esta temática, las siguientes cuestiones:

1. Cuestión 2. *Qué hacer cuando existe alta rotación de colaboradores. Cómo retener a los mejores.*

2. Cuestión 11. *Qué hacer para darse cuenta de que un candidato (externo o del propio equipo) es el mejor para ocupar un determinado puesto.*

3. Cuestión 13. *Qué hacer para elegir buenos colaboradores (desde la mirada del futuro jefe), tanto al elegir un nuevo colaborador como al promover a un colaborador del equipo. ¿A qué aspectos hay que darles más importancia (conocimientos, experiencia, competencias, motivación…)?*

4. Cuestión 14. *Qué hacer para lograr que la promoción de un colaborador no se transforme en un problema (a futuro).*

5. Cuestión 15. *Qué hacer frente a una vacante. La alternativa de buscar a un colaborador en el mercado o en la empresa.*

Para los interesados en seguir leyendo sobre este tema, sugerimos las siguientes obras:

- *Diccionario de comportamientos. La trilogía. Tomo 2*
- *Diccionario de preguntas. La trilogía. Tomo 3*
- *Las 50 herramientas de Recursos Humanos que todo profesional debe conocer*
- *Diccionario de términos de Recursos Humanos*
- *Construyendo talento*
- *Rol del jefe*
- *12 pasos para ser un buen jefe*
- *La Marca Recursos Humanos*

CUESTIÓN 13
Qué hacer para elegir buenos colaboradores (desde la mirada del futuro jefe), tanto al elegir un nuevo colaborador como al promover a un colaborador del equipo. ¿A qué aspectos hay que darles más importancia (conocimientos, experiencia, competencias, motivación…)?

Usualmente se trata la selección de personas desde una mirada del área de Recursos Humanos y/o desde una mirada general. Aquí vamos a analizar la selección desde la mirada del futuro jefe, no experto en Recursos Humanos.

En las organizaciones pueden darse situaciones diversas. En algunos casos, en la organización, se cuenta con un área de RRHH que realiza la primera parte de un proceso de selección de candidatos y entrega al futuro jefe una carpeta con los finalistas, y en otros, los futuros jefes deben asumir el proceso completo, desde la atracción, a veces incluso publicando anuncios de empleo.

Comenzaremos el análisis desde el principio, con el propósito de *elegir al mejor colaborador*. El proceso de selección podrá ser externo, es decir, buscar personas en el mercado, o interno, realizar la búsqueda dentro del propio equipo o en otras áreas de la organización.

Las ventajas de realizar un proceso de selección de acuerdo con las buenas prácticas y el rol de los futuros jefes

Las ventajas de un buen proceso de selección son múltiples, desde todas las miradas, para el futuro jefe, para sus compañeros de trabajo, para la persona seleccionada y, también, para otros sectores de la organización, clientes y proveedores, según corresponda. Los motivos de esto son:

- Una persona que ocupa el puesto de trabajo adecuado se siente mejor al realizar tareas acorde a sus capacidades, más segura y valorada.
- Por otro lado, la adecuación de las personas a sus puestos de trabajo es un objetivo deseable tanto para los colaboradores como para sus jefes y la organización en su conjunto.

Por lo tanto, realizar un adecuado proceso de selección no es positivo solo para una de las partes, como pareciera en una primera instancia. Lo es para todos.

La organización es la que invierte en la realización de un buen proceso de selección y es, desde ya, la parte beneficiada en primera instancia. Las personas, cuando son elegidas de acuerdo con el perfil del puesto a cubrir, están alineadas a la estrategia, agregan valor, son más productivas y facilitan las tareas de otras personas dentro de la misma organización: jefes, colaboradores, pares, clientes internos, etc.

La calidad de un proceso de selección de personas, cualquiera sea el nivel de su cargo dentro de la organización, no está regida por leyes o normas de tipo legal. Las leyes vigentes al respecto se vinculan con aspectos inherentes a la relación entre las partes, por ejemplo, en algunos países, el período de prueba al inicio de la relación laboral y la reglamentación en cuanto a la finalización de la misma. Las buenas costumbres y las buenas prácticas sugieren utilizar medios profesionales para realizar dichos procesos de selección con calidad y asegurar, de ese modo, una mejor adecuación-persona puesto del nuevo colaborador.

En materia de selección, además de las buenas prácticas, el sentido común indica que es conveniente *seleccionar a la mejor persona para cada puesto*. Este es un aspecto muy importante a tener en cuenta. Es la clave. No se trata de elegir a la mejor persona posible o disponible o que la organización pueda incorporar (léase contratar desde el aspecto económico), sino a la mejor persona *en relación con el puesto a ocupar*.

La selección de personas es un tema complejo, aun para los especialistas. Un futuro jefe no experto en RRHH podrá realizar un proceso de selección exitoso siendo consciente por un lado de las dificultades y, por otro, de sus propias fortalezas. Si bien este futuro jefe podrá tener alguna duda en la evaluación de las capacidades y/o en la entrevista –solo por enunciar una posibilidad–, y esto puede ser una dificultad, por otro lado conoce el puesto a cubrir, y esa será su gran fortaleza.

Un ejecutivo elige a sus colaboradores

Los conductores de cualquier tipo de organización, tanto empresarial como deportiva, gubernamental o de bien social, forman equipos y eligen a sus integrantes.

Un directivo de cualquier nivel en su rol de jefe se ve enfrentado, con frecuencia, a la necesidad de contar con un nuevo colaborador por razones diversas: alguien que deja su puesto y debe ser reemplazado, o por la creación de un nuevo puesto de trabajo.

En cualquiera de las circunstancias, la primera opción a explorar por el directivo será su propio sector, si algún colaborador de su propio equipo de trabajo podría ser promovido a la nueva posición y otras situaciones similares. Cuando esa variante ha sido analizada y allí no se encuentra la solución, se deberá realizar un proceso de selección externa o interna. Esta última opción dependerá del tipo y tamaño de la organización.

Como se expresó en párrafos previos, las organizaciones pueden contar con un área de Recursos Humanos que lleve a cabo el proceso de selección. En ocasiones, tanto el área de Recursos Humanos como el futuro jefe podrán optar por la contratación de un consultor externo.

En cualquiera de las variantes, el rol del futuro jefe será determinante, definirá la necesidad de un nuevo colaborador y, en todos los casos, tomará la decisión final sobre el candidato a incorporar.

El concepto *futuro jefe* se utiliza de manera amplia. En algunos casos, el futuro jefe podrá ser el número 1 de la organización u otro ejecutivo de alto nivel. En otros, no podrá decidir solo, sino que necesitará la autorización de un superior. En uno u otro caso, y según los niveles de autoridad de cada organización, este participa en los distintos pasos del proceso de selección.

El proceso comienza con la definición de las características que la persona debería poseer para ocupar el puesto. Una vez realizada la convocatoria de candidatos y hecha la selección inicial, el jefe decidirá cuál de los finalistas es el más adecuado para ocupar la posición. En una apretada síntesis, los pasos son:

- Definir la necesidad de un nuevo colaborador y su perfil. Si se cuenta con un *Descriptivo de puesto*, este documento integrará la documentación a tener en cuenta.

- Analizar postulaciones o carpetas de finalistas, según corresponda.

- Elección del candidato a incorporar.

- Negociación de las condiciones de contratación, que suele recaer en el área de Recursos Humanos o, en ocasiones, en un director de la compañía. En un caso u otro, es de vital importancia que el futuro jefe participe de algún modo, esté atento a los pasos e involucrado en el proceso, dentro de sus posibilidades y respetando las políticas organizacionales.

- La oferta por escrito, altamente recomendada, se efectuará o no según las políticas organizacionales. Es una situación análoga al punto anterior, y relacionada.

- La inducción del colaborador a su puesto, proceso que usualmente consta de dos partes; una de ellas –como mínimo– es de incumbencia del futuro jefe.

Elegir al más adecuado

La elección del candidato más adecuado podrá realizarse a partir de una carpeta de finalistas, provista por el área de Recursos Humanos y/o un consultor externo. En ese caso, el futuro jefe deberá entrevistar a estos candidatos, para luego tomar la decisión.

Una vez que entrevistó a los candidatos y con los casos debidamente analizados, siempre será una buena sugerencia reunirse con el responsable de Recursos Humanos que realizó el proceso de selección y despejar con él eventuales dudas. Luego, deberá proceder a elegir al finalista. El procedimiento será análogo si se contrató a un consultor externo.

Si el futuro jefe no cuenta con ayuda y debe llevar a cabo el proceso completo, primero tendrá que entrevistar a los candidatos para elegir a los finalistas. Una vez armada una carpeta con entre dos y cuatro candidatos posibles, deberá elegir a uno de ellos.

Si posee el tiempo y lo considera pertinente, siempre será una buena idea realizar una nueva entrevista con los candidatos antes de tomar la decisión final. Ver más de una vez a los postulantes siempre permitirá obtener una mirada adicional. Las personas se sienten más relajadas y seguras cuando "van avanzando" en un proceso de selección y esta situación le permitirá al futuro jefe observar mayor cantidad de comportamientos y obtener conclusiones más fundadas.

En la selección de personas no existe la certeza, bajo ningún método. Sin embargo, la experiencia indica que ver más de una vez a un candidato, en entrevistas bien planificadas, mejora los resultados.

Recordar algunos conceptos antes de tomar la decisión

Las preguntas más frecuentes de los futuros jefes se refieren generalmente a cómo comparar candidatos que, en una primera instancia, parecen diferentes. Otra duda frecuente es si conviene tomar al mejor candidato posible, al que tiene más estudios o, en un pensamiento opuesto, si es mejor tomar a un candidato que no brille porque el puesto no ofrece grandes desafíos.

Como ya se explicara, los diferentes postulantes deben ser comparados con el puesto a ocupar. Eventualmente, y en casos muy especiales, con un puesto a ocupar más adelante, pero tras un período breve y claramente definido. Si usted no es un experto, quizá le resulte de utilidad leer y consultar al respecto antes de realizar las entrevistas. Al final de esta sección encontrará bibliografía y lecturas sugeridas.

Un puesto requiere conocimientos, experiencia y competencias. Con esta diferencia en claro, se deberá tener en cuenta que los conocimientos y experiencia laboral pueden ser categorizados de imprescindibles (excluyentes) y deseables o ideales

Cuestión 13

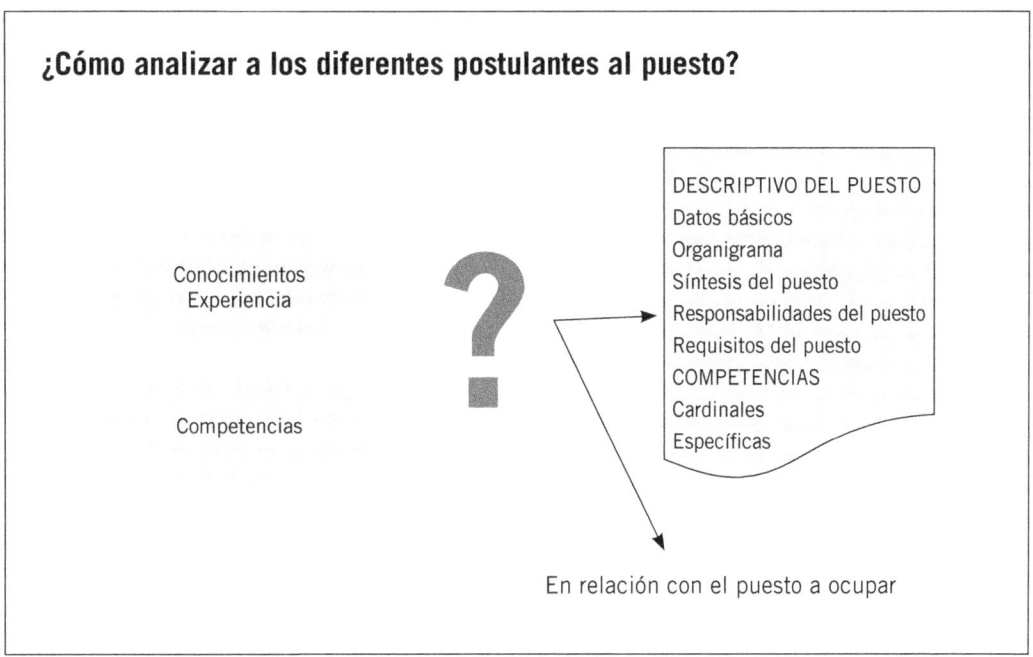

(no excluyentes). Un concepto análogo se aplica a las competencias, de las cuales se determinan las más relevantes (competencias dominantes). La idea se expresa en la figura precedente.

Las personas que participan en un proceso de selección poseen conocimientos, experiencia y competencias que son evaluados a través de diferentes instancias. Por un lado los conocimientos y experiencia, y por otro, utilizando otras herramientas, las competencias, evaluadas mediante la observación de comportamientos, ya sea en una entrevista por competencias o administrando otro tipo de evaluaciones, como por ejemplo *Assessment Center Method* (ACM).

Con esta información se deberán comparar las diferentes postulaciones o candidatos con lo requerido por el puesto a cubrir.

Del gráfico siguiente deseo especialmente destacar el concepto de "comparar en relación con lo requerido por el puesto". El *puesto a ocupar* será el que deba cubrirse en ese momento –es decir, cuando surge la necesidad de incorporar un nuevo colaborar– o, eventualmente, un puesto a ocupar en el futuro, en un plazo cercano y concreto. No se considera una buena idea incorporar personas con calificaciones superiores a lo necesario, con la salvedad antedicha. Las personas "sobrecalificadas" pueden ser perjudiciales para la organización en el mediano plazo.

Del mismo modo, no se considera una buena idea elegir personas cuyas capacidades sean sensiblemente menores a las que el puesto requiere. Podrán existir diferencias o brechas entre el perfil de la búsqueda y el perfil del postulante o nuevo colaborador, pero ese desfase debe ser de poca envergadura y con pronóstico positivo de superación. ¿Qué deseo indicar con la expresión "pronóstico positivo"? Que se considere que la brecha existente, ya sea en conocimientos o en competencias, puede cerrarse en un tiempo razonable.

Comparación de varios candidatos

La comparación de candidatos siempre debe realizarse entre el perfil de la búsqueda, considerando los requisitos del puesto a cubrir, y las capacidades de los postulantes. Por decirlo en lenguaje sencillo: renglón por renglón, ítem por ítem. La idea se expresa en la figura siguiente.

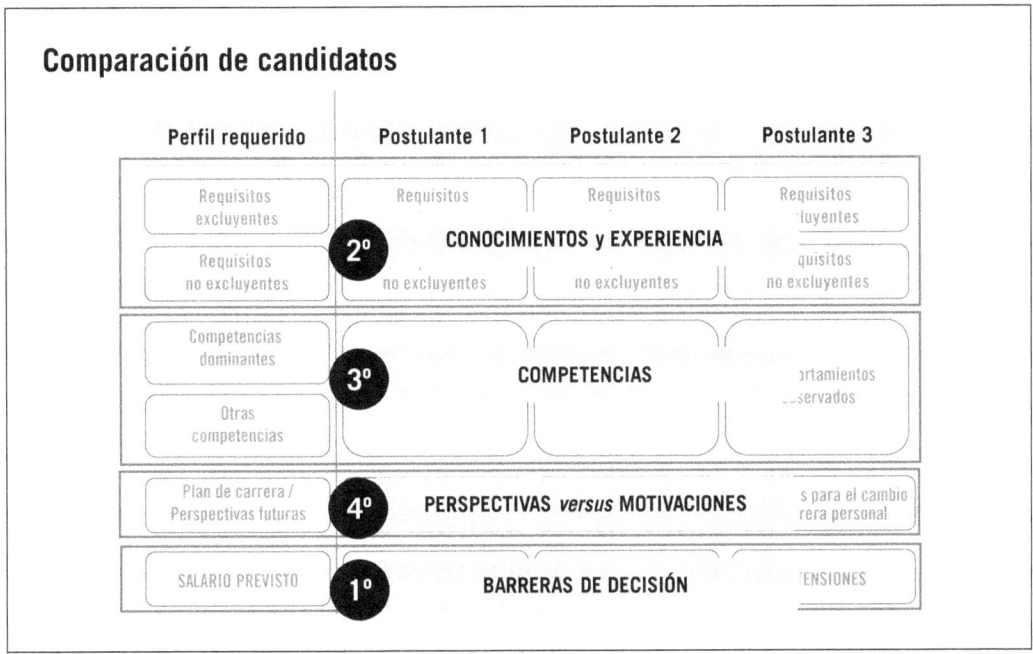

Los diferentes postulantes –tres en la figura precedente, pero podrán ser dos o cuatro u otro número de candidatos, según sean las circunstancias y posibilidades–, se comparan con el perfil requerido. Hemos agrupado los ítems a comparar en cuatro conceptos: barreras de decisión; conocimientos y experiencia; competencias, y perspectivas *versus* motivaciones.

Este esquema permite, además, la utilización de calificaciones numéricas para asignarle grados de importancia a cada uno de los aspectos mencionados. Veamos a continuación cada uno de ellos.

1. Barreras de decisión. Esto implica que no se considerarán candidatos o postulaciones que no cumplan con algún tipo de requisito que se considera una "restricción".

    Por ejemplo, candidatos con un nivel de expectativas económicas superiores al salario ofrecido por la organización.

    Como restricción o barrera de decisión se pueden considerar factores tales como la remuneración (ejemplo previo), el tiempo que una persona necesita para dejar su actual empleo y ocupar el nuevo puesto, y otras circunstancias que constituyan una "barrera" que impida que ese candidato sea el elegido.

Una vez que se haya dejado fuera del proceso a aquellos candidatos que no han superado la o las barreras de decisión, se analizará el conjunto de requisitos a los cuales se les asignó el número 2, luego los del número 3 y por último los del número 4.

2. Conocimientos (incluye estudios formales) y experiencia, clasificados en requisitos excluyentes y no excluyentes.

3. Una vez que se concluyó el análisis y evaluación del grupo de requisitos 2, a continuación, se evalúan las competencias, sobre la base de los comportamientos observados (en entrevistas u otras evaluaciones, como el ya mencionado ACM), comparando el nivel que evidencia cada candidato en relación con el grado requerido para el puesto a cubrir.

4. Por último, deberán tomarse en cuenta las motivaciones para el cambio y de carrera personal de los postulantes y cotejarlas con las reales posibilidades para el puesto y en la organización.

Como ya se expusiera, es posible asignar niveles o grado de importancia a los distintos requisitos. En un caso se le podrá asignar mayor preponderancia a los estudios, los conocimientos y la experiencia, y en otro, mayor importancia a las competencias. En todos los casos deberá considerarse la correlación entre la posición a cubrir y los intereses y proyectos personales de los postulantes.

Últimos pasos después de la elección del candidato finalista

Una vez que se decidió quién es la persona a la que se le ofrecerá el puesto, se verifican una serie de pasos, desde la negociación salarial, la oferta por escrito y una serie de instancias administrativas que varían de una organización a otra, entre un país y otro.

En mi país, Argentina, por ejemplo, se llevan a cabo una serie de rutinas médicas previas al ingreso y otras instancias adicionales. A continuación no me referiré a todos estos aspectos sino solo a uno de ellos, que considero de mayor importancia desde la mirada del futuro jefe no experto en RRHH.

Referencias laborales

Si bien usualmente no se dedican páginas de un texto o libro a este punto, por ser considerado de poca relevancia, incluimos aquí unas reflexiones al respecto porque la experiencia profesional me ha permitido observar rotundos desaciertos en torno a esta cuestión, en especial producidos por futuros jefes no expertos en temas de Recursos Humanos. Dada la gravedad potencial de acciones incorrectas sobre este aspecto, considero que el tema tiene una relevancia sustancial.

Cada organización debe fijar una política sobre el pedido de referencias, cómo llevarlas a cabo y qué preguntar o indagar en cada caso, siempre respetando las leyes vigentes en cada país o región.

Cuando sea posible, siempre será una buena idea hablar con los jefes anteriores del candidato elegido como finalista.

En todos los casos, antes de solicitar las referencias laborales, se deberá informar al candidato que se comienza esa etapa del proceso y obtener su conformidad. Usualmente se solicitan referencias solo del candidato finalista. Si se solicitan referencias de varios finalistas, será adecuado informar de ello a cada uno de los involucrados.

Mi sugerencia es no solo avisar al postulante que se inicia el pedido de referencia, sino consensuar con él a qué personas llamar en cada caso. Si la persona está trabajando no será posible llamar a su trabajo actual, excepto que ya haya renunciado o que su jefe actual esté al tanto de su búsqueda laboral. De todos modos, aun en este último caso, será recomendable informar al postulante para que, si lo desea, él mismo le advierta sobre el llamado que recibirá solicitándole referencias.

Al solicitar referencias sobre una persona, ya sea llamando a un exjefe o a cualquier otro individuo vinculado con la trayectoria profesional de un postulante, se estará divulgando, de alguna manera, que esa persona se encuentra en un proceso de selección, y esto puede no ser bueno para él. Por ello, antes de iniciar esta etapa se sugiere repasar los siguientes puntos, para estar seguros de que no se omitió ningún paso:

- Revisar lo planteado en párrafos previos: cotejar el perfil de la búsqueda con el perfil del postulante elegido.
- Revisar si las pretensiones económicas del postulante se correlacionan con las posibilidades en materia de remuneración previstas para el puesto.
- Evaluar cómo era el anterior ocupante del cargo respecto del postulante.
- Establecer relaciones entre las razones por las cuales el candidato dejó anteriores empleos y las características de la nueva posición.
- Considerar el potencial del postulante en relación con las reales posibilidades de carrera que se prevén para la nueva posición.

Si la respuesta a los distintos aspectos mencionados es positiva y el candidato elegido es el adecuado, será el momento de solicitar las referencias laborales.

En ocasiones se piensa que al solicitar referencias laborales solo hay que "cuidar" a los altos ejecutivos, pero no es así. Siempre se deberá cuidar a los postulantes, de todos los niveles. Por ejemplo, no llamar al trabajo actual, con la excepción expuesta más arriba, arbitrando, en todos los casos, los medios para salvaguardar la confidencialidad del pedido de referencias laborales.

Algunas sugerencias para el cuidado de la confidencialidad: 1) que la información relacionada con el pedido de referencias la maneje un número reducido de personas; 2) realizar el pedido de referencias a la persona adecuada –asegurarse de que lo es antes de expresar el motivo del llamado–; 3) no revelar el nombre de la persona sobre la cual se pide referencias a otra persona que no sea aquella que nos debe brindar la información; 4) no dar ninguna información que no sea la estrictamente necesaria; entre otros aspectos a tener en cuenta.

Dos tipos de referencias laborales

Existen dos tipos de referencias, las que se gestionan a través de las oficinas de personal y las que se obtienen a través de las opiniones y comentarios de los jefes directos de cada postulante.

Las primeras brindan, por lo general, datos concretos respecto de una persona y las otorga, en general, la oficina de personal o de recursos humanos del lugar donde el candidato trabajó anteriormente. La información más usual es acerca de si la persona trabajó allí, fechas de entrada y salida, y cargos que ocupó al ingresar y al desvincularse. Otro tipo de referencias, de naturaleza análoga, pueden ser obtenidas a través de diferentes fuentes; por ejemplo, si la persona tiene juicios pendientes, inhabilitaciones para operar con bancos, si fue despedida, etcétera.

¿Quién puede aportar información sobre otros temas importantes como el desempeño, la modalidad de trabajo, la relación con pares, jefes y subordinados y otros temas relacionados con el comportamiento de una persona en trabajos previos? Este tipo de información solo se obtiene por algún observador directo; por ejemplo, si fuese factible ubicar al jefe de la persona en cuestión.

También será posible obtener información válida de otras fuentes; solo a modo de ejemplo y si fuese pertinente, en el caso de alguien que se desempeñó como gerente financiero, los oficiales de cuentas de bancos con los que operó, o en otros puestos, la opinión de proveedores, clientes, agencias de publicidad, auditores, consultores, etcétera.

Muchas personas, al ser consultadas por un pedido de referencias, podrán decir solo una frase, como por ejemplo: "desempeño correcto"; "se retiró por su propia voluntad", o cualquier otra expresión similar, sin aportar mayor información sobre el real desempeño del candidato. Las referencias tendrán mayor valor si proveen información acerca de los comportamientos de la persona.

La forma de formular las preguntas será definitoria. Si un exjefe dice "en mi opinión, xxx", la repregunta para obtener comportamientos que permitan darle valor al comentario será *"Reláteme una anécdota donde se haya puesto en evidencia xxx"* (aquello que nos está relatando a modo de opinión sobre una persona en particular).

En resumen, no se debe dejar nada librado al azar. Se debe obtener información sobre distintos aspectos. Por ejemplo, si una persona indicó que ha finalizado sus estudios universitarios y posee un diploma, y dicho título no es importante con relación al puesto a cubrir, podría pensarse que no será necesario confirmar dicha información al solicitar referencias laborales. Sin embargo, aunque no sea de relevancia el título en sí mismo y que poseerlo o no no sea un factor determinante en su elección como candidato finalista, averiguar que se trata de una información falsa brindará un indicador de comportamiento a tener en cuenta.

El esquema dividido en "antes", "durante" y "después" se expone en la figura siguiente.

¿Cómo solicitar referencias laborales?

ANTES

Primero, verificar las leyes vigentes en materia de discriminación. Solicitar referencias solo cuando esté convencido de que el candidato reúne todos los requisitos del puesto a cubrir. Informe al postulante y obtenga su conformidad.

DURANTE

Obtener información sobre:

- Estudios formales (educación)
- Antecedentes laborales
- Antecedentes financieros
- Antecedentes judiciales

DESPUÉS

¿Qué pasa si una referencia no es la esperada? Averiguar más.

Recuerde: un jefe que se siente "abandonado" puede dar una mala referencia.

EN TODOS LOS CASOS:
Ser cuidadoso. Cuidar la confidencialidad

¿Qué hacer cuando se obtiene una "mala" referencia? El responsable del proceso de selección deberá solicitar otras nuevas, de modo de confirmar la que no es positiva, como mínimo, con otra que la respalde. Se podrá dar el caso de que la referencia negativa no sea veraz: un ejemplo frecuente es cuando un jefe resentido con su subordinado, por cualquier motivo, brinda opinión desfavorable de este aunque en realidad sea, por el contrario, un buen empleado. ¿Las razones? Quizá porque simplemente renunció y prefirió trabajar para otro empleador.

Se deberá tener en cuenta, además, cuál es el motivo que dio origen al comentario negativo, ya que quizá ese tipo de comportamiento no sea importante en la nueva posición.

Por otra parte, un jefe "amigo" puede dar una buena referencia de un mal empleado.

En el caso de obtenerse una referencia negativa, esta situación deberá ser informada al interesado. En especial, si las opiniones no favorables se confirman por más de una fuente. Es importante tener en cuenta que el postulante puede tener una explicación de lo sucedido que modifique la información recibida; si no es así, se le habrá dado a la persona la oportunidad de dar su propia versión de los hechos.

La decisión final

La mayoría de los futuros jefes se preguntan: *¿Cómo tomar la decisión?* La respuesta es breve: debe tomarse sobre la base de toda la información recolectada tal como se ha indicado hasta aquí, y comparándola con el perfil de la búsqueda.

En materia de contratación de personas siempre existe una zona de incertidumbre. La única forma de achicar esa brecha entre la incertidumbre total y la certeza, será realizar un proceso de selección profesional, sabiendo de antemano que la certeza total será imposible de alcanzar.

La decisión final respecto de una incorporación corresponde al futuro jefe del colaborador que ingresa. Como ya se explicara, "futuro jefe" es un concepto; en cada caso se tendrá en cuenta el grado de autoridad necesario para tomar la decisión. Aspectos fundamentales a tener en cuenta:

- El jefe elige a su futuro colaborador. En ocasiones esta decisión debe ser autorizada por un superior al jefe directo.
- La negociación y oferta económica final la realiza el área de Recursos Humanos, excepto que no exista esta área en la organización.
- Cuando la negociación la lleva a cabo el área de Recursos Humanos, el jefe debe estar involucrado y realizar el seguimiento del proceso.

Cómo resolver la *cuestión 13* desde la mirada del jefe

La experiencia, larga o corta, buena o mala, tiene mucho peso en todos los temas relacionados con la disciplina de Recursos Humanos. No será posible desprendernos de esas buenas o malas experiencias. No obstante, lo que todo jefe debe saber es que siempre la utilización de las buenas prácticas, y en especial en la selección de personas, contar con herramientas fiables será siempre de gran ayuda.

En los procesos de selección de personas, como en cualquier otro tipo de relaciones personales, podrán existir imponderables, podrán surgir situaciones positivas o negativas no previstas. No obstante lo antedicho, cuando se han aplicado las buenas prácticas, estas atenuarán los efectos no deseados e imprevistos.

Por último, como jefe, en todos los casos y antes de tomar decisiones, asegúrese que están dentro de su nivel de autoridad. Como ya se ha expresado, cuando un jefe no se siente seguro sobre los aspectos aquí tratados siempre será una buena idea que solicite ayuda de su propio jefe y/o del área de Recursos Humanos.

Cómo resolver la *cuestión 13* desde la mirada del responsable de Recursos Humanos

Una de las funciones de los responsables de Recursos Humanos es la difusión de las políticas, métodos y procedimientos organizacionales. Adicionalmente, también es responsabilidad de RRHH la aplicación de las buenas prácticas en selección de personas y el proveer a los futuros jefes las herramientas adecuadas para la medición de conocimientos, competencias, valores y motivación tanto de candidatos externos como internos, en las búsquedas y promociones dentro de la organización.

También será responsabilidad del área de Recursos Humanos el asesoramiento a sus clientes internos o futuros jefes, tanto en el caso de postulaciones externas como en las promociones y traslados dentro de las propias filas.

Cómo resolver la *cuestión 13* desde la mirada del número 1, CEO o dueño

Las organizaciones de todo tipo y tamaño, aun las pequeñas y que no cuentan con un área de RRHH, podrán tener políticas, procedimientos y normas internas en materia de selección de personas.

© GRANICA

Por lo tanto, una buena sugerencia para los número 1 es que impulsen el diseño de procedimientos de selección, cuyo alcance y sofisticación dependerá del tamaño y complejidad de la organización.

Continuar leyendo

Sugerimos leer, con relación a esta temática, las siguientes cuestiones:

1. Cuestión 2. *Qué hacer cuando existe alta rotación de colaboradores. Cómo retener a los mejores.*
2. Cuestión 11. *Qué hacer para darse cuenta de que un candidato (externo o del propio equipo) es el mejor para ocupar un determinado puesto.*
3. Cuestión 12. *Qué hacer al momento de elegir un nuevo colaborador: tomar la decisión en función de lo que se necesita ahora, se necesitará más adelante o por el mejor candidato de todos.*
4. Cuestión 15. *Qué hacer frente a una vacante. La alternativa de buscar a un colaborador en el mercado o en la empresa.*

Para los interesados en seguir leyendo sobre este tema, sugerimos las siguientes obras:

- *Diccionario de comportamientos. La trilogía. Tomo 2*
- *Diccionario de preguntas. La trilogía. Tomo 3*
- *Las 50 herramientas de Recursos Humanos que todo profesional debe conocer*
- *Diccionario de términos de Recursos Humanos*
- *Construyendo talento*
- *Rol del jefe*
- *12 pasos para ser un buen jefe*
- *La Marca Recursos Humanos*
- *Selección por competencias*

CUESTIÓN 14
Qué hacer para lograr que la promoción de un colaborador no se transforme en un problema (a futuro)

La decisión de promocionar a un colaborador a otra posición, con frecuencia superior, se realiza sobre la base de su historia en la organización, de su comportamiento pasado, como una forma de premiar los logros obtenidos, la lealtad a la empresa, su compromiso. Comparto estos criterios, pero son insuficientes. Se debe tomar en cuenta todo lo antedicho adicionando una mirada al futuro, comparando las capacidades de una persona en función de lo que requiere la nueva posición. Muchos hemos conocido casos en que un buen vendedor fue luego un mal jefe de vendedores, y un muy buen operario se transformó en un mal supervisor de sus compañeros de trabajo, entre otras situaciones similares.

Cuando me inicié en la vida profesional estaba de moda el "Principio de Peter", concepto que he verificado en muchas ocasiones a lo largo de los años. El mencionado principio afirma que *en una jerarquía, todo empleado tiende a ascender hasta su nivel de incompetencia*[1].

Por lo tanto, siempre será una buena idea analizar, pensar y diseñar métodos de trabajo para evitar que se verifique una vez más el Principio de Peter.

La mayoría de las cosas que se dirán a continuación devienen de las buenas prácticas y del sentido común. Lamentablemente y con frecuencia, no se verifica su puesta en práctica.

Para desempeñarse en un puesto de trabajo, tanto el actual que ocupe una persona como uno futuro, se requieren los siguientes aspectos/requisitos:

- *Conocimientos.* En este ítem se incluyen los diversos aspectos relacionados, desde la necesidad de un título universitario o académico en particular, hasta los conocimientos derivados de dichos estudios y otros adquiridos en capacitaciones adicionales y/o la experiencia profesional. Aquí se incluye, además, el manejo de idiomas y cualquier otro requisito análogo.

---
1 Peter, Laurence J. *El principio de Peter.* Plaza & Janés Editores, 1998.

- *Experiencia.* Dependerá de cada caso el tipo de experiencia que se requiera. Si es solo en relación con las funciones específicas o se incluye, además, experiencia en el manejo de equipos de trabajo.

- *Competencias*[2]. Usualmente los modelos de competencias consideran en su diseño competencias cardinales[3], competencias específicas[4] gerenciales y competencias específicas por área. Todas son importantes y necesarias.

- *Motivación en relación con el nuevo puesto.* En ocasiones se da por descontada la motivación positiva en relación con un nuevo puesto que implique mayor remuneración y responsabilidades, pero no siempre es así. Por lo cual, en todos los casos, la motivación deberá ser evaluada.

Los diferentes aspectos mencionados deben ser analizados y evaluados en cada uno de los posibles candidatos a cubrir cualquier tipo de posición, cuando se realice una búsqueda externa o interna. También con relación al tema de esta cuestión, cuando se piense en promover colaboradores.

En el caso que la promoción implique la supervisión de equipos de trabajo y la persona no lo haya hecho hasta ahora, se debe ser especialmente cuidadoso. Desde ya no es necesario haber sido jefe para contar con las competencias necesarias. Solo que estas deben ser evaluadas de algún modo.

Contar con los requisitos del puesto le permitirá al colaborador, posible candidato para una promoción, alcanzar el éxito. Pero, solo si cuenta con ellos. Esta situación, favorable o no, no solo afectará a la persona involucrada, también influirá de un modo u otro en el desempeño, las carreras y la motivación del equipo de colaboradores a su cargo.

Una mirada de cara al futuro

Al realizar una promoción, un nombramiento a una nueva posición, se debe adicionar a lo antedicho una mirada de cara al futuro.

Como se verá a continuación, y siguiendo un esquema *paso a paso,* se sugerirá comparar los posibles candidatos para el puesto a cubrir desagregando los diferen-

---

2 *Competencia.* El término hace referencia a las características de personalidad, devenidas en comportamientos, que generan un desempeño exitoso en un puesto de trabajo.
3 *Competencia cardinal:* Competencia aplicable a todos los integrantes de la organización. Las competencias cardinales representan la esencia de la organización y permiten alcanzar su visión.
4 *Competencia específica*: Competencia aplicable a colectivos específicos, por ejemplo, un área de la organización o un cierto nivel, como el gerencial.

tes elementos que componen una posición. Aunque este es el camino a seguir, antes de iniciar esta comparación de candidatos, será importante considerar las necesidades o requisitos actuales del puesto a cubrir con las necesidades o requisitos para ese mismo puesto de trabajo en un futuro. La idea se expresa en la figura al pie.

El presente de la organización lo hemos denominado, en la figura al pie, "Hoy". Dentro de ese presente surge la necesidad de cubrir un puesto. Dicho puesto se abre en conocimientos, experiencia, competencias y motivación.

Por otra parte, y continuando con el análisis del gráfico, las organizaciones cuentan con una visión y una estrategia futura, que hemos supuesto (solo para ilustrar) con vistas al año 2025. Cada organización tendrá definidos sus planes estratégicos para una fecha determinada.

Cuando se analicen nuevas designaciones, en especial para puestos clave, se sugiere analizar si los distintos requisitos determinados como necesarios (conocimientos, experiencia, competencias) serán los mismos en función de los planes estratégicos fijados.

En muchas organizaciones, los puestos se describen sobre la base de las necesidades actuales y no se consideran los requerimientos futuros.

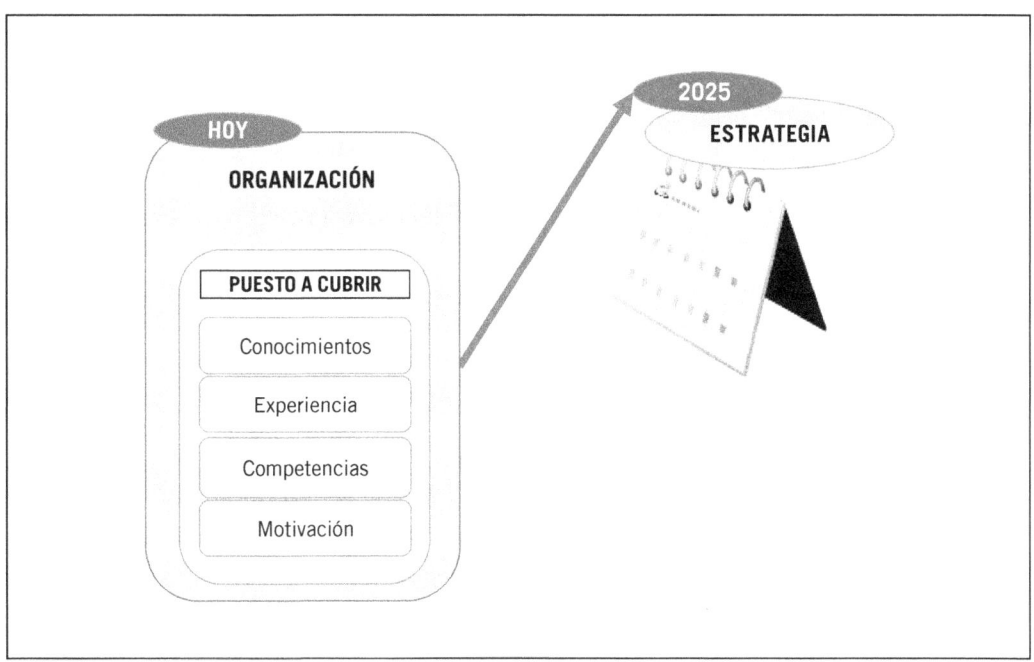

Los programas internos de desarrollo

En muchas organizaciones se cuenta con programas para el desarrollo de personas, tales como planes de carrera, planes de sucesión, diagramas de reemplazo, etc.

Cuando las organizaciones cuentan con este tipo de programas, las promociones se encuentran de un modo u otro enmarcadas dentro de ellos.

Los jefes y los responsables de Recursos Humanos cuentan con herramientas y posibles casos a considerar.

Según el programa, de allí surgirán las mejores opciones, dentro de la propia organización, para elegir a una persona para ocupar otro puesto de trabajo.

A continuación se analizará la posible designación de una persona en un nuevo puesto de trabajo *desde cero*, es decir, como si no se contase con programas internos de desarrollo. De esa forma se comprenderá mejor la propuesta de los pasos a seguir.

Paso a paso. Comenzando por el principio

Antes de promover a una persona a otra posición debemos preguntarnos y preguntarle al interesado si este nuevo puesto se encuentra dentro de sus proyectos personales y cuál es la visión futura que ella tiene de sí misma.

Con frecuencia analizamos las cosas desde nuestra propia perspectiva. En infinidad de ocasiones, frente a la pregunta si la persona en cuestión está interesada en esa nueva posición he escuchado como respuesta: "¿Cómo no va a interesarle el puesto si es una posición mejor e implica un sueldo mayor?".

Si bien es cierto que la mayoría de las personas reciben con agrado una remuneración mayor, no siempre se verifica que las personas estén realmente interesadas en ocupar otras posiciones, por razones diversas: están cómodas en su puesto actual, la nueva posición implica más responsabilidades y/o mayor dedicación, no desean tener gente a cargo o sienten temor de no gestionarla bien, etc.

Por otra parte, las personas poseen sus propios proyectos personales y quizá una posición que le demande mayores esfuerzos se contrapone con algún proyecto propio al cual desee dedicarle dichos mayores esfuerzos.

En resumen, para asegurar el éxito de una promoción deberá comenzarse por analizar las motivaciones de la persona candidata a ser promovida. Si la motivación se evalúa como positiva, en la figura siguiente le hemos asignado un "Sí". En ese caso, se recomienda continuar con los pasos siguientes. Si por el contrario la motivación se considera no positiva o se evidencian en el interesado muchas dudas, se sugiere asignarle un "No" e interrumpir la evaluación integral del candidato. La idea se grafica a continuación.

En este punto el lector se podrá preguntar si es conveniente seguir el orden aquí propuesto, es decir, si hablar con el colaborador, posible candidato a una promoción, no será perjudicial para el proceso, y preocupaciones análogas. Puede llegar a darse que sea contraproducente. Será muy importante cómo se maneje esta consulta. Sin embargo, los riesgos de no hacerlo son tan altos, las consecuencias podrían llegar a ser tan negativas, que siempre el camino más acertado será analizar primero la motivación.

¿Por qué esta afirmación? He conocido una gran cantidad de casos, muchos de ellos en relación con altos niveles jerárquicos, que como consecuencia de un error en una designación la persona es finalmente despedida. Si bien la responsabilidad de dicha designación usualmente no le corresponde, cuando la persona en cuestión no responde a lo esperado, es ella la que recibe el impacto de esa mala decisión.

En resumen, nuestra sugerencia es asignar a la falta de motivación el carácter de *restricción*. Veamos la definición de este término.

> *Restricción.* Elemento a tomar en cuenta como una limitación, por el cual se deja fuera de un proceso de selección a ciertos candidatos o postulantes que presenten ese factor limitante.

Ejemplos de restricciones en una promoción: salario actual y/o perspectiva salarial por encima de lo previsto, lugar de residencia diferente al lugar de trabajo previsto para la nueva posición (si esto fuese un elemento a tomar en cuenta), y aun otros que, si bien pueden ser considerados como discriminatorios, en algunas organizaciones o circunstancias específicas pueden ser tenidos en cuenta, como el sexo. A este listado de posibles restricciones sugerimos sumar la falta de motivación en relación con el nuevo puesto de trabajo.

En muchos casos, considerar la falta de motivación como una restricción será lo adecuado. Si las características de una nueva posición tienen aspectos en colisión con intereses y proyectos personales o implican circunstancias que son causa de fuerte insatisfacción, esa persona no será la más adecuada para ocupar ese puesto de trabajo.

Evaluar conocimientos

Todo puesto de trabajo requiere conocimientos. Según las circunstancias, también se requieren estudios formales de diferente grado o nivel.

Como un primer análisis de las capacidades de una persona en relación con un posible puesto futuro se sugiere comenzar por el conjunto de conocimientos y estudios que dicha posición requiere.

Otro factor a considerar es que tanto en los conocimientos como con los estudios formales muchas veces existen unos mínimos o indispensables (requisitos excluyentes) y otros ideales, que no serán considerados excluyentes a la hora de tomar una decisión.

En cualquiera de las circunstancias deberá determinarse la brecha existente entre el nivel actual de la persona posible candidato para una promoción y lo requerido para desempeñarse en el puesto futuro.

La idea se expresa en la figura de la página siguiente.

Una vez determinadas las brechas, se deberá analizar tanto el tiempo necesario para reducirlas como la chance de lograrlo.

Ejemplo 1: la brecha podría reducirse en un plazo breve, por ejemplo, tres meses. Se trata de adquirir un conocimiento que es posible adquirir en ese plazo. Con esta información habrá que determinar la chance o posibilidad que esa persona en particular lo logre. Y podríamos encontrarnos con dos posibles circunstancias:

1. El colaborador asume el reto con entusiasmo, asiste a la formación sugerida y adquiere el conocimiento en los tres meses (de acuerdo con el ejemplo).

2. Si bien es posible adquirir ese conocimiento en el período mencionado, la persona no logra reducir la brecha por alguna razón válida o simplemente porque no desea hacerlo.

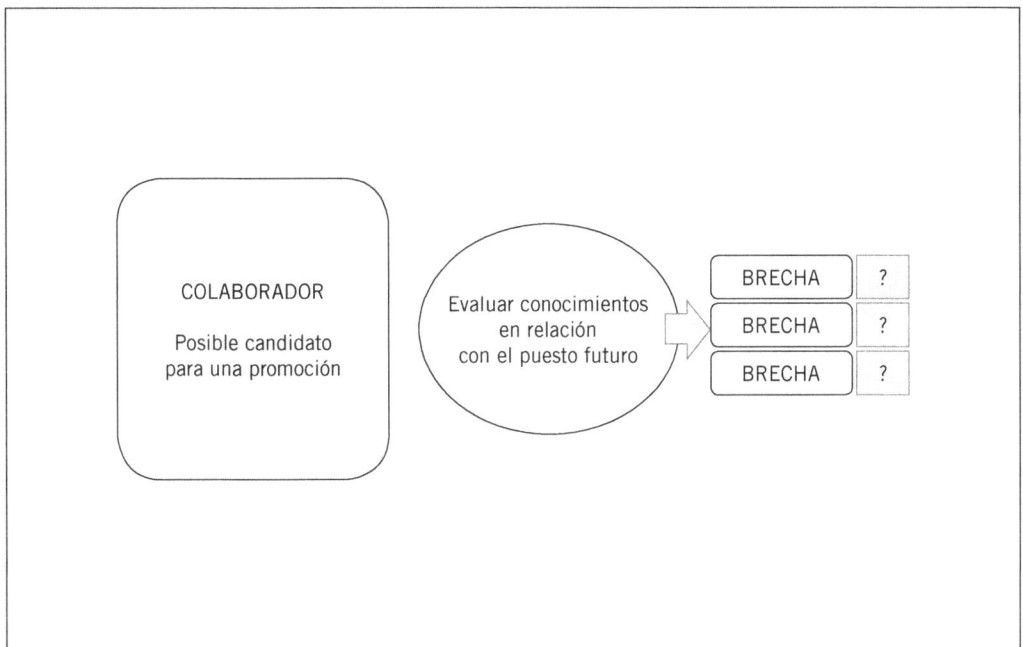

En el caso "a" el resultado final será positivo, en el caso "b" no, aunque se puedan comprender las razones por las cuales se llegó a esa situación.

Ejemplo 2: la brecha no puede reducirse en un plazo breve y sin ese conocimiento no será posible desempeñar con éxito la nueva posición. En este caso, deja de tener relevancia la posibilidad o no de alcanzar este desafío. No se debería considerar a esta persona para el puesto futuro.

Evaluar la experiencia

El procedimiento es similar al expuesto para los conocimientos y estudios formales. Se deberán determinar las brechas existentes y la chance de reducir cada una de ellas.

Cuando una persona es promovida a otro puesto es posible que no cuente con la experiencia requerida, en toda su dimensión. Por lo tanto, el análisis al respecto debe ser detallado.

En la figura de la página siguiente se muestran tres posibles brechas para cualquiera de los ítems, como una forma de ilustrar la idea. En las distintas circunstancias se podrá determinar una brecha, muchas o ninguna.

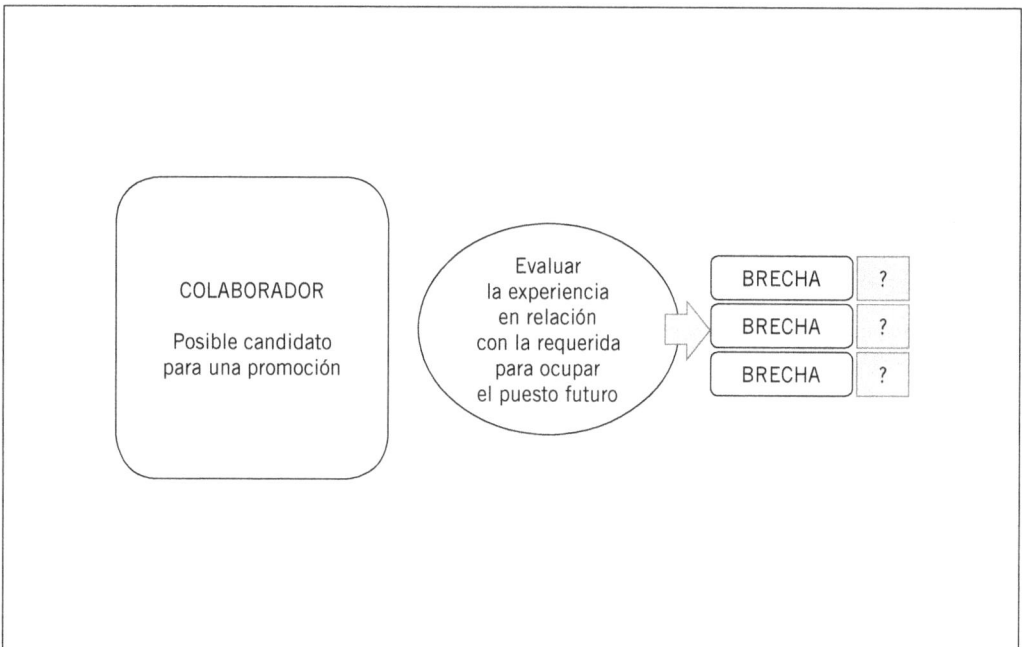

Continuando con la experiencia, si una persona es promovida a un nivel superior dentro de su misma área de trabajo, podrá contar con experiencia por haber reemplazado en alguna ocasión a su jefe o por haber realizado alguna asignación relacionada con el nuevo puesto y otras situaciones análogas.

Con relación a la medición de conocimientos y experiencia las evaluaciones del desempeño constituyen un indicador a tener en cuenta. Sin embargo, con frecuencia, no ofrecen toda la información necesaria. En resumen, no podrá ser la única fuente a considerar.

Evaluar competencias

Las competencias, usualmente, se dividen en cardinales, específicas gerenciales y específicas por área. Aun en empresas que no cuentan con modelos de competencias, se diferencian algunos de estos conceptos, en especial los relacionados con las competencias de tipo gerencial para posiciones que impliquen el manejo de equipos de trabajo.

En todos los casos, y como surge del análisis de la figura siguiente, se deberá cotejar las competencias a través de los comportamientos observados en relación con el puesto a ocupar.

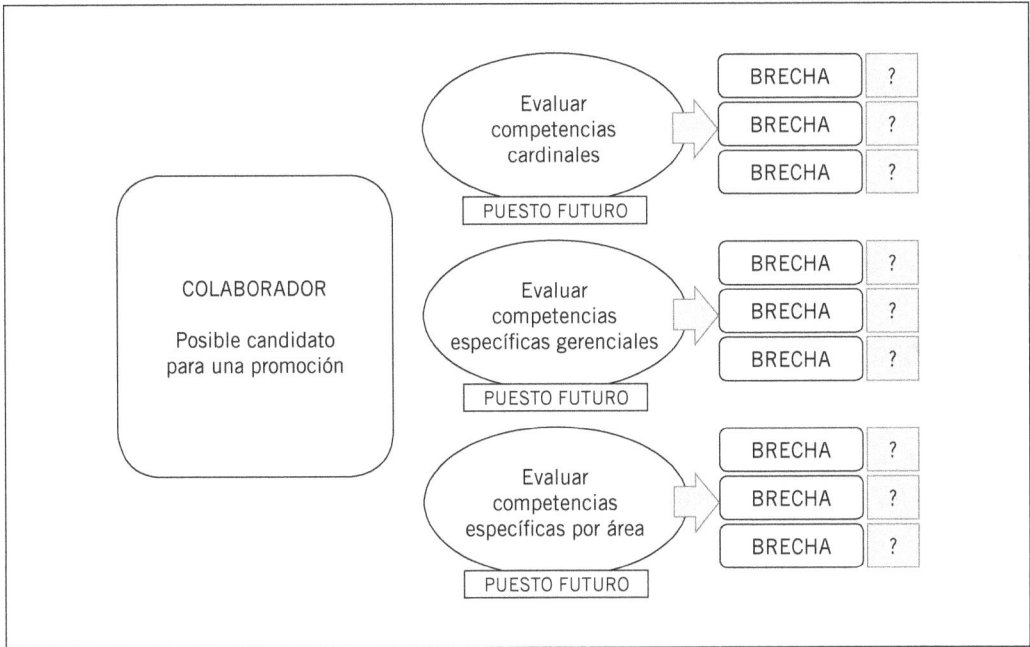

Las evaluaciones del desempeño pueden aportar información con relación a las competencias. No obstante, y según el caso del cual se trate, quizá sea necesario realizar alguna medición adicional.

Una vez determinadas las brechas habrá que considerar de qué tipo son. Por ejemplo, si una persona tuviese una competencia en grado no desarrollado y esta fuese de relevancia en relación con el puesto futuro, quizá no será una buena idea elegir a esta persona para ocupar dicha posición.

En los casos de brechas de más de un grado o nivel, se deberá tener en cuenta la importancia de esa competencia en relación con la nueva posición y el grado de motivación de la persona para reducir la brecha.

Todas las brechas en relación con competencias deberán ser analizadas muy cuidadosamente. Son la mayor fuente de problemas.

Cómo resolver la *cuestión 14* desde la mirada del jefe

Los jefes, con frecuencia, manejan la promoción de colaboradores de manera intuitiva, y muchas veces los resultados alcanzados son positivos y exitosos. Sin embargo, también existen casos negativos, y como ya dijéramos, los riesgos que implican son altos y las consecuencias, penosas para los involucrados.

Por lo cual nuestra sugerencia es seguir los pasos detallados más arriba. Si en algún caso usted tiene dudas sobre cómo hacerlo, recurra a su propio jefe, a un mentor informal o formal o al área de Recursos Humanos. Es mejor preguntar que equivocarse.

La designación de un colaborador en un nuevo puesto puede ser un factor clave para alcanzar los objetivos futuros. Incorpore en su análisis esa mirada de futuro que se describió en páginas previas. Le será de gran ayuda, quizá no ahora, pero sí más adelante.

Cómo resolver la *cuestión 14* desde la mirada del responsable de Recursos Humanos

La función de Recursos Humanos, en relación con esta cuestión, tiene un rol doble: por un lado, implementar las herramientas para asegurar la designación de las personas más adecuadas a cada puesto, y, por otro, igualmente importante, se deberá entrenar a los jefes de todos los niveles para que puedan observar en sus equipos de trabajo los factores que motivan y desmotivan a las personas a su cargo y, además, puedan evaluar conocimientos, experiencia y competencias de manera objetiva, sobre la base de indicadores concretos y no de opiniones y/o creencias.

En todos los casos, tenga en cuenta la mirada al futuro. Analice si las competencias serán las requeridas, si el modelo actual (modelo de competencias) refleja la visión y estrategia organizacionales. La experiencia nos indica que con frecuencia no es así.

En ocasiones los responsables de Recursos Humanos asignan la responsabilidad de todos los problemas a los jefes de las otras áreas. Aun en el caso que esto sea relativamente así, siempre RRHH podrá ayudar y apoyar. Por ejemplo, implementando programas como *Rol del jefe* para los jefes de todos los niveles.

Cómo resolver la *cuestión 14* desde la mirada del número 1, CEO o dueño

Los número 1 de las organizaciones son muchas veces los responsables de las malas decisiones y, también, los más perjudicados por ellas. Por lo tanto, deberán asegurarse que el área de Recursos Humanos haya implementado tanto las herramientas adecuadas para la medición de las capacidades de las personas como el entrenamiento a los jefes de todos los niveles para su correcta utilización.

La implementación de las buenas prácticas en Recursos Humanos, si bien no es la solución a todos los problemas, ayuda a minimizar los errores, en especial en las promociones de personas a otros puestos.

Continuar leyendo

Sugerimos leer, con relación a esta temática, las siguientes cuestiones:

1. Cuestión 7. *Qué hacer cuando un colaborador de confianza no es un buen jefe.*
2. Cuestión 8. *Qué hacer cuando los colaboradores evidencian menor compromiso, especialmente entre las nuevas generaciones.*
3. Cuestión 9. *Qué hacer para motivar a los colaboradores. Cómo actuar cuando un colaborador no evidencia el comportamiento esperado para su puesto de trabajo.*
4. Cuestión 11. *Qué hacer para darse cuenta de que un candidato (externo o de su propio equipo) es el mejor para ocupar un determinado puesto.*
5. Cuestión 12. *Qué hacer al momento de elegir un nuevo colaborador: tomar la decisión en función de lo que se necesita ahora, se necesitará más adelante o por el mejor candidato de todos.*
6. Cuestión 13. *Qué hacer para elegir buenos colaboradores (desde la mirada del futuro jefe), tanto al elegir un nuevo colaborador como al promover a un colaborador del equipo. ¿A qué aspectos hay que darles más importancia (conocimientos, experiencia, competencias, motivación…)?*
7. Cuestión 20. *Qué hacer para desarrollar las capacidades de los colaboradores. ¿La Universidad Corporativa puede ser una solución válida?*

Para los interesados en seguir leyendo sobre este tema, sugerimos las siguientes obras:

- *Conciliar vida profesional y personal. Dos miradas. Organizacional e individual*
- *Rol del jefe*
- *Construyendo talento.*
- *Las 50 herramientas de Recursos Humanos que todo profesional debe conocer*
- *Diccionario de términos de Recursos Humanos*
- *Diccionario de comportamientos. La trilogía. Tomo 2*

CUESTIÓN 15
Qué hacer frente a una vacante. La alternativa de buscar a un colaborador en el mercado o en la empresa

Una respuesta rápida a la cuestión que presentamos en este apartado sería que la primera fuente que debe explorarse cuando se produce una vacante es la propia organización; luego de haber agotado este análisis se debería salir al mercado. Si bien coincido con esta afirmación, a continuación se analizará la cuestión considerando sus diferentes implicancias.

Un indicador positivo acerca de la gestión del área de Recursos Humanos es que, cuando surge la necesidad de cubrir una posición, esta pueda ser cubierta con candidatos internos.

Entre otras buenas prácticas, algunas organizaciones cuentan con procedimientos establecidos de reclutamiento interno –*job posting* o autopostulación–, así como diagramas de reemplazo, planes de sucesión y otros programas, como fuentes internas de aprovisionamiento.

Sin embargo, aun en el caso de no contar con procedimientos y programas como los mencionados en el párrafo anterior, siempre la mejor opción será considerar las opciones internas.

En muchas organizaciones existe una cierta tendencia a "desvalorizar" al propio personal, se piensa que es mejor lo que "hay afuera" y se recurre a buscar en el mercado sin, primero, analizar si algún colaborador puede cubrir la posición. En otras organizaciones se observa el fenómeno opuesto: "lo mejor está dentro" y se considera que el mercado no brindará los perfiles requeridos.

Como es fácil imaginar, ambos puntos de vista, en cuanto sean absolutos, están equivocados. Una mala decisión en materia de promociones internas, frecuente aún en nuestros días, traerá inevitablemente a nuestras mentes el *Principio de Peter*. El mencionado principio, como ya hemos dicho en una cuestión anterior, afirma que *todo empleado tiende a ascender en la jerarquía hasta su nivel de incompetencia*[1].

---
1 Peter, Laurence J. *El principio de Peter*. Plaza & Janés Editores, 1998.

En todos los casos, se deberá analizar la mejor opción de manera objetiva, según la situación.

¿Por qué es tan importante realizar un adecuado análisis? Si una vacante se cubre con una persona interna, será una buena noticia para la organización. Cuando a través de los programas internos de desarrollo una persona es ascendida a una posición superior, por un lado se aprovechan los esfuerzos conjuntos (empresa-colaborador) en materia de desarrollo y, por otro, se brinda una oportunidad de crecimiento a un colaborador actual de la empresa, con todo lo que esto implica a nivel motivacional para la totalidad del personal.

Ahora bien, cuando la evaluación no se realiza de la manera adecuada, los riesgos son altos y no siempre las cosas salen bien.

Entre los caminos para cubrir vacantes con personas de la propia organización se pueden mencionar los siguientes:

- Reclutamiento interno y posterior autopostulación (*job posting*). La organización divulga entre sus colaboradores la existencia de una vacante, y la decisión de postularse (o no) es asumida por los colaboradores. A partir de estas autopostulaciones se lleva a cabo un proceso de selección.

- Propuestas realizadas por la organización a una persona en particular. Recursos Humanos y/o el futuro jefe y/o el jefe actual eligen, sobre la base de un criterio determinado, a un posible candidato y le ofrecen la nueva posición. Dentro de esta variante, y en relación con los criterios de elección de los candidatos a los cuales se le podrá realizar este tipo de propuestas, se incluyen los resultados de programas específicos como *planes de carrera, planes de sucesión*, etc.

A las opciones internas se suman las posibilidades externas o reclutamiento externo. Se verán las distintas variantes a continuación.

Reclutamiento. Reclutamiento externo. Reclutamiento interno

Habitualmente se habla de llevar adelante un proceso de selección, realizar una búsqueda y otros términos similares. Vamos a centrarnos en el término "reclutamiento", junto con sus diferentes opciones.

El término "reclutamiento" hace referencia al conjunto de procedimientos para atraer e identificar a candidatos potencialmente calificados y capaces para ocupar un puesto disponible, a fin de seleccionar a alguno/s de ellos para que reciba/n el ofrecimiento de empleo.

El reclutamiento puede ser interno, es decir, atraer personas dentro de la misma organización, o bien externo, atraer personas de fuera de la organización.

- *Reclutamiento externo.* Es la forma más frecuente de realizar un reclutamiento, e implica la difusión en el mercado de los perfiles buscados, usualmente a través de anuncios, en periódicos o Internet, junto con otras fuentes de posibles candidatos.
- *Reclutamiento interno.* Se lo denomina así cuando el reclutamiento se realiza dentro de la propia organización. En ese caso se utilizan anuncios, por ejemplo, a través de la intranet, con el propósito de generar la autopostulación.

El significado del término "selección" también es importante y se relaciona con ambos tipos de reclutamiento.

- *Selección.* Conjunto de procedimientos para evaluar y medir las capacidades de los candidatos a fin de, luego, elegir, sobre la base de criterios preestablecidos (perfil de la búsqueda), a aquellos que presentan mayor posibilidad de adaptarse al puesto disponible, de acuerdo con las necesidades de la organización.

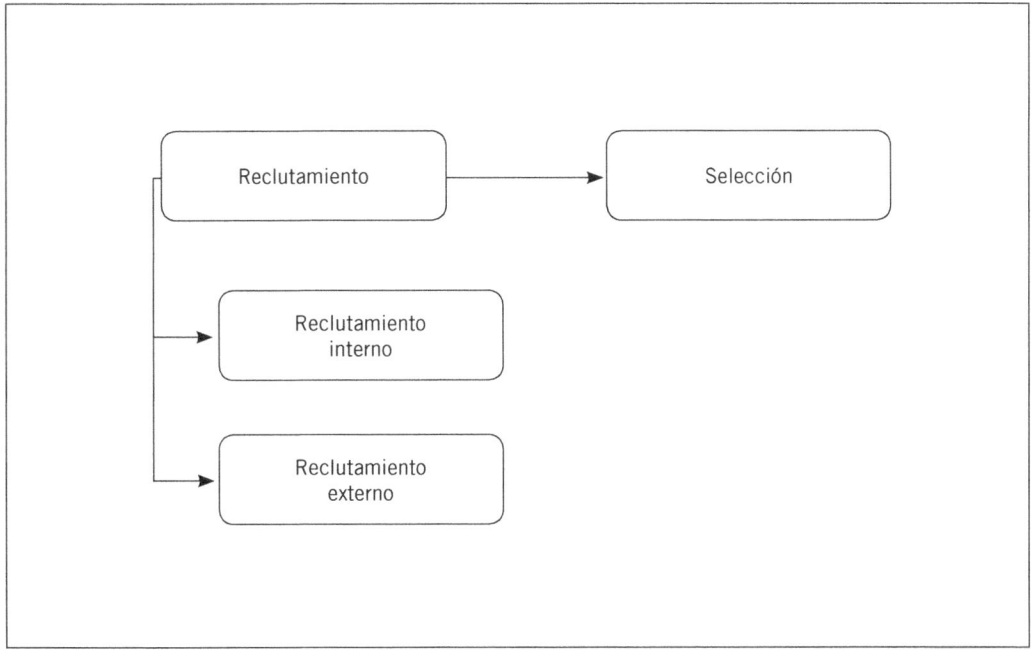

Continuando con el término "reclutamiento", en todos los casos, implica "atraer" postulaciones. Se pueden distinguir variantes:

- *Reclutamiento 1.0.* Conjunto de procedimientos para atraer e identificar a candidatos potencialmente calificados y capaces utilizando las posibilidades de la Web 1.0.
  Usualmente se utilizan los sitios o páginas web organizacionales en los cuales se ofrecen diferentes posiciones vacantes, además de las web laborales y los sitios de consultoras de Recursos Humanos.

- *Reclutamiento 2.0.* Conjunto de procedimientos para atraer e identificar a candidatos potencialmente calificados y capaces, utilizando las posibilidades de la Web 2.0 a través de diferentes acciones:
  – Publicitar oportunidades para obtener postulaciones.
  – Ofrecer posibles puestos de trabajo a personas que no están buscando empleo de manera activa.

En todos los casos, las acciones propuestas tienden a identificar a posibles candidatos para ocupar el puesto ofrecido, a fin de seleccionar a alguno/s de ellos para que reciba/n el ofrecimiento de empleo.

En cuanto al término "Web 1.0", la expresión hace referencia a la primera generación de Internet, basada en sitios, páginas web y portales. Esta denominación surge a partir de la creación de la "Web 2.0".

La expresión "Web 2.0" hace referencia a una segunda generación de Internet basada en comunidades de usuarios y una gama especial de servicios web, como redes sociales, blogs, microblogs, wikis, entre otras, que fomentan la colaboración y el intercambio ágil de información entre los usuarios.

La característica principal de la primera generación web es que, en ella, la edición de contenidos está solo en manos de los creadores de los sitios, páginas, portales, en tanto que los restantes usuarios son solo lectores de dichos contenidos.

En relación con el reclutamiento es importante mencionar otro concepto: *fuentes de acceso al mercado laboral - fuentes de reclutamiento*, el cual hace referencia al conjunto de opciones disponibles para obtener postulaciones en relación con el perfil de la búsqueda.

Las fuentes de reclutamiento pueden ser internas o externas. De la adecuada elección de dichas fuentes depende, en buena medida, el éxito del proceso en su conjunto.

- *Fuentes de reclutamiento externas.* Conjunto de opciones disponibles en el mercado para obtener postulaciones.

Por ejemplo: bases de datos (en el área de RRHH, elaboradas con currículums recibidos con anterioridad o participantes en selecciones anteriores), anuncios en periódicos e Internet, consultoras de Recursos Humanos, entre otras posibilidades.

- *Fuentes de reclutamiento internas.* Conjunto de opciones disponibles dentro del ámbito de la propia organización para obtener postulaciones.
  Por ejemplo: anuncios en la intranet para obtener autopostulaciones, base de datos de colaboradores (que puedan ser transferidos a otros puestos), entre otras posibilidades.
- *Autopostulación (job posting).* Práctica organizacional mediante la cual una persona puede postularse a búsquedas internas que la organización publicita en su intranet o carteleras. Usualmente se definen requisitos para participar, además de los inherentes al puesto en sí mismo.
  En todos los casos, es ideal que la organización fije políticas respecto de las modalidades de autopostulación, y que sean conocidas por todos los colaboradores. La autopostulación o *job posting* es una práctica organizacional muy interesante, pero para que su implementación sea eficaz deben quedar muy en claro las reglas del juego, contar con procedimientos transparentes que generen confianza en toda la organización.

Las fuentes de reclutamiento externo son diversas: desde la información verbal o "de boca en boca" y las postulaciones espontáneas, hasta la realización de acciones concretas tales como anuncios, web laborales, reclutamiento universitario, ferias de empleos, radio y televisión. En ocasiones se recurre a agencias de empleo, consultoras especializadas o *headhunters*, según la posición a cubrir.

A todo lo anterior deben sumarse las posibilidades relacionadas con las redes sociales: reclutamiento 2.0, headhunting 2.0, así como publicación de anuncios en estas fuentes externas.

En todos los casos, el reclutamiento es la base para la posterior realización de un efectivo proceso de selección. Los procesos de selección implican la realización de varios pasos que se definen en cada caso según el tipo y nivel de la posición a cubrir.

Propuestas realizadas por la organización a una persona en particular

Decíamos más arriba que otro de los caminos para cubrir posiciones con personas de dentro de la organización lo constituyen las propuestas realizadas por la organización a una persona en particular. Recursos Humanos y/o el futuro jefe y/o el jefe actual eligen, sobre la base de un criterio determinado, a un posible candidato y le ofrecen una nueva posición. Dentro de esta variante, y en relación con los criterios de elección de los candidatos a los cuales se le podrán realizar las mencionadas propuestas, se incluyen los resultados de programas específicos como planes de carrera, planes de sucesión, etc.

Si bien en muchos ámbitos se utilizan de manera indistinta los términos reclutamiento interno y promoción interna, es importante señalar una diferencia importante entre ellos. En las acciones de reclutamiento tanto interno como externo prima la voluntad del interesado, es el participante quien da el primer paso. Por el contrario, en una promoción interna la posición le es ofrecida a la persona. Si bien no siempre las diferencias son tan nítidas, existen.

La distinción se refiere a la intención de una persona de postularse (actitud proactiva en la autopostulación) y la recepción de una propuesta (actitud reactiva frente una posibilidad que se le ofrece). Esto es importante al momento de analizar la motivación frente a la nueva posición, que en ambos casos deberá considerarse.

Si bien es cierto que no porque medie una autopostulación deberá darse por sentado que la motivación es la adecuada, también es cierto, al mismo tiempo, que no porque la propuesta sea muy atractiva la persona que la recibe se verá motivada a aceptarla. Es una cuestión que deberá evaluarse en todos los casos.

El concepto *promociones internas* hace referencia a las acciones mediante las cuales los colaboradores de la organización son elevados a un nivel superior al que poseían.

Por extensión, la herramienta que lleva ese nombre se utiliza en el caso de desplazamientos laterales o de otro tipo, dentro de la organización.

Si bien se podrían utilizar de manera indistinta los términos "promoción" y "promociones internas", se ha preferido esta última variante para hacer referencia a una práctica organizacional y, de este modo, a través de la adición de la palabra "internas", reforzar la idea de que la promoción en cuestión es de una persona que ya pertenece al ámbito de la organización.

De manera extendida se podría decir que una persona que cambia de empleo y obtiene un puesto en otra organización de mayor nivel al que tenía ha obtenido una "promoción". Sin embargo, esto no constituye una práctica organizacional, sino un hecho fortuito en el cual una persona, por alguna razón, fue seleccionada para ocupar un determinado puesto.

En todos los casos, las promociones internas deberían realizarse analizando y evaluando los conocimientos, experiencia y competencias de una persona en relación con el puesto a ocupar.

Las ideas expresadas se exponen en las dos figuras siguientes.

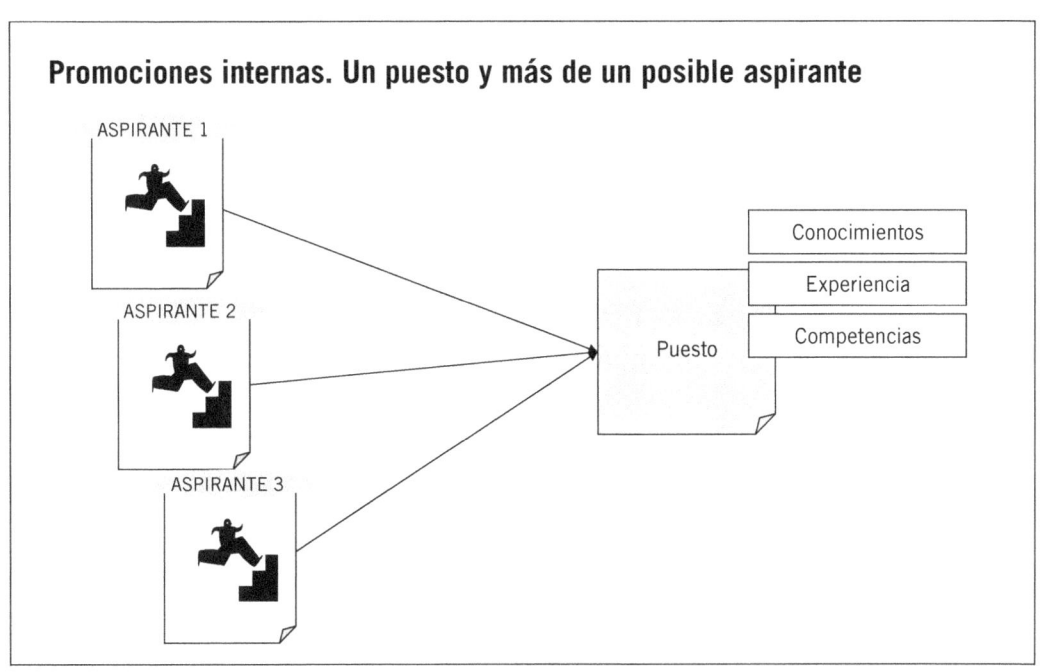

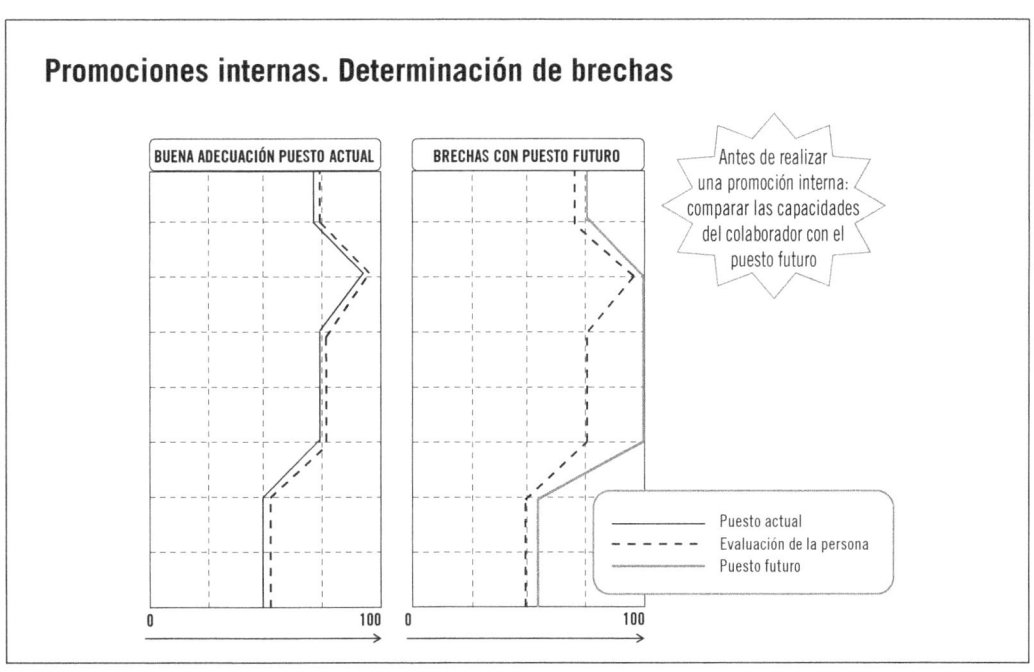

Una vez completado el análisis descrito sobre conocimientos, competencias y experiencia deberá evaluarse la motivación de la persona en cuestión en relación con la posición a cubrir.

Las nuevas posiciones pueden traer aparejados aspectos interesantes, como por ejemplo una remuneración mayor, pero, al mismo tiempo, mayores responsabilidades y otras cuestiones que deberán ser analizadas en cada caso.

Ventajas y desventajas del reclutamiento externo y del aprovisionamiento interno

Como ya se expresara, siempre es una buena idea comenzar por analizar opciones dentro de la propia organización. Ascender o trasladar colaboradores ofrece ventajas tales como las siguientes:

- La organización economiza tiempo y dinero al designar a una persona formada en la cultura organizacional, que conoce la estructura, normas y procedimientos de trabajo, políticas, etc.

- Usualmente, la promoción genera una vacante a un nivel más bajo, que puede ser más fácil de resolver y/o permitir otra promoción, etc.

- Se aprovechan los esfuerzos realizados en desarrollo de colaboradores, programas internos, etc.

- Es motivador para la organización en su conjunto.

- Permite descubrir talentos.

No obstante lo antedicho, cada opción tiene sus puntos a favor y en contra. El reclutamiento/aprovisionamiento interno tiene ventajas y desventajas que se enumeran en el gráfico superior de la página siguiente.

Las ventajas y desventajas del reclutamiento/aprovisionamiento interno tienen, de alguna manera, su contrapartida en las ventajas y desventajas del reclutamiento externo, que se enumeran en el gráfico inferior de la página siguiente.

Tanto el área de Recursos Humanos como los jefes y directivos involucrados deberán analizar en cada caso cuál es el mejor camino a seguir.

Aprovisionamiento interno

Ventajas

- Más económico.
- Más rápido.
- Más seguro (por el conocimiento de las personas involucradas).
- Motiva a los colaboradores.
- Es un retorno de la inversión en formación de personal.

Desventajas

- Implica tener a personas formadas que, eventualmente, pueden no tener oportunidades en la organización.
- Si no se hacen las cosas bien, podría promoverse a ciertas personas a su nivel de incompetencia.
- No permite la renovación que el nuevo personal puede aportar.

Reclutamiento externo

Ventajas

- Trae sangre nueva y nuevas experiencias a la organización.
- Renueva los recursos humanos de la empresa.
- Aprovecha inversiones en formación y desarrollo de personal efectuadas por otras organizaciones o por los propios postulantes.

Desventajas

- Implica más tiempo que el reclutamiento interno.
- Usualmente, es más costoso.
- Usualmente, es menos seguro que el reclutamiento interno.
- Puede ser desmotivador para los colaboradores; por ejemplo, ser considerado como una deslealtad hacia ellos.
- Puede traer aparejado problemas salariales, por ejemplo, cuando un candidato externo pretende remuneraciones más altas a las fijadas.

Cómo resolver la *cuestión 15* desde la mirada del jefe

Como ya se expresara, siempre es una buena idea cubrir vacantes con personas de la propia organización. Sin embargo, esta buena opción no siempre es aplicable. Antes de tomar una decisión se deberá considerar si la persona posee los conocimientos, las competencias, la experiencia y la motivación indicados para ocupar la nueva posición. No se debe dejar nada librado al azar, no se deben formular supuestos y mucho menos imaginar las motivaciones de las otras personas.

Con frecuencia, se observa que los individuos tienden a proyectar en otros sus gustos y preferencias. Una persona con mucha dedicación al trabajo muchas veces no comprende que otros no piensen/sientan de la misma manera. Esta tendencia se ve acentuada cuando existen diferencias generacionales. Los más jóvenes tienden a pensar que los mayores son de una determinada manera y, en el sentido opuesto, los mayores atribuyen comportamientos similares a todos los jóvenes. Si bien estas tendencias pueden verificarse en contextos grupales, cuando hay que cubrir una vacante el análisis de las tendencias no resulta de gran utilidad. Lo ayudará mucho más analizar los comportamientos de esa persona en particular sin encasillarla ni en una determinada generación ni en un determinado grupo de ninguna naturaleza. Considere a cada uno de sus colaboradores por separado e individualmente.

Para analizar si un colaborador es adecuado para proponerlo a su jefe o a Recursos Humanos como posible ocupante de una nueva vacante o de un puesto superior, analice objetivamente comportamientos pasados de ese colaborador. Allí encontrará respuestas a muchas de sus preguntas. En todos los casos considere los detalles. Siempre son muy reveladores.

Cómo resolver la *cuestión 15* desde la mirada del responsable de Recursos Humanos

La primera herramienta que siempre hay que tener sobre la mesa es la que se relaciona con un concepto ya expuesto en las páginas previas: *Promociones internas*, herramienta número 50 de la obra *Las 50 herramientas de Recursos Humanos que todo profesional debe conocer*. Los conceptos allí involucrados, junto con la forma de comparar las posibles candidaturas, conforman los aspectos básicos a tener en cuenta para resolver cualquier vacante a cubrir, ya sea a través de un candidato interno como externo. También para asegurarse que ese posible candidato que surge de programas como *Planes de carrera* u otros es el más adecuado. Si bien es un concepto sencillo, su aplicación con mucha frecuencia no se lleva a cabo.

En cuanto a los aspectos de fondo, desde la perspectiva de Recursos Humanos hay que tener muy en cuenta los programas internos para el desarrollo de personas en sus diferentes variantes. Para ello, vale recordar el concepto *Mapa y ruta de talentos*: proceso interno organizacional dividido en dos partes y que implica dos conceptos diferentes entre sí: mapa por un lado y ruta por otro.

A continuación sus diferencias e interrelación.

- *Mapa:* registro del inventario de las capacidades de todos los colaboradores de la organización: conocimientos, experiencia y competencias.

- *Ruta:* elección de los programas organizacionales más adecuados según la visión y estrategia, sobre la base de tres ejes:

    – Para el resguardo del capital intelectual, programas como *Planes de sucesión, Diagramas de reemplazo, Carrera gerencial y especialista*.

    – Para generar talento organizacional: *Planes de carrera, Jóvenes profesionales, Personas clave*.

    – Para aprovechar la experiencia de los jefes: *Mentoring, Entrenamiento experto, Jefe entrenador*.

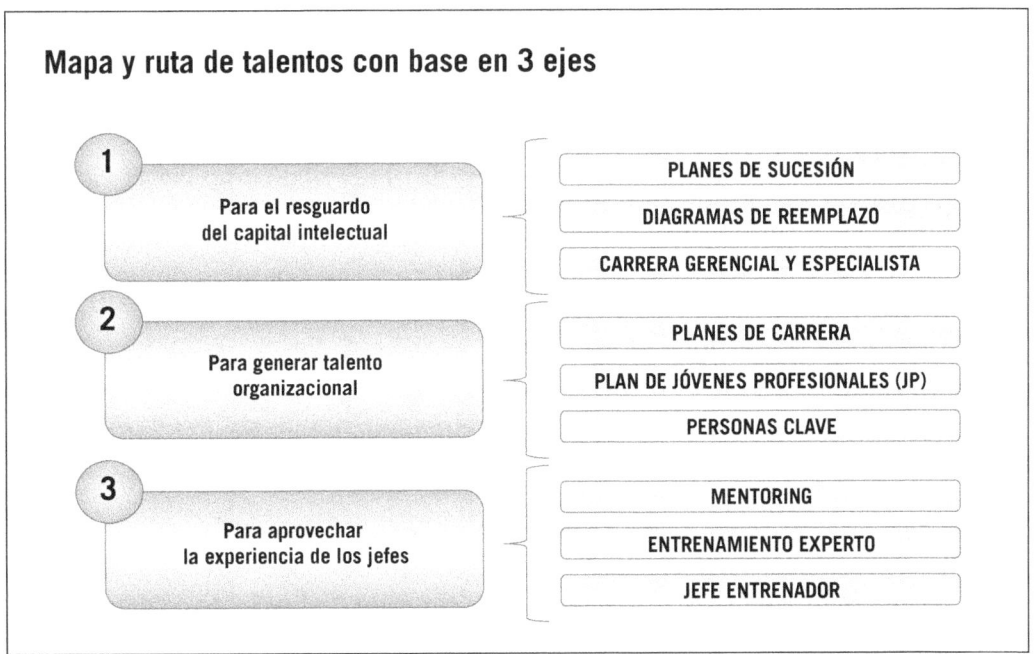

Mapa y ruta de talentos con base en 3 ejes

En la figura de la página anterior se exponen los programas que pueden integrar la ruta del talento en el ámbito organizacional.

Los programas tienen distinto foco o propósito. Por esta misma razón, unos pueden transformarse en la "fuente o cantera" de otros. Si la razón última de una organización es contar con reemplazos preparados cuando sea necesario –por ejemplo, cuando un ejecutivo decide dejar la organización o se jubila–, se debe tener en cuenta que para que esto sea posible hay programas que sirven de apoyo, por ejemplo, *Jefe entrenador* o *Mentoring*.

Cómo resolver la *cuestión 15* desde la mirada del número 1, CEO o dueño

La mirada del número 1 debería ser amplia, enfocándose en toda la organización y no solo pensar si frente a una vacante en particular la mejor opción será buscar dentro o fuera (mercado), aun en el caso que la urgencia de la situación así lo imponga.

Todo lo expuesto aquí es válido también para la óptica del número 1, pero su responsabilidad de cara al futuro implica un análisis adicional. Una organización sustentable se basa en sus recursos humanos, y la mirada de la máxima conducción deberá basarse en las competencias necesarias para alcanzar la visión a 5, 10, 15 años, según cada caso.

Cuando las organizaciones han implementado programas internos para el desarrollo de personas es posible que la cuestión que propone esta sección, acerca de dónde buscar a colaboradores para las posiciones que se necesite cubrir, no sea planteada, y la solución surja naturalmente como producto y consecuencia de dichos programas. Muchas de las cuestiones en relación con las personas, desde retener a los mejores hasta mejorar los indicadores de Recursos Humanos, se encaminan por sí solas como un subproducto altamente deseado de este tipo de programas.

Los objetivos estratégicos se alcanzan con la participación de todos los colaboradores de la organización, por lo cual el desarrollo de sus capacidades y potencialidades es el principio de una buena gestión.

Continuar leyendo

Sugerimos leer, con relación a esta temática, las siguientes cuestiones:

1. Cuestión 2. *Qué hacer cuando existe alta rotación de colaboradores. Cómo retener a los mejores.*

2. Cuestión 11. *Qué hacer para darse cuenta de que un candidato (externo o del propio equipo) es el mejor para ocupar un determinado puesto.*

3. Cuestión 12. *Qué hacer al momento de elegir un nuevo colaborador: tomar la decisión en función de lo que se necesita ahora, se necesitará más adelante o por el mejor candidato de todos.*

4. Cuestión 13. *Qué hacer para elegir buenos colaboradores (desde la mirada del futuro jefe), tanto al elegir un nuevo colaborador como al promover a un colaborador del equipo. ¿A qué aspectos hay que darles más importancia (conocimientos, experiencia, competencias, motivación…)?*

5. Cuestión 14. *Qué hacer para lograr que la promoción de un colaborador no se transforme en un problema (a futuro).*

Para los interesados en seguir leyendo sobre este tema, sugerimos las siguientes obras:

- *Selección por competencias*
- *Construyendo talento*
- *Diccionario de competencias. La trilogía. Tomo 1.*
- *Las 50 herramientas de Recursos Humanos que todo profesional debe conocer*
- *Diccionario de términos de Recursos Humanos*
- *Rol del jefe*
- *Cómo transformarse en un jefe entrenador en 12 pasos.*

Cuestión 16
Qué hacer para asignar a los colaboradores objetivos relacionados con la estrategia organizacional y lograr que el equipo a cargo los alcance

La fijación de objetivos es la herramienta por excelencia para dirigir una organización en su conjunto –y un área específica de la organización, en particular–. Usualmente se relaciona el concepto *objetivos* con áreas de ventas; sin embargo, es posible fijarlos para cualquier tipo de área o función en el ámbito de una organización.

En nuestra metodología, para fijar objetivos individuales y para su posterior evaluación se utiliza la *evaluación vertical*, que también considera las competencias necesarias para alcanzar dichos objetivos.

Evaluación vertical del desempeño. Concepto

La denominada "evaluación vertical" es la herramienta para la medición del desempeño. Se trata de un proceso organizacional estructurado que tiene un doble propósito:

1. Se utiliza para medir el desempeño de los colaboradores (usualmente se combinan objetivos y competencias) y, al mismo tiempo,

2. es un derecho del colaborador a recibir retroalimentación sobre cómo está haciendo las cosas (desempeño).

La denominación "vertical" hace referencia a los actores más usuales del proceso: el jefe directo o superior, el colaborador (autoevaluación), y una mirada adicional o revisión del nivel superior al jefe directo, al cual se lo denomina "jefe del jefe". La idea se muestra en la figura de la página siguiente.

En la evaluación vertical se consideran tanto objetivos como competencias. Si bien conceptualmente están íntimamente relacionados entre sí, cada uno de estos dos grupos de factores de evaluación se tratarán por separado.

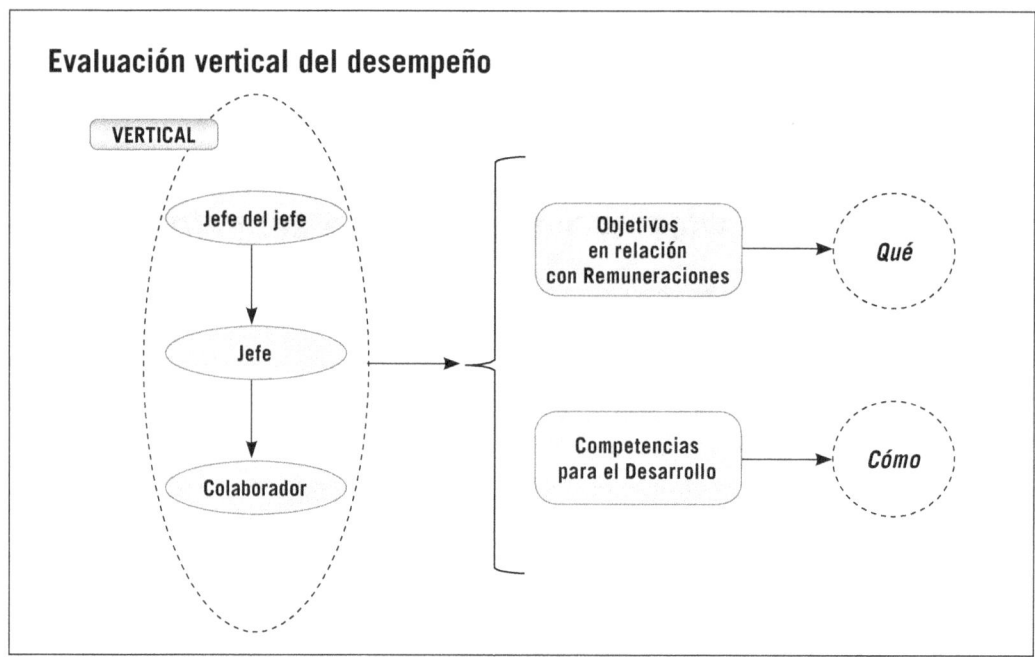

El término "Qué" mencionado en la figura precedente enfatiza la idea de que los objetivos constituyen la esencia de la tarea a realizar, usualmente en el período de un año. Los objetivos, por su condición de factor que puede ser medido y su resultado evaluado a través de la aplicación de una fórmula matemática, se consideran como base de cálculo para la determinación de remuneraciones variables y bonus.

Por el contrario, el término "Cómo" desea resaltar la forma en que se lograrán dichos objetivos, por ejemplo, con calidad, orientación al cliente, etc. Por esta razón, cuando de su medición se detecta una brecha, este resultado se relaciona de manera directa con el *desarrollo de personas*.

En esta cuestión (número 16) se hará foco en los objetivos, su fijación y evaluación. La evaluación de competencias será tratada por separado.

Administración por objetivos. Fijación a nivel organizacional

La "administración por objetivos" es la práctica organizacional por la cual se definen los objetivos globales de la organización en su conjunto, los cuales, luego, se abren por áreas hasta llegar a determinar objetivos para cada uno de los colaboradores.

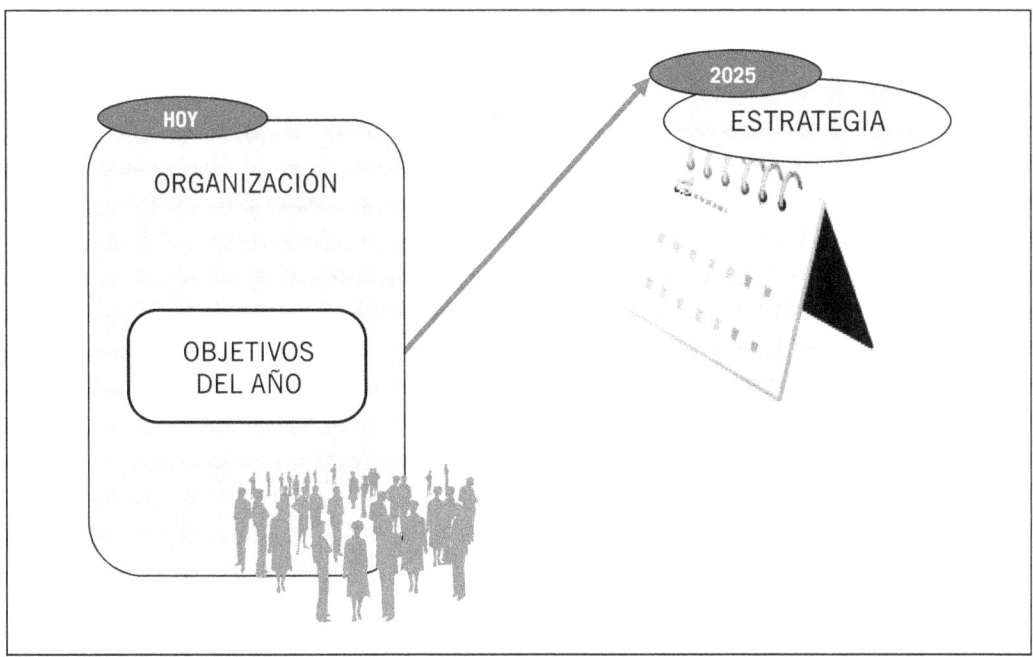

Estos objetivos se definen por un período anual y, usualmente, son revisados periódicamente –por ejemplo, cada cuatro o seis meses–. Serán la base de la evaluación de cada colaborador.

La administración por objetivos forma parte de la evaluación del desempeño, al medirlo sobre la base del cumplimiento de metas fijadas, mediante un acuerdo entre el colaborador y la organización, representada por su jefe o directivo responsable.

En la figura de esta página se expone la organización en el presente, representado por la palabra "Hoy", los objetivos a definir serán los del año. Sin embargo, toda organización posee además planes estratégicos a más largo plazo (en el gráfico hemos imaginado el año 2025 como horizonte definido).

La administración por objetivos es un método eficaz utilizado desde hace muchos años, y absolutamente vigente.

La fijación de objetivos paso a paso

Como se expresara, los objetivos se definen por un período anual y, usualmente, son analizados en algún momento intermedio, por ejemplo, cada cuatro o seis meses.

Sobre la base de estos objetivos anuales las organizaciones elaboran sus presupuestos económicos y financieros.

En cuanto al tema que nos atañe, estos objetivos anuales serán la base de la evaluación de cada colaborador. Para ello, una vez que se han definido los objetivos anuales organizacionales, estos se segmentan por áreas y/o sectores. Cada área o sector, a su vez, los transforma en objetivos individuales, para los colaboradores que la integran.

Como surge de la figura al pie, los objetivos organizacionales se van dividiendo o segmentando por áreas y, dentro de estas, por unidades menores. En la parte inferior de la figura se muestra la fijación de objetivos individuales y para cada uno de los colaboradores de la organización. Eventualmente se podrán realizar evaluaciones intermedias y, en todos los casos, se arriba a una evaluación final individual.

La sumatoria de todas las evaluaciones individuales y su grado de consecución de objetivos dará el grado de cumplimiento global de los objetivos organizacionales.

El término "objetivos" hace referencia a las metas asignadas a una persona, a alcanzar en un determinado período de tiempo, usualmente un año.

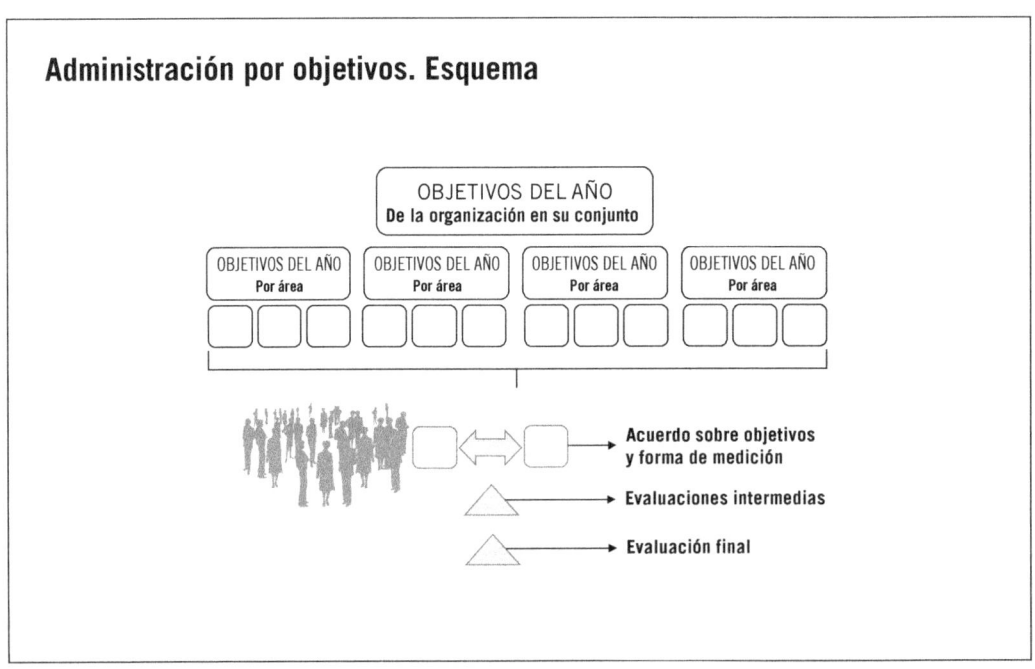

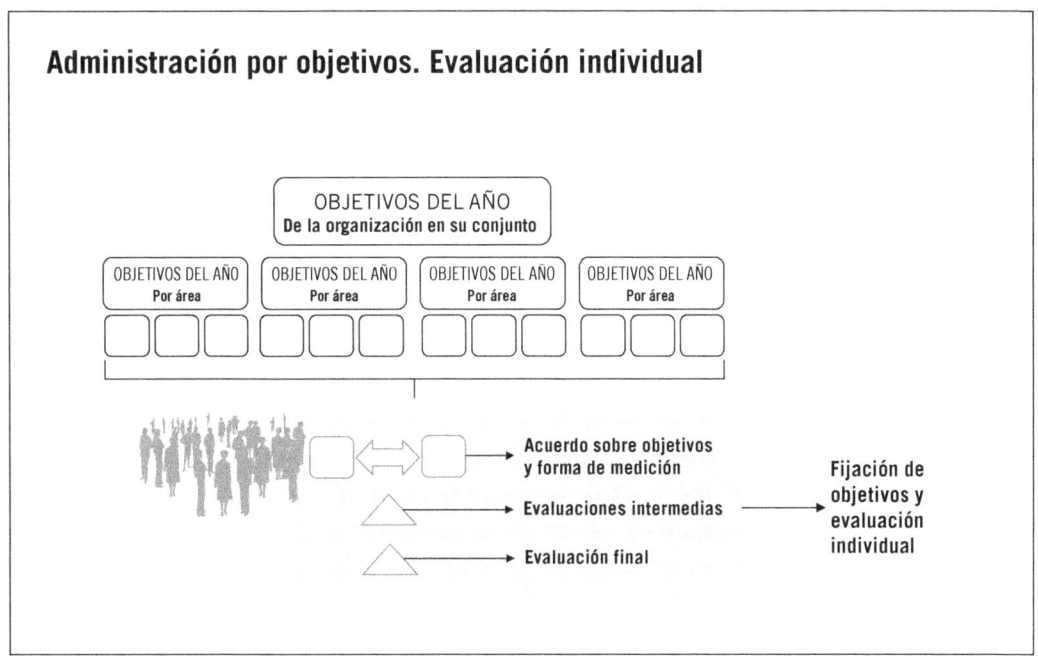

Los objetivos deben ser –al mismo tiempo– cumplibles y retadores.

Como surge de la figura precedente, los objetivos individuales serán producto de un acuerdo entre el jefe y cada uno de los colaboradores, así como la forma respectiva de medición. Este acuerdo deberá llevarse a cabo al inicio del período en cuestión.

Objetivos. Fijación

Como ya se comentara, los objetivos se fijan para ser alcanzados en un período determinado, usualmente un año. En casi todos los casos, la fijación de objetivos coincide con el período fiscal de la organización.

La idea expresada se expone en la figura de la página siguiente, sobre un eje de tiempo de 12 meses.

Los objetivos deben ser claros, es decir, indicar aquello que la persona debe alcanzar sin dejar lugar a dudas. Además, deben ser comprendidos por la persona involucrada, la cual, además de conocerlos, deberá saber cómo será evaluado su cumplimiento.

Objetivos. Fijación

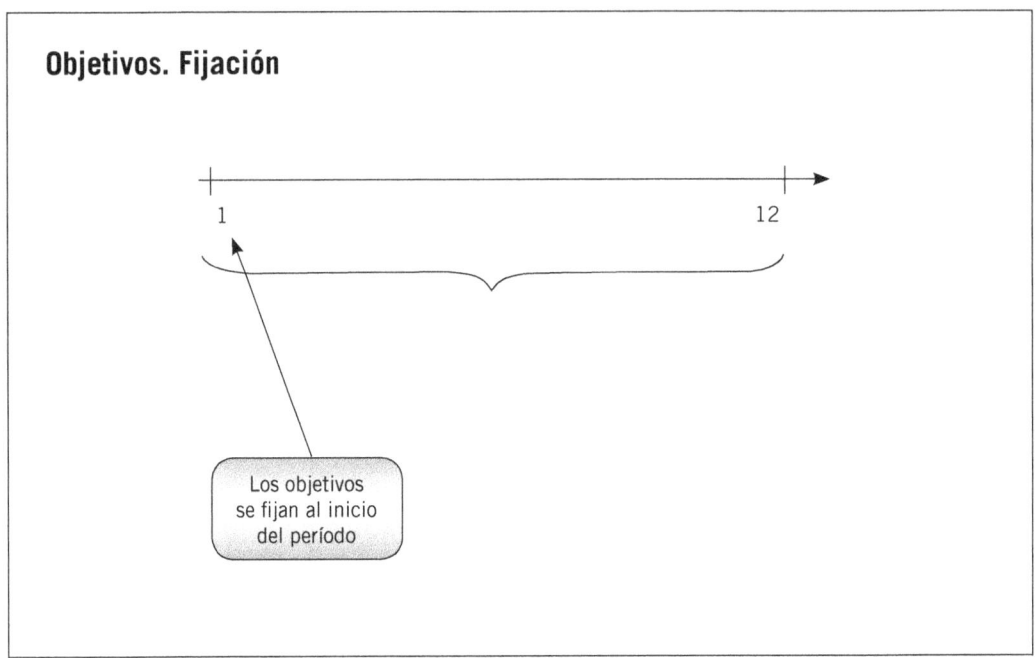

Para que la fijación de objetivos sea eficaz, estos deben reunir las siguientes condiciones, entre otras:

- Ser claros, retadores y alcanzables al mismo tiempo.
- Medibles.
- Relacionados con el puesto de trabajo.
- Comunicados al inicio del período que estará bajo evaluación.

Objetivos. Evaluaciones intermedias

Usualmente, se fijan períodos intermedios de evaluación, con un doble propósito. Primero, la organización en su conjunto evalúa el grado de cumplimiento de los objetivos y presupuestos anuales y se determina la necesidad de realizar cambios, modificar o rectificar cursos de acción.

Por otra parte, los responsables de las áreas realizan un proceso análogo, lo mismo que los jefes con sus colaboradores. De este análisis más personalizado, pueden surgir otras necesidades de cambio.

Objetivos. Evaluaciones intermedias

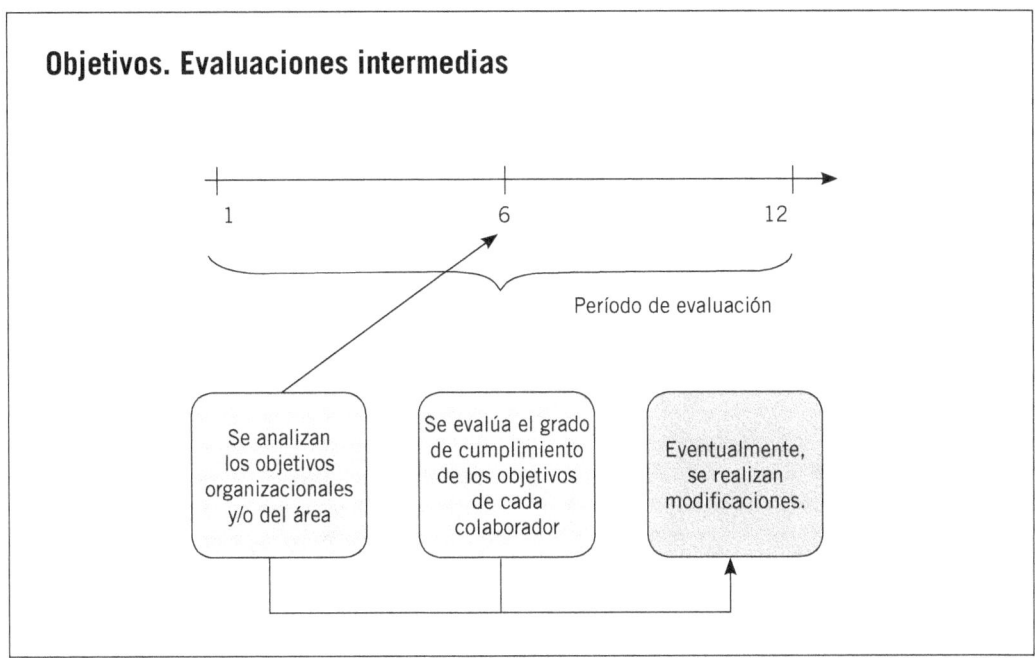

En resumen, según las circunstancias, los objetivos pueden ser modificados durante el año; por ejemplo, a los seis meses. Usualmente, estas fechas intermedias son determinadas al inicio.

En ocasiones y frente a algún factor externo que lo justifique, se podrán hacer ajustes no previstos al inicio del ejercicio fiscal.

En la figura precedente se expone una sola evaluación intermedia a los seis meses. Como ya se dijo, podrá elegirse otra frecuencia, por ejemplo cada tres o cuatro meses. Una excesiva frecuencia incrementa los tiempos administrativos de gestión y procesamiento. Quizá esto sea necesario en algún período de crisis o excesivamente cambiante. Cada organización deberá decidirlo de acuerdo con su propia coyuntura.

Asimismo, en el gráfico se indican dos posibles motivos de modificación de objetivos; uno, producto de un análisis global de la organización y/o área, y el segundo relacionado con el desempeño individual de un colaborador.

Objetivos. Cumplimiento

La medición o evaluación del grado de cumplimiento se realiza, generalmente, en forma anual, con instancias intermedias, como ya se dijo. La idea se expone en la

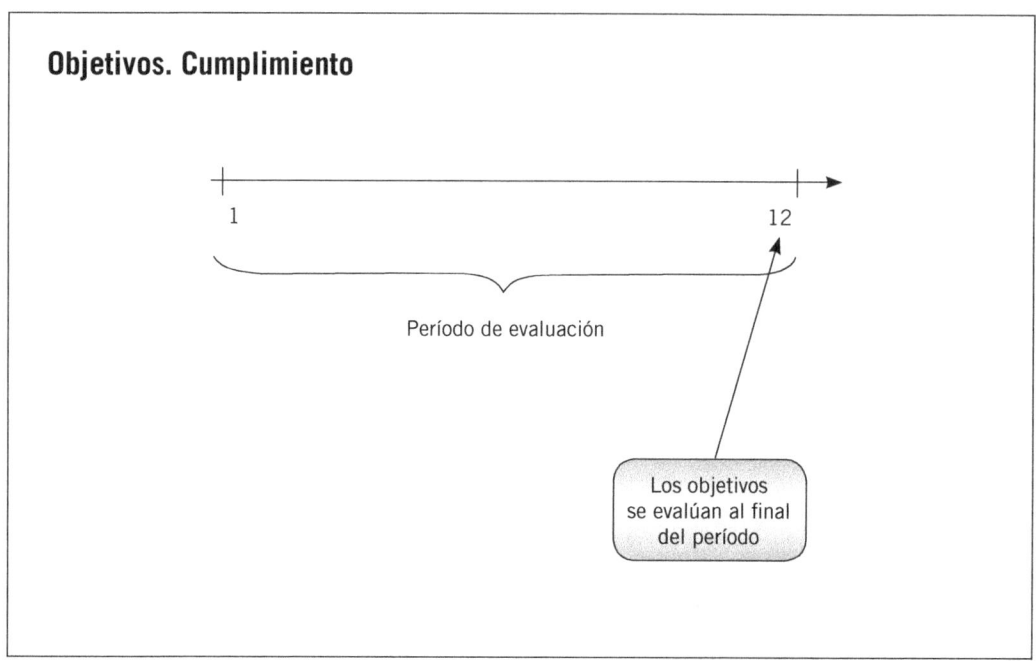

figura precedente. El análisis de los resultados se hará a continuación bajo la denominación de "rendimiento".

Objetivos. Rendimiento

Como ya se expresara, si bien la evaluación del desempeño vertical, Metodología MAI[1], consta de dos partes: objetivos y competencias, solo se hará mención, en esta cuestión número 16, a los *objetivos*.

En materia de objetivos, se le asigna a cada colaborador un número (1 a 10) de ellos, que deberá alcanzar en un año. Estos objetivos deberán estar claramente definidos en cuanto a su alcance, así como a su medición.

Al finalizar el período se realiza el *análisis del rendimiento* de acuerdo con el grado de consecución de los *objetivos* fijados.

La idea expresada se expone en la figura siguiente.

---

[1] Martha Alles International.

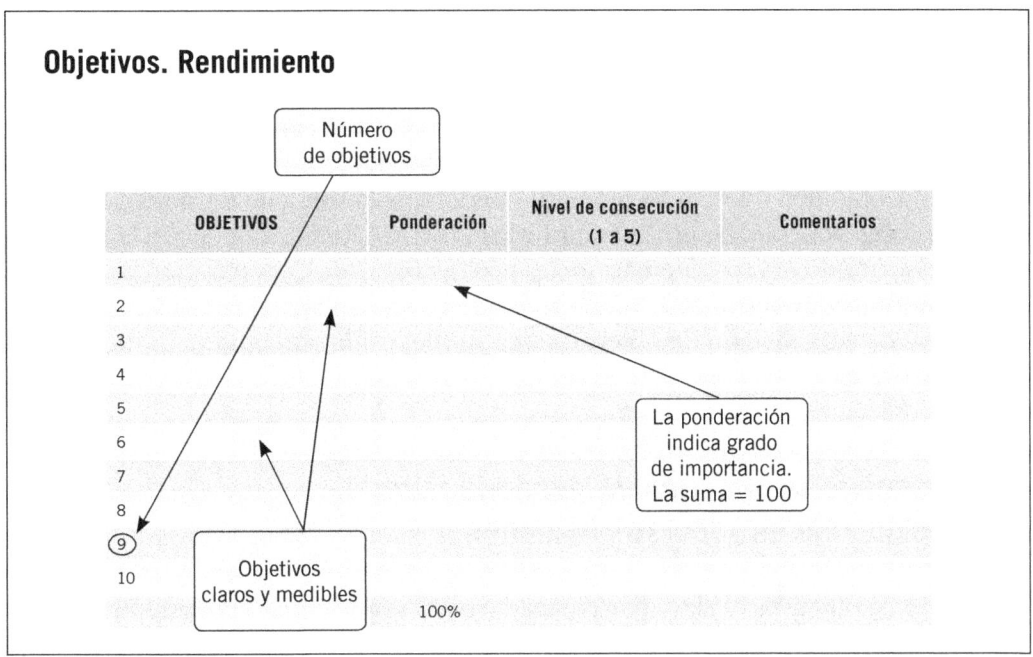

En la figura precedente se presenta la posibilidad de diez objetivos. En la práctica, lo más frecuente es asignar a cada colaborador un número de alrededor de tres o cuatro objetivos, como máximo. Con las aclaraciones aquí señaladas, objetivos claros y medibles con alguna fórmula cuantitativa. Si se desea utilizar algún esquema de ponderación, siempre deberá sumar 100.

Los niveles de consecución se definieron con una "escala de 1 a 5", aunque podría utilizarse otra variante. En todos los casos, la escala debe ser la misma para todos los colaboradores de la organización. No es una buena idea tener escalas diferentes por área.

Los métodos de trabajo y, en especial, los de medición, deben ser uniformes para todos los colaboradores, de todos los niveles y áreas.

Cómo resolver la *cuestión 16* desde la mirada del jefe

Para todo jefe o directivo, en especial si tiene un grupo numeroso de personas a su cargo, la fijación de objetivos será un aliado fundamental para dirigir su equipo de trabajo y, además, para alcanzar los propios objetivos fijados para su área/sector.

La clave de la administración por objetivos es, vale decir, la adecuada fijación de dichos objetivos. Parece una afirmación redundante e irrelevante, pero no es así.

En la práctica profesional nos hemos encontrado con empresas que fijan de manera adecuada objetivos para las áreas de ventas y producción (fábrica), y objetivos totalmente inadecuados para las otras áreas, incluyendo la de Recursos Humanos.

Si nunca fijó objetivos, debe tener en cuenta que la suma de los objetivos de sus colaboradores deberá permitirle cumplir los objetivos que la alta gerencia fijó para su área o sector. Recuerde además que es posible fijar objetivos para todos los puestos, de todos los niveles.

Una adecuada fijación de objetivos será su mejor herramienta para dirigir a su grupo de trabajo.

Cómo resolver la *cuestión 16* desde la mirada del responsable de recursos humanos

La fijación de objetivos es clave para una adecuada evaluación del desempeño de los colaboradores. La mejor herramienta puede fallar, no dar los resultados esperados si su contenido no es confiable. Las evaluaciones del desempeño son, con frecuencia, motivo de discordia entre el área de Recursos Humanos y los demás sectores de la organización.

Como se expresara, siempre parece más sencillo fijar objetivos para las áreas de ventas y producción; sin embargo, una organización necesita objetivos fijados adecuadamente para todas las áreas que la integran.

Con frecuencia, los objetivos de las áreas de Recursos Humanos no se relacionan con el contenido de los puestos de trabajo y se confunden con las asignaciones especiales. Sugerimos comenzar por determinar objetivos para cada uno de los integrantes del área de Recursos Humanos en relación con los puestos de trabajo que ocupan.

Luego, esta experiencia podrá replicarse con directivos y jefes de otras áreas.

Cómo resolver la *cuestión 16* desde la mirada del número 1, CEO o dueño

El número 1 de la organización debería liderar una adecuada determinación de objetivos para todas las áreas.

Si la organización no tiene trayectoria al respecto, quizá comenzar a fijar objetivos parezca una tarea compleja, pero el esfuerzo vale la pena. La herramienta por excelencia para dirigir equipos numerosos es una efectiva administración por objetivos.

Continuar leyendo

Sugerimos leer, con relación a esta temática, las siguientes cuestiones:

1. Cuestión 17. *Qué hacer para realizar una evaluación objetiva de los colaboradores y darles una adecuada retroalimentación, tanto a nivel individual como de equipo.*
2. Cuestión 20. *Qué hacer para desarrollar las capacidades de los colaboradores. ¿La Universidad Corporativa puede ser una solución válida?*

Para los interesados en seguir leyendo sobre este tema, sugerimos las siguientes obras:

- *Desempeño por competencias*
- *Rol del jefe*
- *Las 50 herramientas de Recursos Humanos que todo profesional debe conocer*
- *Diccionario de términos de Recursos Humanos*

Cuestión 17
Qué hacer para realizar una evaluación objetiva de los colaboradores y darles una adecuada retroalimentación, tanto a nivel individual como de equipo

La evaluación del desempeño de los colaboradores es uno de los aspectos más controvertidos de la gestión de los recursos humanos. Nadie duda de su importancia y conveniencia. Sin embargo, es frecuente que los jefes, directivos y colaboradores en general no estén satisfechos ni con su aplicación ni con los resultados.

En mi vida profesional me ha tocado trabajar con empresas de diversos países hispanoparlantes. Sin excepción, en mayor o menor medida, en todos los casos he observado algún grado de disconformidad en torno a este tipo de evaluación.

En la actualidad, y hablando en términos generales, el mayor problema detectado no se relaciona ni con el diseño ni con la herramienta que se utiliza. La dificultad mayor radica en problemas de implementación, falta de procedimientos y discrecionalidad por parte de los que deben aplicar dicha evaluación.

El término "evaluación", dentro de la disciplina de Recursos Humanos, hace referencia a las acciones que se realizan con el propósito de medir el desempeño de las personas en relación con el puesto de trabajo que ocupan, considerando los resultados obtenidos y sus conocimientos y competencias.

El término en sí se relaciona con muchos otros, dado que entre los distintos temas relacionados con Recursos Humanos existen numerosas instancias de evaluación/medición, tanto formales como informales.

Por otra parte, evaluador es la persona que, sobre la base de criterios definidos previamente, emite un juicio sobre otro.

Ejemplos:

1. El jefe es el evaluador de sus colaboradores en la evaluación del desempeño.
2. En una evaluación de 360° los evaluadores son el jefe, los pares y colaboradores, cuyas impresiones se combinan con la autoevaluación que la propia persona realiza respecto de su desempeño.

Evaluación del desempeño

El término "evaluación del desempeño" hace referencia al proceso estructurado para medir el desempeño de los colaboradores, y también hace referencia uno de los subsistemas de Recursos Humanos.

En este subsistema se diseñan e implementan las diferentes mediciones del desempeño de los colaboradores, y luego se controla su utilización. Entre las mediciones más usuales pueden mencionarse las siguientes:

- Evaluación vertical.
- Evaluaciones de 360°.
- Determinación temprana de brechas.

La evaluación del desempeño, como procedimiento organizacional, no siempre es bien vista en el ámbito de las organizaciones. Sin embargo, usualmente las personas esperan y desean saber cómo están haciendo las cosas. La razón de esa percepción negativa suele basarse en experiencias previas que no han sido positivas.

Evaluación del desempeño. Subsistemas de Recursos Humanos

Cuando la evaluación del desempeño se lleva a cabo de acuerdo con las buenas prácticas, en especial con un esquema como el que aquí se denomina "evaluación vertical", donde se combinan objetivos con competencias, esta forma de evaluar el desempeño es un factor motivador para las personas.

Como se desprende de la figura al pie, para la realización de la evaluación del desempeño se deberá contar con información confiable del subsistema de *Análisis y descripción de puestos*, y en particular con los *descriptivos de puestos*.

Los resultados de las evaluaciones del desempeño se relacionan con el subsistema de *Remuneraciones y beneficios*. Adicionalmente y según corresponda, del resultado de las evaluaciones del desempeño podrán surgir necesidades de *formación y desarrollo*, así como también una vinculación con los programas internos para el desarrollo de personas, como planes de sucesión y otros.

Los tres pasos clave en la evaluación del desempeño son:

- Definir el puesto. Como ya se dijera, contar con un *descriptivo de puesto* actualizado, lo que permite asegurar que tanto el jefe como su colaborador están de acuerdo acerca de las responsabilidades y los criterios de desempeño que la posición implica.

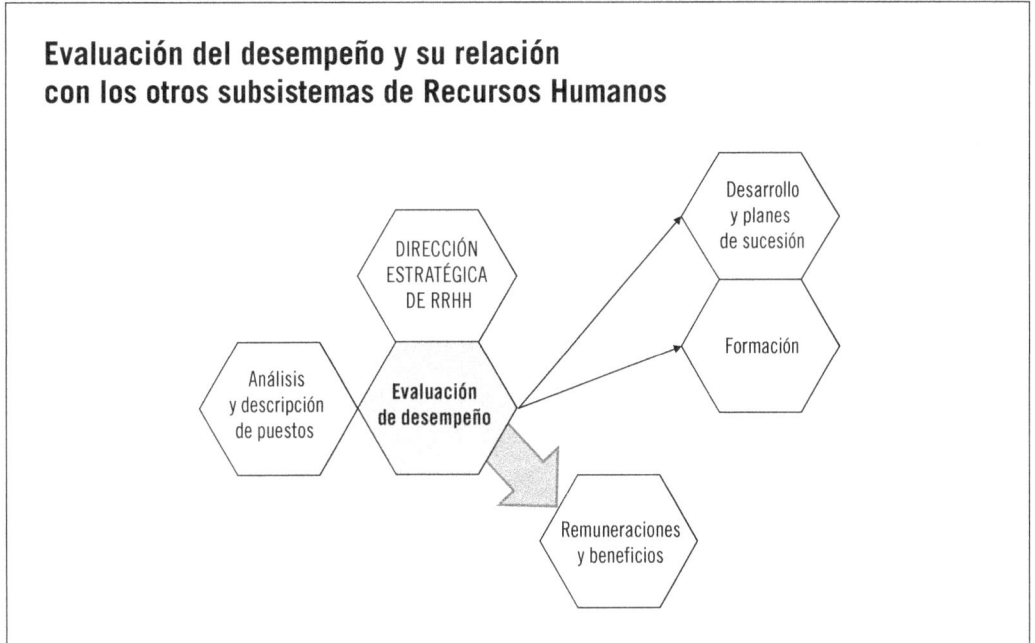

Evaluación del desempeño y su relación con los otros subsistemas de Recursos Humanos

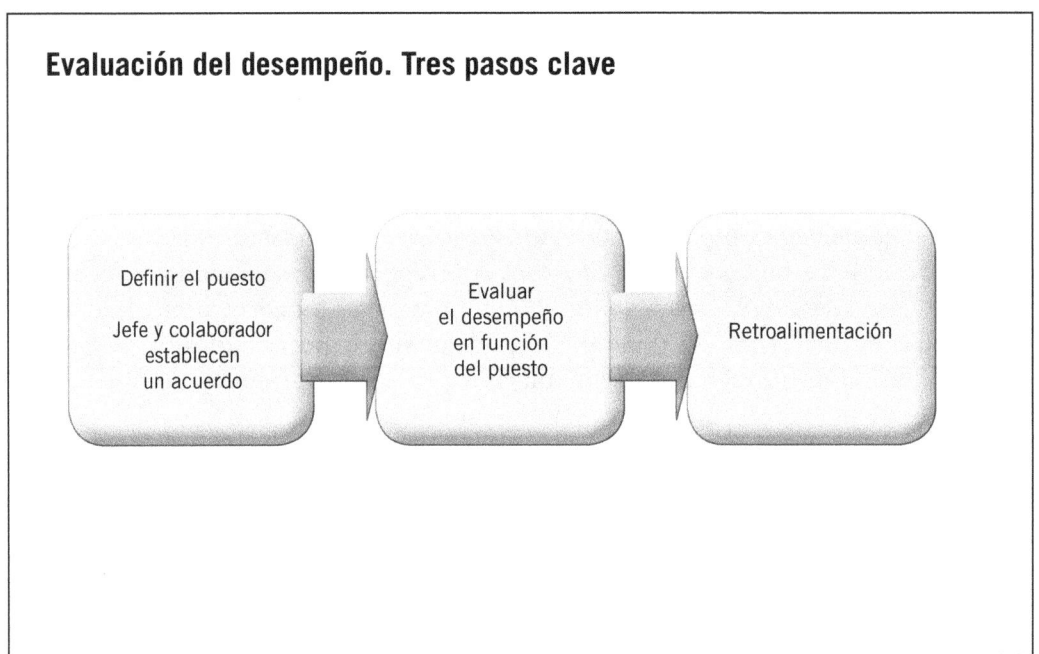

La evaluación debe realizarse con relación al puesto de trabajo. Para una eficaz evaluación del desempeño será necesario que el evaluador y el evaluado comprendan el alcance de la posición y establezcan un acuerdo sobre las tareas a realizar y los objetivos a alcanzar.

- Evaluar el desempeño en función del puesto. Utilizar para ello una herramienta de medición; nuestra sugerencia es la *evaluación vertical*.

- Retroalimentación. El jefe explica al colaborador la evaluación realizada y sus resultados.

Los tres pasos clave se exponen en la figura precedente.

Evaluación vertical del desempeño

En la figura precedente se menciona como paso 2 evaluar el desempeño sobre la base del puesto, y nuestra sugerencia para ello es la ya mencionada evaluación vertical. Esta evaluación es por la cual se sugiere comenzar, en el caso que la empresa no evalúe el desempeño, y la que hay que adoptar, cuando se utilice otro esquema. Se trata de una

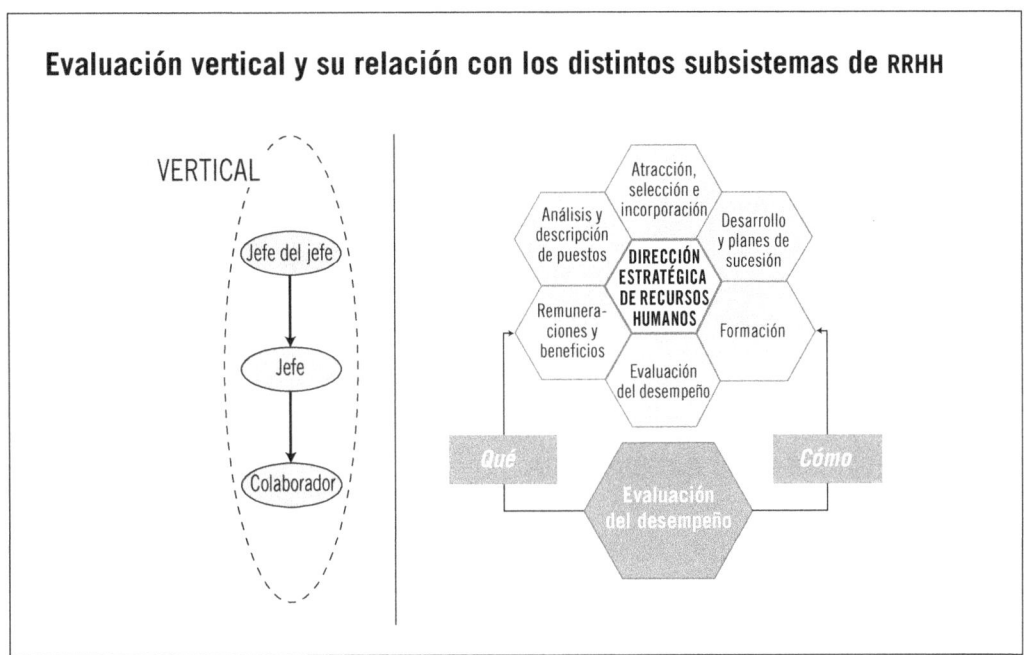

medición realizada por el jefe, que se complementa con la autoevaluación del propio colaborador y la revisión del nivel superior al jefe directo ("jefe del jefe").

La denominación "vertical" hace referencia a los actores más usuales del proceso: el jefe directo, el colaborador (autoevaluación), y una mirada adicional, como es la del "jefe del jefe".

Esta evaluación se divide conceptualmente en dos partes. El "Qué" está relacionado con los objetivos (fue tratado en la cuestión anterior, número 16) y el "Cómo" implica la medición de las competencias. Contar o no con las competencias que el puesto requiere será el indicador que determine cómo se están haciendo las cosas, y será la razón de haber o no logrado los objetivos planteados (aquí representados por la palabra "Qué").

La "evaluación del desempeño por competencias" hace referencia al conjunto de instrucciones y procedimientos organizacionales mediante los cuales tanto colaboradores como directivos son evaluados en relación con el modelo de competencias de la organización. La medición de competencias se realiza, en todos los casos, a través de la observación de comportamientos. Para la medición de competencias se debe utilizar el *diccionario de comportamientos*, diseñado de acuerdo con el modelo de competencias de la empresa en cuestión.

Una vez finalizada la evaluación del desempeño, al evaluado se le ofrecen sugerencias/recomendaciones para mejorar.

Las recomendaciones podrán estar relacionadas tanto con objetivos como con competencias, deben ser concretas y, además, ser definidas junto con el colaborador como orientación para un plan de acción:

- Aspecto/s que debe mejorar.
- Acciones propuestas.
- Fechas o plazos.

Más adelante, en esta misma sección, se retomará este tema al tratar la retroalimentación.

Otras mediciones del desempeño

Evaluación de 360°

Proceso estructurado para medir las competencias de los colaboradores de una organización, con un propósito de desarrollo, en el cual participan múltiples eva-

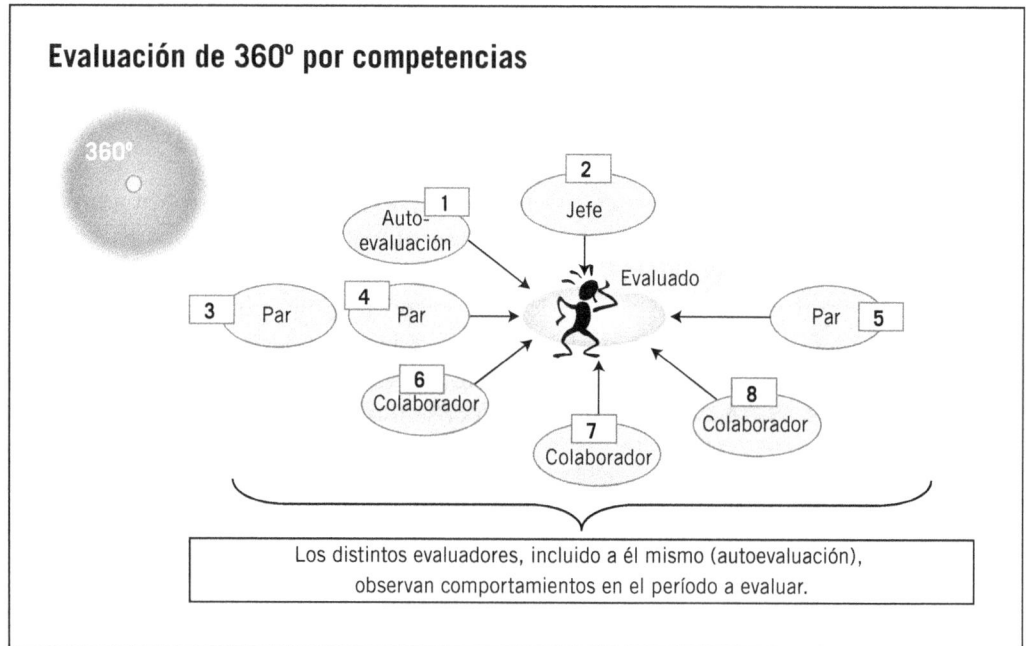

luadores. Toma el nombre de 360° en alusión a que una persona es evaluada por sus superiores, pares y subordinados, además de por ella misma (autoevaluación).

En ocasiones la evaluación incluye la opinión de clientes internos y/o externos. Cuando se incluyen como evaluadores a clientes (externos a la organización) se les envía a estos un cuestionario para completar con ciertas preguntas. Su aplicación debe ser cuidadosa, no siempre los clientes pueden aportar una mirada completa sobre el desempeño de una persona.

Para que una evaluación de 360° sea eficaz debe ser diseñada a medida de la organización y en función de las competencias de su modelo.

En la figura de la página anterior se expone un esquema sobre la evaluación de 360° donde a una persona la evalúan sus superiores, pares y colaboradores, lo que se suma a la autoevaluación que ella misma realiza.

Evaluación de 180°

Proceso estructurado para medir las competencias de los colaboradores de una organización, con un propósito de desarrollo, en el cual participan múltiples evaluadores.

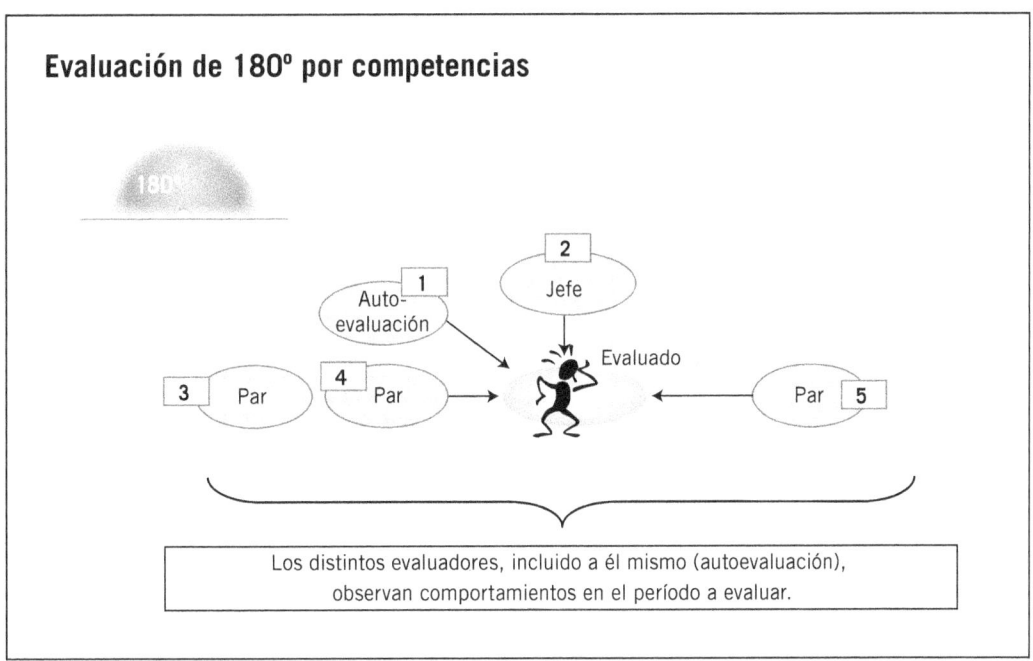

Similar a la *evaluación de 360°*; su propósito es el desarrollo. Toma el nombre de *180°* en alusión a que una persona es evaluada por sus superiores y pares, además de realizar su propia autoevaluación.

La evaluación de 180° no debe ser considerada como una evaluación de 360° incompleta. Es un tipo específico de medición que debe ser utilizado cuando se considere conveniente, según la situación y la cultura de la organización. Ejemplos: 1) como un primer paso para luego implementar una evaluación de 360°, 2) cuando y en función de la cultura organizacional, no se desee incluir en la medición la opinión de los subordinados (colaboradores).

Para que una evaluación de 180° sea eficaz debe ser diseñada a medida de la organización y en función de las competencias de su modelo.

En la figura de la página anterior se expone la forma más usual en que se lleva a la práctica la evaluación de 180°. Como puede apreciarse, en este ejemplo una persona es evaluada por su/s superior/es y pares, lo que se suma a la autoevaluación que ella misma realiza.

Evaluación de 360° / 180°considerando al equipo

Ambas evaluaciones son similares a las ya mencionadas.

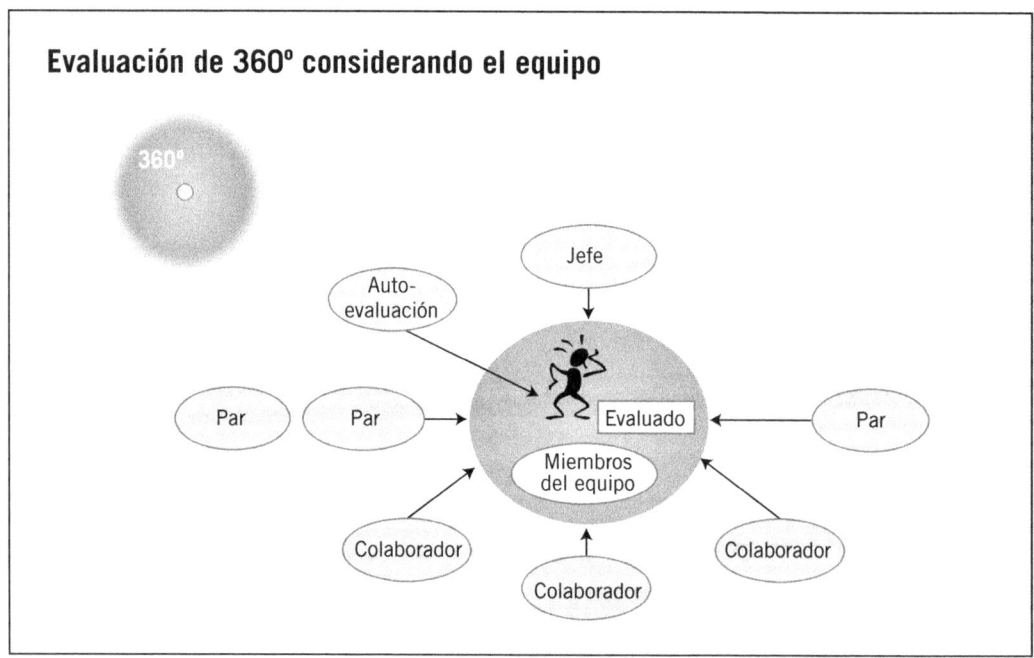

En el caso de la evaluación de 360° una persona es evaluada por sus superiores, pares y subordinados, además de realizar su propia autoevaluación. La diferencia –en relación con la mencionada anteriormente– es que se agrega una mirada adicional sobre el equipo en su conjunto y de los miembros del equipo entre sí.

No es una herramienta de amplia difusión, pero puede ser utilizada cuando se lo considere conveniente. En la figura al pie de la página anterior se expone la evaluación de 360° considerando el equipo.

Determinación temprana de brechas. Fichas de evaluación

La expresión "determinación temprana de brechas" hace referencia a un proceso interno de medición de competencias por el cual se compara lo requerido por el puesto con las competencias de su ocupante. La eventual diferencia entre ambos se denomina "brecha". Cuando esta medición se realiza al inicio de la implantación del modelo, se la denomina "temprana", ya que permite realizar a tiempo acciones de desarrollo y, de este modo, achicar las referidas brechas antes de que la situación plantee dificultades en el desempeño.

Este proceso, usualmente, se realiza utilizando las "fichas de evaluación", documento de medición de comportamientos estructurado y basado en el modelo de competencias de la organización.

Habitualmente, este proceso aquí descrito forma parte de las etapas iniciales de la implantación de un modelo de competencias.

Retroalimentación

Para una mayor claridad voy a dividir este tema en dos partes. Por un lado, nos referiremos a una acción cotidiana, casi inconsciente entre las partes; y por otro, a otra pautada y quizá más formal, que denominaremos "reunión de retroalimentación". Esta última forma parte de un proceso de evaluación del desempeño y tiende un puente con las actividades de formación y desarrollo.

La retroalimentación como un aspecto de la relación jefe-colaborador

Con frecuencia hago referencia a un concepto –rol del jefe–, desde el cual enfatizo que uno de los roles de todo jefe es la evaluación del equipo a su cargo.

La expresión "rol del jefe" es un concepto integrador de las diversas facetas de la actividad de todo jefe. Enfoca su papel dentro de la organización, agregando a sus funciones tradicionales otras responsabilidades y tareas inherentes a esta condición (de jefe).

Un directivo o jefe, de cualquier área, debe asumir, además de las tareas inherentes a su puesto, una serie de responsabilidades adicionales por el mero hecho de ser jefe, es decir, por tener a otras personas a su cargo. Entre las más importantes:

- Seleccionar colaboradores y desvincularlos, llegado el caso.
- Evaluar colaboradores.
- Distribuir tareas.
- Delegar y responder.
- Dar aliento.
- Comunicar (visión, políticas, cambios, etc.).
- Ser un entrenador.

La retroalimentación es la acción por la cual se le comunica a otro aquello que hace bien y aquello que debe mejorar. Muchas personas utilizan para denominar a este tipo de comunicación el término en idioma inglés *feedback*.

Con frecuencia se considera como retroalimentación solo la instancia en la cual el jefe le comunica a su colaborador el resultado de la evaluación del desempeño. Sin embargo, la retroalimentación entre las personas es constante, en especial cuando la relación que las une es la de jefe-colaborador. Circunscribir la retroalimentación a una o dos reuniones anuales empobrece el vínculo. Más adelante, me referiré a la reunión de retroalimentación como una parte del proceso de la evaluación del desempeño.

¿Cómo debe ser la retroalimentación cotidiana entre jefe y colaborador? Para que sea productiva debe basarse en los hechos; con frecuencia será necesario señalar errores o aspectos a mejorar, pero también aciertos y logros, tanto por parte del jefe como –en ocasiones– del colaborador a su propio jefe. En cualquier circunstancia, los comentarios deben ser objetivos, referidos a situaciones y hechos concretos, describiendo dichas situaciones sin incluir adjetivos de ninguna especie (y en especial se recomienda no utilizar referencias de tipo personal).

Para una mejor comprensión, primero hay que destacar que el término "jefe" involucra a todos los que cumplen dicho rol, desde el número 1 de la organización hasta aquel otro que solo tiene a su cargo un reducido número de colaboradores. El dueño de una empresa que ejerce un rol de conducción también es un jefe.

Por otra parte, el término "colaborador" hace referencia a aquella persona que coopera con otra. En el ámbito de las organizaciones el término se utiliza para referirse a las personas que trabajan bajo la conducción de otra/s.

Retomando el concepto anterior, un jefe evalúa a sus colaboradores, en el día a día y en las ocasiones que la organización haya definido para la evaluación del desempeño.

Una de las funciones importantes relacionadas con los jefes, es el rol que hemos denominado *Jefe entrenador*. Por lo tanto, este tipo de retroalimentación, la que se realiza como parte del entrenamiento de un jefe a su colaborador, se puede considerar como una acción de desarrollo.

Reunión de retroalimentación

Retomando la evaluación del desempeño, a continuación se hará referencia a la reunión específica (reunión de retroalimentación) que se lleva a cabo entre jefe y colaborador como uno de los pasos de la mencionada evaluación del desempeño, en la cual el jefe le comunica al colaborador el resultado de dicha evaluación.

En ocasiones, el colaborador conoce su evaluación con anticipación. En estos casos será posible un análisis conjunto de los resultados.

Cuando una organización ha implementado la evaluación vertical, usualmente, se analizan primero los resultados obtenidos en relación con los objetivos y, en segundo término, las eventuales brechas en materia de competencias. En esta segunda parte, siempre se recomienda la descripción de comportamientos como la mejor forma de explicar los resultados tanto positivos como negativos.

La entrevista de retroalimentación es uno de los aspectos más importante en el proceso de evaluación del desempeño. Permite analizar la evaluación y, además, encontrar en conjunto, el jefe con su colaborador, áreas o zonas de posible mejora. Es un momento de reflexión compartida.

La reunión de retroalimentación cobra sentido y relevancia cuando los jefes, como se explicara en párrafos previos, con una cierta frecuencia y sin mediar una instancia formal, brindan retroalimentación cotidiana a sus colaboradores como parte de una relación basada en la colaboración y el aprendizaje continuo.

Cómo resolver la *cuestión 17* desde la mirada del jefe

Como se expresara, en muchas organizaciones no existe una percepción positiva sobre la evaluación del desempeño, ni por parte de los jefes ni por parte de los colaboradores. Los motivos son diversos, usualmente teñidos por malas experiencias previas. No es sencillo contrarrestar percepciones de esta índole. Habrá que demostrar con hechos que las evaluaciones se realizan sobre la base de las buenas prácticas y, en todos los casos, basándose en hechos concretos.

Los evaluados, de todos los niveles, esperan ser considerados de manera objetiva, en sus éxitos y, también, cuando las cosas no han resultado de acuerdo con lo esperado.

Como jefe, tome nota de hechos sobresalientes, positivos y negativos, a lo largo del año; de esta manera, cuando deba dar retroalimentación a un colaborador podrá referirse a hechos concretos.

Muchas veces he escuchado decir que las competencias se evalúan de manera subjetiva, pero esto no es así si se aprende a observar comportamientos.

Cuando un jefe aprende a observar comportamientos deja de ser subjetivo para tornarse un evaluador objetivo. Los comportamientos son hechos, evidencias de algo que efectivamente ha ocurrido.

Cómo resolver la *cuestión 17* desde la mirada del responsable de Recursos Humanos

Los responsables de Recursos Humanos –con relación a esta cuestión, como a otros temas– podrán hacer un gran aporte a la organización adoptando las buenas prácticas. Adicionalmente, y en particular cuando se trata de la evaluación del desempeño, además de implementar una herramienta adecuada, efectiva, eficaz y de sencilla aplicación, deberán formar a los jefes, de todos los niveles, en su aplicación práctica.

No alcanzará con ofrecer actividades formativas cuando se cambie o modifique una herramienta de evaluación; se deberá hacer alguna acción todos los años. Adicionalmente, se deberá tener en cuenta la designación de nuevos jefes e instruirlos al respecto.

A nuestros clientes les recomendamos formar a los jefes de todos los niveles en la observación de comportamientos. También a los especialistas de Recursos Humanos. Es una técnica sencilla que puede ser fácilmente aprendida por jefes de cualquier área o sector, no especialistas en RRHH.

No se deje seducir por las ofertas tecnológicas de softwares "mágicos". Analice cuidadosamente los contenidos. En la actualidad, y en especial cuando se cuenta con un gran número de colaboradores, siempre habrá algún tipo de procesamiento informático como soporte de las evaluaciones del desempeño, pero primero habrá que poner el foco en el contenido de la aplicación tecnológica a utilizar.

Para alcanzar el éxito, el aspecto más importante a tener en cuenta será la forma en que la evaluación del desempeño sea llevada a cabo. Aquí el rol fundamental será la utilización adecuada por parte de los jefes.

Por último, una buena práctica para no olvidar: la implementación de programas para todos los jefes, tales como *Rol del jefe* y *Jefe entrenador*, marcará la diferencia.

Cómo resolver la *cuestión 17* desde la mirada del número 1, CEO o dueño

En su rol de jefe, el número 1 de la organización debería ser un ejemplo y un modelo a seguir en materia de evaluación del desempeño y retroalimentación.

Desde su rol de número 1, analice la herramienta utilizada para la evaluación del desempeño y los resultados obtenidos, no solo del último período. A este análisis, súmele qué espera la organización para los próximos años. Utilice siempre las buenas prácticas.

Si la organización no cuenta con una adecuada implementación de la evaluación vertical no será una buena idea utilizar otras herramientas, como la mencionada más arriba, evaluación de 360°. Esta herramienta es muy interesante, pero será útil una vez que se hayan puesto en práctica y resuelto, primero, los asuntos básicos en la relación jefe-colaborador.

Continuar leyendo

Sugerimos leer, con relación a esta temática, las siguientes cuestiones:

1. Cuestión 16. *Qué hacer para asignar a los colaboradores objetivos relacionados con la estrategia organizacional y lograr que el equipo a cargo los alcance.*

2. Cuestión 20. *Qué hacer para desarrollar las capacidades de los colaboradores. ¿La Universidad Corporativa puede ser una solución válida?*

Para los interesados en seguir leyendo sobre este tema, sugerimos las siguientes obras:

- *Desempeño por competencias*
- *Rol del jefe*
- *Las 50 herramientas de Recursos Humanos que todo profesional debe conocer*
- *Diccionario de términos de Recursos Humanos*

CUESTIÓN 18
Qué hacer cuando, en horario laboral, los colaboradores utilizan las redes sociales para cuestiones personales y por ello descuidan sus responsabilidades

Esta cuestión plantea dos temas diferentes, por un lado, la utilización de las redes sociales para asuntos personales, y por otro, la posibilidad de que una persona descuide sus tareas o responsabilidades. Como se ha planteado, la mejor forma de dirigir un equipo de trabajo es establecer objetivos, por lo cual, al menos en teoría, si una persona cumple sus objetivos no tendría relevancia si en algún momento utiliza las redes sociales o "descuida" sus responsabilidades de cualquier otro modo. Una pausa en la labor para atender asuntos personales no implica ningún riesgo sobre los resultados en una persona comprometida.

Cuando un jefe, directivo o dueño de empresa plantea una situación como la que da título a esta cuestión, usualmente se correlaciona con situaciones en que las personas (o al menos algunos colaboradores) no alcanzan sus objetivos y la causa, real o imaginaria, es la utilización de las redes sociales.

En cualquier circunstancia, ya sea que se viva esta situación como un problema o no, siempre nuestra sugerencia será gestionar la organización sobre la base de las buenas prácticas. Estas indican la asignación de objetivos a las personas y su medición con base en indicadores concretos. Adicionalmente, la fijación de políticas en cuanto al uso de los *social media*. Se tratará el tema de las políticas a continuación.

El término "social media" hace referencia a la combinación de herramientas en la web: blogs, wikis, entre otras. Implica contenidos creados y diseminados por la gente. Usualmente se los relaciona con la "democratización del conocimiento", dado que permiten transformar a las personas de consumidores pasivos en individuos activos que contribuyen con comentarios, agregados o generación de un nuevo conocimiento. Se utiliza la denominación en inglés dado que es de uso frecuente y se la menciona en muchas obras sobre, por ejemplo, Recursos Humanos y desarrollo, en diferentes lenguas.

Los *social media* existen con políticas organizacionales o sin ellas

Los *social media* constituyen una temática que no es nueva; sin embargo, aún no se conoce su magnitud y alcance, tanto presente como futuro. Para fijar políticas, será muy importante comenzar por comprender las posibles implicancias de los social media, para cada organización en particular.

Los *social media* ofrecen una diversidad de opciones, la totalidad de las cuales puede ser analizada desde la mirada organizacional. Es decir, qué hacer frente a la necesidad de fijar cursos de acción para el uso de los social media existentes fuera de la organización. Una primera idea que subyace es que los social media solo son una "distracción negativa" para los colaboradores, pero esto no siempre es así. En algunos casos podrán constituir herramientas de trabajo.

Por lo tanto, y en una primera instancia, la organización deberá analizar los usos y aplicaciones de los *social media* existentes fuera del ámbito de la organización. Es decir, conocer y evaluar las distintas opciones disponibles. También podrían diseñarse aplicaciones internas de los *social media*, pero este tema no será tratado aquí.

En el contexto actual no es posible influir en los colaboradores en relación con los *social media*, es decir, cada persona decidirá por sí misma su participación en ellos y el grado de involucramiento que deseen tener, por lo que es un asunto que excede el ámbito organizacional. No obstante, toda organización deberá tomar recaudos al respecto.

Muchas empresas, con el fin de "protegerse" en materia de *social media*, han decidido bloquear el acceso a ciertos sitios –por ejemplo, redes sociales– desde los ordenadores de la empresa. Esto es absolutamente insuficiente, dado que existen otras formas de acceso que no quedan alcanzadas por este tipo de medida, por lo cual el accionar deberá ser diferente.

La figura de la página siguiente hace mención a algunos de los *social media* existentes fuera de la organización. La organización se representa a través de un organigrama, y dentro de ella, como parte de sus métodos y procedimientos de trabajo, se observan los subsistemas de RRHH.

En todos los casos, las políticas deberán ser amplias, es decir, contemplar todas las opciones posibles y, al mismo tiempo, de una manera conceptual general, teniendo en cuenta que los *social media* cambian a diario y quizá la organización no reaccione tan rápidamente. Por lo tanto, no es una buena idea fijar políticas sobre, por ejemplo, Facebook, sino sobre todas las redes sociales, sin especificar una en particular para, de ese modo, abarcar en la definición de la/s política/s todas las redes actuales y aquellas que se puedan crear en el futuro.

Desde el punto de vista individual (de los colaboradores), la creación de blogs y la participación en wikis (como editores) están menos difundidas. No obstante este

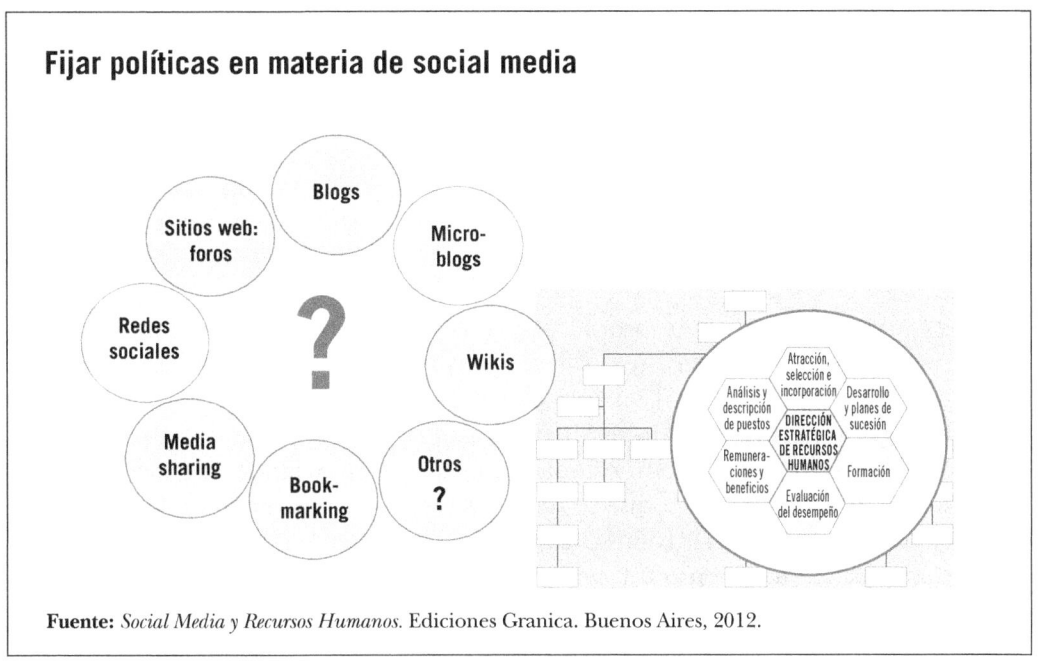

Fuente: *Social Media y Recursos Humanos.* Ediciones Granica. Buenos Aires, 2012.

comentario, tanto las opciones más difundidas como las menos usuales deberán ser contempladas en las políticas organizacionales.

En muchos medios, periódicos, revistas especializadas, blogs y foros de debate se analiza la temática *social media* desde la mirada individual, es decir, considerando el derecho que el colaborador tiene para estar *on line* durante su jornada laboral, participar a discreción de las redes sociales, etc. Es una mirada válida, pero no remite al foco de la cuestión.

En esta sección se analizará la utilización de *social media* por parte de los colaboradores, desde la mirada organizacional. Por lo tanto, se considerarán aspectos tales como el cuidado de los bienes de la organización y la forma de compatibilizar los diferentes intereses: los del colaborador y los de la organización.

Los comentarios que se expresan aquí presuponen que ambas partes, colaboradores y organización, tienen un comportamiento ético y de respeto mutuo. Es muy difícil tratar cualquier tema, también las nuevas herramientas sociales, asumiendo o presuponiendo comportamientos inadecuados o de mala fe de cualquiera de las partes involucradas.

Por eso, al proponer fijar políticas organizacionales se da por sentado la buena fe entre las partes, se dejan de lado comportamientos inadecuados, etc. No entienda el lector que estoy asumiendo una postura ingenua, sino solo poniendo en contexto la fijación de políticas en relación con *social media*.

Participación en redes sociales.
La organización y sus colaboradores.
Lo que hay que tener en cuenta

A continuación se mencionan algunas de las redes sociales y otras aplicaciones más conocidas, pero solo a modo de ejemplo. La idea que se desea expresar en la figura es que una persona puede, por su propia iniciativa, participar en diferentes redes sociales.

Los ejemplos con nombre propio que se consideraron al confeccionar la figura son variantes posibles para una misma persona: una participación en una red social profesional (LinkedIn), en una con un foco más personal (Facebook), comunicación instantánea a través de microblogs (Twitter) y, por último, publicación de videos (YouTube). Para confeccionar la figura se podrían haber elegido otros ejemplos. No obstante, la idea que se desea expresar es la diversidad de opciones y que una persona puede usar todas o alguna/s de ellas.

Las organizaciones, como tal, podrán tener una participación institucional en estas redes. Al mismo tiempo, los colaboradores también podrán participar en ellas.

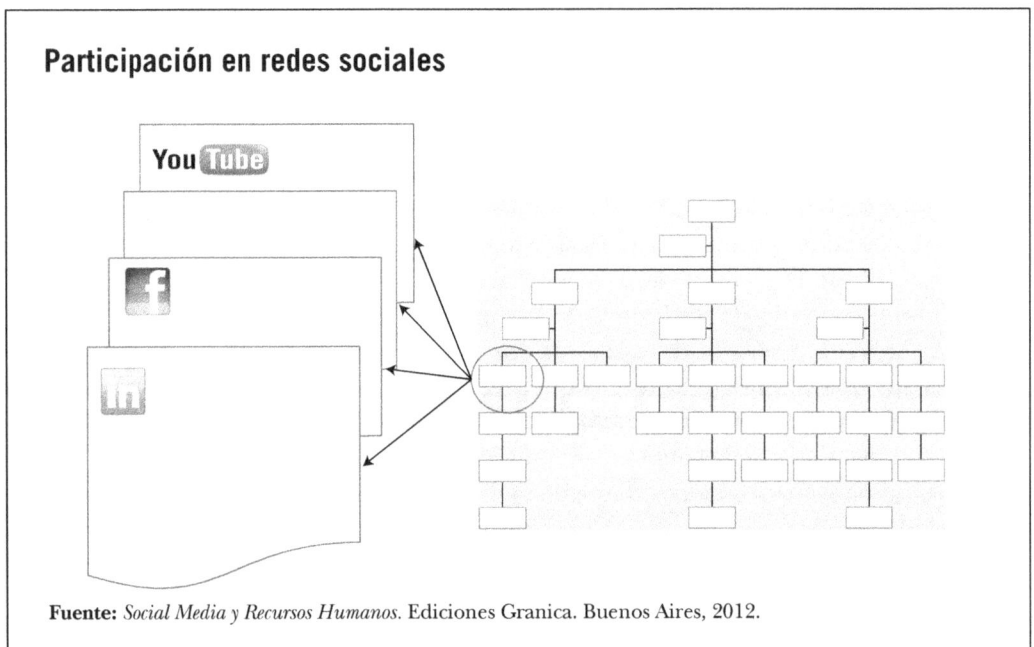

Fuente: *Social Media y Recursos Humanos.* Ediciones Granica. Buenos Aires, 2012.

En el primero de los casos, las empresas fijarán cursos de acción; en el segundo, podrán fijar políticas de participación.

Las redes sociales "personales" y "profesionales"

Otro aspecto a tener en cuenta, en especial en relación con los colaboradores, es que en las redes sociales se puede participar con el nombre y apellido de cada persona o bien hacerlo con una inicial o un nombre de fantasía –e incluso asumir otra personalidad–.

Cuando una persona participa con su nombre y apellido, la conexión con la empresa en la cual se desempeña comienza a hacerse más visible.

Si además, como se estila hacerlo, especialmente en una de las mencionadas –LinkedIn–, las personas indican dónde trabajan en el presente y dónde lo han hecho anteriormente, así como sus principales funciones y responsabilidades, conocimientos y experiencia, la participación transita en un delicado equilibrio entre la información personal y profesional.

Para explicar esta idea voy a brindar un ejemplo sobre un segmento de la economía que conozco en profundidad: las empresas de servicios profesionales.

Cuando una persona que se desempeña, por ejemplo, en un estudio de auditores o de abogados, detalla en su currículum vitae los clientes para los cuales trabajó, desde su rol de auditor, asesor, etc., y además describe los trabajos realizados para ellos, en la mayoría de los casos está brindando información que podría ser calificada como confidencial, tanto desde la perspectiva del cliente como de la empresa que brindó dichos servicios –a la sazón, el empleador de aquel que escribió esa información en sus antecedentes–.

En mi rol de selectora de personal, actividad que he desarrollado a lo largo de una veintena de años, he leído cientos de CV con información que no debería haber sido incluida en ese tipo de documentos (por su carácter confidencial). En la actualidad este comportamiento se replica en redes sociales como LinkedIn, cuyo acceso es mucho más sencillo y abierto, por lo cual la información es difundida mucho más ampliamente.

¿Cuál es el límite de la información que los colaboradores pueden incluir en sus antecedentes y exponer en una red social como LinkedIn? Es una pregunta que quizá no tenga una única respuesta, pero debe formar parte de la evaluación previa a la fijación de políticas organizacionales con relación a este tema.

Para cualquier empleador será casi imposible "controlar" la participación de sus colaboradores en las redes sociales. Sin embargo, podrá fijar políticas, y si luego estas no se cumplen, en el momento en que, por alguna razón, estas cuestiones salgan a la luz, la empresa podrá decir que el tema estaba contemplado en las políticas de tal o cual manera, y cada persona podrá cotejar su comportamiento con esas políticas organizacionales. Si las mismas fueron cumplidas o no, se verá en cada caso.

Un colaborador, a título personal, podrá publicar en una red social las fotos, los videos y los comentarios que le parezcan, con absoluta libertad. En cambio, si estas mismas acciones las realiza con su identidad real y dando el nombre de la empresa en la que trabaja, la situación varía. No se está presentando solo, está haciendo su presentación adjuntando a su nombre otro, el de la organización en la cual se desempeña.

Ruego al lector que entienda que el comentario de los últimos párrafos no implica un atentado a las libertades individuales, las cuales defiendo fervorosamente. Sin embargo, si una persona se presenta en un determinado ambiente –en este ejemplo, una red social– como colaborador de una determinada organización, a partir de allí deberá guardar respeto por ella, dado que, indirectamente, la está involucrando.

Los ejemplos laborales deben tomarse de manera amplia; esta situación puede relacionarse con una congregación religiosa, una casa de estudios o cualquier asociación u organización de cualquier tipo a la cual se puede pertenecer y que se identifique con un grado de pertenencia por parte de la persona que elaboró el perfil en la web.

Publicación por parte de los colaboradores de información profesional. Los límites

Cuando una persona participa en las redes sociales indicando su nombre completo y adicionalmente su lugar de trabajo (nombre de la empresa y puesto ocupado), dicha participación deja de ser netamente personal para comenzar a transformarse en organizacional.

Por ejemplo, si en la red LinkedIn las personas indican este tipo de información, a partir de allí la publicación de información, si bien es personal, atañe también a las organizaciones donde la persona en cuestión ha trabajado y lo hace en el presente.

Podríamos decir que, como pauta general, toda persona debería relatar sus experiencias profesionales de manera conceptual, sin explicitar información reservada, ya sea de su propia empresa o de los clientes o proveedores con los cuales estableció una relación de negocios o profesional/laboral, en la compañía donde se desempeña o en aquellas donde trabajó anteriormente.

Publicación por parte de los colaboradores de información familiar y personal. Los límites

Como se dijo en el punto anterior, cuando una persona participa en las redes sociales indicando su nombre completo y, además, su lugar de trabajo, o de estudio, o menciona la participación en instituciones diversas, el tema comienza a ser de interés de otros; por ejemplo de la empresa en la cual trabaja o la casa de estudios a la cual pertenece, la congregación religiosa que integra, etc.

Si bien las empresas no pueden hacer mucho al respecto, como ya se mencionara, se deben fijar políticas y, adicionalmente, se puede crear conciencia en los colaboradores sobre el respeto necesario, tanto con relación a sí mismos, como cuando se menciona a otras personas, ya sean amigos, profesores o instituciones, colegios, universidades, etc.

Es decir, no solo se debe guardar respeto por las personas vinculadas directamente con la empresa donde se trabaja, sino considerar, en general, que el respeto es un valor al cual hay que dar importancia, también en las redes sociales.

Un comentario especial sobre microblogs

La utilización de los microblogs, por ejemplo, la difundida Twitter, es diversa. Desde personas que comentan noticias o temas de actualidad hasta otras que relatan "lo que están haciendo" en todo momento.

Desde la mirada de la organización, y como ya se expresara, cuando un colaborador utiliza su nombre y apellido y, de algún modo, puede ser relacionado como integrante de la organización en la que trabaja, no debe publicar comentarios sin considerar esta vinculación. Igualmente, dicho colaborador no debería dar información sobre otras personas de la organización, por ejemplo, haciendo referencia a su jefe o similares.

Adicionalmente, si un colaborador brinda opiniones políticas arriesgadas o impropias, utiliza un lenguaje inapropiado o informa sobre asuntos organizacionales, estos micromensajes podrían ser vistos como no deseables por la organización y, en algunas circunstancias, esta podría prohibirlos.

No interprete el lector opinión alguna al respecto, simplemente son comentarios desde el mero sentido común. Cada organización analizará el tema partiendo de su cultura y estrategia.

© GRANICA

Consulta de información en la web

Uno de los usos de la web, muy frecuente, es la consulta de información disponible, por ejemplo, para elaborar un informe, llevar adelante un proyecto, etc. Esta forma de utilizar Internet se considera "participación pasiva".

La idea se expresa en la figura al pie, que refiere a la situación en que un colaborador consulta información disponible en la web, utilizando Google y Wikipedia.

Cada organización determinará el grado de validez que reconocerá a los datos obtenidos de la red colaborativa. Debería tomarse en cuenta la relevancia de esa información para el trabajo en cuestión.

Una forma de resolver este tipo de situaciones, cuando se trate de cuestiones relevantes, podría ser fijar una política que determine que la utilización de la información obtenida en, por ejemplo, Wikipedia, será aceptada solo si se valida mediante otras fuentes, confiables y/o de prestigio, según sea la situación.

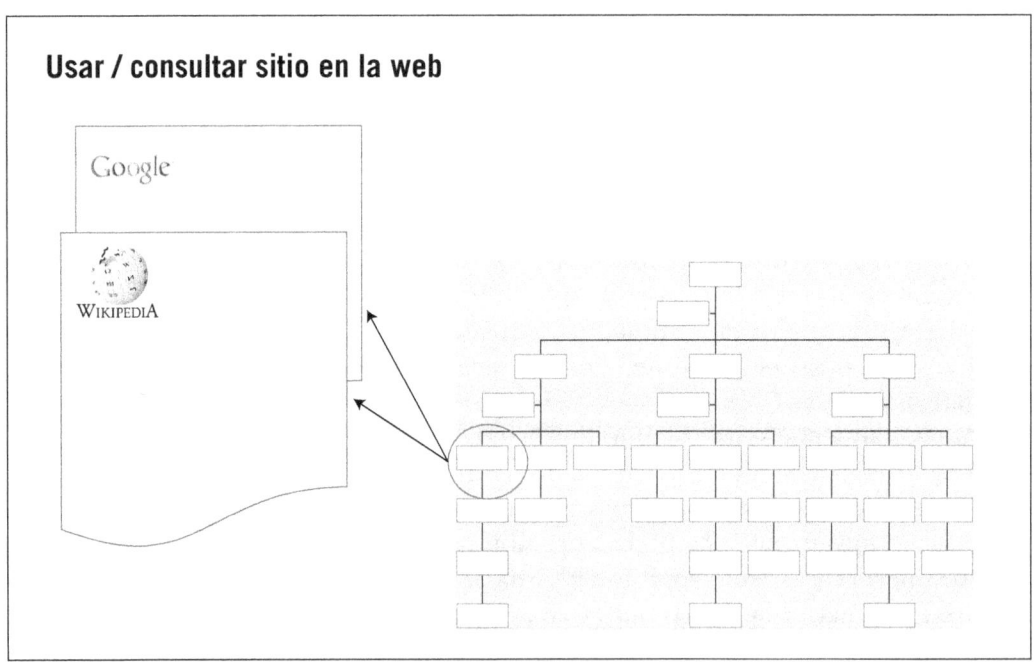

Compartir conocimientos con el mundo exterior: ¿la organización debe permitirlo?

En el ámbito de las organizaciones, todas las áreas poseen sus conocimientos específicos, por lo que compartir conocimientos no es un tema de preocupación que solo concierne al área de Recursos Humanos.

Para responder la pregunta del subtítulo, acerca de si la organización debe permitir o no compartir conocimientos, creo que es necesario poner el asunto en contexto. Una gran variedad de temas pueden estar involucrados con *social media*. Los conocimientos podrán ser compartidos en algunos casos, y quizá en otros no sería conveniente que eso suceda.

Cuando se habla de compartir conocimientos, usualmente se piensa en grupos de estudio, foros de debate, redes para llevar a cabo proyectos compartidos y similares. Estos grupos pueden ser de muy distinto tipo.

A continuación algunos pocos ejemplos para expresar esta diversidad de posibilidades, de un modo más global.

- Un colaborador puede estar realizando una formación de cualquier tipo, en una universidad o centro educativo, sobre una temática específica, y como parte de dicha formación se convoca a los asistentes a formar grupos de colaboración para la elaboración de ciertos contenidos, un proyecto compartido, un ejercicio o caso práctico, etc.

- Un colaborador que forma parte de una agrupación profesional participa de un grupo de estudio con el propósito de, por ejemplo, analizar la normativa vigente en el país sobre un tema en particular.

- Un colaborador, junto con un colega de otra organización, prepara y presenta una ponencia sobre un tema vinculado a su profesión en un congreso o escribe un artículo o *paper* sobre temas generales de su especialidad.

Las situaciones descritas en los puntos anteriores, en una primera instancia, no implican amenaza alguna desde la perspectiva de la organización, dado que los temas que se tratan –usualmente– son de tipo general, conocimientos de tipo universitarios, disponibles en libros o *papers*, aplicaciones de leyes o normas profesionales, etc.

Este tipo de participaciones no solo no implica una amenaza sino que, por el contrario, representa oportunidades de crecimiento para los colaboradores.

© GRANICA

Sin embargo, los colaboradores pueden formar parte de otros grupos de estudio o colaboración diferentes, donde, eventualmente, se puede poner en riesgo el capital intelectual de la organización, por ejemplo:

- Un colaborador de cualquier nivel está participando en un proyecto o grupo de estudio para resolver un problema interno de la organización, de tipo confidencial.
- Un colaborador participa en grupos de estudios para nuevas aplicaciones en productos, licencias, marcas, etc.

Por lo tanto, no hay una única respuesta frente a la colaboración en la web. Se deberá analizar cada caso, y dada la envergadura y el grado de desarrollo de las tecnologías sociales, es un tema que debe ser considerado en todo tipo de organización.

La sugerencia es considerar el tema y definir políticas al respecto, precisas y claras, que luego sean conocidas por todos los integrantes de la organización.

Considerar las nuevas tecnologías en la fijación de políticas

La mayoría de las empresas, en especial las de gran tamaño y amplia dispersión geográfica y/o transnacional, han definido una posición con relación a los *social media*. Sin embargo, en muchos casos el abordaje de la problemática es incompleto y resulta insatisfactorio tanto para los colaboradores como para sus jefes directos.

Las políticas de Recursos Humanos deberían contemplar otros aspectos, además de los controles que cada organización pueda administrar sobre el uso de los dispositivos, como ordenadores o teléfonos. Implica definir qué está permitido o no dentro del ámbito de la organización, contemplando todo el potencial y alcance de los *social media*.

Si la organización cuenta con un área para el gerenciamiento de *social media*, será esta la que fije políticas y colabore con los responsables de Recursos Humanos para una utilización efectiva de estas tecnologías. Este tema se ha tratado en la obra *Social Media y Recursos Humanos*, más específicamente en el capítulo *Cómo gestionar social media dentro de la organización*.

Como se ha expresado en párrafos anteriores, la sugerencia es analizar las diferentes variantes que ofrecen las tecnologías sociales antes de la definición de las políticas. Se podría comenzar considerando las opciones tomadas en cuenta en esta sección. Sin embargo, es importante recordar que las opciones son muchas más y que se han considerado solo algunas.

Igualmente, es necesario diferenciar el uso por parte de la organización y los colaboradores de las opciones existentes en los *social media*. Adicionalmente, es importante tomar conciencia de que los *social media* están en un cambio constante y que por sus implicancias constituyen un tema, en materia de políticas, que deberá ser analizado y debatido por la máxima conducción.

Luego de definidas dichas políticas, deberán ser aplicadas por los profesionales de Recursos Humanos y por los jefes de todos los niveles de la organización.

En páginas previas se ha expuesto una serie de aspectos a analizar en relación con la utilización de *social media*. A modo de resumen, podrían ser agrupados en tres grandes conceptos, según se expone en la figura siguiente. El uso de *social media* puede tener lugar desde dos (o tres) perspectivas diferenciadas:

- Personal (que, a su vez, puede dividirse en dos: el uso personal profesional o laboral y el personal no laboral).
- Organizacional.

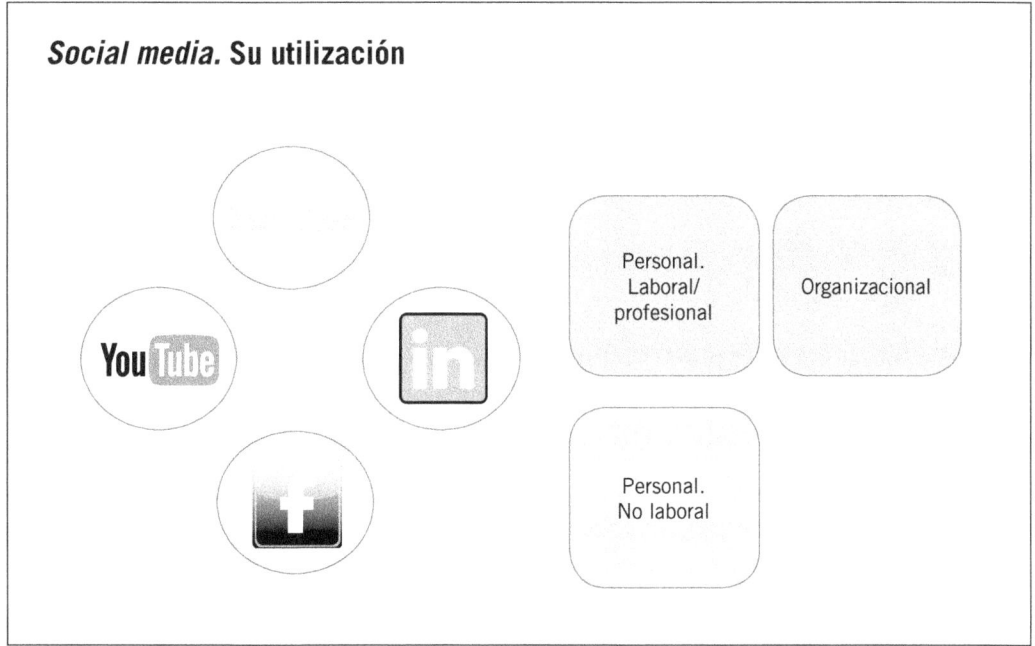

Social media. Su utilización

Analizando más en detalle la figura precedente, se pueden identificar tres usos diferentes de las redes sociales. Pueden existir otros, solo se consignan estos a fines explicativos.

En principio, se puede observar el uso de las redes sociales a título personal, relacionado con las responsabilidades laborales: por ejemplo, una persona está preparando un informe y decide consultar una duda en Wikipedia u obtener más información a través de alguna red social o sitio de Internet.

Del mismo modo, podría utilizar las redes sociales para temas personales no laborales: por ejemplo, saludar a un amigo.

En la primera variante, el uso está relacionado con las responsabilidades laborales de la persona; en el segundo ejemplo, no. En este último caso, el colaborador ha utilizado bienes de la empresa, tiempo de trabajo, aunque sea en un grado mínimo, al saludar a un amigo. Adicionalmente podrían darse otros usos de mayor envergadura, como difundir datos o información sin autorización.

Por último, y sobre la derecha de la figura, se consignan posibles usos de tipo organizacional. Ejemplo: utilizar una red social (externa) para hacer reclutamiento, dentro de las responsabilidades asignadas al puesto de trabajo de la persona que lo lleva a cabo.

Ejemplos de ítems a tomar en cuenta en la definición de políticas

En función de la apertura realizada en el punto anterior, se pueden separar los aspectos a tomar en cuenta:

- Personal no laboral.
- Personal laboral.
- Organizacional.

A continuación se exponen algunas ideas a tener en cuenta a modo de ejemplo para, sobre la base de ellas, reflexionar acerca de cuáles aspectos realmente deben ser contemplados en su empresa en particular.

- *Uso de los bienes de la organización.* Contempla la utilización de equipos, conexiones, software y dispositivos de todo tipo, así como el tiempo de trabajo insumido. Este aspecto es considerado en la mayoría de las organizaciones y se tiene en cuenta desde hace mucho tiempo, ya que la mayoría de las empresas comenzaron a limitar el uso de Internet en su versión 1.0.

- *Publicación de información de la compañía.* Debe diferenciarse la publicación de información a título personal de la realizada en relación con las funciones laborales.
    - Las publicaciones a título individual, usualmente, están prohibidas en todos los casos.
    - En relación con las publicaciones derivadas de las funciones de cada puesto de trabajo, se deberán fijar límites de responsabilidad, según las diferentes posiciones.
- *Utilización de las redes sociales para fines relacionados con los respectivos puestos de trabajo.* Se delimita el uso.
- *Utilización de redes sociales para fines estrictamente personales y no relacionados con los puestos de trabajo.* Usualmente no está permitida.
- *Utilización de redes sociales como parte de las tareas/responsabilidades del puesto.* Usualmente se diseña un procedimiento específico.
- *Participación en foros, wikis u otras redes colaborativas en representación de la organización.* La información que se puede compartir se define previamente y se delimita el nivel de autoridad y alcance.
- *Posiciones frente a temas controvertidos, políticos, etc.* Si bien este aspecto no es considerado con frecuencia, excepto en algunas empresas específicas como medios de comunicación, es un punto que puede ser contemplado.
- *Aspectos relacionados con incumplimiento de leyes o políticas organizacionales.* Las empresas fijan políticas de diferente tipo con relación a cómo debería ser la observancia de estas pautas dentro de los *social media*. Ejemplo: si la organización cuenta con políticas con relación a responsabilidad social empresaria, un colaborador no podría hacer manifestaciones públicas en contra de ellas.

No sugerimos reemplazar las políticas por medidas coercitivas. Muchas organizaciones controlan la utilización de la comunicación 2.0 a través del hardware, es decir, limitando el uso de ciertos sitios en los dispositivos que la organización pone a disposición de sus colaboradores (por ejemplo, conexión a Internet en laptops y ordenadores en sus diferentes variantes y en teléfonos que la admiten).

Este tipo de medidas son siempre de alcance limitado. No será posible ejercer un control de este tipo, por ejemplo, sobre los teléfonos inteligentes que son de propiedad de cada colaborador.

Cómo resolver la *cuestión 18* desde la mirada del jefe

Los jefes son los que más "se quejan" acerca de que sus colaboradores "pierden el tiempo" con las redes sociales. En ocasiones, tienen razón.

También he conocido casos en que los jefes "pierden el tiempo" con las redes sociales, al igual que sus colaboradores. Todo es posible.

La fijación de políticas sobre la utilización de los *social media* podría no ser un tema de incumbencia de los jefes. Sin embargo, podrían proponerlo a sus propios jefes y/o al área de Recursos Humanos.

De todos modos, y sin políticas al respecto, todo jefe podrá analizar cada situación y sacar sus propias conclusiones. Los casos podrán diferir unos de otros. Podrá darse la situación que un colaborador utiliza las redes sociales de vez en cuando y por lapsos breves sin descuidar sus responsabilidades, y otros que utilizan el tiempo laboral para resolver cuestiones diversas dejando parte de sus tareas sin hacer.

En resumen, el comportamiento inapropiado de un colaborador puede estar relacionado con las redes sociales o no. Analice el comportamiento en su conjunto antes de tomar la iniciativa de hacer una llamada de atención.

Cómo resolver la *cuestión 18* desde la mirada del responsable de Recursos Humanos

Contar con políticas en relación con la utilización de los *social media* hoy se considera imprescindible. Si no es así y/o las políticas son insuficientes y/o no responden a la realidad actual, deberá plantearle la situación a su superior.

La fijación de las políticas aquí mencionadas debería ser un tema de preocupación e interés desde la mirada del número 1. Una inadecuada política al respecto podría poner en peligro el capital intelectual o el prestigio y la imagen de la organización. No solo atañe al uso del tiempo de los colaboradores, las implicancias son mayores.

Cómo resolver la *cuestión 18* desde la mirada del número 1, CEO o dueño

Como número 1 de la organización, debe estar al tanto de los beneficios y riesgos en relación con los *social media*. Si no hay políticas al respecto, llegó el momento de liderar una adecuada puesta en marcha de medidas relacionadas. La evolución tecnológica se produce a diario, por lo tanto debe ser considerada tanto en los métodos y procedimientos organizacionales, así como en las políticas relacionadas con las personas que integran la compañía.

Continuar leyendo

Sugerimos leer, con relación a esta temática, las siguientes cuestiones:

1. Cuestión 16. *Qué hacer para asignar a los colaboradores objetivos relacionados con la estrategia organizacional y lograr que el equipo a cargo los alcance.*
2. Cuestión 17. *Qué hacer para realizar una evaluación objetiva de los colaboradores y darles una adecuada retroalimentación, tanto a nivel individual como de equipo.*

Para los interesados en seguir leyendo sobre este tema, sugerimos las siguientes obras:

- *Social Media y Recursos Humanos*
- *Dirección estratégica de Recursos Humanos. Volumen 1*
- *Rol del jefe*
- *Diccionario de términos de Recursos Humanos*

Cuestión 19
Qué hacer para contar con sucesores o reemplazos adecuados para los puestos clave de la organización (alta gerencia)

Todos los puestos son relevantes en una organización. Sin embargo algunos pueden llegar a ser más críticos, en especial cuando sea difícil su reemplazo. De allí que la alta gerencia suele formar parte de una consideración especial, bajo ciertas denominaciones, como la de *puestos clave*.

En el análisis de esta cuestión no se abordará el tema desde la perspectiva de la existencia de personas que sean indispensables, en una organización y/o circunstancia. Por el contrario, el análisis se realizará partiendo de la base que en las organizaciones existen puestos clave y, a partir de esta premisa, cada organización deberá definir cómo considerar la relación del puesto –considerado clave– con la persona que lo ocupa y/o lo ocupará más adelante.

En este contexto el término "puesto" hace referencia al lugar que una persona ocupa en una organización. Implica cumplir con responsabilidades y tareas claramente definidas.

La información necesaria para conocer acerca de un puesto es la siguiente:

- Tareas y responsabilidades del puesto.
- Estándares de rendimiento.
- Elementos necesarios: maquinarías, software, etc.
- Conocimientos, experiencia y competencias necesarios para un desempeño exitoso.

Por otra parte, la expresión "puestos clave" implica el conjunto de puestos dentro de una organización que esta considera relevantes o importantes por algún factor claramente definido, usualmente en función de sus niveles de responsabilidad y decisión.

Para el tratamiento de esta cuestión me referiré a continuación a dos programas similares entre sí, pero con diferencias relevantes a tener en cuenta: *Diagramas de reemplazo* y *Planes de sucesión*. Para una mejor exposición, comenzaré por el segundo de los mencionados.

Planes de sucesión

En la obra *Construyendo talento*[1] se presentan tres programas (*Planes de sucesión, Diagramas de reemplazo* y *Carrera gerencial y especialista*) a los cuales hemos denominado "programas para el resguardo del capital intelectual", donde el foco central son las sucesiones y los reemplazos, en el ámbito de las organizaciones.

El término "sucesión" puede ser utilizado de manera amplia o bien solo restringido a los puestos ocupados por altos ejecutivos. Puede implicar plazos concretos o no.

A su vez, las *promociones* se podrán manejar de manera profesional, analizando adecuadamente la situación y eligiendo a la persona adecuada, o bien de manera intuitiva y obedeciendo a impulsos del momento. En ambos casos se puede observar la aplicación de buenas prácticas o no, según las circunstancias, aun dentro del ámbito de una misma organización.

La importancia del capital intelectual hoy no se discute. Está integrado por una serie de factores que podríamos agrupar en dos grandes ítems: los bienes de propiedad intelectual registrables y otros que, aunque no pueden ser registrados, igualmente conforman este valor intangible. Los recursos humanos forman parte del capital intelectual de la organización, cuando existe un conjunto de personas con las capacidades necesarias para utilizar e incrementar los bienes registrables (conocimiento registrable).

Desde esta perspectiva, los programas internos para el desarrollo de personas deberían incluir este concepto y estar diseñados para preservar el capital intelectual de la organización que los implementa.

Una persona puede tener un desempeño superior en su puesto de trabajo, pero esto no siempre es suficiente para que alcance un buen desempeño en otro nivel o posición. Este comentario tiene la misma validez en relación con la sucesión de un alto ejecutivo o la promoción a secretaria de una telefonista. Es decir, cualquier promoción de tipo vertical u horizontal a un puesto diferente, debe ser analizada del mismo modo. Como ya se expresara, en cualquier caso se deberán evaluar las *chances* de éxito de la persona en relación con el puesto a ocupar.

---

1 Alles, Martha. *Construyendo talento.* Ediciones Granica, Buenos Aires, 2009.

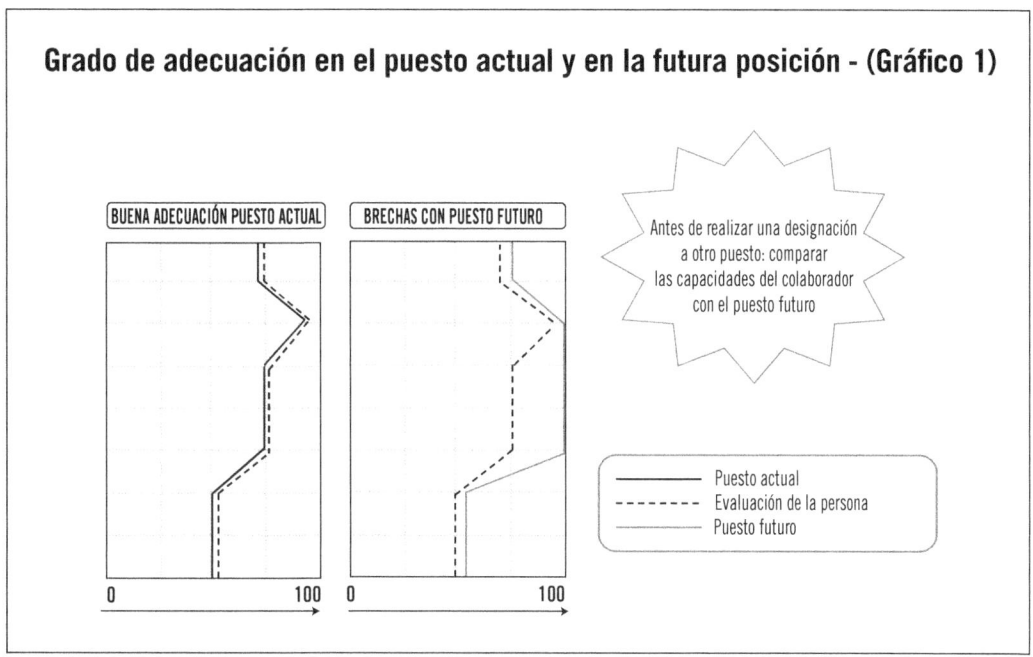

Analizando el gráfico precedente se puede observar el caso de una persona que, teniendo una adecuación al puesto actual adecuada, posee algunas brechas (pocas) en relación con el puesto futuro.

En dicho gráfico, mediante una escala 0-100, se puede observar, primero, el grado de adecuación de la persona al puesto actual. En este ejemplo, la evaluación de la persona coincide con los requerimientos del puesto que actualmente ocupa. Para establecer la adecuación persona-puesto se deben considerar los conocimientos, experiencia y competencias, junto con cualquier otra característica necesaria para desempeñarse en la posición.

En la parte derecha del mismo gráfico, se compara la evaluación de la persona con lo requerido por un puesto a –eventualmente– ocupar (puesto futuro). En este caso existen brechas específicas.

Para poder determinar si la persona podrá o no ocupar el puesto futuro será necesario complementar este análisis con una evaluación sobre el grado de complejidad que las brechas presentan. En algún caso podrán "cerrarse" en un breve plazo; en otros, no.

Si las brechas pueden resolverse en un plazo breve, será posible designar a la persona en el nuevo puesto y brindarle apoyo para que se desempeñe correctamente en él.

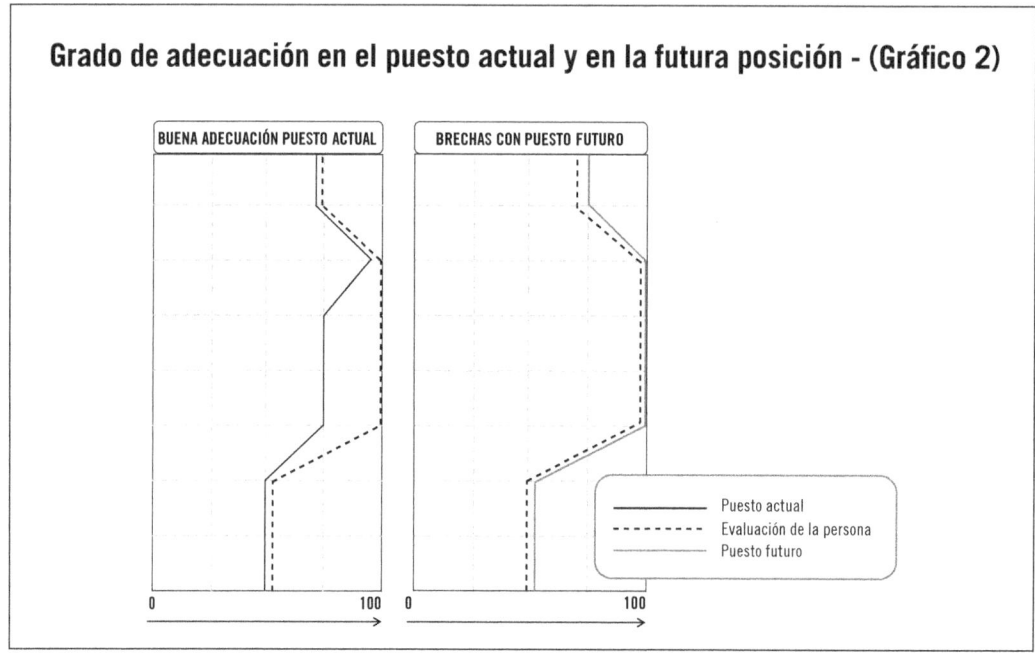

En el gráfico precedente se presenta otro caso, donde la persona evaluada excede los requerimientos de la posición actual y se adecua correctamente al puesto que se prevé que ocupe.

En este ejemplo, la chance de que la persona logre un buen desempeño en la futura posición es alta; por lo tanto, se recomienda su designación, ya sea una promoción interna a otro puesto de trabajo o bien como un sucesor en un *plan de sucesión* o un reemplazo en un *diagrama de reemplazo*.

Las organizaciones, cualesquiera que sean su tamaño y objeto social, requieren tener asegurada su conducción frente a eventualidades diversas, es decir, contar entre sus filas personas formadas para ocupar puestos ejecutivos cuando sea necesario. Para ello la herramienta por excelencia son los *planes de sucesión*.

Al diseñar un plan de sucesión sobre una posición determinada no se considera que la persona que actualmente ocupa el puesto piensa dejarlo en un corto plazo ni que, por designar un posible sucesor, la compañía asume un compromiso con quien fue elegido. No existe promesa de que ocupará el puesto; esto sucedería solo si se dieran ciertas circunstancias.

A través de los *planes de sucesión* solo se desea prever eventualidades, desde las de tipo trágico (fallecimiento o incapacidad de una persona) hasta las más usuales en la vida de las organizaciones: que un gerente o ejecutivo decida dejar su puesto para trabajar en otra empresa o para establecer su propio negocio, o a fin de dedicarse a otra cosa –por ejemplo, la docencia–, o cualquier otra circunstancia.

En resumen, la expresión "planes de sucesión" hace referencia a un programa organizacional por el cual se reconocen puestos clave, luego se identifican posibles participantes del programa y se los evalúa para, a continuación, designar potenciales sucesores potenciales de otras personas que ocupan los mencionados puestos clave, sin una fecha cierta de asunción de las nuevas funciones. Para asegurar la eficacia del programa se realiza un seguimiento de los participantes y se les provee asistencia y ayuda para el achicamiento de brechas entre el puesto actual y el que eventualmente ocuparán.

La organización determina cuáles son los puestos clave de la estructura y para cada uno de ellos se designa un posible sucesor o varios, según el diseño adoptado. El foco principal es el desarrollo de las personas para que –si fuese necesario– el sucesor esté preparado para asumir la posición.

Previo a la elección de las personas que participarán en este programa se deben medir sus capacidades, y para elegir entre distintas opciones, se deben utilizar técnicas cuantitativas. El resultado dará la designación de uno o varios sucesores (se sugiere diseños con varias opciones) para cada puesto definido como clave para la organización.

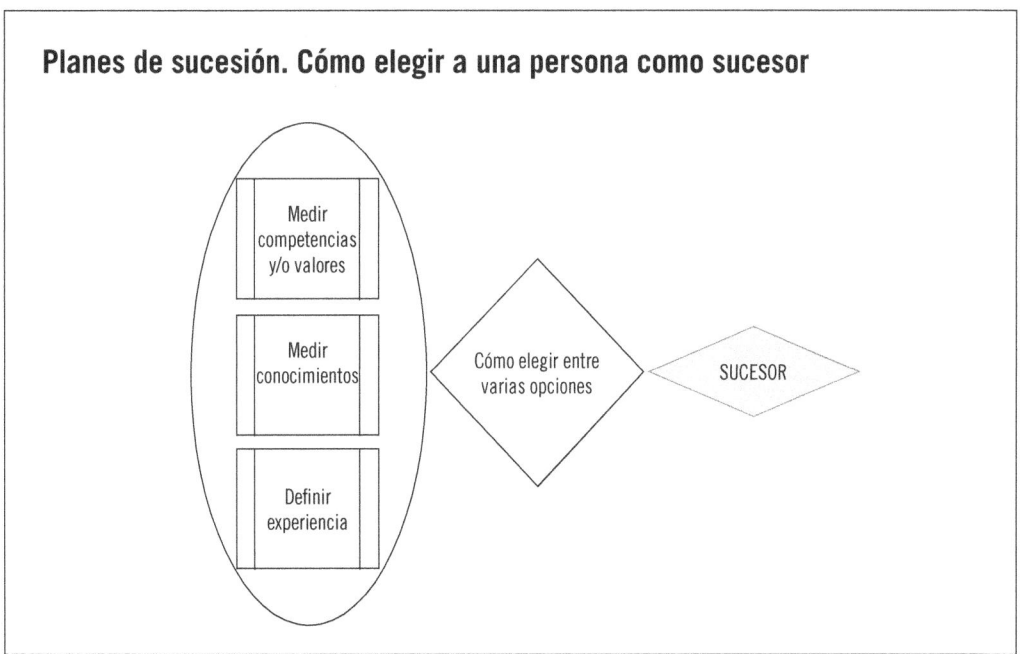

Planes de sucesión. Cómo elegir a una persona como sucesor

El primer paso será determinar el alcance del programa, es decir, para qué posiciones se planificará la sucesión.

El segundo paso que se sugiere es la explicación, a los distintos posibles involucrados, de los objetivos perseguidos por el programa. Si se comunica debidamente los objetivos, *todos querrán participar* y será un factor motivador para la organización en su conjunto.

Si una organización ha definido una estructura de puestos, se podría trazar un corte horizontal, como puede verse en la figura superior de la página siguiente.

En los planes de sucesión se sugiere la designación de más de un sucesor para cada puesto clave. Esto implica, además, que una persona puede ser elegida como posible sucesor para más de un puesto. La idea se expone en la figura inferior de la página siguiente.

En la figura "Luis S." es un posible sucesor de su jefe "Juan P.". Al ser categorizado como "S_1" significa que por su evaluación es la persona que tiene la mejor adecuación al puesto futuro. Por lo tanto, si surgiese la necesidad de cubrir este puesto, sería la persona con mayor posibilidad de ser designada para ocuparlo. Las categorías S_1, S_2, etc., podrán modificarse si las personas participantes, producto de nuevas evaluaciones, cambian su adecuación con el puesto futuro.

Los planes de sucesión también pueden diseñarse interáreas.

A continuación se verá otro programa que se denomina *Diagramas de reemplazo*. Veamos a continuación las principales diferencias entre *planes de sucesión* y *diagramas de reemplazo*:

Si bien ambos programas designan sucesores y reemplazos, entre unos y otros hay diferencias fundamentales.

- En los *planes de sucesión* no existe una fecha cierta en que el sucesor ocupará el puesto en cuestión, y puede darse o no dicha circunstancia. Asimismo, se pueden designar varios posibles sucesores y estos participar en la sucesión de más de un puesto. Por el contrario, en los *diagramas de reemplazo* existe una fecha cierta en la cual el ocupante del puesto lo dejará, y se designa un solo reemplazo.

- En los *planes de sucesión* la organización no asume ningún compromiso específico con los posibles sucesores, solo se les ofrecen actividades de formación y desarrollo para que estén listos el día en que se produzca una vacante (si es que esto sucede). Por el contrario, en los *diagramas de reemplazo* la organización asume un compromiso mayor con la persona que es designada para ocupar un puesto en el futuro (hay una fecha concreta en que asumirá esa posición).

Planes de sucesión. Corte horizontal según la estructura de puestos

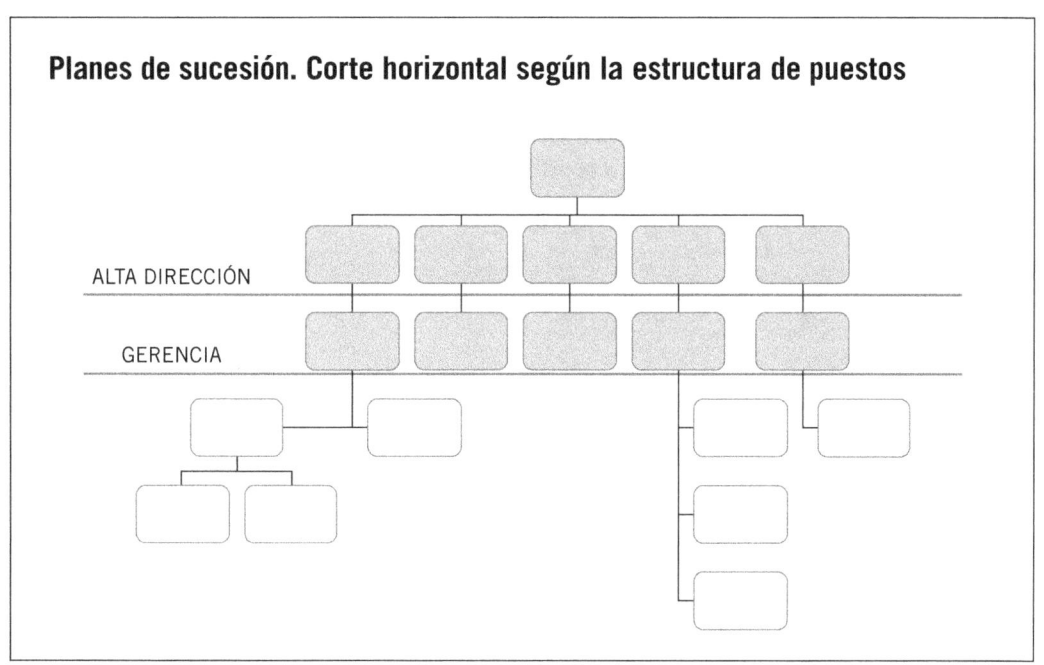

Plan de sucesión para un sector o área con dos opciones

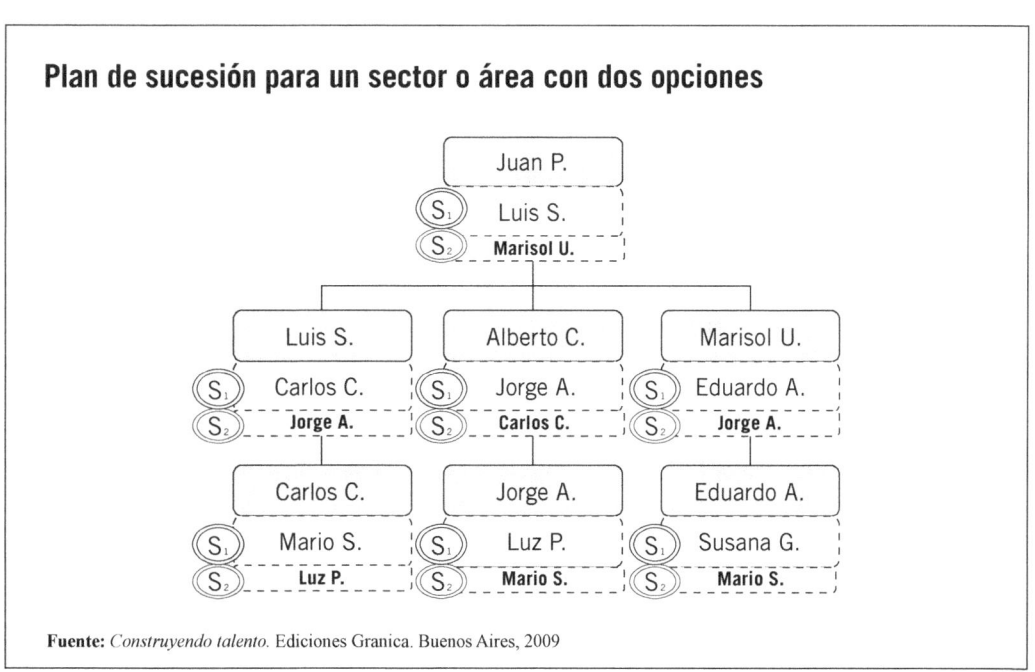

Fuente: *Construyendo talento.* Ediciones Granica. Buenos Aires, 2009

- Cuando implementa *planes de sucesión* la organización espera que sus participantes se sientan motivados en el desarrollo de sus capacidades y, desde esa perspectiva, aspira a generar compromiso. En los *diagramas de reemplazo* el colaborador designado asume un compromiso mayor, ya que "acepta" la designación para asumir más adelante el nuevo puesto.

Diagramas de reemplazo

Si bien en estas páginas se explicó primero el programa *Planes de sucesión*, cuando una organización no cuenta con este tipo de programas, nuestra sugerencia más frecuente es comenzar por el denominado *Diagramas de reemplazo*.

Es decir, comenzar por designar posibles reemplazantes –reemplazos– para aquellos puestos considerados clave en la organización y que, al mismo tiempo, estén ocupados, por ejemplo, por personas próximas a la edad de jubilación y/o que, por alguna razón, se conozca la fecha en la que dejarán su puesto. De este modo se va preparando a aquellas personas que ocuparán puestos que quedarán libres en un plazo determinado (lapso que la organización conoce de antemano).

Como surge de lo antedicho, *Diagramas de reemplazo* es el programa de mayor relevancia para el desarrollo de personas, dado que la designación de *reemplazos* es un paso imprescindible para el cuidado del capital intelectual y la continuidad organizacional.

A su vez, este tipo de programas es de aplicación en empresas de cualquier tipo, tamaño y origen de capital. Es válido, por ejemplo, para una ONG, una empresa familiar o un organismo del Estado. Toda organización debería preparar diagramas de reemplazos para todos sus puestos clave (usualmente, sus niveles de conducción).

Los diagramas de reemplazo son programas organizacionales por los cuales se reconocen puestos clave, luego se identifican posibles participantes del programa y se los evalúa para, a continuación, designar posibles reemplazos (sucesores), pero solo para aquellas personas que ocupando puestos clave tienen una fecha cierta de retiro, usualmente por su edad avanzada. La necesidad de reemplazo puede deberse a otras razones; por ejemplo, traslado del actual ocupante a otro país o su designación en otro cargo. Para asegurar la eficacia del programa se realiza un seguimiento de los participantes y se les provee asistencia y ayuda para la reducción de brechas entre sus capacidades actuales y las requeridas por el puesto que se prevé que ocupen.

En un breve resumen: se analiza la edad de los actuales ocupantes de aquellos puestos clave para los cuales se ha definido la necesidad de contar con planes de sucesión. Si estos individuos se encuentran a pocos meses (o años) de la edad de retiro, para estos puestos se diseña un *diagrama de reemplazo*.

Si bien la persona designada –al igual que en los planes de sucesión– es un posible "sucesor", en este caso se dan dos elementos diferenciadores: uno es el plazo, ya que existe una fecha cierta en la cual el individuo se deberá hacer cargo de la nueva posición. Esto implica un límite temporal perentorio para el desarrollo de una competencia o para adquirir un determinado conocimiento, por ejemplo. Por otro lado, la organización "asume" un compromiso con quien ha sido designado reemplazante , ya que se le ha comunicado que asumirá el nuevo puesto. En ese caso, salvo que ocurra alguna situación de fuerza mayor que lo impida, el reemplazante designado será el nuevo ocupante del puesto.

Para confeccionar los diagramas de reemplazo la organización debe determinar los puestos y las personas que están en situación de integrar este programa.

Previo a la designación de las personas como potenciales reemplazos, se deben medir sus capacidades, y si se diese el caso de que sea factible considerar más de una opción para un mismo cargo, se deben utilizar, para elegir entre una y otra, técnicas cuantitativas. El resultado será la designación de un reemplazo para cada puesto definido como clave. El desarrollo de las competencias y conocimientos será de gran importancia, la persona designada como *reemplazo* deberá estar preparada para asumir la posición en el plazo previsto.

Al diseñar y aplicar los diagramas de reemplazo se recomienda considerar las siguientes etapas:

1. *Elección y formación.* En una primera instancia se realiza el proceso de elección y designación del potencial reemplazo y, a continuación, se diseña un plan de acción.
   Ejemplo: ante la edad de retiro de 65 años, la designación del reemplazo se realiza cuando el ocupante del puesto cumpla 63, considerando que es posible desarrollar a la persona elegida para ocupar esa posición en un período de aproximadamente dos años al preparar, según se requiera, actividades formativas en conocimientos, experiencia y competencias.

2. *Formalización.* En este período el colaborador designado como reemplazo de otro comienza a trabajar en conjunto con la persona que dejará el puesto. El grado de involucramiento en la etapa de *formalización* dependerá de la complejidad de las nuevas funciones a asumir.

Las ideas expuestas se muestran en la figura siguiente. Si las dos etapas se graficaran en un eje de tiempo, y si, a modo de ejemplo, el período de preparación

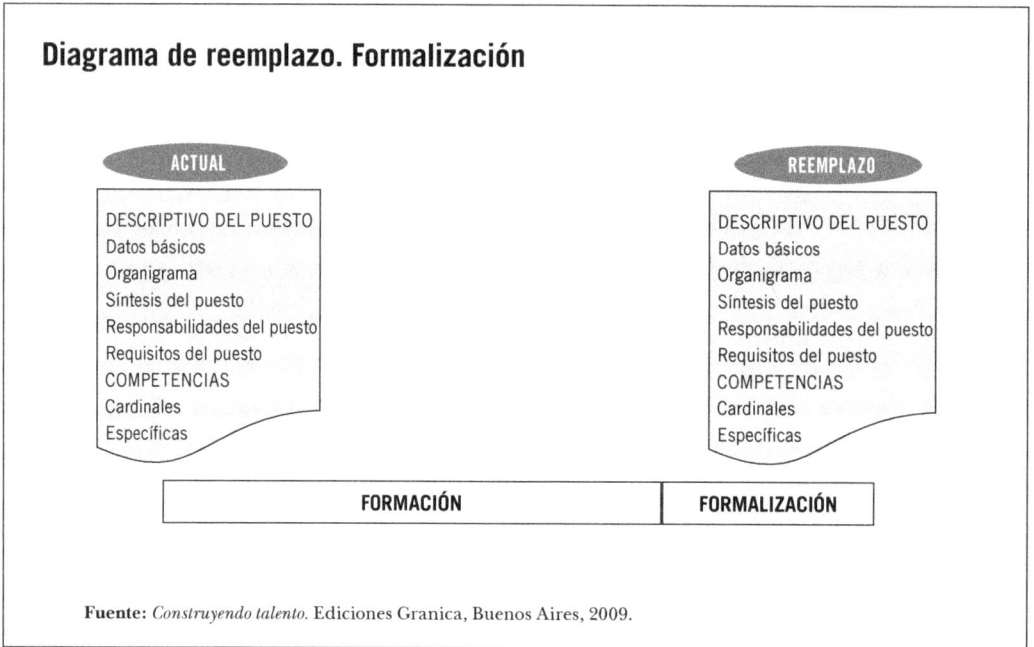

Fuente: *Construyendo talento.* Ediciones Granica, Buenos Aires, 2009.

fuese en total de dos años, es decir, que se designa un reemplazo dos años antes del retiro del ocupante actual del puesto, el plazo podría asignarse del siguiente modo: para la *formación*, una extensión de 20 meses, y 4 meses para la etapa de *formalización*.

Planes individuales de desarrollo para alcanzar un nivel superior

Los distintos programas para el desarrollo de personas deben materializarse en acciones concretas y planeadas para la mejora de las capacidades. Habitualmente se llevan a cabo para un cierto grupo de personas, según los programas internos que la organización haya implementado.

A su vez, se combinan con planes individuales de desarrollo que, en todos los casos, contemplan conocimientos, competencias y experiencia.

Los *planes individuales de desarrollo para alcanzar un nivel superior* tienen relación con ambos programas aquí expuestos, *Diagramas de reemplazo* y *Planes de sucesión*.

En todos los casos los planes individuales tendrán el foco puesto en preparar a una persona para asumir una posición de nivel superior, diferente de la actual.

Los reemplazos por vacaciones y ausencias poco prolongadas

Dejar a un segundo a cargo cuando un gerente sale de vacaciones o se ausenta por otro motivo es una práctica usual en todo tipo de organizaciones. Sin embargo, en la mayoría de los casos, no se hace ningún tipo de evaluación o, de hacerse alguna, no reviste las características aquí descritas.

Usualmente, se deja a cargo a una persona de confianza, que sabrá cómo ubicar durante su ausencia al directivo en cuestión, en especial si pasa algo de suma gravedad, y tomará decisiones siguiendo los mismos criterios que utilizaría el gerente ausente. En líneas generales, estoy de acuerdo con este enfoque. No se está designando un futuro gerente sino solo una persona que deberá mantener el *statu quo* actual, que deberá lograr "que no se note" la ausencia del gerente al cual reemplaza.

En cambio, cuando se está designando un reemplazo definitivo, porque el gerente a ser reemplazado ha sido designado a otro puesto o bien ha dejado de pertenecer a la organización por renuncia, jubilación u otra razón, la elección del nuevo gerente no será de carácter temporal. Se espera que el nuevo ejecutivo lleve adelante su función tomando las riendas del área a su cargo, con la mirada puesta en el futuro, trabajando para alcanzar la visión y la estrategia organizacional.

Muchas organizaciones designan un reemplazo temporal con el propósito de que luego sea una designación en firme. Quizá en alguna circunstancia o situación sea una buena idea; sin embargo, en estos casos será conveniente analizar y evaluar al candidato siguiendo los lineamientos descritos en estas páginas.

Cómo resolver la *cuestión 19* desde la mirada del jefe

Quizá usted sea uno de los jefes que cuando debe ausentarse de su puesto, elige como reemplazo a su colaborador de mayor confianza, con quien se siente más identificado, esa persona en la cual usted confía que hará las cosas lo mejor posible para que, al regreso, usted encuentre las cosas bien, en su curso normal. Como ya lo expresara, me parece bien, no tengo nada que sugerirle al respecto.

Sin embargo, en los casos en que se requiera su opinión para designar a una persona para un puesto diferente del que ocupa ahora, recuerde que se deben comparar las capacidades actuales de dicho individuo (o de los que podrían ser designados en la posición, si aún no fue definido el candidato) con las que requiere el nuevo puesto de trabajo. No piense, mirando para atrás, que esa persona fue un buen colaborador. Quizá así fue, eso no se discute, pero siempre hay que pensar de cara al futuro, comparándolo con los requisitos del puesto a ocupar, no en relación con el puesto actual.

Cómo resolver la *cuestión 19* desde la mirada del responsable de Recursos Humanos

Desde el área de Recursos Humanos, y de acuerdo con las buenas prácticas, se deben implementar métodos y procedimientos para medir las capacidades de las personas y para comparar capacidades bajo métodos cuantitativos.

Para todas las posiciones realizar análisis similares a los aquí explicados, no importa el nivel o cargo a ocupar.

En cuanto a los puestos clave, se deberá contar con *Diagramas de reemplazo* y, una vez que estos estén funcionando adecuadamente, complementarlos con los *Planes de sucesión*.

Para todos los involucrados en estos programas, confeccionar los *planes individuales de desarrollo para alcanzar un nivel superior,* considerando conocimientos, competencias y experiencia.

Cómo resolver la *cuestión 19* desde la mirada del número 1, CEO o dueño

Como número 1 de la organización, reflexione sobre el capital intelectual, sobre los bienes intangibles, ya sean registrables o no. Tenga en cuenta que el cuidado del capital intelectual comienza por tener reemplazos para los puestos clave, en especial cuando los ocupantes de dichos puestos están cercanos a la edad de retiro o jubilación. Si la empresa, por cualquier circunstancia, está en un proceso de valuación, su ponderación será mayor si cuenta con sucesores/reemplazos, según lo descrito en los programas aquí mencionados.

Si en su organización no cuentan con este tipo de programas para el desarrollo de personas, solicítele al responsable de Recursos Humanos un plan de acción para comenzar su implementación.

Contar con sucesores/reemplazos adecuados para los puestos clave, en especial la alta gerencia, es uno de los temas más relevantes que como número 1 deberá tener en cuenta. Si sus accionistas o socios no se lo demandaron aún, lo harán en cualquier momento.

Continuar leyendo

Sugerimos leer, con relación a esta temática, las siguientes cuestiones:

- Cuestión 16. *Qué hacer para asignar a los colaboradores objetivos relacionados con la estrategia organizacional y lograr que el equipo a cargo los alcance.*
- Cuestión 17. *Qué hacer para realizar una evaluación objetiva de los colaboradores y darles una adecuada retroalimentación, tanto a nivel individual como de equipo.*
- Cuestión 22. *Qué hacer para definir la mejor capacitación/formación para los colaboradores. Criterios a utilizar. Cómo tomar en cuenta los deseos del colaborador.*

Para los interesados en seguir leyendo sobre este tema, sugerimos las siguientes obras:

- *Construyendo talento*
- *Desarrollo del talento humano. Basado en competencias*
- *Dirección estratégica de Recursos Humanos. Volumen 1*
- *Rol del jefe*
- *Las 50 herramientas de Recursos Humanos que todo profesional debe conocer*
- *Diccionario de términos de Recursos Humanos*

Cuestión **20**
Qué hacer para desarrollar las capacidades de los colaboradores. ¿La Universidad Corporativa puede ser una solución válida?

Cómo formar y desarrollar colaboradores, y cómo formarse uno mismo, es una pregunta que usualmente me formulan, en diversos ámbitos. La oferta al respecto en el mercado es amplia y diversa. Frente a cada situación en particular, muchas veces es difícil tomar una decisión acerca de cuál es la mejor opción.

En la figura siguiente he consignado solo algunas de las alternativas posibles de formación.

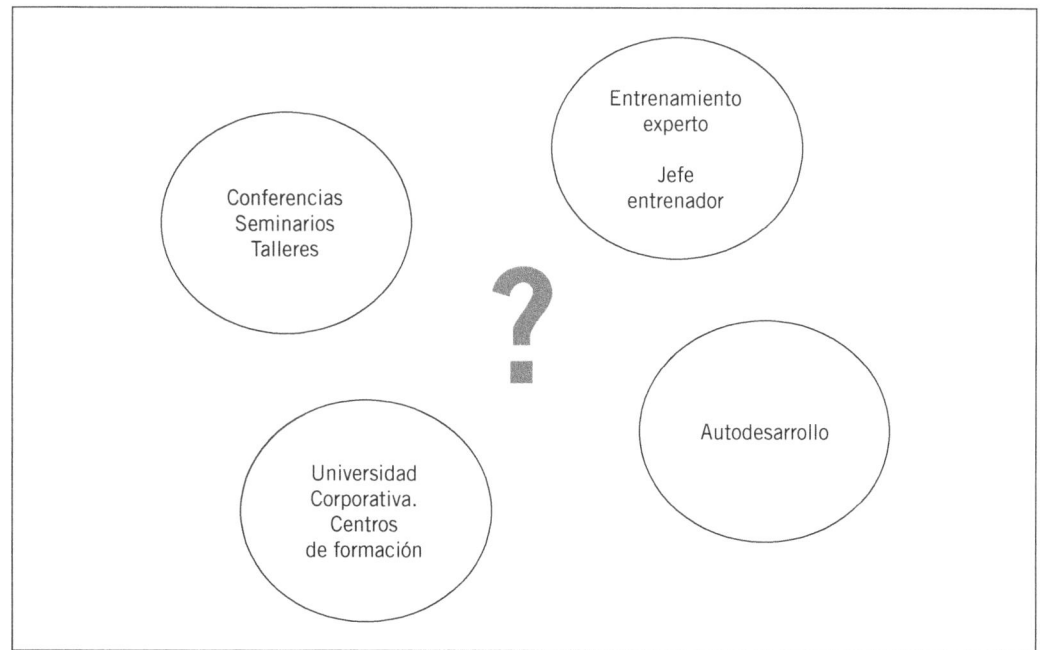

Conferencias, seminarios y talleres son opciones diferentes, pero las he agrupado dado que las tres se ofrecen con frecuencia en el mercado, desde conferencias magistrales hasta talleres prácticos. También se encuentran disponibles actividades formativas de mayor alcance como las que ofrecen las universidades, desde posgrados hasta diplomados. Todas son opciones posibles y de carácter externo a la organización. En todos los casos, los contenidos son elegidos por los organizadores de los respectivos eventos y actividades, y son de mayor o menor aplicación, según sea el caso, dentro del ámbito de cada organización.

Los restantes programas mencionados en la figura precedente podrán contar con un diseño relacionado con una organización en particular, lo que usualmente se denomina *diseño a medida.*

Las organizaciones de mayor tamaño cuentan, muchas veces, con una Universidad Corporativa y/o centros de formación con actividades diseñadas de acuerdo con sus necesidades.

Los programas denominados *Entrenamiento experto* y *Jefe entrenador* se llevan a cabo con funcionarios de la propia organización, y en el *Autodesarrollo*, como se explicará luego, la empresa orienta a sus colaboradores a través del autodesarrollo dirigido, pero el esfuerzo de llevarlo adelante es de cada persona, de manera individual.

Las aquí expuestas no son las únicas opciones. A continuación se hará una exposición más detallada de las buenas prácticas consideradas de mayor efectividad para el desarrollo de las capacidades de los colaboradores.

Los distintos métodos para el desarrollo de personas

Todos podemos incrementar conocimientos y/o desarrollar competencias a través de diversas modalidades, desde la realización de acciones formativas específicas hasta la experiencia práctica. A continuación se expondrán los tres métodos más usuales para el desarrollo de personas, utilizando, a su vez, la denominación más frecuente para cada uno de ellos (ver gráfico en la página siguiente).

A continuación, una breve explicación de cada uno de ellos.

Métodos para el desarrollo de personas dentro del trabajo

Esta modalidad hace referencia al conjunto de buenas prácticas para el desarrollo de personas durante el trabajo cotidiano. Esto se logra a través de un consejo explícito y oportuno dado por el jefe directo, o cuando el colaborador ejecuta o lleva a la

Los distintos métodos para el desarrollo de personas

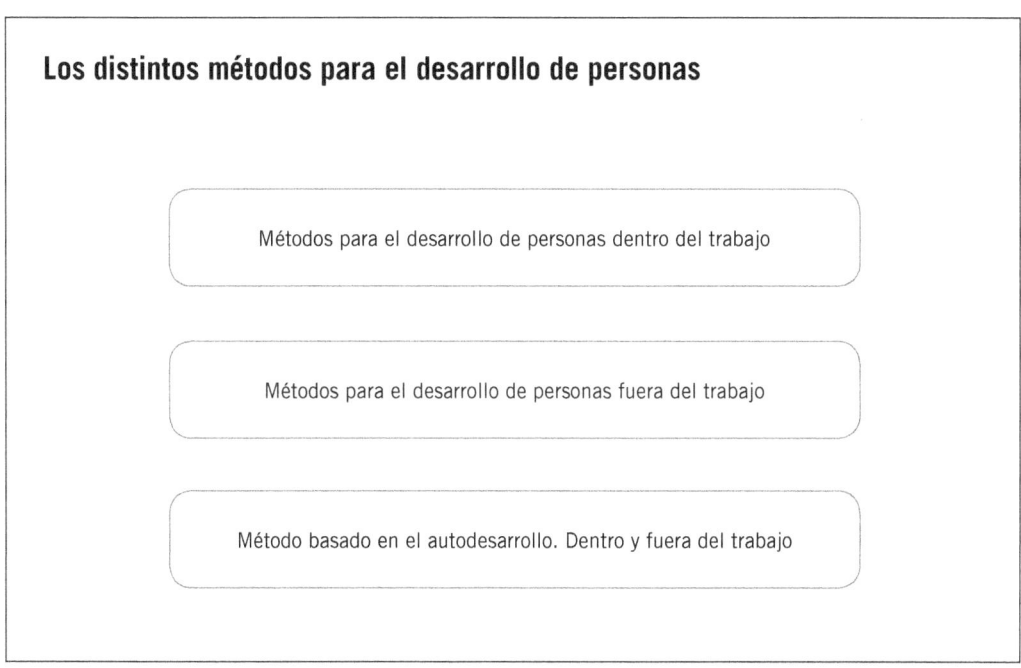

práctica consejos e ideas sugeridas, o como consecuencia de la acción de un mentor o entrenador. En este último caso, los ejemplos más conocidos son los programas de *Mentoring* y *Entrenamiento experto*.

El *mentoring* comprende programas organizacionales estructurados de varios años de duración, mediante los cuales ejecutivos de mayor nivel y experiencia ayudan a otros en su crecimiento. En cambio, el término "entrenamiento experto" se utiliza para designar los programas para el aprendizaje en los cuales, a través de una relación interpersonal, un individuo con mayor conocimiento o experiencia en un determinado tema lo transmite a otro. Para que el entrenamiento experto se verifique es necesario que el entrenador sea un experto en la temática o que posea un alto grado de desarrollo de la competencia en cuestión, según corresponda. Los objetivos son específicos y el plazo, acotado (usualmente, unos pocos meses). *Entrenamiento experto* es un programa de aprendizaje con plazos y objetivos definidos. Implica que la persona que asumirá el rol de entrenador debe ser un experto en el tema o competencia que ayudará a desarrollar en el receptor del programa, a quien denominaremos *aprendiz*.

En nuestra opinión la más aconsejable es la primera de las situaciones planteadas mencionadas más arriba (consejo explícito y oportuno dado por el jefe directo). Este desarrollo dentro del trabajo se verifica por la acción del propio jefe, cuando este desempeña el rol de entrenador de sus colaboradores. A estos programas los denominamos *Jefe entrenador*.

Este tipo de prácticas organizacionales tienen un paralelo en la formación dada por un maestro a su pupilo, por ejemplo, en artes y oficios desde la Antigüedad hasta nuestros días.

Métodos para el desarrollo de personas fuera del trabajo

Son los más difundidos bajo el formato de cursos de capacitación. Sin embargo, y como se verá más adelante, hay una gran variedad de estos métodos, además de nuestra propuesta específica: *Codesarrollo*.

Las actividades de capacitación, en el ámbito de las organizaciones, han incrementado su participación y nivel de importancia a partir de la segunda mitad del siglo XX. En el presente, muchas organizaciones cuentan con una Universidad Corporativa y/o centros de formación.

Los métodos para la formación de personas fuera del trabajo se denominan de esta forma porque las personas pueden estar asistiendo a una actividad formativa en horario laboral, incluso en el mismo edificio donde realizan sus tareas cotidianas, pero en el momento en que participan de la actividad formativa *no están en su puesto de trabajo*.

Método basado en el autodesarrollo. Dentro y fuera del trabajo

El *Autodesarrollo* es el método más recientemente incorporado a las buenas prácticas de aprendizaje organizacional; su utilización comienza a difundirse en los últimos veinte años. Sin embargo, es una metodología utilizada desde antaño, y se conocen grandes figuras de la historia a las cuales se las ha denominado autodidactas. Un autodidacta es una persona que ha encontrado su propio método para el autodesarrollo.

En la actualidad se diseñan guías para el autodesarrollo que consisten en instructivos o manuales para su mejor utilización, tanto para el usuario directo o interesado, como para sus jefes y responsables de Recursos Humanos.

Las guías de desarrollo se confeccionan para ser utilizadas dentro y fuera del trabajo. Las *guías de desarrollo dentro del trabajo*, como su nombre lo indica, ofrecen sugerencias para poner en práctica durante la realización de las tareas cotidianas dentro de la organización; por ejemplo, consejos prácticos para mejorar el trabajo en equipo o la planificación.

En cambio, las denominadas *guías de desarrollo fuera del trabajo* ofrecen sugerencias para desarrollar competencias y/o conocimientos en ámbitos y situaciones sin relación con la vida laboral. En este tipo de guías se ofrece al interesado sugerencias (no relacionadas con la vida laboral) que puedan ayudarlo a mejorar, por ejemplo, una competencia. En ese caso, esto se podría lograr a través de la práctica de un deporte o una actividad de tipo profesional pero extralaboral, como impartir clases.

El diseño de las guías se realiza, en todos los casos, teniendo en cuenta el diccionario de comportamientos de cada organización.

Las organizaciones pueden brindar a sus colaboradores lo que denominamos *autodesarrollo dirigido*. Es decir, las guías que se ofrecen, usualmente en la intranet de la organización, se corresponden con los planes estratégicos organizacionales y dentro de ese marco (la estrategia) el colaborador elige las variantes brindadas más adecuadas, es decir, acordes con sus expectativas, preferencias y posibilidades. Adicionalmente, y si la organización cuenta con aplicaciones internas de *social media*, podrá utilizar las tecnologías sociales para el autodesarrollo. Esta temática ha sido tratada en la obra *Social Media y Recursos Humanos*.

¿Cómo se interrelacionan los tres métodos mencionados? Los métodos de desarrollo dentro y fuera del trabajo, así como el autodesarrollo, se relacionan entre sí y su funcionamiento es sistémico. Las organizaciones los utilizan de manera indistinta y se puede comenzar por cualquiera de ellos. Veamos algunos ejemplos.

Comenzar por planes de sucesión y/o diagramas de reemplazo. Se diseñan los programas mencionados, se designan los sucesores y se establecen ciertas brechas entre la evaluación de las competencias y los conocimientos actuales con los requeridos por la nueva posición. Una vez establecidas las brechas se diseña un plan de acción individual que puede incluir (usualmente es así) actividades formativas. En este ejemplo, a partir de métodos de desarrollo dentro del trabajo se aplican en forma conjunta métodos fuera del trabajo.

Mentoring / Jefe entrenador combinado con autodesarrollo. Continuando con la situación anterior, se le podría asignar a la persona designada para un plan de sucesión (o diagrama de reemplazo) un mentor, o su propio jefe podría asumir el rol de entrenador. Cualquiera de estos dos métodos se encuentra entre los denominados "dentro del trabajo". El mentor, o el jefe en el rol de entrenador, podrá sugerir el autodesarrollo.

El aprendizaje, como ya se expresara, puede llevarse a cabo por vías diversas y, a su vez, combinarse estas entre sí. Como puede verse en el gráfico de la página siguiente, los métodos dentro y fuera del trabajo se relacionan de manera directa. Una persona aprende mientras realiza sus actividades diarias de acuerdo con su puesto de trabajo y, además, puede recibir formación específica, según las necesidades detectadas.

Ambos métodos se relacionan a su vez con el autodesarrollo. Este puede ser, a su vez, dentro y fuera del trabajo. La diferencia del autodesarrollo respecto de

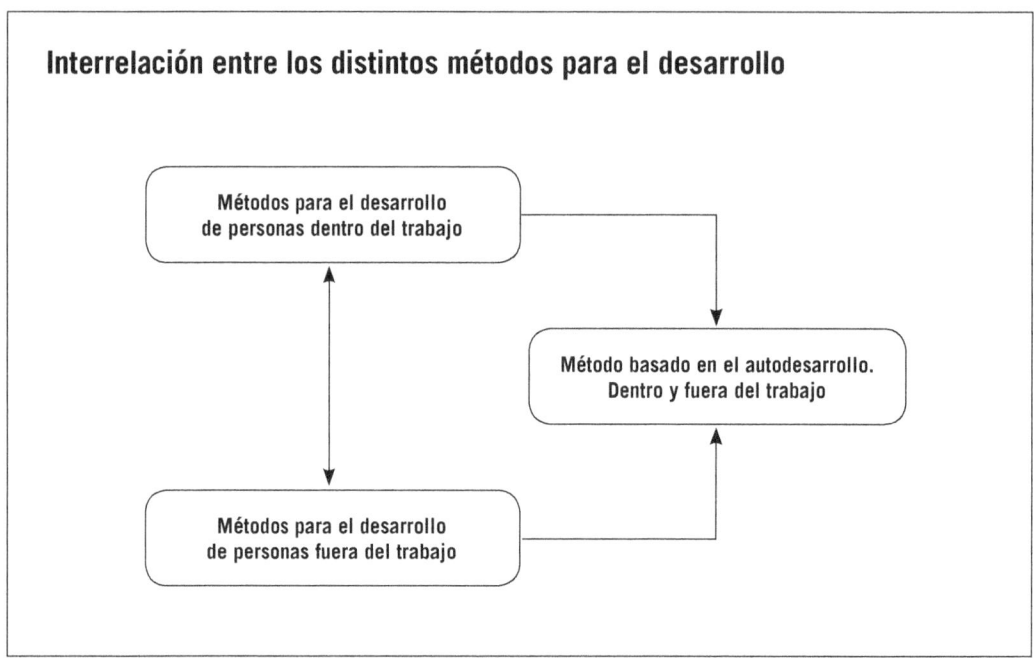

Interrelación entre los distintos métodos para el desarrollo

otros métodos es que en este caso la iniciativa parte del propio colaborador, quien decide realizar ciertas acciones para adquirir nuevos conocimientos y/o para cambiar comportamientos (desarrollo de competencias).

Entrenamiento experto y Jefe entrenador

Son dos de los programas ya mencionados dentro del grupo de *métodos para el desarrollo de personas dentro del trabajo*.

A continuación, una breve definición de cada uno de ellos.

Entrenamiento experto

Programa organizacional para el aprendizaje mediante el cual, a través de una relación interpersonal, un individuo con mayor conocimiento o experiencia en un determinado tema lo transmite a otro. Cada uno de los participantes del programa cumple un rol: entrenador o aprendiz. Un entrenador podrá tener a su cargo varios aprendices; sin embargo, en todos los casos brindará su entrenamiento de manera personalizada e individual.

Para que el entrenamiento experto se verifique es necesario que el entrenador sea un experto en la temática o que posea un alto grado de desarrollo de la competencia en cuestión, según corresponda. Los objetivos son específicos y el plazo, acotado (usualmente, unos pocos meses).

Entrenamiento experto es un programa de aprendizaje con plazos y objetivos definidos. Implica que la persona que asumirá el rol de entrenador debe ser un experto en el tema o competencia que ayudará a desarrollar en el receptor del programa, a quien denominaremos *aprendiz*.

Los participantes de este tipo de programa son, por un lado, el entrenador, y, por otro, el aprendiz; ambos conforman una comunidad de aprendizaje con un propósito específico (por ejemplo, desarrollar un conocimiento o una competencia).

El entrenador designado para llevar a cabo este tipo de programas puede ser una persona de la misma organización o de fuera de ella. Cuando este rol (entrenador) lo asume el jefe directo de la persona se denomina *jefe entrenador*.

Para que el *entrenamiento experto* sea eficaz, como hemos dicho, será un requisito imprescindible que el entrenador posea un alto grado de desarrollo del conocimiento o competencia a desarrollar en el aprendiz. Además, debe saber cómo transmitir ese conocimiento o competencia. Esto último puede adquirirse con formación específica. Sin embargo, si la persona no posee el conocimiento o la competencia a desarrollar, aunque posea habilidades de entrenador no podrá ser un *entrenador experto* en el tema.

Cuando una organización desarrolla entrenadores expertos internos, este vínculo posterior es más sencillo. De todos modos, es esperable que el entrenamiento experto tenga una etapa de inicio y otra de finalización, y en todos los casos deben ser períodos acotados.

Entrenamiento experto externo. La expresión "entrenamiento experto externo" hace referencia a aquellos casos en los que el entrenador no pertenece a la misma organización que el aprendiz.

Ejemplo: el entrenador experto es un consultor externo que la organización contrata por un período determinado para ayudar a un colaborador (aprendiz) en el desarrollo de una competencia o en el aprendizaje de un conocimiento.

Entrenamiento experto interno. Esta expresión se utiliza para indicar que el entrenador pertenece a la misma organización que el aprendiz.

Las organizaciones que utilizan entrenamiento experto interno, como un programa organizacional, fijan políticas y otros aspectos relacionados con él.

Ejemplo: el entrenador experto es un gerente de un área diferente de aquella en la cual se desempeña el aprendiz.

Cuando el entrenador es su propio jefe, esta relación se denomina *jefe entrenador*.

Jefe entrenador

El concepto implica que el jefe es una persona que al mismo tiempo que cumple el *rol de jefe* lleva adelante otra función respecto de sus colaboradores: ser guía y consejero en una relación orientada al aprendizaje. Lo asume de manera deliberada, desea hacerlo y está convencido de los resultados a obtener.

Para que un jefe se transforme en jefe entrenador o, ya siéndolo, mejore aún más esta capacidad, el camino sugerido es el desarrollo de la competencia *Entrenador*.

Convertirse en jefe entrenador no implica adicionar tareas. Por el contrario, se trata de un comportamiento permanente que un jefe lleva a cabo en su relación cotidiana con sus colaboradores.

Para llevar a cabo el concepto "jefe entrenador" se sugiere la realización de programas específicos para jefes a través de un programa organizacional dirigido al desarrollo de la competencia *Entrenador*, tal como es definida en la obra *Diccionario de competencias. La trilogía. Tomo 1*.

Todo jefe, desde el número 1 de la organización hasta aquel que tiene a su cargo pocas personas, debe cumplir un rol múltiple en relación con su colaboradores; una de estas tareas, muy especial, es el papel de guía y apoyo a la gente a su cargo para que realicen mejor sus tareas: ser entrenador.

Para que este rol se verifique será necesario que la organización asuma una actitud activa al respecto, implementando los denominados *programas para jefes*.

Definición de la competencia *Entrenador*: *capacidad para formar a otros tanto en conocimientos como en competencias. Implica un genuino esfuerzo para fomentar el aprendizaje a largo plazo y/o desarrollo de otros, más allá de su responsabilidad específica y cotidiana. El desarrollo a lograr en otros será sobre la base del esfuerzo individual y según el puesto que la otra persona ocupe en la actualidad o se prevé que ocupará en el futuro.*

Los programas para jefes, como *Jefe entrenador*, se relacionan también con el Método 12 pasos para el autodesarrollo que se verá más adelante, en esta misma sección.

Autodesarrollo

El *autodesarrollo* es el método más eficaz para el desarrollo de competencias, y también su grado de eficacia puede ser muy alto para adquirir determinados conocimientos. A su vez el autodesarrollo puede ser dentro y fuera del trabajo.

Como ya se expresara, el autodesarrollo es el método más recientemente incorporado a las buenas prácticas de aprendizaje organizacional, siendo utilizado formalmente en este ámbito desde hace alrededor de veinte años.

En la actualidad el autodesarrollo es utilizado para el desarrollo de capacidades, tanto conocimientos como competencias, comprendiendo las acciones que realiza cada persona, por su propia iniciativa, para mejorar.

El autodesarrollo puede ser:

1. Autodesarrollo dentro del trabajo. Acciones que realiza una persona, por su propia iniciativa, para mejorar dentro del ámbito laboral y en relación con su puesto de trabajo. Para este tipo de autodesarrollo la organización puede ofrecer a sus colaboradores las *guías de desarrollo dentro del trabajo*.

2. Autodesarrollo fuera del trabajo. Acciones que realiza una persona, por su propia iniciativa, para mejorar fuera del ámbito laboral y sin relación alguna ni con su puesto de trabajo ni con actividades laborales. Para este tipo de autodesarrollo la organización puede ofrecer a sus colaboradores las *guías de desarrollo fuera del trabajo*.

Guías de desarrollo o guías para el autodesarrollo

Las guías para el desarrollo son documentos en los cuales se describen posibles acciones o caminos que se sugiere seguir con el propósito de mejorar. Por ejemplo: alcanzar comportamientos más altos en relación con una competencia que se desee desarrollar; sumar nuevos conocimientos o incrementar los que ya se poseen en una determinada disciplina o campo profesional.

Las guías de desarrollo pueden ser:

- Dentro del trabajo.
- Fuera del trabajo.

A su vez, pueden ser diseñadas tanto para el desarrollo de competencias como para la adquisición de conocimientos, siendo las primeras las de uso más frecuente.

Guías de desarrollo dentro del trabajo

Como se mencionara, las guías para el autodesarrollo son documentos internos organizacionales en los cuales se describen las posibles acciones que se sugiere incorporar en la actividad cotidiana, a fin de alcanzar comportamientos más altos en relación con la competencia a desarrollar o para incrementar/mejorar conocimientos, según corresponda.

Veamos un ejemplo vinculado con la competencia *Negociación*. En la guía de desarrollo dentro del trabajo se consignan consejos/ideas para realizar una negociación de manera efectiva. En algunos casos y según la competencia, también se pueden incluir ejercicios breves. El propósito es el desarrollo de la competencia.

Guías de desarrollo fuera del trabajo

Las guías, como ya se mencionara, son documentos internos organizacionales en los cuales se describen las posibles ideas que permitirían desarrollar las competencias del modelo organizacional en otras actividades no relacionadas con el ámbito laboral, poniendo en juego la competencia o posibilitando incrementar/mejorar conocimientos, según corresponda.

Veamos otro ejemplo, también relacionado con la competencia *Negociación*. En la guía de desarrollo fuera del trabajo se sugieren actividades diversas, no relacionadas con la actividad laboral, mediantes las cuales será posible mejorar/desarrollar la competencias. Las actividades siempre deberán ser de índole variada, para que puedan ser aplicables por distintos tipos de personas. Podrán abarcar desde la realización de hobbies y/o actividades extracurriculares hasta lecturas y otras actividades relacionadas, como el análisis de películas.

Para completar la idea expuesta acerca del autodesarrollo y el rol que sobre este método de desarrollo debe asumir el área de Recursos Humanos y la organización en su conjunto, se debe tener en cuenta que, en todos los casos, el autodesarrollo es dirigido por la organización. Es decir, la organización ofrecerá guías elaboradas en relación con el modelo de competencias, como ya se explicara en párrafos previos.

Método 12 pasos para el autodesarrollo

Como ya hemos dicho, el autodesarrollo consiste en las acciones que realiza una persona, por su propia iniciativa, para mejorar. Sin embargo, en muchas ocasiones, una persona estando convencida y deseosa de llevar a cabo su autodesarrollo, no sabe cómo hacerlo. Por esta razón, las organizaciones ofrecen a sus colaboradores las guías de desarrollo, ya mencionadas en la sección anterior.

El método 12 pasos está pensado y diseñado para el autodesarrollo de diversos tipos de capacidades. Por su naturaleza, se trata de un método de aprendizaje que permite desarrollar tanto competencias como conocimientos. Este método forma parte de la Metodología Martha Alles International y lo hemos denominado "Método 12 pasos"©.

Por lo tanto, una organización puede ofrecer a sus colaboradores la posibilidad de desarrollar una capacidad a través de formación y/o manuales para llevar a cabo los 12 pasos del método. De ese modo, de manera gradual y sucesiva se irán incorporando comportamientos y/o conocimientos que, al mismo tiempo, se irán llevando a la práctica de manera gradual.

El Método 12 pasos puede realizarse dentro del trabajo, fuera del trabajo y también en forma combinada. Esta última opción es la que ofrece mejores resultados.

¿La Universidad Corporativa puede ser una solución válida?

La Universidad Corporativa suele reunir varios de los métodos explicados hasta aquí, ofreciendo una amplia gama de opciones y posibilidades en materia de formación y desarrollo, tanto de conocimientos como de competencias. Veamos primero su definición.

> *Universidad Corporativa.* Unidad o sistema para el desarrollo de las personas de una organización, estructurada a través de un currículo que integra los distintos requerimientos de conocimientos y competencias de los diferentes niveles del ente, directamente conectados con sus objetivos estratégicos.
> Esta unidad podrá consistir en un sector interno de la organización y/o apoyarse en entes externos especializados.

En las organizaciones, en general, suele verificarse una brecha entre lo que debería ser o hacerse y lo que realmente es o se hace. Una de las facetas donde no siempre se hace lo que se debiera es en materia de formación y desarrollo de personas.

Por un lado, las organizaciones trabajan para alcanzar la Estrategia y programan acciones a llevar a cabo, en el presente y en el futuro, para alcanzar la visión a largo plazo que hayan definido. Por otro, las áreas de Recursos Humanos llevan adelante planes de acción que incluyen, entre otros, el desarrollo y la formación de colaboradores de todos los niveles.

Para precisar los términos, denominamos *Formación* a la acción de educar y/o instruir a una persona con el propósito de perfeccionar sus facultades intelectuales a través de la explicación de contenidos, ejercicios, ejemplos, etc. Esta definición de formación incluye conceptos tales como codesarrollo y capacitación. A su vez, *Desarrollo de personas* se utiliza para designar al conjunto de acciones tendientes a hacer crecer las capacidades de una persona en relación con su puesto de trabajo, actual o futuro. Implica tanto los conocimientos como las competencias.

© GRANICA

En resumen, las organizaciones deberían realizar y promover acciones constantes y planificadas tendientes a incrementar las capacidades de las personas que las integran, en relación con los puestos que ocupan ahora o se prevée ocuparán más adelante, para así todos, en conjunto, alcanzar los objetivos estratégicos organizacionales.

La Universidad Corporativa, como una unidad o sistema para el desarrollo de las personas, podrá proveerle a la organización el desarrollo y la formación necesarios. ¿Cómo? A través de un currículo estructurado, que integre los distintos requerimientos de conocimientos y competencias de los diferentes niveles, con un diseño específico, directamente conectado con los objetivos estratégicos de la organización en cuestión.

Esta unidad podrá consistir en un sector interno de la organización y/o apoyarse en entes externos especializados.

¿El término "universidad corporativa" es similar a "centro de formación"?

Para responder esta pregunta, veamos primero la definición de centro de formación. Este término hace referencia al ámbito, dentro de la organización, para la impartición de actividades de formación, usualmente equipado a tal efecto.

Según la actividad principal de la organización, un centro de formación podrá contar con equipos para la simulación de ciertas tareas complejas; por ejemplo, las compañías de aviación cuentan con simuladores de vuelo.

Adicionalmente al equipamiento, otro factor de diferenciación lo constituyen las capacitaciones específicas según el tipo de negocio o industria.

Por lo tanto, un centro de formación tiene similitudes con una universidad corporativa. Entre las diferencias podemos señalar que la universidad corporativa, usualmente, cuenta con un diseño de un currículo a largo plazo y con un alcance más amplio.

En síntesis, ya sea a través de la Universidad Corporativa y/o Centros de Formación y/o de Planes de Formación, en cualquiera de las opciones y circunstancias, todas las acciones de formación y desarrollo que se encaren deberán estar diseñadas con el propósito de alcanzar la estrategia y visión organizacional.

Universidad Corporativa. Centros de Formación. Capacitación. Codesarrollo

Como se expuso en el punto anterior, muchas organizaciones cuentan con una Universidad Corporativa y/o sus propios centros de formación. La eficacia y efectividad de sus planes formativos dependerán, en todos los casos, del enfoque estratégico o no que se les asigne.

Tanto la Universidad Corporativa como los centros de formación, u otras variantes que se implementen en el ámbito de las organizaciones, utilizan muchas de las herramientas y formatos aquí mencionados, cursos, talleres y seminarios junto con otras opciones como *e-learning*, herramientas de autodesarrollo, por mencionar las más frecuentes. En nuestra propuesta, a lo anteriormente mencionado, se sugiere adicionar el método denominado *Codesarrollo*, que se explicará más adelante.

Capacitación

El término "capacitación", usualmente, se utiliza para denominar a las actividades estructuradas, generalmente bajo la forma de un curso, con fechas y horarios conocidos y objetivos predeterminados.

La capacitación es la actividad más utilizada para la formación de personas, en especial adultas. Su formato más frecuente es aquel que cotidianamente se conoce como "curso", una actividad donde un profesor o instructor transmite una serie de conocimientos a los participantes.

Los objetivos de cada una de estas actividades son concretos y conocidos de antemano por los participantes, así como las fechas y los horarios en que cada actividad tiene lugar.

Podría utilizarse el término "capacitación" con un alcance más amplio. Sin embargo, hemos utilizado esta definición porque representa la idea más frecuente que todas las personas tienen respecto al punto.

Una persona podría sostener que "se capacita" cuando realiza una tarea, y eso es cierto. De todos modos y de acuerdo con el significado que se le ha dado a este término en obras previas y que también se le dará en esta, la capacitación siempre es impartida por un profesor o instructor, según corresponda, a través de una actividad estructurada con formato de clase, con fechas y horarios establecidos y objetivos concretos.

Llevada esta definición al ámbito de las organizaciones, y solo a modo de ejemplo, se podría hablar de capacitación en una temática, por ejemplo, "costos estándar para los integrantes del área de Costos de una empresa en particular". Para ello, la empresa en cuestión contrata a un profesor o instructor, y determina el lugar, las fechas y los horarios y el alcance de la actividad.

La capacitación tiene puntos en común y diferencias con *Codesarrollo*, método que se verá a continuación.

Los grados de eficacia de las diferentes formas de aprendizaje varían según la actividad y su receptor. Escuchar una conferencia puede dar como resultado un aprendizaje relativamente escaso. El aprendizaje usualmente crece a medida que la persona incrementa su nivel de participación. El aprendizaje alcanza su nivel máximo cuando la persona pone en acción aquello que ha aprendido.

Formación y Gestión por Competencias

El desarrollo de competencias es un factor clave para cualquier modelo de competencias. No tiene sentido implementar un modelo si *a posteriori* no se toman medidas para achicar las brechas entre los perfiles por competencias requeridos según los diferentes puestos y las personas que los ocupan. Por lo tanto, así como se puede decir que Gestión por Competencias es un modelo de management que permite alinear a las personas con los objetivos organizacionales, se puede decir también que el desarrollo de competencias es el propósito fundamental de su puesta en marcha, ya que es la única vía posible para lograr un cambio de cultura o para alcanzar un objetivo estratégico.

Si una organización ha implantado un sistema de gestión de Recursos Humanos por competencias, será sobre estas que se centrarán los mayores esfuerzos de formación y entrenamiento, de modo que los colaboradores en su conjunto mejoren sus capacidades en relación con sus respectivos puestos de trabajo.

Desarrollo de competencias a través del método Codesarrollo

¿Cómo desarrollar competencias? La gestión por competencias se relaciona con todos los procesos o funciones, y a su vez estos se vinculan entre sí.

Ejemplos de interacción de distintos procesos de Recursos Humanos con el desarrollo de competencias:

1. Cuando se realizan las evaluaciones del desempeño y dentro de esta evaluación se miden competencias, podrán determinarse brechas y así surgir la necesidad de mejorar ciertas competencias, ya sean de un colaborador o un grupo.

2. La organización puede requerir, frente a una determinada circunstancia, que un grupo de personas en particular realice un entrenamiento específico. Ejemplo: cuando vendedores de una cadena de tiendas necesitan mejorar la comunicación y la orientación al cliente, ambos conceptos implican el desarrollo de las respectivas competencias.

3. La organización requiere desarrollar a todos sus colaboradores en un tema en particular, por ejemplo, *Orientación al cliente interno y externo* o *Compromiso con la calidad*. Al igual que en el punto anterior, ambos conceptos implican el desarrollo de las respectivas competencias.

4. Mejorar el liderazgo de todos los niveles de conducción o de algunos en particular. En este caso se pueden combinar temáticas como *Rol del jefe* y el desarrollo de las competencias *Conducción de personas, Liderazgo para el cambio* y *Entrenador*.

5. Reforzar las habilidades comerciales y de atención al público de todos los que de un modo u otro tienen relación con clientes.

Para estos casos y otros similares se deberá primero definir las competencias y su alcance, y a partir de allí preparar las actividades de desarrollo más adecuadas.

En la presentación de la obra *Codesarrollo. Una nueva forma de aprendizaje* se decía que el talento es escaso y debe desarrollarse, y que esta es una temática especialmente relevante en la actualidad y con vistas al futuro. Para accionar sobre el talento, este debe dividirse en los elementos que lo componen; por lo tanto, para el desarrollo de talentos debe trabajarse en una doble vía: sobre las competencias y los conocimientos.

El método que hemos denominado *Codesarrollo* es aplicable a ambos aspectos, conocimientos y competencias. La experiencia ha demostrado que es un método de aprendizaje eficaz y efectivo tanto para la adquisición de conocimientos como para el desarrollo de competencias.

En la mencionada presentación de la obra también se menciona que *Codesarrollo* es un método de aprendizaje que ha surgido del *Centro de investigaciones de nuevas aplicaciones* de nuestra firma, Martha Alles International, que lo ha lanzado al mercado hace unos años, con notable suceso y experiencias altamente positivas. Sin embargo, es muy importante destacar que *Codesarrollo* es un nuevo método de aprendizaje basado en teorías preexistentes, a las cuales se añadió un aporte diferenciador.

Codesarrollo es un método para el desarrollo de personas, aplicable tanto a competencias como a conocimientos, que implica acciones concretas que de manera conjunta realiza el sujeto que asiste a una actividad de formación guiado por un instructor para el desarrollo de sus competencias y/o conocimientos. El Codesarrollo implica un ciclo: 1) taller de Codesarrollo; 2) seguimiento; 3) segundo taller de Codesarrollo. La idea se expresa en la figura de la página siguiente.

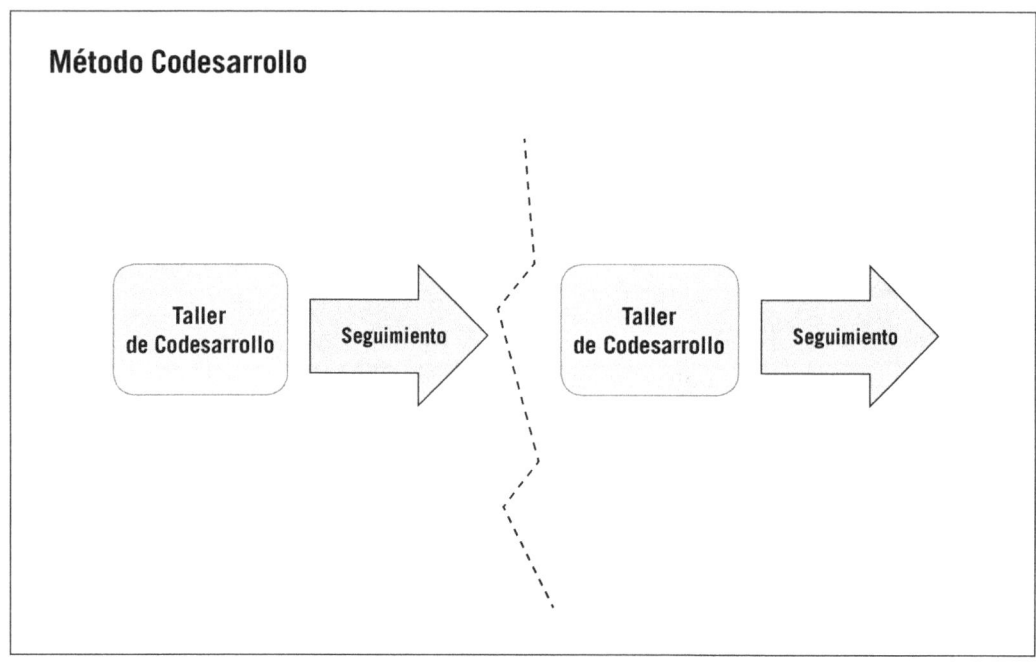

En el gráfico precedente se menciona la realización de un Taller de Codesarrollo, en referencia a una actividad de formación estructurada durante la cual se intercalan exposiciones teóricas con ejercitación práctica, siendo esta última predominante.

El Taller de Codesarrollo es una actividad estructurada donde el participante realiza acciones concretas de manera conjunta con su instructor, para el desarrollo de sus competencias, y/o conocimientos.

Un Taller de Codesarrollo consta de los siguientes pasos: 1) presentar el tema; 2) poner en juego una competencia o en práctica un conocimiento; 3) reflexión y autoevaluación; 4) plan de acción. El paso 5 (seguimiento) se realiza con posterioridad al taller. Un Taller de Codesarrollo puede ser diseñado para el aprendizaje de un conocimiento o para el desarrollo de una competencia.

En cualquiera de los dos casos, es fundamental contar con un diseño adecuado que, según nuestra sugerencia, debe ser elaborado por un experto. En el caso de conocimientos, por un experto de la materia en cuestión; en el caso de competencias, por un experto en competencias.

En ambos casos, además, la persona que lleve a cabo el diseño debe ser experto en el método de *Codesarrollo*.

¿Quién puede hacer el seguimiento? Si la o las personas participantes del método Codesarrollo están al mismo tiempo en un proceso de *entrenamiento experto*, *mentoring* o tutoría, los responsables de dicho proceso pueden realizar el seguimiento respecto del avance o progreso que realiza el involucrado en materia de desarrollo de competencias. Otra posibilidad es que el instructor del Taller de Codesarrollo realice un seguimiento. Para ello deberá reunirse con los participantes de la actividad, a fin de evaluar la situación de cada uno de ellos.

Para un más adecuado diseño de actividades de Codesarrollo sugerimos trabajar con las "guías de desarrollo" de la organización. De ese modo el responsable del diseño contará con material de apoyo y, además, podrá asegurarse de no asignar carga teórica en demasía y poner realmente en juego la competencia, para lograr su desarrollo.

Para desarrollar las capacidades de los colaboradores

Resumiendo, para el desarrollo de las capacidades se puede optar por uno solo de los métodos aquí sugeridos o por una combinación de ellos. La elección de uno u otro dependerá, por ejemplo, de la posibilidad de contar con una de estas variantes, o del tipo de brecha a reducir y/o la capacidad a desarrollar. Usualmente, cuando se verifiquen brechas significativas se deberá utilizar más de un camino para reducirlas, en especial si se desea lograr resultados consistentes en un plazo de tiempo breve.

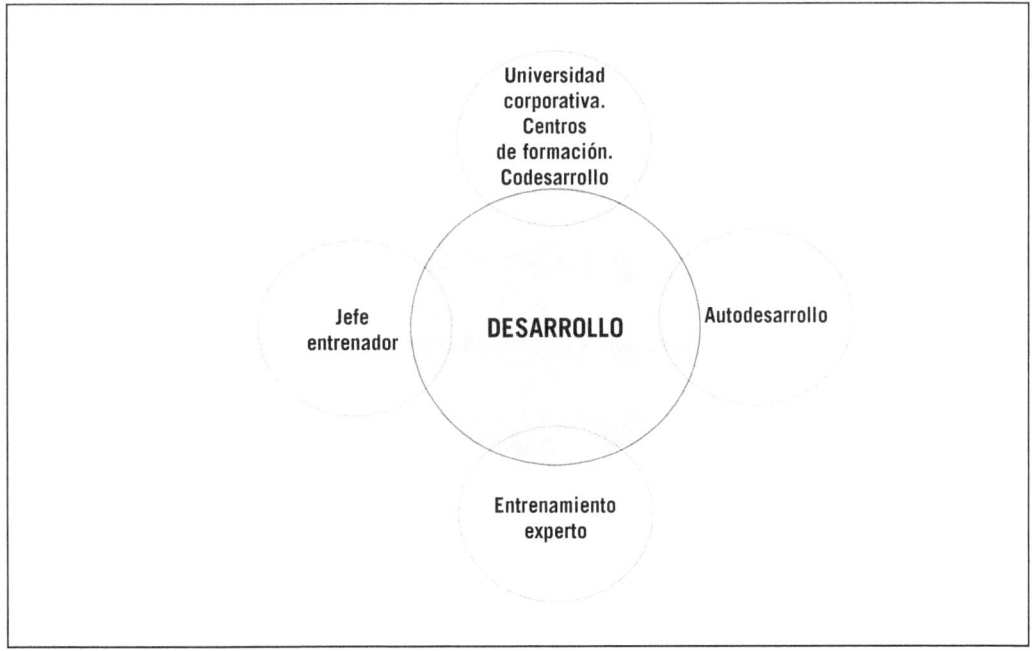

Del análisis de la figura precedente surgen algunos comentarios. Los métodos *Jefe entrenador* y *Autodesarrollo* son los más fáciles de implementar, se realizan con recursos internos e involucran menores costos asociados.

La Universidad Corporativa y/o los centros de formación –usualmente– se relacionan con empresas de mayor tamaño; sin embargo, aplicar Codesarrollo está al alcance de todos.

Por último, aun en empresas pequeñas, siempre es una buena idea el desarrollo de entrenadores expertos internos.

Por lo tanto, muchas de las buenas prácticas en materia de formación de colaboradores, si bien requieren algún grado de inversión, podrán ser llevadas a la práctica en todo tipo de empresa, en cuanto a rubro de actividad y tamaño.

Cómo resolver la *cuestión 20* desde la mirada del jefe

Todos los jefes podrán transformarse en jefes entrenadores. Muchos ya lo son y, si así lo desean, podrán incrementar esta capacidad.

Ser jefe entrenador no significa ni dedicar más horas de trabajo a su rol de jefe ni realizar tareas extras. Más bien es un cambio en el estilo de relacionamiento con sus colaboradores. Pequeñas acciones cotidianas marcarán la diferencia.

Este cambio de comportamiento mejorará la relación con sus colaboradores y los resultados del área o sector a su cargo. Como consecuencia de todo lo anterior, mejorará sus propios resultados. Se trata de una de las tantas buenas prácticas que aportan un resultado de tipo *ganar-ganar*, positivo para todos los involucrados.

Si su empresa ha adoptado las guías de desarrollo, utilícelas para su propia formación y sea un promotor del método en su equipo de trabajo.

En muchas organizaciones, las áreas de Recursos Humanos consultan a los jefes sobre la necesidad de capacitación de las personas a su cargo. No responda a dichas encuestas a la ligera ni con respuestas estereotipadas tales como "se necesitan cursos de Excel y sobre trabajo en equipo"; quizá las personas a su cargo deban mejorar estas dos capacidades, pero en la mayoría de los casos podrán mejorarlas con su ayuda y no con un curso. Analice con seriedad las necesidades de capacitación tanto propias como del equipo a su cargo, en función de los objetivos que le hayan fijado a su sector/área y de los planes estratégicos organizacionales a mediano y largo plazo. Si no los conoce, siempre podrá preguntar sobre ellos a un superior.

Adicionalmente, sea un aliado de los planes de formación que proponga el área de Recursos Humanos. Si en alguna circunstancia no está de acuerdo con alguna actividad, proponga cambios. Muchos jefes, cuando este tipo de situaciones se presenta, no hacen comentario alguno y, al mismo tiempo, no autorizan a sus colaboradores a asistir. No es una buena idea obrar de este modo.

Cómo resolver la *cuestión 20* desde la mirada del responsable de Recursos Humanos

La experiencia indica que la detección de necesidades de formación y los planes de formación, con frecuencia, se confeccionan siguiendo pautas que dieron resultado en algún momento y que no contemplan todas las necesidades actuales. La formación debe realizarse, en todos los casos, de cara al futuro y con el propósito de alcanzar la visión y la estrategia organizacionales. La detección de necesidades será un aspecto fundamental para el diseño del currículo en una Universidad Corporativa y en los planes de un centro de formación o cualquier otra variante que se lleve a cabo, en el marco de la organización.

Como se dijo en el punto anterior (sobre la mirada del jefe), en muchas organizaciones las áreas de Recursos Humanos consultan a los jefes sobre la necesidad de capacitación de las personas a su cargo, y usualmente estos responden sin mucha reflexión (en el ejemplo dado: se necesitan cursos de Excel y sobre trabajo en equipo). Quizá las personas a su cargo deban mejorar estas capacidades; sin embargo, probablemente no sea un curso la mejor opción para lograrlo: un colaborador podrá mejorar su manejo de Excel con la guía del propio jefe o de un compañero que lo conozca bien, y mejorará su competencia *Trabajo en equipo* a través del autodesarrollo y el apoyo de su propio jefe (jefe entrenador).

Para la detección de necesidades, paso previo a la elaboración del *plan de formación*, formule preguntas pertinentes a fin de detectar aquellas temáticas de capacitación (conocimientos y competencias) que permitan cumplir los objetivos organizacionales fijados para el año y, además, los planes estratégicos a mediano y largo plazo.

La creación de una Universidad Corporativa y/o centros de formación dentro de la empresa es, desde ya, una muy buena iniciativa que debe contemplar las buenas prácticas y vincularse, como se dijo en el párrafo anterior, a la estrategia.

Adicionalmente, se deben incluir otras formas de desarrollo, como el autodesarrollo y los programas internos para el desarrollo de las personas que integran la organización.

En cuanto a la implementación de los diferentes programas, tener en cuenta la elaboración de procedimientos internos para lograr una cierta coherencia en la utilización de recursos y métodos formativos.

Cómo resolver la *cuestión 20* desde la mirada del número 1, CEO o dueño

Todo número 1 es, al mismo tiempo, un jefe, por lo cual deberá dar ejemplo a todos los demás jefes de la organización. Por lo tanto, se sugiere tener muy en cuenta las recomendaciones dadas a los jefes.

Todo lo expuesto aquí se relaciona con organizaciones de todo tipo y tamaño, aun las pequeñas. Los métodos de trabajo a implementar podrán diferir según el tamaño de la organización. No obstante, desde su rol de número 1 deberá solicitarle al área de Recursos Humanos el análisis de la problemática aquí expuesta y el diseño de cursos de acción adecuados.

Cuando se trate de una organización de gran tamaño, con amplia dispersión geográfica, será de utilidad contar con procedimientos que luego puedan ser auditados.

Continuar leyendo

Sugerimos leer, con relación a esta temática, las siguientes cuestiones:

1. Cuestión 2. *Qué hacer cuando existe alta rotación de colaboradores. Cómo retener a los mejores.*
2. Cuestión 8. *Qué hacer cuando los colaboradores evidencian menor compromiso, especialmente entre las nuevas generaciones.*
3. Cuestión 10. *Qué hacer para elegir las mejores herramientas de RRHH desde la mirada de los jefes.*
4. Cuestión 11. *Qué hacer para darse cuenta de que un candidato (externo o del propio equipo) es el mejor para ocupar un determinado puesto.*
5. Cuestión 12. *Qué hacer al momento de elegir un nuevo colaborador: tomar la decisión en función de lo que se necesita ahora, se necesitará más adelante o por el mejor candidato de todos.*
6. Cuestión 14. *Qué hacer para lograr que la promoción de un colaborador no se transforme en un problema (a futuro).*

Para los interesados en seguir leyendo sobre este tema, sugerimos las siguientes obras:

- *Construyendo talento*
- *Codesarrollo*
- *Desarrollo del talento humano. Basado en competencias*
- *Rol del jefe*
- *12 pasos para transformarse en un jefe entrenador*
- *Las 50 herramientas de Recursos Humanos que todo profesional debe conocer*
- *Diccionario de términos de Recursos Humanos*
- *Diccionario de comportamientos. La trilogía. Tomo 2*
- *La Marca Recursos Humanos*

CUESTIÓN 21
Qué hacer frente a demandas particulares de los colaboradores, cómo atender sus diversas expectativas y planes personales, y cómo actuar con los jefes que hacen promesas a sus colaboradores que luego no pueden cumplir

Las personas, todos nosotros, tenemos diferentes proyectos e intereses personales, los cuales –a su vez– se modifican, ya que responden a diferentes etapas de la vida. Esta afirmación incluye a directivos, jefes y colaboradores.

La mayoría de las personas, también, tienden a analizar los proyectos e intereses personales de las otras personas tomando como marco de referencia los propios. Para analizar la cuestión aquí planteada debemos comenzar por comprender el verdadero alcance de estos conceptos.

Adicionalmente, y en relación con las expectativas y demandas de los colaboradores, muchos jefes plantean soluciones que, si bien son posibles, no forman parte de las políticas organizacionales.

El concepto "conciliar vida profesional y personal" hace referencia a la tarea constante que todas las personas realizan para llevar adelante, con equilibrio, su desarrollo laboral y profesional, por un lado, y, por otro, a la plena realización de las necesidades y deseos personales. El varón y la mujer necesitan, por razones económicas y psicológicas, crecer en el ámbito laboral, lo que sin duda implica un proceso altamente demandante. Pero también anhelan disponer de energías suficientes para su dimensión personal, que no solo está referida a la familia sino a una variedad más amplia de intereses y anhelos.

La conciliación entre los diferentes planos es de interés tanto individual como organizacional.

Hasta no hace muchos años esta temática se denominaba *balance vida-trabajo* y estaba referida, generalmente, a la situación de la mujer. Hoy en día, y más aún entre las nuevas generaciones, la armonía de intereses personales se considera una problemática de todos, independientemente del sexo o el nivel socioeconómico.

El análisis de esta cuestión propone centrarse en los aspectos que se ilustran en la figura siguiente.

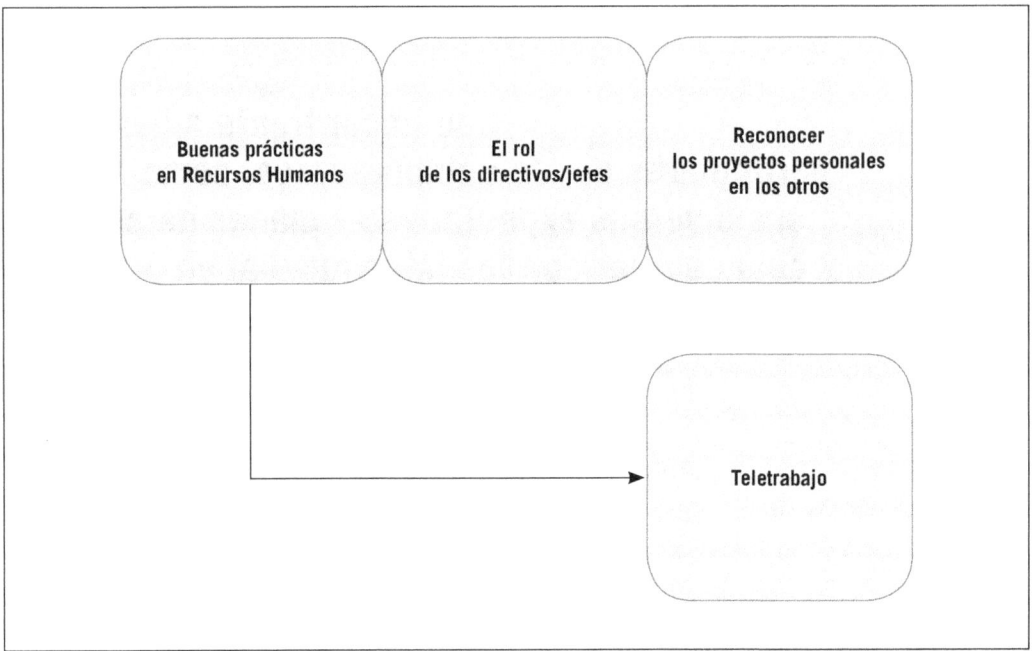

El primero de los aspectos señalados en la figura precedente (buenas prácticas de RRHH) ha sido tratado en varias de las cuestiones que integran este libro. No será analizado aquí, pero debe tenerse en cuenta. Es la base para la resolución de la mayoría de las cuestiones que afectan a directivos, jefes y colaboradores. Se sugiere tener en cuenta la *adecuación persona-puesto* así como las *encuestas de satisfacción laboral* y las *encuestas sobre proyectos personales*, entre otras buenas prácticas mencionadas en esta obra. Las personas se sienten mejor cuando ocupan los puestos para los cuales poseen las capacidades requeridas, entre otros factores.

En segundo término se menciona el rol de los directivos y jefes (en relación con esta cuestión), que será tratado a continuación. También será tratada más adelante la consideración de los intereses y proyectos personales de los colaboradores, en especial reconociendo cada jefe que las otras personas pueden tener pensamientos y posiciones diferentes de los suyos.

En la parte derecha y debajo de la figura, se menciona el teletrabajo como un derivado de las buenas prácticas. Este aspecto será tratado en las páginas finales.

Qué hacer frente a ciertas demandas de los colaboradores, frente a las diferentes expectativas y planes personales es un tema de difícil abordaje en un libro, dado que las razones de estos requerimientos y anhelos pueden ser de muy diversa índole. Se han asumido las más frecuentes. Dada esta diversidad de temas, procedimientos y situaciones, muchos jefes obran de manera intuitiva y de allí pueden surgir las circunstancias a las cuales se hace referencia en el título de esta cuestión, "los jefes que hacen promesas a sus colaboradores que luego no pueden cumplir".

El rol de los jefes en la armonización de los diferentes intereses de sus colaboradores

Los jefes, en general, deben desempeñar una serie de actividades en relación con las personas a su cargo. Este conjunto de funciones adicionales e inherentes a este rol lo hemos denominado "rol del jefe", cuyo adecuado desempeño es considerado –además– como una buena práctica en relación con muchos aspectos, incluyendo el tratado en esta cuestión. En resumen, el *rol del jefe* mencionado también se relaciona con la conciliación de vida profesional y personal de sus colaboradores.

Cuando los jefes cumplen su rol eficazmente podrán detectar una serie de situaciones de manera temprana y de esta forma prevenir futuros conflictos entre la organización y sus colaboradores. Además, al apoyar a estos para lograr una mejor conciliación de su vida profesional y personal, cumplirán mejor con sus propias responsabilidades, en una relación ganar-ganar.

Los jefes –entendiendo por jefe a todo aquel que tiene a otras personas a cargo– tienen un rol preponderante en la relación que un colaborador establece con la organización en la cual trabaja. En su vida cotidiana un colaborador comparte sus días de labor con sus compañeros de trabajo y con su jefe directo, y quizá con otras personas adicionalmente. Por ello, en este esquema, usualmente, el jefe representa de algún modo a la organización.

El jefe es el nexo entre la organización y sus colaboradores

El jefe tendrá un rol preponderante en relación con los métodos y procedimientos de Recursos Humanos. En relación con la conciliación de vida profesional y personal, por ejemplo, el jefe será el primero en detectar problemas familiares de sus colaboradores, en darse cuenta de si su colaborador puede conciliar adecuadamente sus distintos intereses o, por el contrario, si tiene sus intereses "desbalanceados".

Un jefe podrá encontrar entre sus colaboradores algunos que desatiendan a su familia por "culpa del trabajo", o viceversa. Quizá no pueda hacer cosa alguna para resolver la situación, pero podrá pedir consejo al área de Recursos Humanos, averiguar si puede ser de ayuda de algún modo, o bien tener presente que allí podrá originarse algún problema en el futuro.

Como ya se expresara, la mayoría de las personas tenemos dificultad para diferenciar entre lo que pensamos cada uno de nosotros sobre ciertos temas –por ejemplo, la carrera laboral y/o los diferentes intereses personales– y lo que realmente puede pensar el otro. Por lo tanto, como parte de la formación específica destinada a jefes para que cumplan este rol (concepto "Rol del jefe"), será de suma utilidad incluir temas relacionados con la conciliación de diferentes intereses.

En una primera instancia, la conciliación entre vida profesional y vida personal es un tema de cada individuo. Sin embargo, al mismo tiempo, es un asunto que incumbe a las organizaciones. Los jefes podrán ser de gran ayuda para que cada uno de sus colaboradores alcance el deseado equilibrio, para beneficio tanto de la organización como del colaborador.

Preguntas que debería formularse todo jefe

En párrafos anteriores se ha descrito el rol de los jefes en relación con las buenas prácticas organizacionales y la conciliación entre vida profesional y personal. Quizá la primera pregunta que cada jefe y directivo debe hacerse es acerca de su propia conciliación.

En cuanto a los colaboradores a su cargo, se verán a continuación algunas preguntas y posibles cursos de acción.

Sobre las buenas prácticas organizacionales

Todo jefe debe preguntarse cuánto conoce sobre los métodos de trabajo de su organización en relación con las personas y cómo esos métodos se vinculan con la conciliación entre vida profesional y personal. Posibles preguntas a formularse:

- ¿Conozco las buenas prácticas organizacionales?
- ¿Cómo pueden ayudar las buenas prácticas organizacionales a la conciliación de la vida profesional y personal?
- ¿Cuánto conocen mis colaboradores sobre las buenas prácticas y cómo estas pueden ayudarlos en su propia conciliación de vida profesional y personal?

Una vez que se informó adecuadamente sobre los métodos de trabajo, usted deberá continuar el análisis considerando cuánto conocen al respecto sus colaboradores y cómo podría ayudarlos a lograr una mejor conciliación entre vida profesional y personal.

Problemas con el desempeño de los colaboradores

Una preocupación frecuente de los jefes –de todos los niveles– es acerca de qué hacer cuando un buen colaborador disminuye su nivel de desempeño, por ejemplo, al comparar el presente año con el anterior o cuando, frente a un hecho concreto, el colaborador realiza algo diferente a lo esperado.

La situación ideal será detectar los indicios de manera temprana. Para ello la mejor sugerencia será comenzar por observar pequeños hechos o circunstancias como indicadores de un eventual problema futuro de mayor envergadura.

Cuando un colaborador baja su nivel de desempeño o su comportamiento no es el esperado, el jefe debe preguntarse, por ejemplo:

- ¿Cuáles son las causas reales de esa baja en el desempeño o de ese comportamiento no esperado?
- El colaborador, ¿tiene problemas en la conciliación de su vida profesional y personal?
- Si la respuesta a la pregunta anterior es afirmativa, ¿cuáles buenas prácticas organizacionales podrían ser de ayuda frente a la situación planteada por el colaborador?

En resumen, deberá comenzar por preguntarse sobre las reales causas de un comportamiento diferente o una baja en el nivel de desempeño del colaborador en cuestión. Como jefe podrá escuchar una excusa trivial, a partir de la cual deberá profundizar.

Cuando se detectan problemas de conciliación entre la vida profesional y personal, aunque en una primera instancia parezca un hecho de menor importancia, se sugiere tomar en cuenta la situación. Podría ser la punta de un iceberg.

Por último, cuando se ha detectado un problema de este tipo, el segundo paso es preguntarse si desde las buenas prácticas organizacionales es posible ayudar al colaborador de algún modo.

Trabajar desde el hogar. Teletrabajo

El teletrabajo es una buena práctica organizacional que en ocasiones ayuda a los colaboradores a una mejor conciliación de sus intereses personales y profesionales. Cuando la organización ofrece a sus colaboradores la opción de trabajar desde el hogar, puede brindar solución a diversas situaciones por las cuales una persona debe conciliar vida familiar y laboral, entre otras variantes.

El teletrabajo es una práctica organizacional aplicada a personas que se desempeñan bajo relación de dependencia en una organización. Es una variante al trabajo tradicional con varios años de vigencia y dispar aplicación.

El término "teletrabajo" hace referencia al trabajo remunerado en relación de dependencia en el cual el empleado realiza sus tareas a distancia, utilizando las telecomunicaciones.

La palabra "teletrabajo" hasta hace unos años no figuraba en el diccionario. Para la Real Academia Española (RAE) su significado es:

> Utilización de las redes de telecomunicación para trabajar desde un lugar fuera de la empresa usando sus sistemas informáticos.

Dentro del área de Recursos Humanos, el término "teletrabajo" se utiliza para designar la situación en que personas que pertenecen a la organización desempeñan sus tareas fuera de sus instalaciones. No es aplicable a aquellos trabajadores que se desempeñan desde su hogar utilizando los sistemas informáticos pero que ofrecen servicios de manera autónoma, bajo modalidades de autoempleo, sin pertenecer a la plantilla o nómina de empleados en relación de dependencia de una organización.

Por su parte, el término "teletrabajador" se utiliza para designar al trabajador en relación de dependencia que realiza sus tareas a distancia utilizando las telecomunicaciones.

Cuándo es posible el teletrabajo

Las organizaciones que ponen en práctica el teletrabajo de manera eficaz lo hacen para determinados puestos y considerando las capacidades tanto de los teletrabajadores como de sus respectivos jefes.

El teletrabajo –con dispares opiniones entre los especialistas– no es un recurso nuevo, siendo, al mismo tiempo, también de futuro. El teletrabajo será conveniente para ambas partes involucradas solo cuando las ventajas superen las desventajas que la modalidad conlleva.

Para la realización de teletrabajo y su puesta en práctica se deberá tener en cuenta el tipo de tareas, las competencias que el puesto requiere y las del ocupante del puesto, así como los elementos que serán necesarios para llevar a cabo las actividades que la función implica.

¿Cuáles son las competencias[1] necesarias para ser un teletrabajador? Solo a modo de ejemplo citaré algunas: *Capacidad de planificación y organización, Compromiso, Comunicación eficaz, Perseverancia en la consecución de objetivos, Productividad, Responsabilidad personal.* Todas las mencionadas forman parte de la *Nueva Trilogía*[2]. Adicionalmente, podrían nombrarse otras competencias relacionadas, tales como *Capacidad para combinar trabajo y tiempo libre* o *Capacidad para separar vida familiar y laboral.*

¿Qué elementos son necesarios? Entre los más frecuentes se pueden citar: espacio físico adecuado, potencia eléctrica, ordenador/computadora, conexión a Internet, teléfono, calefacción, aire acondicionado y ventilación, iluminación, tranquilidad, entre otros.

Ventajas y desventajas del teletrabajo para la empresa y para el trabajador

A continuación se citarán las ventajas y desventajas o inconvenientes más frecuentes. Pueden, con seguridad, adicionarse otros aspectos tanto positivos como negativos, desde ambas miradas.

Ventajas para la organización. Ahorro de espacio físico y de todo lo que de allí se deriva: electricidad, alquileres, calefacción, etc. Disminuyen los problemas de ausentismo. Medición del desempeño por resultados. Aumento de la productividad.

Ventajas para el colaborador/teletrabajador: Soluciona problemas de la vida de familia del teletrabajador al permitir un contacto más directo con ella. Si el colaborador tiene buena productividad, puede tener más tiempo libre. Más libertad real, y sensación de libertad. Disminución de los problemas laborales que provengan de la interacción con otros compañeros. Menos gastos de ropa, transporte, etc.

Desventajas/inconvenientes para la organización. En la etapa inicial, el costo de los equipos y otras inversiones. Imposibilidad de un control por ausencia del empleado. Mayor dificultad para el trabajo en equipo, coordinación de temas con otros

---

[1] El término "competencia" hace referencia a las características de personalidad, devenidas en comportamientos, que generan un desempeño exitoso en un puesto de trabajo.
[2] *Diccionario de competencias. La trilogía. Tomo 1, Diccionario de comportamientos. La trilogía. Tomo 2 y Diccionario de preguntas. La trilogía. Tomo 3.* Todos publicados por Ediciones Granica.

colaboradores, etc. Pérdida paulatina de la identificación del empleado con la organización.

Desventajas/inconvenientes para el teletrabajador. Aislamiento y sensación de pérdida de estatus. Pérdida de uno de los principales beneficios del trabajo: la socialización. Pérdida de la guía en la carrera laboral (el marco de referencia). Afrontar la primera etapa de cambio a teletrabajador. Falta de apoyo de compañeros y referentes (el colaborador muchas veces no tiene a quién preguntarle frente a una duda). Desvinculación paulatina de la empresa (pérdida de identificación).

Como ya se expresara, estas son algunas de las ventajas y desventajas. Frente a un caso concreto se podrán presentar algunas de ellas, todas al mismo tiempo y/u otras aquí no mencionadas.

Paliativos o factores que pueden atenuar las "desventajas"

Se han mencionado en párrafos anteriores ciertos inconvenientes del teletrabajo. Muchos de ellos pueden ser atenuados de algún modo a través de paliativos que permitan mitigar o atenuar los efectos no deseados del teletrabajo.

Ejemplos: combinar días o semanas de teletrabajo con períodos de desempeño presencial en las oficinas. Antes de comenzar a trabajar y luego de finalizar sus tareas como teletrabajador, caminar unas cuadras como si "entrara" y "saliera" –respectivamente– de su lugar de trabajo.

Los casos exitosos, en general, combinan períodos presenciales con otros de teletrabajo. Otros paliativos que se sugieren tienen que ver con los hábitos de las personas.

Ejemplos: vestirse de una determinada manera para las horas laborales aun dentro del propio hogar, en contraposición a la idea "trabajo en pijama". Determinar un lugar de trabajo específico e indicar a los miembros de la familia u otras personas con las cuales comparta el hogar que no debe ser molestado cuando está trabajando excepto si se presenta una situación sumamente urgente o que revista gravedad.

Otro paliativo que puede ser implementado por las organizaciones es organizar teleconferencias con los compañeros de trabajo, jefes, clientes internos, etc. Esto resulta sumamente sencillo con la tecnología disponible. En años pasados esta opción requería una inversión considerable y solo la utilizaban empresas con un gran número de teletrabajadores. Otro paliativo posible es enviar correos periódicos a los teletrabajadores para tenerlos informados sobre asuntos organizacionales, aunque se trate de pequeñas cuestiones, para que los colaboradores no sientan aislamiento y pérdida de identidad.

Los mejores puestos para el teletrabajo, y los menos adecuados

Algunos puestos parecen hechos a medida para el teletrabajo, otros no. Aquellos puestos que requieren tranquilidad, el mínimo posible de interrupciones y concentración, suelen adecuarse a esta modalidad de empleo.

Entre los puestos más adecuados se destacan aquellos cuyas tareas son rutinarias, fácilmente cuantificables en su medición, y que no requieren una maquinaria especialmente costosa ni mucho espacio físico, entre otras características. Veamos algunos ejemplos:

- Ventas por teléfono o Internet, de todo tipo: servicios, venta directa y otras.
- Utilización de base de datos de una oficina central para actividades derivadas.
- *Data entry* (ingreso de datos desde una fuente en papel).
- Programación de computadoras.
- Trabajos relacionados con periodismo, redacción, edición de libros y revistas.
- Especialidades en procesamiento de textos y otros trabajos de secretaría administrativa.
- *Research* (investigación).
- Actividades profesionales: traducción, abogacía, arquitectura, psicología, sociología, economía, consultorías, contaduría, entre otras.
- Capacitación de adultos o específica en diversos temas.

Por el contrario, otros puestos parecen menos adecuados, por ejemplo:

- Gerentes, jefes que deban supervisar equipos de trabajo numerosos.
- Empleados de cualquier nivel que requieren seguimiento y supervisión constante.
- Producción de bienes de cualquier tipo en una cadena de producción.
- Profesionales de la salud que deban atender pacientes de cualquier tipo en un determinado lugar, por ejemplo, un hospital.

© GRANICA

Siempre pueden darse excepciones, en especial por intervalos de tiempo cortos; y así hay personas que, ocupando puestos de los que hemos denominado menos adecuados, han transitado con éxito un período de teletrabajo. Como en tantos otros temas, depende de las circunstancias.

En resumen

Teletrabajo es una de las buenas prácticas de Recursos Humanos que, al mismo tiempo, permiten ayudar al colaborador a conciliar su vida profesional y personal.

Desde la mirada organizacional, no debe considerarse el teletrabajo solo como una ayuda al colaborador. Existen ventajas para ambas partes que deberán ser consideradas. Al mismo tiempo, se debe tener en cuenta que no será factible aplicarlo en todos los casos, dependerá de la tarea a realizar. El otro factor importante a considerar será el período durante el cual se mantenga esta modalidad, ya que si se trata de un lapso prolongado se podrían incrementar las dificultades.

La implementación podrá hacerse en etapas, elegir ciertos puestos, ofrecerlos como posibles trabajos que pueden desempeñarse a distancia y ver la repercusión que esta iniciativa tiene entre los colaboradores, o bien ofrecerlo como una opción para personas que deban transitar alguna etapa de la vida en que esta modalidad pueda ayudarlas a resolver una situación específica: padres con niños pequeños, personas con un familiar enfermo o cuando ellos mismos –sin estar seriamente enfermos– requieren hacer algún tipo de tratamiento y los ayudaría trabajar desde el hogar.

Como surge del gráfico de la página siguiente, el éxito del teletrabajo dependerá de una adecuada combinación de los tres factores allí mencionados.

El estilo de supervisión del jefe es de suma relevancia para una exitosa implantación del teletrabajo. Aunque se den favorablemente todos los elementos mencionados hasta aquí, si el jefe del teletrabajador no puede o no sabe cómo supervisar a sus colaboradores sin "tenerlos cerca" se presentarán dificultades en algún momento.

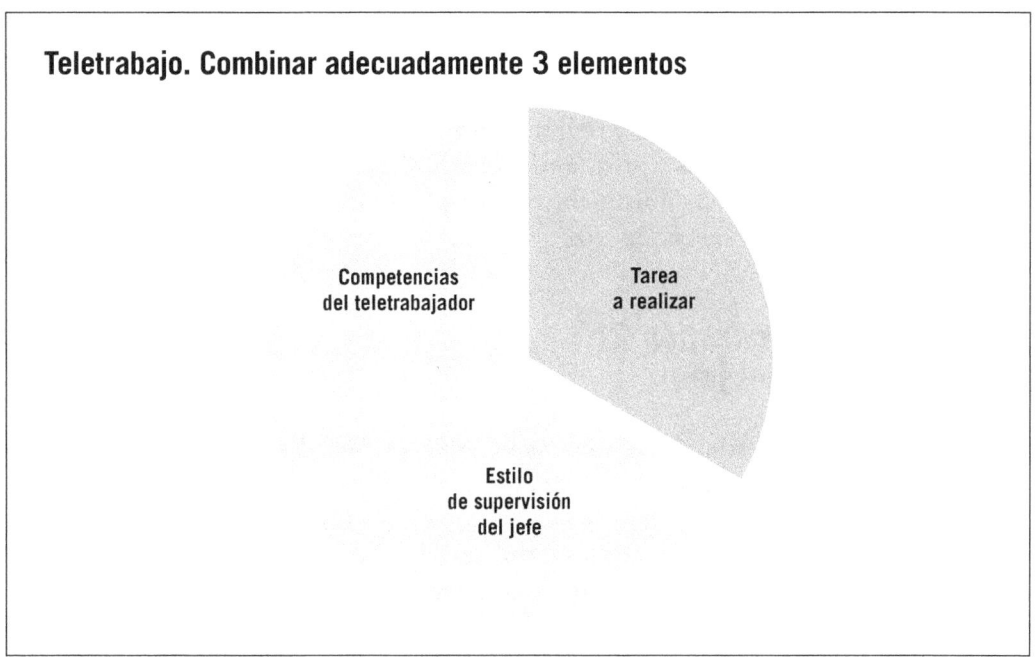

La fijación de políticas

Sobre algunos de los temas aquí tratados, una organización podría o debería fijar políticas al respecto.

El término "políticas" hace referencia a las normas internas de acción que aseguran el cumplimiento de ciertos factores (cada organización los define según su criterio), dentro del marco de la visión y estrategia organizacional. Las políticas siempre son definidas por la máxima conducción de la organización.

Entre las políticas organizacionales se encuentran las *políticas de Recursos Humanos*, que son las normas internas en relación con los colaboradores, de todos los niveles de la organización, que aseguran el cumplimiento de ciertos principios y valores, dentro del marco de la visión y estrategia organizacional. Usualmente contemplan aspectos éticos, de recaudo del patrimonio y del capital intelectual, entre otros factores.

La posibilidad de ofrecer a un colaborador trabajar a distancia, desde su hogar –y otras situaciones similares– deberá estar contemplada en las políticas de modo que, frente a una necesidad o circunstancia, un jefe no realice promesas que no pueda cumplir, como expresa el título de esta cuestión, sino que sepa a qué atenerse en cada caso, basado en las normas y políticas existentes.

Podrá darse que alguna situación se presente por primera vez, es decir, que no existan antecedentes. En un caso así, debería existir también un procedimiento sobre cómo actuar al respecto. Quizá la solución a esta problemática nueva pueda incorporarse luego a las normas y políticas organizacionales, si fue satisfactoria.

En resumen, las políticas y normas deberán brindar a directivos, jefes y colaboradores un marco de actuación, incluso para plantear temas que antes no hayan surgido y que deban ser considerados.

Cómo resolver la *cuestión 21* desde la mirada del jefe

La cuestión aquí analizada plantea *qué hacer frente a ciertas demandas de los colaboradores, frente a las diferentes expectativas y planes personales, y cómo actuar con los jefes que hacen promesas a sus colaboradores que luego no pueden cumplir.* En ningún caso he asumido que los jefes realicen promesas desmedidas o infundadas. La idea de mencionarlo de este modo tiene la intención de señalar que, muchas veces y aun con el sentido común de su parte, un jefe no puede cumplir una promesa que realizó, por ejemplo, la de ofrecer la opción del teletrabajo, porque los procedimientos organizacionales no lo permiten.

Analizando la temática en su totalidad, los jefes pueden hacer y mucho en relación con sus colaboradores. Son los que más los conocen y más cerca están de ellos como para "descubrir" situaciones y problemas, especialmente de manera temprana, cuando la solución es posible.

He conocido casos de personas a las que en un determinado momento de sus carreras se les han presentado problemas que por no haberse detectado a tiempo, luego, cuando surgieron con fuerza, ya no fue posible solucionarlos. ¿Por qué? La tensión producida por el hecho desencadenante había tornado la situación irreversible.

De acuerdo con su nivel de autoridad, cada jefe deberá analizar y ver su marco de acción. En todos los casos, siempre podrá hacer algo, recurrir a su propio jefe o al área de Recursos Humanos, tanto para obtener un consejo/guía como para informarse sobre opciones y posibilidades.

Cómo resolver la *cuestión 21* desde la mirada del responsable de Recursos Humanos

Con frecuencia, las áreas de Recursos Humanos responsabilizan a los jefes cuando surgen problemas con sus respectivos equipos. Si bien es posible que algún jefe sea él mismo la causa del problema, en la mayoría de los casos la situación es diferente.

En primer lugar, desde el área de Recursos Humanos se deberán promover los denominados programas para jefes, desde los talleres para explicar los distintos roles de los jefes hasta otros más específicos sobre la conciliación de vida profesional y personal.

En adición a lo anterior, deberán analizarse las políticas de Recursos Humanos y, eventualmente, proponerse cambios.

Respecto de implementar un recurso aquí mencionado –el teletrabajo–, una forma de considerar su pertinencia podría ser analizar las razones de desvinculación de los empleados de la compañía, en especial las renuncias. Para ello deberían realizarse entrevistas de salida. Recuerde que las personas, al momento de renunciar, con frecuencia esgrimen problemas económicos o manifiestan haber recibido una oferta mejor, lo cual puede ser cierto, pero muchas veces no son esas las verdaderas causas por las cuales el individuo se retira de la empresa.

En cuanto a todos los colaboradores, se podrían llevar a cabo talleres para que cada persona, a nivel individual, mejore su propia conciliación de intereses.

Cómo resolver la *cuestión 21* desde la mirada del número 1, CEO o dueño

El siglo XXI ha traído una serie de cambios de paradigmas; incluso estos se modifican con mayor frecuencia que en épocas pasadas. Uno de ellos se relaciona con la presente cuestión. La conciliación de los distintos intereses no es un tema solo de las generaciones más jóvenes, y la preocupación por la armonización de distintos roles, incluyendo los que atañen a la familia, tampoco se considera hoy un tema femenino, por el contrario, es de interés de mujeres y varones. Como número 1 de la organización usted deberá estar atento a estas tendencias.

Todas las personas, de diferentes edades y profesiones, desde un trabajador organizacional, ya sea un directivo o de otro nivel, hasta un religioso, un deportista o un artista, todos sin excepción, desean armonizar diferentes intereses. Adicionalmente, los estilos de carrera, sus proyectos y visión individual también difieren entre unos y otros.

Un enfoque estratégico de los Recursos Humanos de cara al futuro, pensando en un horizonte a 10, 15 o 20 años, deberá incluir políticas, métodos y procedimientos que contemplen los aspectos aquí mencionados.

Continuar leyendo

Sugerimos leer, con relación a esta temática, las siguientes cuestiones:

1. Cuestión 8. *Qué hacer cuando los colaboradores evidencian menor compromiso, especialmente entre las nuevas generaciones.*
2. Cuestión 9. *Qué hacer para motivar a los colaboradores. Cómo actuar cuando un colaborador no evidencia el comportamiento esperado para su puesto de trabajo.*
3. Cuestión 16. *Qué hacer para asignar a los colaboradores objetivos relacionados con la estrategia organizacional y lograr que el equipo a cargo los alcance.*
4. Cuestión 22. *Qué hacer para definir la mejor capacitación/formación para los colaboradores. Criterios a utilizar. Cómo tomar en cuenta los deseos del colaborador.*
5. Cuestión 23. *Qué hacer cuando el área de RRHH tiene bajo prestigio / poca credibilidad o simplemente se desea mejorar su nivel.*
6. Cuestión 24. *Qué hacer frente a resultados insatisfactorios en una encuesta de clima (encuesta de satisfacción laboral).*
7. Cuestión 25. *Qué hacer cuando hay una crisis de valores en la organización y/o en la sociedad donde la organización desenvuelve sus actividades.*

Para los interesados en seguir leyendo sobre este tema, sugerimos las siguientes obras:

- *Conciliar vida profesional y personal*
- *12 pasos para conciliar vida profesional y personal*
- *Desempeño por competencias*
- *Rol del jefe*
- *Construyendo talento*
- *Las 50 herramientas de Recursos Humanos que todo profesional debe conocer*
- *Diccionario de términos de Recursos Humanos*
- *La Marca Recursos Humanos*

Cuestión 22
Qué hacer para definir la mejor capacitación/formación para los colaboradores. Criterios a utilizar. Cómo tomar en cuenta los deseos del colaborador

Cómo elegir las mejores temáticas de formación es una cuestión difícil de encarar en muchas organizaciones. Muchos altos directivos opinan al respecto, en algunos casos con entidad, en otros, no. Unos le dan importancia solo a una gama de temas, otros tratan de seguir las nuevas tendencias o modas sin que medie un análisis profundo. Las variantes son diversas y cambian de organización en organización. De país en país.

Los jefes, en general, se ven influenciados por los pedidos de sus equipos de trabajo, y algunos, para consentirlos, dan curso a todas sus propuestas. Otros jefes, desestimando cualquier sugerencia, dan por válida solo su propia visión y perspectiva. Son actitudes equivocadas.

En cualquier circunstancia, hay un aspecto clave a considerar, las necesidades futuras en función de los puestos de trabajo. Con este horizonte en claro, será posible relacionar las preferencias y posibilidades de los colaboradores.

Los colaboradores y los jefes tienen sus capacidades (conocimientos, experiencia y competencias), así como sus propios intereses y proyectos personales. La situación ideal, del tipo *ganar-ganar*, se verifica cuando es posible vincular estrechamente estos factores con los de un puesto actual o futuro.

Por lo tanto, al realizar cualquier designación de una persona a otra posición deberá considerarse, además de las capacidades y experiencia del individuo, su motivación para asumir dicho puesto junto con sus intereses y proyectos personales. La idea se expresa en la figura de la página siguiente.

En la figura se desea mostrar que cada una de las personas que integran la organización posee conocimientos, experiencia y competencias. Adicionalmente su motivación, concepto en el cual se incluye la visión individual (sobre sí mismo), sus intereses personales y proyectos. Se ha sombreado el término "motivación" para subrayar que este será el primer aspecto a considerar, incluso antes de analizar los tres primeros (conocimientos, experiencia y competencias).

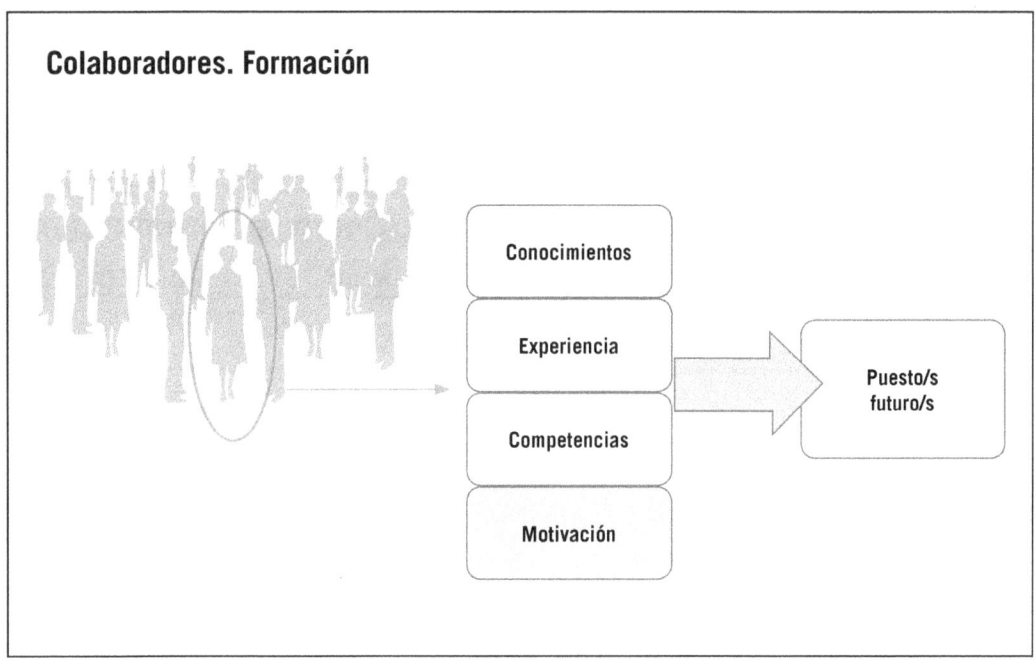

En este análisis habrá que considerar que, en el caso de existir algún tipo de desajuste, hay que determinar si es de tipo circunstancial o, por el contrario, de largo plazo. Si se concluye que ese desfase se sostendrá en el mediano plazo o largo plazo, quizá la mejor opción será no avanzar en dicha postulación. Desde las dos miradas, la organizacional y la individual (o sea, la postulación no será conveniente ni para la organización ni para la persona).

En cambio, si el desfase es temporal, la situación quizá pueda modificarse en un plazo breve y no perjudicar la postulación del posible candidato.

En resumen, tanto frente a un puesto actual como a un puesto futuro, si no se diese algún grado de correspondencia entre la visión individual del candidato, sus intereses y proyectos personales, por un lado, y las características del puesto en cuestión, por el otro, debería desestimarse su postulación. Por lo tanto, no tendrá sentido analizar los otros requerimientos del puesto (conocimientos, experiencia, competencias).

Una vez despejada esta incógnita, se determinarán las posibles brechas en todos los aspectos, para así planear las acciones de formación más adecuadas.

Planes individuales de desarrollo para alcanzar un nivel superior

Si bien la formación siempre se realiza para alcanzar un nivel superior, en el ámbito de las organizaciones ese *nivel superior* estará representado por otro puesto de trabajo, generalmente de mayor nivel que el actual. Aunque no siempre es así, pueden darse también designaciones laterales, a puestos similares en otras áreas.

Las personas desarrollan sus capacidades con el propósito específico de alcanzar un nivel superior ya definido, tanto porque deben suceder a otras, como por ser promovidas a otro puesto, entre otras situaciones posibles. La organización, en su afán de mantenerse operativa, preocupada por su sustentabilidad, diseña programas de desarrollo con el propósito fundamental de resguardar su capital intelectual.

La expresión "planes individuales" puede referirse a un plan específico confeccionado para una persona en particular o bien, planes de desarrollo para un grupo de personas cuyo diseño se realice considerando la individualidad de cada colaborador. Del mismo modo, las actividades formativas podrán ser llevadas a cabo de manera individual o en formato grupal.

Para el diseño de los planes individuales se debe tener en cuenta que el foco puede ser diferente según la circunstancia, si bien –en todos los casos– el planeamiento individual deberá contemplar los tres grandes tópicos siguientes:

- Conocimientos.
- Competencias.
- Experiencia.

El grado de importancia de cada uno de ellos dependerá de, por ejemplo, si el participante deberá asumir un nuevo puesto en pocos meses o se está preparando para una posición futura, para la cual aún no hay una fecha concreta de asunción.

Las acciones de formación para alcanzar un nivel superior, tal como lo estamos planteando, serán aquellas que surjan de la necesidad de cerrar una brecha en relación con un puesto futuro, para lo cual la persona debe incorporar conocimientos, desarrollar competencias y/o adquirir nuevas experiencias para encontrarse preparado a fin de asumir el nuevo puesto.

En un plan de formación se podrá incluir actividades relacionadas con cualquier tema. Solo a modo de ejemplo podríamos mencionar una actividad sobre *comunicación,* en la cual participan diferentes personas. El enfoque no será el mismo si una persona debe cerrar una brecha entre sus actuales capacidades y lo requerido por su actual puesto u otro que deberá asumir en breve. O si la actividad solo forma parte de un plan de desarrollo, pero sin que exista un plazo perentorio para alcanzar los objetivos y aplicar las nuevas capacidades.

Todos los actores de un plan individual deberán apreciar la diferencia: el área de Recursos Humanos como responsable de la administración de los diferentes programas, los instructores (para el ejemplo dado: una actividad de formación) y los participantes (personas que reciben la formación).

Cuando una persona debe achicar brechas significativas hay que considerar que "todos los caminos son posibles"; en otras palabras, cuando las brechas son de cierta envergadura se sugiere la puesta en práctica de todas las variantes adecuadas disponibles.

Entre los métodos para el desarrollo de personas deseo resaltar el *autodesarrollo*. Es una de las vías consideradas de mayor eficacia, aplicable tanto a competencias como a conocimientos. La organización puede ofrecer "ayuda", por ejemplo, a través de guías de desarrollo en el caso de competencias, entre otras opciones.

Las personas que deban achicar brechas podrán recibir formación a través de *Codesarrollo*, método de aprendizaje utilizado tanto para incorporar conocimientos como para desarrollar competencias.

Las actividades formativas pueden, a su vez, combinarse con otras buenas prácticas, tales como el autodesarrollo, a través de sus diferentes formas, dentro y fuera del trabajo.

Para la formación de personas, tanto en conocimientos como en competencias, nuestra metodología utiliza numerosas variantes, todas las cuales son consideradas necesarias y deben conocerse para luego poder decidir cuál es la más aconsejable en cada caso.

Si la brecha se relaciona con la experiencia, se pueden encarar acciones adicionales, tales como, por ejemplo: rotación de puestos, asignación a tareas especiales desafiantes, a comités específicos, a nuevos proyectos, como asistente de posiciones de dirección, integrando paneles de gerentes para entrenamiento, entre otras opciones.

Por último, es importante recordar que no será posible el aprendizaje si no se realiza con la participación activa de los receptores de los programas.

Cómo combinar distintas opciones de manera sencilla

En párrafos previos se mencionó, a modo de ejemplo, que una persona asiste a una actividad de formación para mejorar su *comunicación*. ¿Qué otra acción podría hacer un jefe –por ejemplo– para apoyar a un colaborador a mejorar esta capacidad?

Si un colaborador debe mejorar su comunicación debería comenzar por mejorar su capacidad para escuchar, por lo cual un jefe podría solicitarle a su colaborador que lo acompañe a una reunión/junta con el único propósito de escuchar, identificar los puntos relevantes y las inquietudes y/o solicitudes (si se presentaran) de las personas que participan en dicha reunión/junta.

Una vez que el colaborador ha evidenciado comportamientos adecuados y de nivel superior en su capacidad para escuchar se podría pasar a la segunda fase: invitarlo a presentar una propuesta o comunicar alguna idea, etc.

De este modo, a través de la experiencia se ayuda a una persona a desarrollar una capacidad, en este caso, la de lograr una adecuada comunicación.

Actividades sugeridas para alcanzar un nivel superior

Las actividades sugeridas para la confección de planes individuales deberían combinar diferentes métodos, junto con la asignación de tareas específicas para incrementar la experiencia.

Las actividades formativas son las que habitualmente se incluyen en la planificación que realiza el área de Recursos Humanos; sin embargo, el orden de eficacia de los distintos métodos es el que se consigna a continuación.

- *Autodesarrollo.* Como se ha manifestado, son acciones sugeridas a los colaboradores desde la organización, tanto para el aprendizaje de conocimientos como de competencias.

- *Entrenamiento.* Procesos de aprendizaje específico y por un tiempo determinado mediante los cuales una persona con mayor experiencia, conocimientos y/o desarrollo de una competencia ayuda a otro a mejorar en ese tema en particular. En nuestra metodología se denomina *Entrenamiento experto.* Nuestra sugerencia, en todos los casos, es enfatizar el rol de los jefes como entrenadores. Esta forma particular de asumir el entrenamiento experto, a cargo de los propios jefes, brinda a las organizaciones una vía constante y eficaz para el incremento de las capacidades (conocimientos y competencias) de todos sus colaboradores. A esta buena práctica la denominamos *Jefe entrenador.*

- *Codesarrollo.* Como se ha expresado, son acciones concretas que de manera conjunta realiza el sujeto que asiste a una actividad de formación guiado por un instructor, para el desarrollo de sus competencias y/o conocimientos.

Las formas de llevar a la práctica los tres métodos son diversas, siendo la más efectiva, como surge de lo expresado, el *autodesarrollo*, dado que la persona que lo lleva a cabo lo hace por su propia iniciativa, con el propósito de mejorar.

Frente a la necesidad de cerrar una brecha, ya sea en conocimientos o competencias, se puede comenzar por una actividad de Codesarrollo, la cual induce al participante al autodesarrollo; y, al mismo tiempo, esto puede producirse a través de los jefes, cuando estos asumen el rol de entrenador de sus colaboradores.

Como puede verse en el gráfico al pie, a partir de un Codesarrollo o de un jefe que en el día a día y a través de su rol de entrenador le sugiere a su colaborador acciones para mejorar, una persona puede llegar al autodesarrollo, es decir, a tomar la iniciativa de llevar a cabo determinadas acciones para alcanzar un nivel superior, ya sea en conocimientos o en competencias.

Partiendo de la perspectiva del planeamiento de actividades desde Recursos Humanos o desde la perspectiva del jefe que guía a su colaborador, como ya hemos expresado más arriba, la premura en cerrar brechas no será la misma si la persona en cuestión debe asumir un nuevo puesto en pocos meses o la formación se realiza con un horizonte de tiempo diferente.

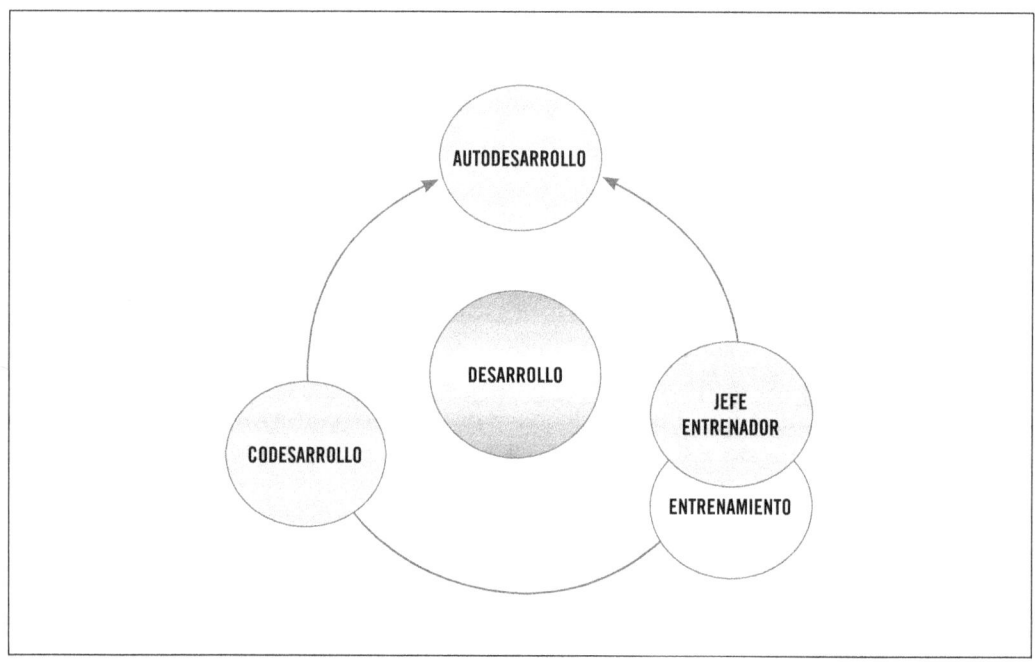

Achicar brechas en un corto plazo. Ejemplo

Un gerente debe cerrar brechas en dos competencias y, además, en conocimientos específicos sobre un tema en particular, por ejemplo, finanzas internacionales. Para la temática de competencias se sugiere que combine los métodos llevando a cabo de manera inmediata el Codesarrollo sobre ambas competencias junto con un plan de acción que el interesado deberá elaborar para lograr su autodesarrollo.

En el caso de la brecha sobre conocimientos, podrá asistir a una actividad de formación específica junto con una asignación práctica; por ejemplo, realizar algunas tareas concretas, dentro de su organización, para comenzar a adquirir experiencia en el tema.

Achicar brechas sin una urgencia definida. Ejemplo

Una organización que en función de sus objetivos estratégicos ha incorporado nuevas competencias a su modelo (solo a modo de ejemplo citamos una de ellas, la competencia cardinal –es decir, para todos los integrantes de la organización– denominada *Responsabilidad personal*). Los gerentes y jefes que participan la conocen; sin embargo, muchos de estos gerentes y jefes podrán preguntarse: ¿Qué espera la organización de mí? ¿Cuáles son los comportamientos esperados sobre esta competencia en particular tanto para mi puesto actual como para aquel que podría asumir en el futuro?

Frente a esta situación, la sugerencia será comenzar por la realización de actividades de formación para que cada uno de los interesados comprenda adecuadamente el alcance de la/s nueva/s competencia/s y cuáles son los comportamientos esperados con relación a la misma. Luego, y como parte de la actividad, cada participante se autoevaluará y confeccionará planes de acción para un más eficaz desarrollo de cada competencia.

Se recomienda, además, la implementación de otros programas, como *Mentoring*, y la asignación de tareas específicas de apoyo a gerentes de mayor experiencia.

Planes individuales. Cómo confeccionarlos

Los planes individuales se focalizan en achicar brechas, sean estas en relación con el puesto actual o bien entre la evaluación del interesado y un puesto que se prevé que podría ocupar en el futuro. En resumen, los planes individuales se focalizarán en los mejores caminos para que una persona pueda pasar de un nivel a otro y alcanzar un nivel superior.

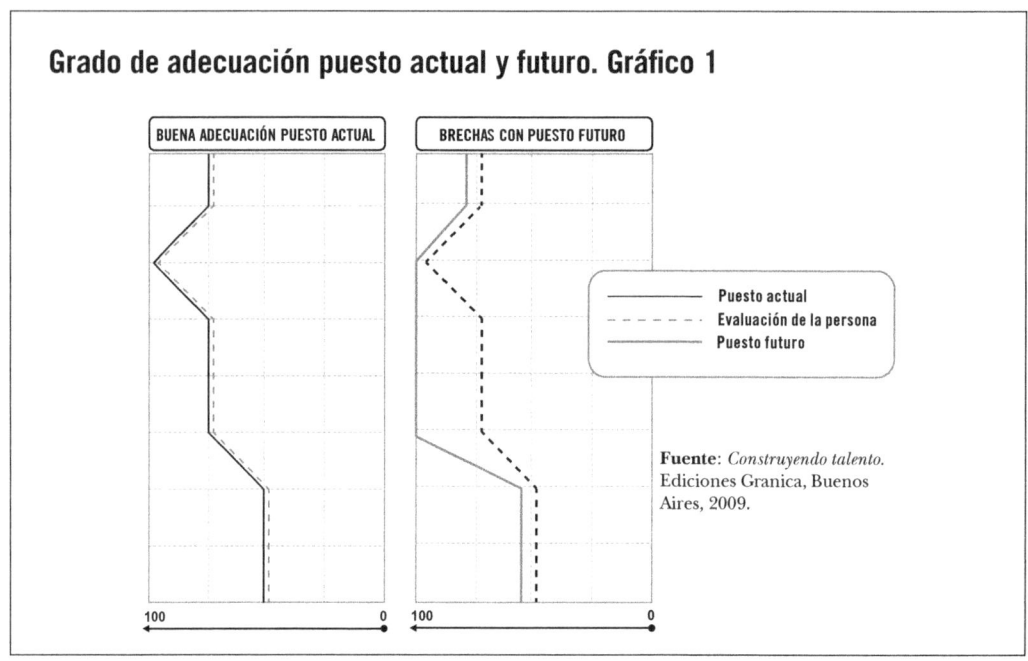

Fuente: *Construyendo talento.* Ediciones Granica, Buenos Aires, 2009.

En la parte izquierda del gráfico, y utilizando una escala de 0-100, se puede apreciar cómo el evaluado se adecua de manera *perfecta* al puesto actual. Sobre la derecha del mismo gráfico se puede observar que la misma persona posee tres brechas en relación con el puesto futuro. Los planes individuales tendrán que permitir que estas brechas se cierren en el menor tiempo posible. La premura, desde ya, será mayor en ciertos casos; por ejemplo, si hay una fecha determinada para asumir el nuevo puesto.

¿Qué hacer si la designación es urgente y de la evaluación del candidato elegido surgen algunas brechas?

Si la situación fuese similar a la expuesta en el gráfico precedente, es decir, las brechas son de solo un grado y en tres ítems o aspectos, pareciera que el evaluado es muy adecuado para el nuevo puesto. Tomada la decisión, restará confeccionar un plan individual para lograr que el candidato elegido, en un plazo que usualmente estará definido y será breve (o al menos no extenso), alcance el nivel requerido. La idea se expresa en la figura de la página siguiente.

Un plan individual deberá primero identificar las brechas y, luego, contener el detalle de las actividades a realizar, quién será el responsable de ellas y las fechas o plazos en que se llevarán a cabo, según corresponda. Como surge del gráfico, el plan deberá incluir los tres ítems mencionados: conocimientos, competencias y experiencia.

Plan de desarrollo individual

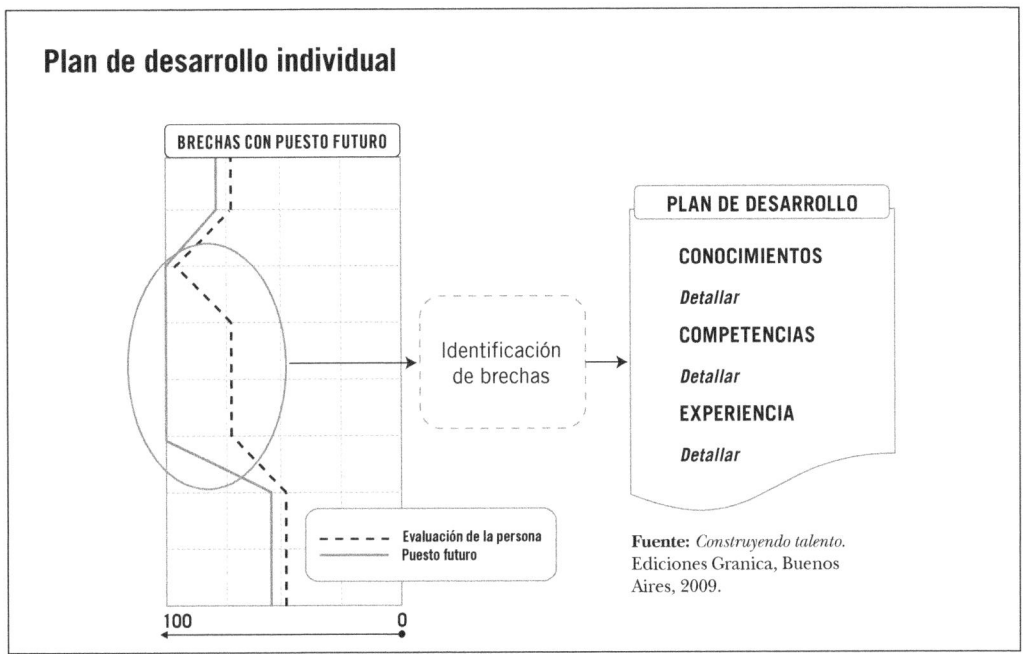

Fuente: *Construyendo talento.* Ediciones Granica, Buenos Aires, 2009.

Planeamiento y control de las actividades formativas por parte de Recursos Humanos

En los párrafos precedentes hemos mencionado cómo debe diseñarse un plan individual desde las buenas prácticas, es decir, cómo debe prepararse y qué debe contener para resultar eficaz.

El área de Recursos Humanos deberá realizar el diseño y luego un seguimiento detallado de los planes de formación que deberán realizar, por ejemplo, las personas que hayan sido promovidas a nuevos puestos y/o que participen en programas tales como *Planes de sucesión* o *Diagramas de reemplazo*. Para ello se deberá tener en cuenta:

- La actividad a realizar. Actividades formativas, participar en un programa de *Mentoring*, o cualquier otra opción.

- El responsable de esa actividad; por ejemplo, el área de Recursos Humanos en el caso de un curso de formación o el mismo participante del programa si se trata de acciones de autodesarrollo.

- Los plazos en los cuales estas actividades deberán llevarse a cabo.

Planificación de actividades: *Planes de sucesión*
Para todos los designados en el programa como posibles sucesores de otras personas

Apellido Nombre	CONOCIMIENTOS			COMPETENCIAS			EXPERIENCIA		
	Actividad	Responsable	Mes / Año	Actividad	Responsable	Mes / Año	Actividad	Responsable	Mes / Año
Participante 1									
	Actividad	Responsable	Mes / Año	Actividad	Responsable	Mes / Año	Actividad	Responsable	Mes / Año
Participante 2									
	Actividad	Responsable	Mes / Año	Actividad	Responsable	Mes / Año	Actividad	Responsable	Mes / Año
Participante 3									
	Actividad	Responsable	Mes / Año	Actividad	Responsable	Mes / Año	Actividad	Responsable	Mes / Año
Participante 4									

Fuente: *Construyendo talento*. Ediciones Granica, Buenos Aires, 2009.

En el gráfico precedente se expone un ejemplo de planificación de actividades para un programa de planes de sucesión. Su contenido será similar en otros programas y situaciones.

El diseño expuesto tiene formato de planilla; lo usual es realizarlo en algún soporte informático, a través de un programa de alta difusión, como Excel.

La planilla expuesta es solo un ejemplo que pretende reforzar los siguientes conceptos: identificación de las personas involucradas, así como las actividades a realizar por cada uno, sus plazos, responsables, etc.

Un esquema como el expuesto permite el planeamiento y diseño de los planes individuales y, luego, su seguimiento de manera detallada, ítem por ítem.

La importancia del seguimiento a realizar por parte del área de Recursos Humanos

Nos parece importante remarcar algunos aspectos señalados con anterioridad, siguiendo el mismo orden utilizado en la figura ya expuesta.

- *Identificación del participante*
  La comunicación de quiénes serán los participantes de cada una de las acti-

vidades parece un aspecto de sentido común; sin embargo, lo mencionamos dado que esta comunicación debe ser realizada al interesado y a su jefe directo. Debe evitarse que luego, por ejemplo, frente a temas urgentes, los participantes no asistan a las actividades o se excusen por los resultados insatisfactorios alcanzados, escudándose en que se debió entregar un informe urgente o cualquier otra circunstancia.

- *Conocimientos* y *competencias.*
  Para cada uno determinar: Actividad (tipo), Responsable, Plazos concretos de realización.
  Para ambos tipos de actividades –sobre conocimientos y competencias– el autodesarrollo es lo más eficaz; sin embargo, no es la única variante y, en ocasiones, debe comenzarse por otra para alcanzar el objetivo deseado. El planeamiento que debe llevar a cabo el área de Recursos Humanos debe contemplar todas las opciones y elegir, en cada caso, el o los caminos más adecuado/s.
  Esta planificación podrá contemplar las opciones: 1) autodesarrollo; 2) formación; 3) programas adicionales de *Entrenamiento experto* y *Mentoring,* ambos orientados tanto a conocimientos como a competencias.

- *Experiencia*
  Al igual que en el punto anterior, determinar: Actividad (tipo), Responsable, Plazos concretos de realización. Por ejemplo, puede tratarse de un proyecto especial, una suplencia, etc.

Si bien para el achicamiento de brechas se utilizan, fundamentalmente, las actividades mencionadas en el punto anterior (conocimientos y competencias), los planes se complementan con otras actividades para desarrollar, además, experiencia práctica. Cuando se trabaje bajo esquemas de *Jefe entrenador* serán los jefes directos quienes aportarán las mejores ideas para este punto específico del planeamiento individual, como se expuso en páginas previas, en esta misma sección. También podrán ofrecer sugerencias positivas los mentores o entrenadores expertos, según corresponda.

En todos los casos, tanto en conocimientos y competencias como en experiencia, deberá definirse el responsable (de la coordinación, de la impartición, etc., según corresponda) y los plazos de inicio y finalización. Cuando el responsable sea un consultor externo, deberá designarse un responsable interno de la organización.

Promociones y potencial de los colaboradores

Se realiza una "promoción" cuando se designa a una persona como reemplazo de otra, cuando pasa de un nivel a otro, etc. El término "promoción" hace referencia al conjunto de acciones, planeadas o no, mediante las cuales una persona es elevada a un nivel superior al que poseía.

Muchas empresas que cuentan con planes de sucesión y diagramas de reemplazo para niveles gerenciales y directivos, no tienen un procedimiento definido para todos los niveles. En estos casos, la designación de un colaborador a otro puesto queda bajo la responsabilidad del jefe directo o del área de Recursos Humanos.

Muchos especialistas del área de RRHH, con buena intención, le realizan al candidato a ser promovido una evaluación psicológica para medir su adecuación a la nueva situación y/o su potencial de aprendizaje, entre otras variantes. Estos estudios, si bien brindan información válida, son generalmente insuficientes.

En resumen, en todos los casos que se realice una promoción o transferencia a otro puesto, se debería considerar la adecuación de la persona al nuevo puesto y evaluar sus capacidades –conocimientos, experiencia y competencias– en relación con el puesto a ocupar.

Las consideraciones realizadas aplican a programas específicos, como los mencionados –*Planes de sucesión, Diagramas de reemplazo*–, así como a cualquier otro tipo de situación donde se desee realizar la transferencia de personas a otros puestos, conocidas habitualmente como "promociones", las cuales, usualmente, surgen frente a una necesidad concreta y, muchas veces, se resuelven sin un método profesional específico.

Cuando una organización debe evaluar si un colaborador está preparado o no para asumir un nuevo puesto, ya sea superior o de nivel equivalente (un traslado de tipo lateral), se deberían hacer las consideraciones aquí planteadas, comenzando por el análisis de la motivación (concepto que incluye intereses y proyectos personales del evaluado). En cuanto a su potencial, el estudio deberá realizarse sobre la base de medir sus capacidades en relación con el puesto a ocupar. Frente a la posibilidad de contar con más de un candidato, se sugiere aplicar técnicas cuantitativas para elegir al más adecuado.

Cómo resolver la *cuestión 22* desde la mirada del jefe

Los jefes directos son, usualmente, los que mayor contacto tienen con los colaboradores a su cargo y, por lo tanto, son los primeros en percibir que estos desean realizar tareas diferentes a las que llevan a cabo, o tienen algún otro problema, y también conocen y están en condiciones de evaluar sus capacidades.

Muchos jefes no lo hacen, porque no saben cómo hacerlo, porque entienden que no es su función y otras variantes posibles.

Cuando un jefe cumple con su *rol del jefe*, tendrá entre sus funciones la formación de sus colaboradores. No siempre todas las acciones estarán a su cargo o serán su responsabilidad. Sin embargo, siempre, de un modo u otro, el tema les concierne.

En muchas organizaciones, las áreas de Recursos Humanos consultan a los jefes sobre la necesidad de capacitación de las personas a su cargo. Si esto es así en su empresa, no responda a dichas encuestas a la ligera, analice con seriedad las necesidades de capacitación tanto propias como del equipo a su cargo, en función de los objetivos que le hayan fijado a su sector/área y de los planes estratégicos organizacionales a mediano y largo plazo.

Con la misma seriedad, pregúntese por el grado de satisfacción de sus colaboradores en relación con los puestos que ocupan.

Si tiene dudas con cualquiera de los temas aquí tratados, recuerde: siempre podrá preguntar a un superior y/o al responsable del área de Recursos Humanos.

Cómo resolver la *cuestión 22* desde la mirada del responsable de Recursos Humanos

Con frecuencia, los planes de capacitación incluyen temáticas elementales y que casi no tienen relación con los planes estratégicos organizacionales. Adicionalmente, también con frecuencia se contrata a instructores externos no debidamente calificados, generando desinterés en la audiencia. Por lo tanto, Recursos Humanos tiene un rol protagónico con relación a la cuestión que tratamos en este capítulo. Deberá ser un impulsor de las buenas prácticas en la materia.

La elección de temáticas, así como las herramientas a utilizar, deberá combinar las necesidades organizacionales, siempre de cara al futuro, para alcanzar la visión y estrategia, con métodos modernos de aprendizaje que aseguren resultados efectivos.

Usualmente, las áreas de Recursos Humanos solicitan a los jefes su opinión acerca de la capacitación deseada para sus colaboradores, a través de cuestionarios diseñados para tal fin. Esta metodología es insuficiente.

En la confección del *plan anual de formación*, además de considerar la opinión de los jefes, se debería incluir las acciones necesarias para que colaboradores, de todos los niveles, cuenten con las capacidades necesarias para alcanzar sus objetivos organizacionales, vinculados con la estrategia.

Una vez diseñado el plan, y con relación a su implementación, se sugiere tener en cuenta la elaboración de procedimientos que permitan lograr una coherencia interna en la utilización de recursos y métodos formativos.

El diseño, la planificación y el posterior control es, en todos los casos, responsabilidad del área de Recursos Humanos. En algunos ítems no será el responsable de la actividad en sí misma, quizá el responsable sea el jefe directo o el propio interesando, solo por poner dos ejemplos. No obstante, el seguimiento y control le corresponde al área de RRHH.

Cómo resolver la *cuestión 22* desde la mirada del número 1, CEO o dueño

Como número 1, seguramente está preocupado por la formación de las personas a su cargo y, muy especialmente, por lograr tener personas formadas para ocupar puestos diversos. Por lo tanto, el rol del número 1 no debe limitarse a asignar a las actividades de formación un determinado monto del presupuesto. Además de definir los valores asignados debería interiorizarse sobre las temáticas y los métodos a utilizar, recordando –especialmente– la importancia que tiene el que los colaboradores posean las capacidades necesarias para alcanzar los objetivos estratégicos.

Si en la organización no cuentan con buenas prácticas en estos temas, solicite al responsable de Recursos Humanos un plan de acción para introducir estas cuestiones entre los métodos y procedimientos organizacionales.

La temática aquí expuesta no concierne solo a las grandes compañías; se pueden implementar las sugerencias brindadas en organizaciones de todo tipo y tamaño, aun las pequeñas.

Al igual que hemos comentado en otras cuestiones, cuando se trate de una organización de gran tamaño, con amplia dispersión geográfica, será de utilidad contar con procedimientos que luego puedan ser auditados.

Continuar leyendo

Sugerimos leer, con relación a esta temática, las siguientes cuestiones:

1. Cuestión 2. *Qué hacer cuando existe alta rotación de colaboradores. Cómo retener a los mejores.*
2. Cuestión 8. *Qué hacer cuando los colaboradores evidencian menor compromiso, especialmente entre las nuevas generaciones.*
3. Cuestión 9. *Qué hacer para motivar a los colaboradores. Cómo actuar cuando un colaborador no evidencia el comportamiento esperado para su puesto de trabajo.*
4. Cuestión 11. *Qué hacer para darse cuenta de que un candidato (externo o del propio equipo) es el mejor para ocupar un determinado puesto.*

5. Cuestión 14. *Qué hacer para lograr que la promoción de un colaborador no se transforme en un problema (a futuro).*

6. Cuestión 20. *Qué hacer para desarrollar las capacidades de los colaboradores. ¿La Universidad Corporativa puede ser una solución válida?*

7. Cuestión 21. *Qué hacer frente a demandas particulares de los colaboradores, cómo atender sus diversas expectativas y planes personales, y cómo actuar con los jefes que hacen promesas a sus colaboradores que luego no pueden cumplir.*

Para los interesados en seguir leyendo sobre este tema, sugerimos las siguientes obras:

- *Codesarrollo*
- *Desarrollo del talento humano. Basado en competencias*
- *Construyendo talento*
- *Conciliar vida profesional y personal*
- *12 pasos para conciliar vida profesional y personal*
- *Rol del jefe*
- *12 pasos para transformarse en un jefe entrenador*
- *Las 50 herramientas de Recursos Humanos que todo profesional debe conocer*
- *Diccionario de términos de Recursos Humanos*
- *La Marca Recursos Humanos*

CUESTIÓN **23**
**Qué hacer cuando el área de RRHH
tiene bajo prestigio / poca credibilidad
o simplemente se desea mejorar su nivel**

En una lectura rápida pareciera que si un área tiene bajo prestigio y/o poca credibilidad o no alcanza el nivel deseado al respecto, es un problema de esa área en particular, quizá de su responsable y/o del número 1 de la organización.

Lo cierto es que dado el alcance y la incumbencia de la gestión del área de RRHH, su actuación, ya sea buena o mala, repercute en toda la organización.

Si –por poner un ejemplo– se diese el caso que el área de RRHH tuviese bajo prestigio porque sus métodos de selección no son los adecuados, se correría el riesgo de no contar con buenos colaboradores. Si las actividades de formación que se realizan no responden a las necesidades –por brindar otro ejemplo adicional al anterior–, los colaboradores no recibirán la formación que necesitan para desempeñarse exitosamente en sus puestos de trabajo. Dos ejemplos. Dos resultados negativos que afectan a toda la organización, no solo a los directamente involucrados.

Desde cualquier mirada –del colaborador, jefe directo, número 1, CEO o dueño–, sería muy negativo no contar con un área de Recursos Humanos que brinde un adecuado servicio a todos los nombrados, basado a su vez en las buenas prácticas.

Lograr que el área de Recursos Humanos tenga un elevado prestigio es la mejor inversión desde la mirada del número 1 y es la mejor opción desde la mirada de colaboradores y jefes de todos los niveles.

No obstante lo antedicho, la credibilidad y el prestigio del área de Recursos Humanos no siempre alcanzan el nivel deseado y, en ocasiones, no se corresponden con los recursos económicos que se asignan a ella.

El reclamo por mayor inversión se escucha con frecuencia. Los responsables de RRHH manifiestan –casi siempre– que los presupuestos asignados al área no son suficientes. Esto es así en muchos casos. La pregunta que habría que formularse, cuando esta situación se presenta, es la causa por la cual esta asignación presupuestaria es insuficiente.

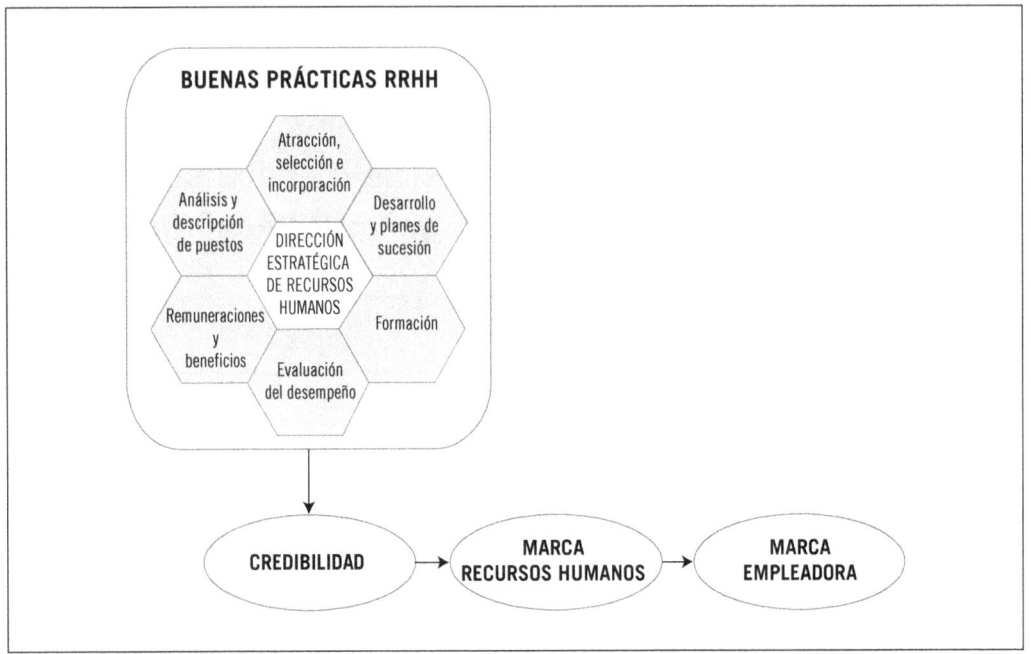

La experiencia profesional indica que, aun en aquellos casos en que se destina un presupuesto generoso, no siempre se alcanza la repercusión deseada, y este resultado es más preocupante aún.

En muchas ocasiones, la situación que se verifica es una mezcla de las anteriores. El área no recibe los presupuestos necesarios porque su prestigio no es el deseado; la alta dirección prefiere destinar recursos a otras áreas organizacionales.

En esta cuestión 23 se analizará cuál es el camino para mejorar el prestigio interno sobre la base de la gestión realizada.

En la parte superior izquierda de la figura precedente se desea expresar que las buenas prácticas se basan en una adecuada implementación de los subsistemas de Recursos Humanos. Una vez que se haya alcanzado un adecuado funcionamiento de los mencionados subsistemas, la consecuencia será que el área –en su conjunto– alcanzará un nivel alto de credibilidad para, luego, alcanzar valores altos de marca.

Para comenzar el análisis de esta cuestión, creo importante recordar dos conceptos: "marca de Recursos Humanos" y "marca empleadora". Son diferentes, pero se entrecruzan. Comenzaré por el primero de ellos.

La marca Recursos Humanos

Al término "marca", usualmente, se lo relaciona con aspectos comerciales, de marketing y de ventas. En el contexto de esta obra será utilizado con una mirada diferente.

El prestigio de cualquier área –en nuestro análisis, del área de RRHH– se gana llevando adelante su gestión sobre la base de las necesidades y expectativas de los distintos grupos de interés. Por lo tanto, el objetivo final será satisfacer las necesidades de los otros. Ese *valor desde la perspectiva del otro* se basa, de algún modo, en la percepción que los distintos grupos de interés –en especial las personas que integran la organización en sus diferentes niveles, gerencia y colaboradores– poseen sobre la gestión del área.

El concepto "marca de Recursos Humanos" hace referencia a la valoración positiva que dentro de una organización posee el área de RRHH, producto de la eficacia de su gestión. En ningún caso, al hablar de "marca", se está pensando en hacer publicidad para alcanzar un reconocimiento. La idea es opuesta. Lograr prestigio trasmitido "de boca en boca", producto del alto grado de satisfacción de los usuarios –directivos, jefes y colaboradores– de los distintos servicios que el área brinda.

Para alcanzar dicho prestigio se debería trabajar desde diferentes perspectivas:

- *Mirada interna*. Cuando el área de Recursos Humanos alcanza un valor de marca alto, se facilita la implementación de cualquier programa, método o proyecto que proponga, dado que tanto los directivos como los colaboradores en general tienen confianza en su gestión.

- *Mirada externa*. El valor de marca alto produce buena imagen entre directivos y colaboradores, y todos ellos, de manera consciente o no, la transmiten fuera de la organización, como consecuencia de lo cual otras personas desean formar parte de ella.

Esto último implica obtener una respuesta altamente satisfactoria cuando se realizan acciones de atracción. Se logra atraer al mejor talento disponible para la posición ofrecida. (Ver a continuación el concepto "marca empleadora".)

Construir una marca de Recursos Humanos de alto valor es una tarea que puede llevar años de trabajo constante, en especial cuando se han cometido errores en el pasado. Cuando su imagen está dañada, el área de Recursos Humanos necesita –para revertir la situación– apoyo de la máxima conducción de la organización. Pero este apoyo será insuficiente si el área no posee un plan de acción para lograr instalar una imagen positiva, un plan de acción sólido que incluya las buenas prácticas dentro de su ejecución.

La marca empleadora

El término "marca empleadora" se utiliza para describir la imagen que, en carácter de empleador, alcanza una organización en el mercado. La construcción de dicha imagen (positiva) es el resultado de una buena reputación como empleador, tanto entre los colaboradores actuales como en la comunidad en general (donde se encuentran los posibles colaboradores futuros).

Si bien en una primera instancia *marca empleadora* y *marca Recursos Humanos* podrían considerarse sinónimos, no lo son. Primero se debería construir una marca de Recursos Humanos positiva para luego, casi como una consecuencia, alcanzar una valoración positiva como marca empleadora. La idea se expresa en la figura al pie.

De la figura se desprenden conceptos ya expresados en párrafos previos. En todas las circunstancias se debe comenzar por implementar las buenas prácticas de Recursos Humanos. Esto generará prestigio interno y un alto valor de marca para el área. A partir de allí será posible construir un valor de marca empleadora satisfactorio.

Construir la marca empleadora implica proponer y llevar a cabo una serie de acciones tendientes a lograr una percepción, por parte del mercado, altamente positiva

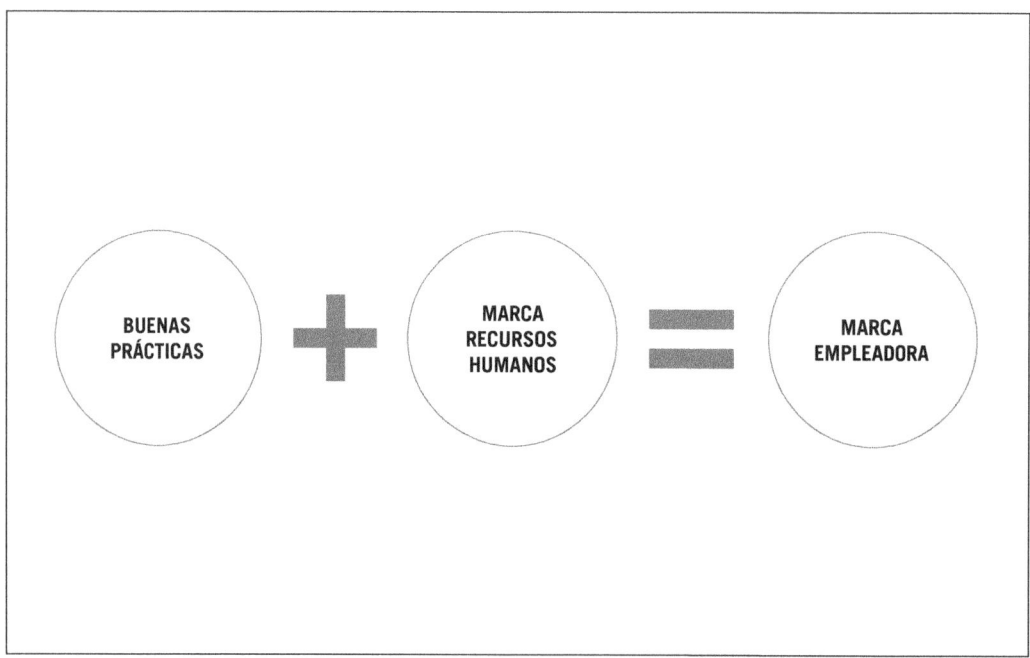

de la organización como ámbito laboral, de manera que las personas deseen trabajar en ella. Al igual que se comentara en párrafos previos, esta imagen positiva no debe basarse en consignas publicitarias sino que, por el contrario, debe ser genuina y estar construida sobre la base de acciones concretas en materia de Recursos Humanos.

En la actualidad la marca empleadora es un concepto muy difundido, conocido también como "marca del empleador" y por la expresión inglesa *employer branding*. En muchos ámbitos se asocia *marca empleadora* con publicidad institucional. Si bien la publicidad es un punto importante para que las personas recuerden un nombre, una empresa, cuando se hace referencia a crear una marca empleadora, se está hablando de algo diferente a lo que sería una mera campaña publicitaria.

¿Por qué es importante, desde la mirada de una empresa en su conjunto, que el área de RRHH posea un alto valor de marca o un elevado prestigio? El alto valor de marca es la consecuencia de hacer las cosas bien, y eso es lo verdaderamente importante desde todas las miradas: la organización, el número 1, directivos y jefes de diferente nivel, colaboradores de todos los niveles y demás interesados, como clientes y proveedores.

Junto con el prestigio interno debe considerarse un concepto o una competencia que debieran poseer todos los integrantes del área de Recursos Humanos: *Credibilidad*. Desde ya, la credibilidad no es un requisito solo para esta especialidad, sino para todas; no obstante, aquí me referiré a ella en relación con RRHH.

La credibilidad se origina en el número 1 del área y se consolida, en cascada, mediante la actividad de todos los integrantes del sector, incluyendo a los juniors o profesionales con poca experiencia. En resumen, la credibilidad se construye entre todos. Se retomará este concepto más adelante.

Cómo lograr un valor de marca alto

Cuando una organización trabaja aplicando las buenas prácticas, el área de Recursos Humanos logra un prestigio interno tal que representa un elevado valor de marca.

El trabajo bien hecho y de acuerdo con las buenas prácticas profesionales es la mejor forma de lograr un alto valor de marca. Un valor que, a diferencia de lo que ocurre con las marcas comerciales de productos, no se basa ni se apoya en publicidad y promoción sino que, por el contrario, se sustenta en la calidad de la tarea, en la credibilidad como producto de esa tarea bien realizada, de manera eficiente, eficaz y efectiva.

La puesta en práctica de métodos y procedimientos que contemplen tanto las buenas prácticas como los intereses de los distintos involucrados dará por resultado un efecto *ganar-ganar*.

© GRANICA

En obras previas hemos definido la competencia *Ética*[1], que con frecuencia utilizan muchos de nuestros clientes. En relación con este concepto deseo destacar una frase de su definición: *Ética es la capacidad para sentir y obrar en todo momento de acuerdo con los valores morales y las buenas costumbres y prácticas profesionales, y respetar las políticas organizacionales.*

En nuestra opinión, hacer las cosas bien implica un comportamiento ético, que genera confianza. El manejo experto será un ingrediente necesario para alcanzar un comportamiento ético. En la situación contraria, se estaría frente un comportamiento carente de ética.

La expresión "buenas prácticas" hace referencia a aquellas prácticas que son consideradas un parámetro o estándar a alcanzar según la opinión de un experto. Por otra parte, la expresión "buenas prácticas en Recursos Humanos" hace referencia a aquellas prácticas que son consideradas un parámetro o estándar a alcanzar según la opinión de un experto en la temática en cuestión.

Las "buenas prácticas en Recursos Humanos" describen métodos de trabajo que las empresas han implantado y que se consideran "deseables", es decir, que sería bueno implementar o adoptar en aquellas organizaciones que no lo han hecho aún. Por lo tanto, las buenas prácticas no implican conceptos de tipo teórico, sino que describen los métodos de trabajo que representan la mejor manera de hacer las cosas en lo que respecta a un determinado tema o aspecto de la organización: *métodos de trabajo reales llevados a la práctica por organizaciones reales.*

En resumen, las buenas prácticas representan modelos de gestión que han sido exitosos en muchas organizaciones. Un directivo preocupado por el factor humano deberá conocer, al actuar en su área, todas las variantes de prácticas disponibles a fin de identificar las más convenientes para lograr un buen desempeño general, así como también deberá hacerlo un experto en Recursos Humanos.

Un valor de marca alto obtenido a través de la implementación de las buenas prácticas brindará credibilidad a todos los integrantes del área de Recursos Humanos.

Credibilidad

El concepto "credibilidad", de acuerdo con el diccionario de Manuel Seco, implica *la calidad de creíble, que puede ser creído*[2]. Continuando con este diccionario como referencia, creer es tomar como cierta una cosa acerca de la cual no se tiene conocimiento directo.

---

1 Fuente: *Diccionario de competencias. La trilogía. Tomo 1*. Se sugiere al lector complementar esta lectura con el *Diccionario de comportamientos. La trilogía. Tomo 2*.
2 Seco, Manuel. Andrés, Olimpia. Ramos, Gabino. *Diccionario del español actual*. Grupo Santillana de Ediciones, Madrid, 1999 y nueva edición revisada, 2011.

Para la preparación de mis libros sobre competencias el concepto utilizado es "credibilidad técnica", aplicable a cualquier área de la organización, ya sea Informática o Sistemas, Finanzas, Producción, etc. También al área de Recursos Humanos. Del mismo modo, la "credibilidad técnica" es un concepto aplicable a profesiones de cualquier tipo.

Dada la temática aquí tratada, me estaré refiriendo, en especial, a la credibilidad técnica de las iniciativas de Recursos Humanos. No obstante, sugiero al lector realizar paralelos y buscar semejanzas con otras especialidades, para comprender mejor el alcance y la profundidad de lo aquí expuesto.

Para tener credibilidad técnica, una persona, de cualquier ámbito, debe evidenciar un manejo experto que genere confianza en las otras personas.

La expresión "manejo experto" implica conocer todos los aspectos de una disciplina en particular, junto con las herramientas vinculadas a ella, para una adecuada solución de los problemas prácticos que se presentan. El *manejo experto* de una disciplina permite brindar la respuesta más adecuada en cada circunstancia y lugar.

A ambos conceptos, credibilidad y manejo experto, que todos nosotros aplicamos con frecuencia en nuestra vida cotidiana, no siempre se los ve con la misma claridad en el ámbito de las organizaciones.

A continuación se expondrá la definición de la competencia *Credibilidad técnica* según *La trilogía* (ver la referencia bibliográfica al final de la sección).

> *Credibilidad técnica.* Capacidad para alcanzar con precisión los objetivos planteados y superar los estándares de calidad establecidos, al comprender la esencia de los problemas complejos, generar soluciones prácticas y aplicables, y brindar beneficios tanto para el cliente como para la organización. Capacidad para generar confianza en los demás por su desempeño profesional y constituirse en un referente a quien consultar. Implica ser reconocido por poseer sólidos conocimientos y experiencia.

Si bien no es usual utilizar las dos competencias de manera conjunta, el concepto "credibilidad técnica" tiene íntima relación con otra competencia, que se define a continuación.

> *Conocimientos técnicos*[3]. Capacidad para poseer, mantener actualizados y demostrar todos aquellos conocimientos y/o experiencias específicas que se requieran para el ejercicio de la función a cargo, y mantener de manera constante el interés por aprender y compartir con otros los conocimientos y experiencias propios.

---

[3] El concepto "conocimientos técnicos" incluye el manejo de idiomas y el dominio de cualquier temática en particular que un puesto de trabajo pueda requerir.

Analizando la definición de la competencia *Credibilidad técnica*, se puede observar que se divide en dos partes. La primera parte ("Capacidad para alcanzar con precisión los objetivos planteados y superar los estándares de calidad establecidos, al comprender la esencia de los problemas complejos, generar soluciones prácticas y aplicables, y brindar beneficios tanto para el cliente como para la organización") es necesaria para que se sostenga la segunda parte de la definición ("Capacidad para generar confianza en los demás por su desempeño profesional y constituirse en un referente a quien consultar. Implica ser reconocido por poseer sólidos conocimientos y experiencia") y presenta, además, un gran parecido con la competencia *Conocimientos técnicos*. En el caso de que esta primera parte de la definición de la competencia *Credibilidad técnica* no se verifique, no será posible la segunda característica distintiva de la competencia (generar confianza).

Por último, y para comprender mejor el concepto, el análisis debe centrarse en la segunda frase de la competencia mencionada. En resumen, la credibilidad técnica o profesional se basa en la percepción que los otros tienen, en relación con lo que cada persona hace. En el tema que nos convoca, la percepción en relación la temática Recursos Humanos en su conjunto y en particular de sus integrantes.

Las buenas prácticas en Recursos Humanos y el prestigio interno

Hacer las cosas bien, en el área de Recursos Humanos, implica, en todos los casos, trabajar sobre la base de las buenas prácticas.

En nuestra disciplina, como en otras, no existen instancias de control externo, como leyes y/o tribunales de ética como los que regulan la actividad de médicos, abogados, contadores, ingenieros civiles, solo por mencionar algunas actividades. Por lo tanto, es posible encontrar profesionales que ocupan posiciones de un cierto nivel en organizaciones importantes, que no conocen las herramientas básicas de la disciplina. Al mismo tiempo, es posible encontrar profesores de la materia, incluso en universidades de prestigio, que utilizan libros y contenidos que han caído en desuso hace muchos años. Con frecuencia me gusta hacer el siguiente paralelo: si en materia de tecnología las personas desean contar con las últimas versiones de tablets, teléfonos inteligentes y ordenadores en general, ¿por qué razón esas mismas personas utilizan esquemas de trabajo de RRHH que se corresponden con metodologías y tecnologías de las décadas de 1980 o 1990?

La explicación puede ir desde falta de conocimiento hasta falta de interés; en este último caso, no de los profesionales involucrados sino de las organizaciones en las cuales se desempeñan. Desinterés por la disciplina implica desinterés por las personas y por el factor humano, como valor estratégico para la organización.

Retomando la figura del inicio de esta cuestión y a modo de conclusión sobre la cuestión que nos atañe en esta sección, podemos decir que ganar prestigio y credibilidad, para alcanzar valores altos de marca, tanto de la marca RRHH como de la marca empleadora, es sencillo y difícil a la vez: se basa en aplicar las buenas prácticas partiendo de los subsistemas de Recursos Humanos.

Las herramientas de soporte a las buenas prácticas deberán ser al mismo tiempo fiables y sencillas, de modo que puedan utilizarlas tanto un especialista de Recursos Humanos como un directivo o jefe de otra área no experto en la disciplina.

Por qué es importante que RRHH alcance prestigio interno

Decíamos al inicio de esta sección que si un área, en este caso Recursos Humanos, tiene bajo prestigio y/o poca credibilidad o no alcanza el nivel deseado al respecto, este sería un problema para esa área en particular, y también para su responsable y tal vez para el número 1 de la organización. Sin embargo, dada la naturaleza de los temas e incumbencia de la gestión del área, lo realmente importante es que su actuación repercute en toda la organización. Una mala gestión puede implicar que la organización no cuente con los colaboradores necesarios para alcanzar sus objetivos estratégicos. Una buena gestión tendrá el efecto inverso.

Las ventajas de una buena gestión son diversas. Como se desprende de lo expuesto en páginas previas, un primer factor a mencionar es la confianza que genera en otras personas, tanto altos directivos como colaboradores de todos los niveles. La confianza sostiene la credibilidad.

No será igual para un colaborador, tanto si recibe una buena como una mala noticia acerca de su desempeño, si la misma es resultado de buenas prácticas organizacionales (una adecuada evaluación del desempeño, con un plan individual asociado, para que los colaboradores tengan la posibilidad de mejorar sus capacidades). No será igual la predisposición de una persona que asiste a una actividad de formación cuando la misma viene precedida de otras basadas en contenidos actualizados y relacionados con su tarea. No será igual para un colaborador que, de manera fundada o no, vive una situación conflictiva con un jefe, saber que puede recurrir al área de Recursos Humanos para asesorarse, buscar apoyo y consejo.

Del mismo modo, para un jefe que vive un problema con un colaborador, será importante saber que puede recurrir al área de Recursos Humanos para analizar con un experto el mejor camino a seguir. Muchas veces los jefes no saben cómo resolver algunas cuestiones del día a día, en relación con sus colaboradores, etc., y por alguna razón no desean recurrir a sus propios jefes, y en estos casos podrán contar con el apoyo del experto en RRHH, entre un sinnúmero de situaciones análogas.

En resumen, desde las distintas miradas, desde el número 1 preocupado por alcanzar la estrategia hasta jefes y colaboradores de todos los niveles, podrán ver en el área de Recursos Humanos un asesor confiable, un interlocutor válido, según el tema que los preocupe.

Cómo resolver la *cuestión 23* desde la mirada del jefe

En principio, parecería que la falta de prestigio del área de RRHH no es un problema a tener en cuenta por jefes y directivos de otras áreas. Sin embargo, no es así.

Si en la empresa el área de Recursos Humanos no está bien considerada, un buen ejercicio sería determinar las causas. Estas podrán ser desde métodos y procedimientos no adecuados o insuficientes, hasta falta de alguna competencia, como *Orientación al cliente,* por parte de RRHH en relación con las otras áreas.

Determinar las causas del problema es el inicio de una posible solución. Según cual sea su nivel en la estructura organizacional, podrá ver estos temas con su jefe directo o con el número 1 de la organización.

Cómo resolver la *cuestión 23* desde la mirada del responsable de Recursos Humanos

En cambio, desde la perspectiva de Recursos Humanos hay que tener muy en cuenta varios de los conceptos aquí expuestos, desde *manejo experto* a *credibilidad*.

El área de Recursos Humanos tiene una serie de desafíos o retos. Hoy se espera de la función diversas acciones, tanto para agregar valor a la estrategia como para sumar valor a las personas. Al mismo tiempo, de manera combinada y conjunta.

Las empresas de todo tamaño y tipo de actividad deben manejarse en contextos cambiantes, tanto a nivel local como internacional. Los nuevos desafíos de la gerencia implican que, al mismo tiempo, se deben considerar las necesidades de la organización para alcanzar sus objetivos estratégicos, por un lado, y el rol protagónico de las personas, por el otro, contemplando sus necesidades individuales y sin descuidar el contexto externo, sumamente exigente.

Para ganar prestigio interno se deberá crear una imagen (de prestigio) dentro de la propia organización, con base en la alta calidad de los servicios prestados. Para ello los servicios (productos/herramientas) deberán ser diseñados en función de las necesidades del otro. La calidad en la atención de las necesidades de cada uno de los receptores de los servicios prestados será clave para ganar prestigio dentro de la propia organización.

En resumen, como número 1 de RRHH, primero deberá comprender su rol, en toda su magnitud y complejidad, y autoevaluarse al respecto. Si por su rol integra la mesa de decisiones de la organización, hágalo responsablemente. No con visión sectorial de RRHH o, lo que es peor, tomando partido por las personas, es decir, los colaboradores en general, asumiendo una posición contrapuesta a la estrategia organizacional.

Proponga al número 1 de la organización programas de RRHH de mediano y largo plazo que permitan –al mismo tiempo– alcanzar la *visión* considerando a las *personas*. Realice permanentemente una revisión crítica de los procedimientos y herramientas actuales, proponga un plan de acción con plazos concretos y metas intermedias para cambiar la situación, si no está conforme con ella.

Las buenas prácticas de Recursos Humanos y, en especial, la implementación de herramientas sencillas y fiables, tanto las que deberán utilizar los especialistas de su área (Recursos Humanos) como las que utilizarán los jefes en relación con las personas a su cargo, son aspectos clave no siempre considerados en forma adecuada desde la mirada del número 1 de RRHH. Se sugiere tener en cuenta, además, los programas para jefes, en especial, trabajar el rol de los jefes de todos los niveles, transformándolos en una suerte de "gerentes de Recursos Humanos" en relación con sus propios equipos de trabajo.

Alcanzar un alto nivel de utilización de buenas prácticas y herramientas de RRHH, así como que los jefes de todos los niveles cumplan con su "rol del jefe", será positivo para la organización en su conjunto, y para todos los involucrados.

Por último, como ya se expresara, deberá evaluar/analizar los procedimientos de RRHH *desde la mirada del otro*. En la palabra "otro" ruego leer "colaborador", "directivo", "jefe", etc.

Cómo resolver la *cuestión 23* desde la mirada del número 1, CEO o dueño

En mi larga experiencia profesional he conversado con muchos números 1, CEOs y dueños. También con directivos de otras áreas, altos ejecutivos a los cuales reportan grupos humanos numerosos, en ocasiones, de varios miles de personas. Ellos son los principales afectados por un área de Recursos Humanos que no posee un alto valor de marca. O, visto de otro modo, serán los principales beneficiarios cuando RRHH agregue valor a través de una gestión de alta calidad.

Si usted es el número 1 de la organización, reflexione sobre el perfil del número 1 del área de Recursos Humanos, si se trata de un profesional que posee al mismo tiempo manejo experto y valores personales. Adicionalmente, si comprende el negocio (de la organización), si ve la empresa con enfoque empresario.

Si la respuesta es afirmativa, integre al responsable de RRHH, con voz y voto, al ámbito donde se toman las decisiones estratégicas.

Adicionalmente, debería informarse de las buenas prácticas de RRHH que le permitan –al mismo tiempo– alcanzar la *visión* considerando a las *personas*.

Por último, evaluar mediante indicadores concretos al director/responsable de RRHH. Fijar indicadores que contemplen tanto alcanzar la estrategia como considerar a las personas (siempre al mismo tiempo, no por separado).

Continuar leyendo

Sugerimos leer, con relación a esta temática, las siguientes cuestiones:

1. Cuestión 1. *Qué hacer para enfocarse en lo esencial en materia de gestión de personas.*

2. Cuestión 9. *Qué hacer para motivar a los colaboradores. Cómo actuar cuando un colaborador no evidencia el comportamiento esperado para su puesto de trabajo.*

3. Cuestión 21. *Qué hacer frente a demandas particulares de los colaboradores, cómo atender sus diversas expectativas y planes personales, y cómo actuar con los jefes que hacen promesas a sus colaboradores que luego no pueden cumplir.*

4. Cuestión 22. *Qué hacer para definir la mejor capacitación/formación para los colaboradores. Criterios a utilizar. Cómo tomar en cuenta los deseos del colaborador.*

5. Cuestión 24. *Qué hacer frente a resultados insatisfactorios en una encuesta de clima (encuesta de satisfacción laboral).*

6. Cuestión 25. *Qué hacer cuando hay una crisis de valores en la organización y/o en la sociedad donde la organización desenvuelve sus actividades.*

Para los interesados en seguir leyendo sobre este tema, sugerimos las siguientes obras:

- *La Marca Recursos Humanos*
- *Diccionario de competencias. La trilogía. Tomo 1*
- *Diccionario de comportamientos. La trilogía. Tomo 2*
- *Las 50 herramientas de Recursos Humanos que todo profesional debe conocer*
- *Diccionario de términos de Recursos Humanos*

CUESTIÓN 24
Qué hacer frente a resultados insatisfactorios en una encuesta de clima (encuesta de satisfacción laboral)

El ambiente laboral, bueno o malo, será la resultante de un sinnúmero de factores. Sobre algunos se podrá accionar, sobre otros no. Analizar el ambiente laboral, para determinar cómo es vivido y percibido por los colaboradores, es en todos los casos un tema complejo y serio.

Para mejorar el ambiente laboral no alcanzará con ofrecer a los colaboradores beneficios atractivos, que siempre serán considerados por ellos una buena idea, pero no resolverán una situación con carencias de otro tipo.

En muchas organizaciones se realizan esfuerzos diversos, desde la contratación de profesores de yoga hasta la instalación de gimnasios dentro del predio de la oficina o fábrica. Otras ofrecen espacios muy agradables para comer, tomar un café, hacer una pausa y/o fomentar la participación y el trabajo grupal. Aplaudo todas estas iniciativas.

He conocido empresas que ofrecen este tipo de facilidades e instalaciones, donde es posible encontrar en el gimnasio al número 1 caminando en la cinta de al lado, con total naturalidad, y compartir con él una botella de agua mineral.

No obstante lo antedicho, para alcanzar un buen ambiente laboral, genuino, se deberá contar primero con una base sólida en materia de buenas prácticas, entre ellas, lograr una adecuada implementación de los subsistemas de Recursos Humanos y, en segundo término, pero al mismo nivel de importancia y oportunidad, promover que cada uno de los jefes, de todos los niveles –a partir del número 1 de la organización–, asuma lo que hemos denominado "rol del jefe". Es decir, todas las funciones adicionales a las principales, derivadas del rol de jefe, por el hecho de tener personas a su cargo.

Tanto los subsistemas de Recursos Humanos –que incluyen, entre otros, los programas internos para el desarrollo– como el hecho de entrenar y promover en los jefes su "rol del jefe", serán un buen comienzo para mejorar en todos los aspectos y el factor clave para alcanzar un buen clima laboral.

Comenzando por el principio

En relación con el ambiente laboral, el primer concepto a tener en cuenta, ya sea que se esté analizando un caso en particular, un grupo de colaboradores o la organización en su conjunto, será tener en cuenta si los colaboradores ocupan los puestos más adecuados para cada uno de ellos. Para eso deberá tenerse en cuenta la siguiente definición:

> *Adecuación persona-puesto.* Relación que se establece entre los conocimientos, la experiencia y las competencias que un puesto requiere, y los del ocupante de esa posición.

Para la determinación de la *adecuación persona-puesto* se deberá primero establecer los requisitos del puesto y luego habrá que evaluar a su ocupante, considerando como mínimo tres elementos: conocimientos, experiencia y competencias.

El concepto citado (adecuación persona-puesto) suele ser considerado, de manera equivocada, como de interés organizacional. Esto es cierto, pero solo parcialmente. El primer interesado en contar con los conocimientos, la experiencia y las competencias necesarios para desempeñarse exitosamente en su puesto de trabajo será –siempre– el ocupante del mismo. Todas las personas, de cualquier nivel, se sienten mejor cuando ocupan los puestos de trabajo para los que están capacitados.

Por lo tanto, también en relación con esta cuestión, se sugiere comenzar por la adecuación persona-puesto de todos los integrantes de la organización.

La aplicación de las buenas prácticas involucra a todos los miembros: directivos, jefes y colaboradores. Indirectamente beneficia a otras personas –solo por mencionar dos ejemplos de relevancia, clientes y proveedores–. En resumen, de un modo u otro, es bueno para todos los involucrados. La idea se refleja en la figura superior de la página siguiente.

En la figura superior de la página siguiente, además de la organización y los directamente allí involucrados, se exponen otros posibles beneficiarios (de las buenas prácticas), de tipo externo, como clientes y proveedores. Indirectamente, aunque allí no se mencione, otros actores interesados también se verán beneficiados por las mencionadas buenas prácticas, desde accionistas, bancos, entes reguladores, hasta oficinas del gobierno, solo por mencionar los más frecuentes.

Analizando más en detalle los beneficios de las buenas prácticas en Recursos Humanos dentro del ámbito de la organización, se verifican beneficios directos o indirectos en otras personas. La idea se expresa en la figura inferior de la página siguiente.

Las buenas prácticas - 1

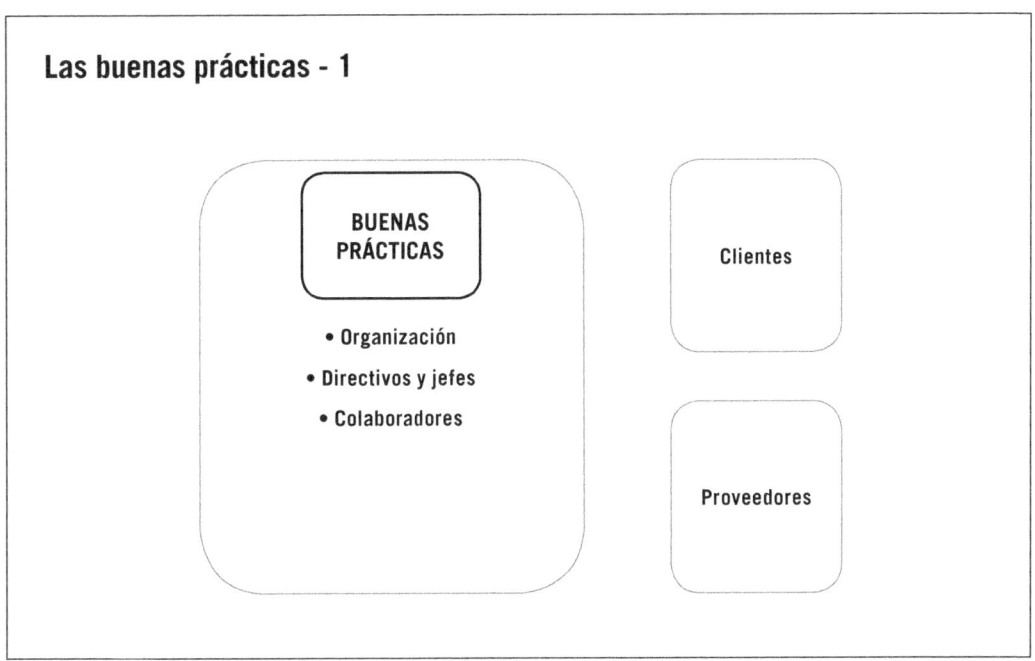

Las buenas prácticas - 2

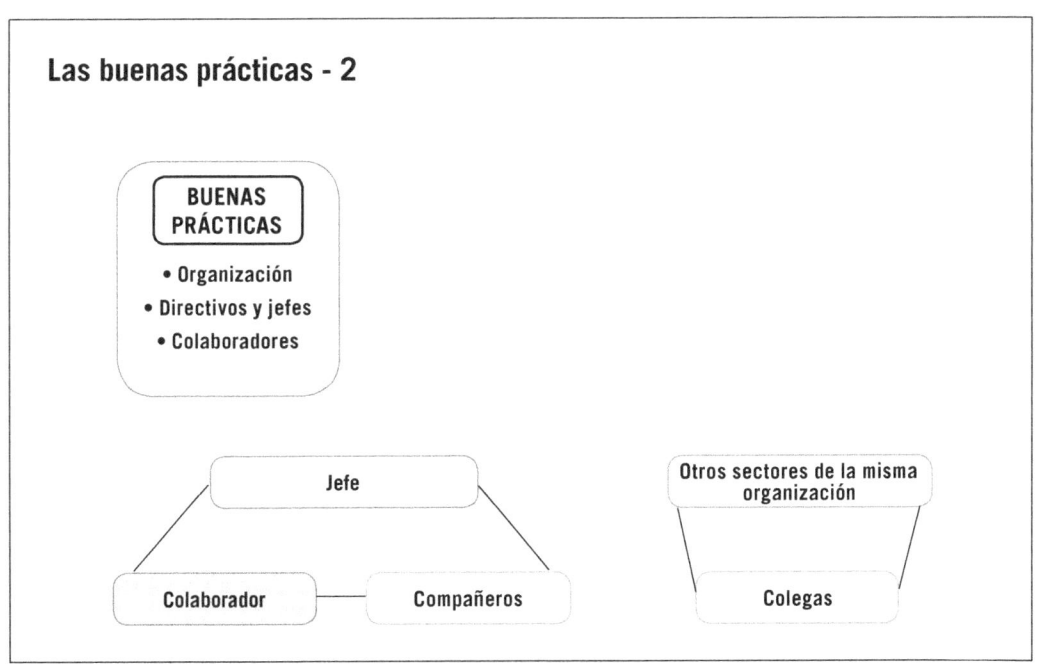

Entre los interesados y beneficiados de manera directa por la implementación de las buenas prácticas, dentro de la propia organización, se puede citar al jefe directo, al jefe del jefe o directivo al cual reporta el jefe directo, y al número 1. Luego, la persona interesada, que denominamos "colaborador", los compañeros de trabajo y, también, otros sectores con los cuales, potencialmente, el colaborador interactúa junto con colegas que integran dichos sectores.

Una buena práctica como la mencionada más arriba –adecuación persona-puesto–, al igual que otras, beneficia a todos los mencionados.

Continuando con el ejemplo que se está analizando, la falta de adecuación persona-puesto de una persona o varias puede generar, en algún grado, un mal ambiente laboral.

Dos ejemplos sencillos. Si una persona ocupa un puesto para el cual notoriamente no cuenta con las capacidades requeridas, sus compañeros y/o colegas podrán suponer un cierto favoritismo respecto de esa persona por parte de su jefe y/o algún directivo de la organización. En otro caso, si una persona lleva a cabo sus tareas con mal humor, malos modos u otras situaciones similares, esta circunstancia afectará el clima laboral. Ambos ejemplos, también, generarán una imagen negativa en clientes y/o proveedores, según corresponda.

Cuando una persona, por cualquiera de las razones expuestas, no realiza bien su tarea, perjudica a todos los antes mencionados y, en consecuencia, es un factor distorsionante en la relación de ese grupo humano. Si esto ocurre con frecuencia, afecta la relación del grupo. Así comienzan a gestarse malos climas laborales de difícil solución, a partir de un problema que en un principio tal vez era poco relevante y sencillo de resolver.

Los factores externos y el ambiente laboral

Como se ha visto hasta aquí, los factores internos tienen influencia en la construcción del ambiente laboral. Adicionalmente, todos nosotros nos vemos a diario afectados por circunstancias externas, tanto personales como sociales, positivas y negativas.

En el gráfico de la página siguiente, la persona interesada o sujeto de análisis (colaborador) es integrante de la organización, la cual cuenta con métodos y procedimientos, que podrán –o no– estar diseñados de acuerdo con las buenas prácticas.

El colaborador se relaciona con su jefe directo, quien también cuenta con su propio jefe (jefe del jefe). Asimismo, el colaborador posee compañeros (su equipo de trabajo) y colegas que pertenecen a otros sectores.

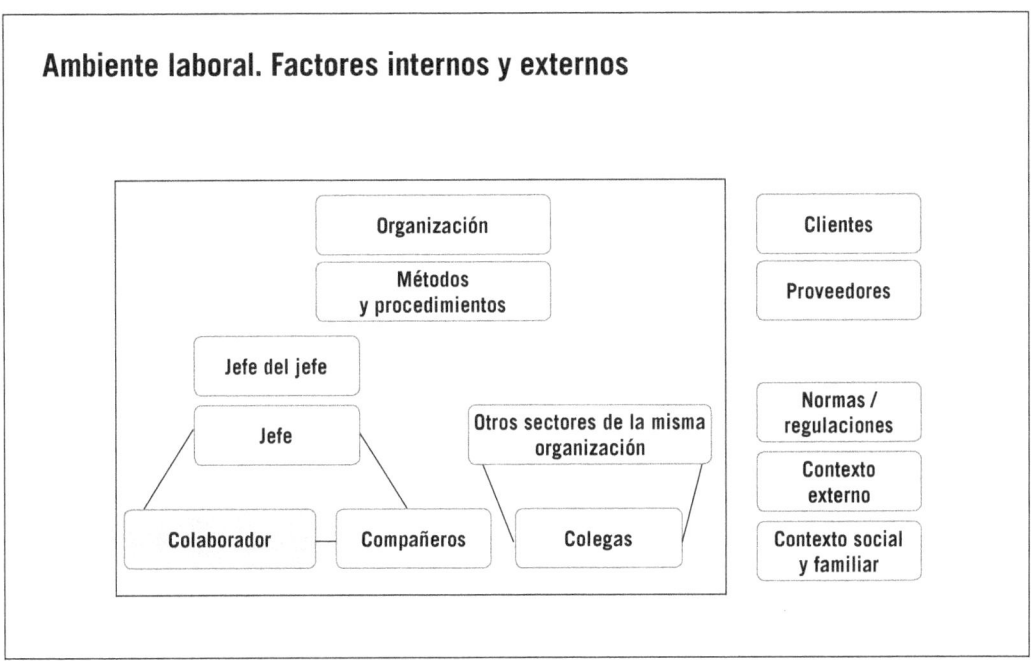

Continuando con el análisis de la figura precedente, el colaborador se ve influenciado –además de por las fuentes internas, provenientes de su propia organización– por factores externos. Algunos de estos factores pueden estar relacionados con su puesto de trabajo, como clientes y proveedores. Eventualmente, también puede haber otros agentes externos con los cuales se relaciona, producto de sus tareas y responsabilidades.

En adición a todo lo anterior, una persona se ve influenciada por normas y regulaciones externas que debe cumplir, por el contexto externo profesional en el cual se desenvuelve, y el contexto social y familiar. Todos estos factores mencionados, más otros quizá aquí omitidos, podrán aportar elementos positivos y/o negativos que, de un modo u otro, influyen en el ambiente laboral.

Sobre la mayoría de los factores externos no se podrá actuar, sobre otros sí. No obstante, en cualquier circunstancia será muy importante conocer e identificar qué elementos afectan la vida cotidiana de colaboradores, jefes y directivos. Ruego leer el término "afecta" tanto de manera positiva como negativa.

A continuación, se verá la herramienta más conocida y utilizada para la medición del ambiente laboral: las encuestas de satisfacción laboral.

Encuestas de satisfacción laboral

La *Encuesta de satisfacción laboral*, también denominada *encuesta de clima organizacional*, es una medición interna del grado de satisfacción de los empleados realizada sobre la base de una serie de ítems preestablecidos.

Como surge de la definición, estas encuestas tienen como propósito conocer el grado de satisfacción de los colaboradores respecto de su trabajo y el contexto en el cual se desenvuelven. Dichas encuestas tienen una amplia difusión en el mercado y variadas formas de aplicación. Para que las encuestas de satisfacción laboral (o encuestas de clima) sean efectivas, deben diseñarse a la medida de la organización; de ese modo podrán reflejar aquellos aspectos de la realidad que cada organización está transitando en el momento de aplicar la herramienta.

En algunas opciones que se ofrecen en el mercado, las preguntas están prediseñadas y son de carácter general, no específicas para cada organización en particular.

Una encuesta de satisfacción puede ser diseñada utilizando solo preguntas cerradas o bien incluir –además– algunas preguntas abiertas.

Las *Encuestas de satisfacción laboral,* como tantas otras herramientas, pueden resultar de suma utilidad cuando están bien diseñadas y son correctamente aplicadas; en caso contrario, pueden producir un efecto opuesto al esperado, negativo. Por lo cual es muy importante ser sumamente cuidadosos al diseñarlas e implementarlas. ¿Cuáles son los aspectos clave para la efectividad de su aplicación? Veamos:

1. Diseño a medida de la organización, considerando aspectos relevantes para ella, según sus características y contexto.

2. Llevar el resultado de la *Encuesta de satisfacción laboral* a acciones concretas. Para ello, aplicarla solo cuando se verifiquen, además del diseño a medida ya mencionado, los siguientes aspectos: a) la máxima conducción está convencida de la necesidad de su aplicación; b) la máxima conducción y la segunda línea de gerencia están dispuestas a poner en práctica alguna/s de las sugerencias propuestas por los colaboradores y/o cambiar o solucionar alguno/s de los aspectos señalados por estos como problemáticos en esa organización.

Variantes para su puesta en práctica

Si bien la opción más difundida son las encuestas descritas con anterioridad, casi siempre administradas a través de un software, pueden existir opciones diferentes para conocer el grado de satisfacción laboral de los colaboradores. Las mismas se exponen de manera sintética en la figura siguiente.

Fuente: *Conciliar vida profesional y personal.* Ediciones Granica, Buenos Aires, 2010.

A continuación se analizará con mayor detalle las opciones expuestas:

1. *Mediciones a través de talleres realizados por un facilitador externo.* Es quizá el método más costoso, no solo por el valor que implica la contratación del consultor para el diseño y el o los facilitadores en la realización de los mencionados talleres. En nuestra experiencia, la mayor incidencia se verifica en el costo oculto de la dedicación horaria de los funcionarios participantes en cada una de las actividades.

   En ciertos casos, para disminuir costos, se aplica esta variante solo a colectivos o grupos específicos. No es recomendable hacerlo de este modo, dado que siempre es mejor aplicar estos métodos priorizando la transparencia e igualdad en el trato a todos los colaboradores.

   Por la razón expuesta en el párrafo precedente, esta opción es de difícil aplicación en organizaciones con gran número de colaboradores.

2. *Encuestas de satisfacción laboral.* Las encuestas de satisfacción laboral (ya mencionadas) pueden ser de diferente tipo. Para que sean más eficaces deben diseñarse a medida de cada organización y ser procesadas por un consultor externo que garantice la confidencialidad de las respuestas. Igualmente se recomienda que, de aplicarse, abarquen a todos los colaboradores de la organización.

3. *Encuestas de percepción de los jefes.* Como su nombre lo indica, recogen la percepción que tienen los jefes del grado de satisfacción laboral de sus colaboradores. Al igual que se comentara en el punto anterior, para que sean más eficaces deben diseñarse a medida de cada organización y ser procesadas por un consultor externo que garantice la confidencialidad de las respuestas. Con un diseño adecuado puede obtenerse información útil para la toma de decisiones.

4. *Consulta informal a los principales jefes.* Usualmente se utiliza este método cuando se desea obtener información de manera rápida, consultando temas específicos a aquellos jefes que tengan grandes dotaciones a su cargo; o bien cuando no se dispone de presupuesto para encarar las opciones descritas con anterioridad.
Con un cuestionario adecuado, aplicado a jefes con muchas personas a su cargo y con una muestra representativa, se puede obtener información útil para la toma de decisiones.

La mención de las cuatro opciones se ha realizado de manera ordenada por su grado de eficacia, en orden decreciente. La variante más efectiva es la mencionada en primer término: la medición a través de talleres realizados por un facilitador externo; sin embargo, por su costo rara vez se utiliza. La segunda en grado de eficacia es la encuesta de satisfacción laboral realizada del modo que se ha descrito. Las otras dos, al basarse en percepciones de los jefes, son menos fiables, aunque de todos modos brindan información muy útil para el manejo de las organizaciones.

Las encuestas de satisfacción laboral o clima organizacional, como se dijera, son las herramientas más conocidas y difundidas para evaluar este aspecto de la organización. Para mejorar su eficacia se sugiere que sean realizadas por un consultor externo, con un diseño a medida de la organización, que permita un diagnóstico amplio, pero sin desconocer las posibilidades de inversión que cada organización disponga.

Como ya se mencionara, será de suma importancia la comunicación de los resultados. Una vez que se han procesado las respuestas –en la actualidad los sistemas en línea (*on line*) permiten la obtención de resultados al instante–, el primer paso será analizarlas. En una primera instancia, por el especialista de Recursos Humanos, e inmediatamente después, por los niveles gerenciales de la organización. Estos serán quienes tomarán decisiones sobre la base de los resultados de la encuesta.

Si bien la experiencia indica que los resultados impactan más a los directivos que a los empleados, la comunicación a estos es muy importante y de suma utilidad.

Resultados buenos, malos o inferiores a lo deseado

¿Qué implica obtener resultados buenos o resultados malos? He escuchado con frecuencia afirmaciones tales como "No dio bien la encuesta de clima" o "No dio bien la encuesta de clima en el área X", y otras semejantes, tanto positivas como negativas.

Usualmente, se exponen los resultados a la alta gerencia, con gráficos diversos y conclusiones variadas. En todos los casos, cuando me toca presenciar este tipo de presentaciones, suelo mirar atentamente a los involucrados para observar sus reacciones. También en todos los casos, me pregunto sobre la pertinencia de las preguntas y el valor dado a las respuestas de la encuesta aplicada.

Como su nombre lo indica, en este tipo de encuestas se evalúa la satisfacción/insatisfacción. Por lo cual una persona podría manifestar insatisfacción acerca de un tema y, en realidad, el motivo de insatisfacción ser uno diferente. El factor importante a tener en cuenta es que, más allá de la causa que la provoque, existe un grado de insatisfacción. Además, por el tipo de preguntas, usualmente se responde a partir de percepciones.

Teniendo estos factores en mente –se evalúa la satisfacción/insatisfacción y las percepciones– deberá dársele al resultado el valor adecuado. En resumen, si el resultado señala "insatisfacción" habrá que considerar este factor como el relevante.

¿Cómo mejorar la fiabilidad de los resultados? Como se manifestara, el éxito radicará en la pertinencia de las preguntas, que no solo deben estar relacionadas con la problemática de cada organización en particular sino que, además, deben estar diseñadas de manera que permitan llegar a conclusiones específicas.

Las conclusiones (favorables o no) podrán ser sobre temas tales como: comunicación, estilo de liderazgo de los jefes, horarios y tantos otros temas. Luego, sobre algunos de estos tópicos podrán encararse soluciones más o menos sencillas. Sobre otros, no tanto.

Ejemplos:

- Estilo de liderazgo, jefes que no delegan, y similares. Podrían implementarse los programas para jefes.

- Horarios en una cadena de tiendas (muchas horas, trabajo durante los fines de semana, etc.). Quizá no puedan modificarse pero se podrían implementar algunas medidas que ayuden a los colaboradores a incrementar su bienestar.

- Mejoras edilicias. Quizá no puedan encararse en un plazo breve. Por lo cual habrá que comunicar a los colaboradores que si bien la necesidad de cambios edilicios surge como resultado de la encuesta y la empresa toma nota de la inquietud, el problema no podrá ser solucionado por el momento.

En resumen, sobre unos aspectos se podrán tomar acciones, sobre otros no, pero en todos los casos se deberá informar a todos los colaboradores.

Lo que no debería hacerse en ningún caso es polemizar con los colaboradores sobre los resultados obtenidos. Si no se está dispuesto a recibir resultados no deseados, la encuesta de satisfacción laboral o encuesta de clima no debería aplicarse en esa organización.

Otro error frecuente es prestar atención solo a los grandes problemas. Los pequeños también deben ser considerados.

Un problema no tan frecuente, pero que puede presentarse, es que los colaboradores no crean en los efectos que la encuesta pueda tener, quizá porque ya alguna vez se hizo y nada cambió. Sea cual fuere la razón, si se piensa que las personas no confían, quizá se deba esperar un tiempo antes de realizar la encuesta de satisfacción laboral o utilizar alguno de los otros métodos descritos en párrafos anteriores, unos más eficaces que otros.

En resumen

Si la organización no está preparada para llevar a cabo un plan de acción consecuente con los resultados de la encuesta de satisfacción laboral, será mejor, como ya se dijo, no realizarla. Sin embargo, si los directivos están dispuestos a "hacer algo" sobre la base de los resultados obtenidos, la encuesta será una muy buena herramienta para encarar medidas de mejora interna.

Podría darse que los resultados de la encuesta de satisfacción laboral planteen situaciones cuya solución no sea viable y/o que no sea oportuno encarar dicha solución rápidamente, etc. En cualquiera de estas circunstancias, igualmente, los colaboradores que participaron en la encuesta esperan que se haga o se diga algo, etc., es decir, que haya algún grado de repercusión al respecto.

Por lo tanto, la retroalimentación podrá decir qué se cambiará y qué no, explicando por qué se decide no actuar con relación a ciertos puntos.

Cómo resolver la *cuestión 24* desde la mirada del jefe

La propuesta y decisión de aplicar una encuesta de satisfacción laboral usualmente parte del número 1 de la organización y/o del número 1 del área de Recursos Humanos. Los jefes y directivos de otros niveles y/o áreas o sectores no suelen ser promotores de estas ideas y, en ocasiones, descreen de sus resultados. Si este último fuese su caso (no está convencido de los beneficios que puedan proveer estas herramientas), le sugiero rever la posición. Una buena encuesta puede ser de mucha utilidad, como se explicara en páginas previas.

Más allá de la aplicación o no de este tipo de herramientas, tenga en cuenta que sus colaboradores pueden estar insatisfechos con algunos aspectos del entorno laboral.

Muchas veces, desde su rol de jefe, podrá aportar "algo", mucho o poco, para solucionar dichas insatisfacciones o, al menos, para atenuar efectos no positivos derivados de ellas. Quizá usted mismo sienta sus propias insatisfacciones. Quizá sobre muchos temas no se pueda hacer mucho desde su nivel de responsabilidad. En cualquier circunstancia, siempre *algo* se podrá hacer mejor. Téngalo en cuenta.

Si en su organización aplican la *Encuesta de satisfacción laboral* aquí descrita, infórmese al respecto. Consulte con su propio jefe y/o con el área de Recursos Humanos. Sea cual fuere el resultado sobre su área/sector en particular, recuerde lo dicho más arriba: siempre se pueden hacer las cosas un poco mejor, cambiar en algo, según corresponda en cada caso.

Nunca asuma un rol de rechazo sobre los resultados.

Si usted es jefe, recuerde que tiene que cumplir lo que hemos denominado *rol del jefe*, como una de las funciones a su cargo. No siempre las acciones que surjan como recomendables de una encuesta de satisfacción estarán a su cargo o serán su responsabilidad. Sin embargo, siempre, de un modo u otro, el tema le concierne.

Si tiene dudas respecto de cualquiera de los temas aquí tratados, recuerde que puede consultar a un superior y/o al responsable del área de Recursos Humanos.

Cómo resolver la *cuestión 24* desde la mirada del responsable de Recursos Humanos

El área de Recursos Humanos tiene un rol protagónico con relación a esta cuestión. Si en la organización se llevan a cabo con cierta periodicidad las encuestas de satisfacción, o bien la herramienta se está por aplicar por primera vez, en todos los casos el sector de RRHH deberá ser un impulsor de las buenas prácticas en la materia.

Si bien, usualmente, las encuestas de satisfacción laboral las administra un consultor externo, el diseño, la planificación y el posterior análisis de los resultados serán responsabilidad del área de Recursos Humanos.

En algunos aspectos usted podrá no ser el responsable de la solución al problema resultante; en otros, el área de RRHH será la que deba proponer las soluciones.

En muchas organizaciones, el número 1 asume un rol protagónico con relación a la aplicación de esta herramienta.

En todos los casos, la comunicación, el seguimiento y control de las implementaciones posteriores estarán a cargo del área de RRHH, eventualmente de manera conjunta con otra área.

Cómo resolver la *cuestión 24* desde la mirada del número 1, CEO o dueño

Como número 1, de manera periódica, usted debería proponer la administración de las encuestas de satisfacción laboral. Si en la organización no cuentan con buenas prácticas en la materia, se han vivido experiencias no positivas en el pasado, y otras situaciones análogas, solicite al responsable de Recursos Humanos un plan de acción al respecto. Tenga en cuenta todo lo señalado en el desarrollo de esta cuestión.

Recuerde enfatizar que el diseño de estas encuestas debe ser adaptado a la organización. En cuanto a los resultados, deben definirse acciones sobre todos los aspectos identificados como problemáticos. Cuando sobre un tema en particular no pueda hacerse cosa alguna, deben informarse las razones. El peor de los escenarios será negar o ignorar los resultados.

Si por alguna razón sospecha que se podrán obtener resultados no deseados y la empresa no podrá solucionarlos o encararlos de algún modo, será mejor no administrar la encuesta. Quizá podrá hacerse más adelante, cuando la situación sea diferente.

Las encuestas de satisfacción laboral no son solo para grandes organizaciones. Pueden implementarse en organizaciones de todo tipo y tamaño, aun las pequeñas.

Continuar leyendo

Sugerimos leer, con relación a esta temática, las siguientes cuestiones:

1. Cuestión 9. *Qué hacer para motivar a los colaboradores. Cómo actuar cuando un colaborador no evidencia el comportamiento esperado para su puesto de trabajo.*

2. Cuestión 21. *Qué hacer frente a demandas particulares de los colaboradores, cómo atender sus diversas expectativas y planes personales, y cómo actuar con los jefes que hacen promesas a sus colaboradores que luego no pueden cumplir.*

3. Cuestión 22. *Qué hacer para definir la mejor capacitación/formación para los colaboradores. Criterios a utilizar. Cómo tomar en cuenta los deseos del colaborador.*

4. Cuestión 23. *Qué hacer cuando el área de RRHH tiene bajo prestigio / poca credibilidad o simplemente se desea mejorar su nivel.*

5. Cuestión 25. *Qué hacer cuando hay una crisis de valores en la organización y/o en la sociedad donde la organización desenvuelve sus actividades.*

Para los interesados en seguir leyendo sobre este tema, sugerimos las siguientes obras:

- *Conciliar vida profesional y personal*
- *12 pasos para conciliar vida profesional y personal*
- *Rol del jefe*
- *Construyendo talento*
- *Las 50 herramientas de Recursos Humanos que todo profesional debe conocer*
- *Diccionario de términos de Recursos Humanos*
- *La Marca Recursos Humanos*

Cuestión 25
Qué hacer cuando hay una crisis de valores en la organización y/o en la sociedad donde la organización desenvuelve sus actividades

Dudé mucho acerca de incluir –o no– este tema como una cuestión a analizar. En una primera mirada me parecía un tema muy específico de algunos países. Sin embargo, revisando el estado de cosas en el mundo, pensé que en menor medida en algunos casos y muy gravemente en otros, los valores de las personas y las organizaciones están amenazados en todas partes.

A su vez, los valores pueden tener diferente entidad. No es lo mismo cuando una persona carece de ética que cuando carece de compromiso. Cada organización deberá fijar sus pautas al respecto, pero pareciera que la ausencia de ciertos valores podría llegar a implicar consecuencias graves y, por eso, ser invalidante para el desempeño laboral.

Las organizaciones fijan sus valores, los cuales reflejan conceptos tales como Calidad, Orientación al cliente, Responsabilidad social y otros igualmente importantes e interesantes.

No obstante lo antedicho, cuando se piensa o habla de valores, inmediatamente se incluyen otros, considerados habitualmente como valores personales, tales como Ética, Integridad, Honestidad, Responsabilidad, Compromiso, solo por mencionar algunos.

A principios de la década del 2000 se produjeron en los Estados Unidos y en algunos países de Europa una serie de escándalos contables que implicaron colapsos financieros de compañías muy importantes, que en sus causas originarias tuvieron como común denominador gravísimos actos de funcionarios de alto nivel que violaron de manera flagrante valores esenciales que se daban por descontados. Si tuviéramos que explicar sintéticamente qué falló, habría que decir que esas personas actuaron sin ética.

Por primera vez en septiembre de 2002, en un congreso de Recursos Humanos en El Salvador y a un año de la caída de las Torres Gemelas y del caso Enron, presenté como propuesta el tratamiento de los valores como un tema de interés para la alta gerencia. En aquel momento focalicé mi ponencia sobre algunos valores en particular: Ética, Fortaleza, Integridad, Justicia, Temple, vinculándolos a la estrategia organizacional e integrando un modelo de competencias, para de ese modo llevarlos a la práctica, incorporándolos a los métodos de trabajo organizacionales, en selección, desempeño, desarrollo y formación.

Desde entonces tanto los gobiernos de los países con mercados de capitales desarrollados como todos los reguladores en materia de gobierno corporativo y actuación de auditores externos, introdujeron en las legislaciones vigentes distintas normas en las cuales, en definitiva, también se trata de corporizar valores éticos en forma de normas de derecho positivo.

Por ejemplo, la ley estadounidense conocida como Sarbanes-Oxley[1], que introduce un riguroso régimen de responsabilidad para los principales funcionarios de sociedades que cotizan sus acciones en mercados de los Estados Unidos y también para sus auditores. Esta ley alcanza a empresas americanas que cotizan en bolsa y a sus filiales en el extranjero, así como también a todas las empresas extranjeras que cotizan en la Bolsa de Valores de Nueva York.

Si bien soy plenamente consciente de que un modelo de competencias no es la solución de todos los problemas, al mismo tiempo estoy convencida de que contar con un modelo que incluya los valores en su diseño, podrá brindar –como una consecuencia ampliamente positiva– una suerte de freno a ciertos comportamientos inadecuados, en especial porque permite identificarlos de manera temprana. Se retomará este tema más adelante.

Para analizar la cuestión aquí planteada, propongo al lector analizar la figura de la página siguiente, la cual expresa la idea de que los comportamientos de las personas, de cualquier nivel y actividad profesional, se relacionan con diferentes estímulos o factores.

Todas las personas tienen de sí mismas una visión individual y sus valores personales. Del mismo modo, a lo largo de la vida han desarrollado competencias. Competencias y valores se evidencian en comportamientos.

Las organizaciones definen sus valores organizacionales y las competencias necesarias para alcanzar su estrategia futura. Tanto los valores organizacionales como las competencias podrán ser observados en comportamientos.

Cuando los comportamientos individuales y colectivos se desenvuelven en armonía, las organizaciones también lo hacen. Cuando estos factores se desajustan de algún modo, puede sobrevenir una crisis.

---

[1] *Sarbanes-Oxley Act of 2002, Pub. L. No. 107-204, 116 Stat. 745* (30 de julio de 2002), es una ley de Estados Unidos también conocida como el Acta de Reforma de la Contabilidad Pública de Empresas y de Protección al Inversionista. También es conocida como SOX por las iniciales de sus autores.

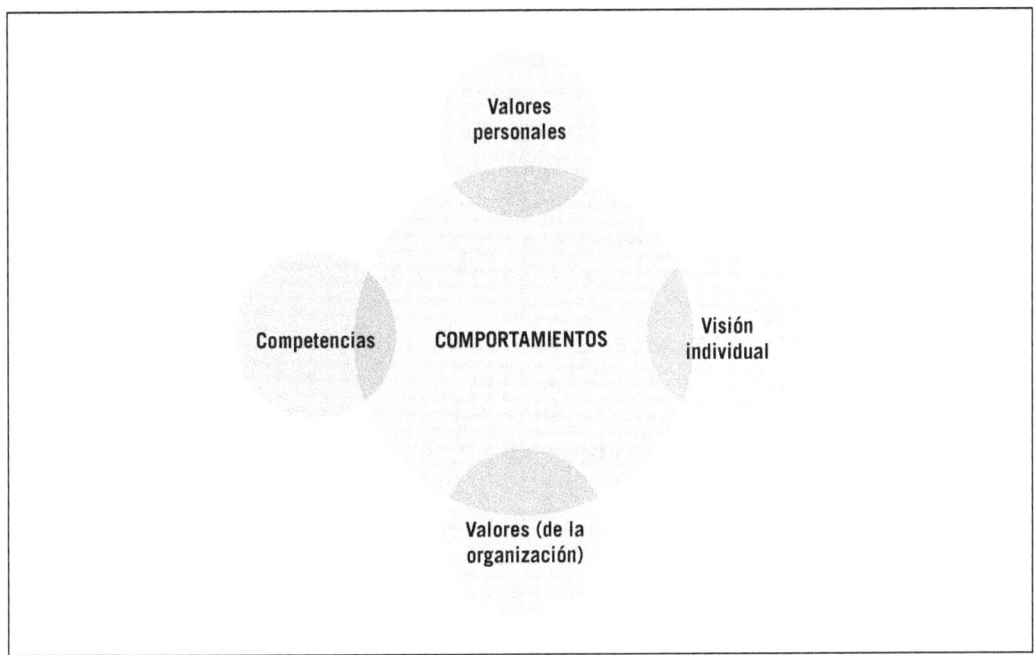

En el contexto actual, adicionalmente, la sociedad evidencia algún grado de desajuste en sus valores, con diferencias según los países, regiones, ciudades, etc. Esta situación, con sus grados y matices, complica de un modo u otro la armonía de la sociedad en su conjunto y de las organizaciones en particular.

En cuanto a la temática aquí tratada, en la mayoría de los casos las organizaciones poco podrán hacer para resolver los desajustes sociales, pero siempre podrán actuar para mejorar internamente en alguna medida.

Modelo de competencias y valores

Como se anticipara al inicio de esta sección, los modelos de competencias incluyen valores en su diseño, en especial como competencias cardinales. Se denomina "cardinal" a aquella competencia aplicable a todos los integrantes de la organización. Las competencias cardinales representan la esencia de la organización y permiten alcanzar su visión.

En la *Nueva Trilogía* de nuestra metodología de Gestión por Competencias, publicada en los años 2009 y 2010, las competencias cardinales, relacionadas con el tema tratado en esta cuestión, son: *Compromiso, Ética, Fortaleza, Integridad, Justicia, Perseverancia, Prudencia, Respeto, Responsabilidad, Sencillez, Temple*.

Las organizaciones, con frecuencia, cuentan con códigos de ética. Cuando esto así suceda, la mejor sugerencia será incluir en el modelo de competencias los comportamientos/conductas señalados en dicho código como deseables.

No obstante haber escrito sus denominaciones, creo importante analizar las competencias en la figura al pie. La idea que se desea expresar es que los conceptos se relacionan entre sí, en mayor o menor medida. Entre las competencias cardinales también se pueden incluir otros aspectos, relacionados con la visión y estrategia organizacional, como *Compromiso con la calidad* o *Innovación y creatividad*, solo por mencionar dos ejemplos.

En cuanto a la figura, surgen varios comentarios. Primero, los conceptos se interrelacionan entre sí e incluso podrían contener conceptos similares y/o superponerse de algún modo. En segundo término, los conceptos mencionados se exponen como opciones a elegir y, además, no son todos los posibles.

En materia de competencias, con frecuencia se exponen muchos conceptos para ofrecer en algunos casos significados diferentes y en otros, matices sobre conceptos similares, para luego seleccionar al que más represente los valores organizacionales.

En resumen, en el momento del armado de un modelo de competencia se elegirán algunos conceptos que representen valores (dos, quizá tres y otros diferentes, como ya se explicara). La elección dependerá de las circunstancias.

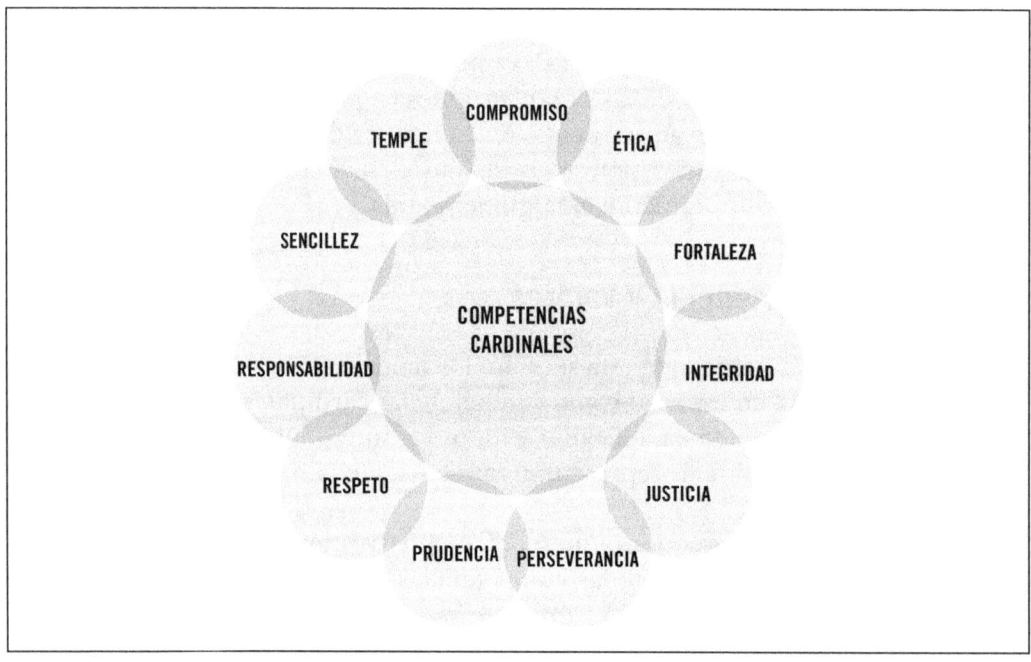

Visión y valores

Las organizaciones, usualmente, definen sus valores y visión en el momento de constituirse y los revisan periódicamente, cuando se analizan y definen la estrategia y los planes futuros.

El término "visión" representa la imagen del futuro deseado por la organización.

Por otra parte, el concepto "valores", desde la mirada organizacional, hace referencia a aquellos principios que representan el sentir de la organización, sus objetivos y prioridades estratégicas.

Cuando en nuestra firma asesoramos a los clientes en la definición de su modelo de competencias, incorporamos los conceptos referidos a los valores organizacionales directamente en el modelo. En algunos casos, transformando un valor en una competencia y, en muchos otros, incluyendo dichos valores (conceptos) en las definiciones de una o varias competencias.

De este modo, se simplifica la gestión posterior tanto de los especialistas en Recursos Humanos como de los directivos y jefes de la organización en su conjunto. Al definir un modelo de competencias que incorpore los valores en su diseño, las diferentes herramientas ya los tendrán en cuenta.

Por ejemplo, en selección, las herramientas más utilizadas son la entrevista estructurada y el diccionario de comportamientos. Cuando las competencias incluyen en su diseño los valores organizacionales, en la entrevista solo se utilizarán estas dos herramientas, no será necesario contar con otras adicionales. Este ejemplo sencillo se replica en todos los subsistemas y procesos. Se unifican conceptos y se gana en eficacia y simplicidad.

Las competencias, al igual que los valores, se observan en los comportamientos de las personas. Si bien pueden representar conceptos diferentes, en todos los casos se evidencian del mismo modo e, igualmente en unos y otros, las personas que cuentan o carecen de una determinada competencia o valor tendrán un comportamiento coherentemente relacionado en cualquier ámbito de actuación.

Una persona con un alto desarrollo de una competencia o un valor se regirá con los mismos estándares de comportamiento en su vida personal, haciendo compras en un supermercado, manejando un automóvil o desempeñándose en un determinado puesto laboral. Lo mismo se dará en el caso inverso, con un bajo desarrollo o ausencia de dicha competencia o valor.

© GRANICA

Valores personales

Como se expresara en párrafos previos, todas las personas poseen su propia visión de sí mismas, a la cual denominamos "visión desde la perspectiva individual", concepto que hace referencia a la imagen del futuro deseado para uno mismo. Implica fijarse retos y objetivos a alcanzar en un futuro.

La expresión "valores personales" hace referencia a los principios básicos inherentes a cada individuo en particular. Se relaciona con las creencias más profundas del individuo, con la forma en que cada uno ve las cosas y, además, con los proyectos personales.

El concepto "valores personales" engloba aspectos como *integridad* y *ética*, y también otros, como, por ejemplo, *calidad* o *excelencia*, según la manera en que estos diferentes elementos integran las creencias profundas de cada persona.

Como se dijera, los valores de una persona se observan en sus comportamientos, en cualquier momento o circunstancia.

Cómo analizar los valores personales desde la perspectiva organizacional

Las organizaciones, en general, están muy preocupadas por los valores de sus colaboradores, en especial frente a nuevas incorporaciones. Un empresario nos decía que si una persona no tiene valores personales no debería ser considerada en ningún proceso de selección, una suerte de condición *sine qua non* (excluyente), es decir, si no posee dicho valor no ingresará a la compañía.

A raíz de comentarios como el mencionado en el párrafo anterior, se ha diseñado el siguiente esquema para la consideración de los valores personales en los métodos de trabajo organizacionales.

Para los distintos valores personales se define un *mínimo de comportamientos esperables (en relación con dicho valor),* que se ha denominado "umbral de entrada", concepto que hace referencia al conjunto de factores o elementos que conforman un determinado valor compartido, considerado a su vez como el mínimo aceptado (valor mínimo) a partir del cual se considera que se podrá llevar adelante un proyecto en conjunto. Ejemplo: dos personas desean encarar un proyecto de cualquier índole de manera conjunta, solo por mencionar uno posible, un viaje. Para ello deberán compartir ciertos criterios mínimos.

Por su parte, el concepto "umbral de entrada a la organización" hace referencia a un valor mínimo compartido entre una persona y la organización, por lo cual se prevé un desempeño futuro favorable para ambas partes.

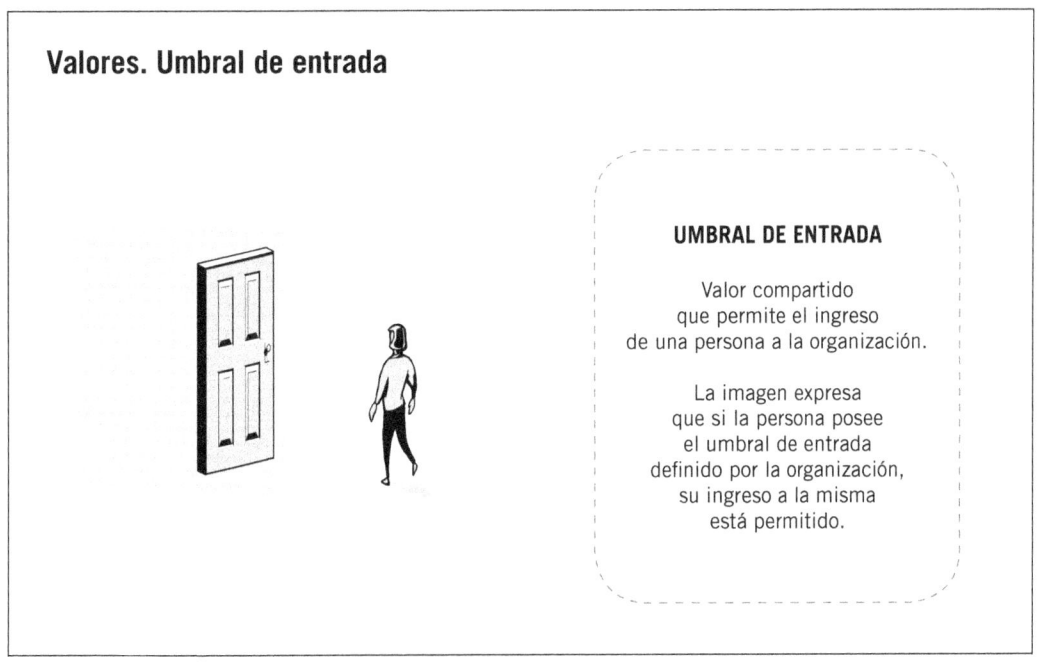

El umbral de entrada a la organización se compone de una serie de valores compartidos entre la organización y cada aspirante a ingresar a ella. Dichos valores compartidos se expresan en indicadores o ejemplos de comportamientos que la organización espera de todos sus colaboradores y que el aspirante evidencia a través de su conducta. Para medir el umbral de entrada se utilizarán indicadores de valores, en este caso aquellos definidos como de este nivel: *umbral de entrada*.

Para una medición eficaz se debe contar con indicadores que permitan evaluar la presencia o ausencia, según corresponda, de ese valor mínimo compartido.

En resumen, sobre este concepto se pueden encontrar las siguientes situaciones:

- *Umbral de entrada.* Definido como el valor mínimo. Siempre es positivo.

- *Umbral de entrada. Ausencia.* Definido con un nivel inferior al aceptado o negativo.

- *Umbral de entrada. Niveles superiores.* En todos los casos, son positivos y superiores al nivel definido como mínimo. En nuestra metodología y para los modelos de valores, se utilizan dos grados superiores.

Como se expresara, existe un nivel "de entrada" a la organización. Como contrapartida, se define el indicador que indicará que el valor no está presente y que denominamos "ausencia". En este caso, implica la ausencia del valor mínimo definido como umbral de entrada, condición excluyente para el ingreso de una persona a la organización.

Como se expresara, para una medición eficaz se debe contar con indicadores que permitan evaluar la presencia o ausencia, según corresponda, de ese valor mínimo compartido.

Los ejemplos de "ausencia" implican un tipo de comportamiento no deseado, por lo cual es importante la detección temprana de este tipo de conductas para evitar que personas que las evidencien se integren a la organización.

Ejemplos:

- *Ética. Nivel aceptable (umbral de entrada).* "Respeta las políticas y los valores de la organización".

- *Ética. Nivel no aceptable (por debajo del umbral de entrada).* "Sus acciones no siempre reflejan respeto hacia las políticas y los valores de la organización".

- *Compromiso. Nivel aceptable (umbral de entrada).* "Orienta sus acciones al cumplimiento de los objetivos fijados".

- *Compromiso. Nivel no aceptable (por debajo del umbral de entrada).* "Descuida el cumplimiento de sus objetivos".

Si una persona no posee experiencia laboral, en caso de evaluar el valor definido como *Ética*, se podrá considerar el respeto a las políticas y los valores de una entidad educativa y, para evaluar el *Compromiso*, considerar el cumplimiento de objetivos académicos. Para medir la presencia o ausencia de valores, se observan comportamientos, los cuales podrán estar referidos a experiencias laborales o en otro ámbito.

La imagen siguiente desea expresar que, si una persona no posee el umbral de entrada definido por la organización, debe tener vedado su ingreso como colaborador.

Utilizando los niveles *umbral de entrada* y *ausencia* se podrían resolver la mayoría de las situaciones relacionadas con los subsistemas de Recursos Humanos, en especial los que involucran a personas externas a la organización.

Sin embargo, proponemos contar con niveles superiores a los dos mencionados, para facilitar su evaluación y reconocimiento cuando se presenten.

El concepto "niveles superiores" implica la superación del umbral de entrada. La existencia de niveles superiores puede verificarse –solo a modo de ejemplo– en las siguientes situaciones: personas que son referentes para otras por su comportamiento con relación a un determinado valor, o bien lo fomentan en los demás.

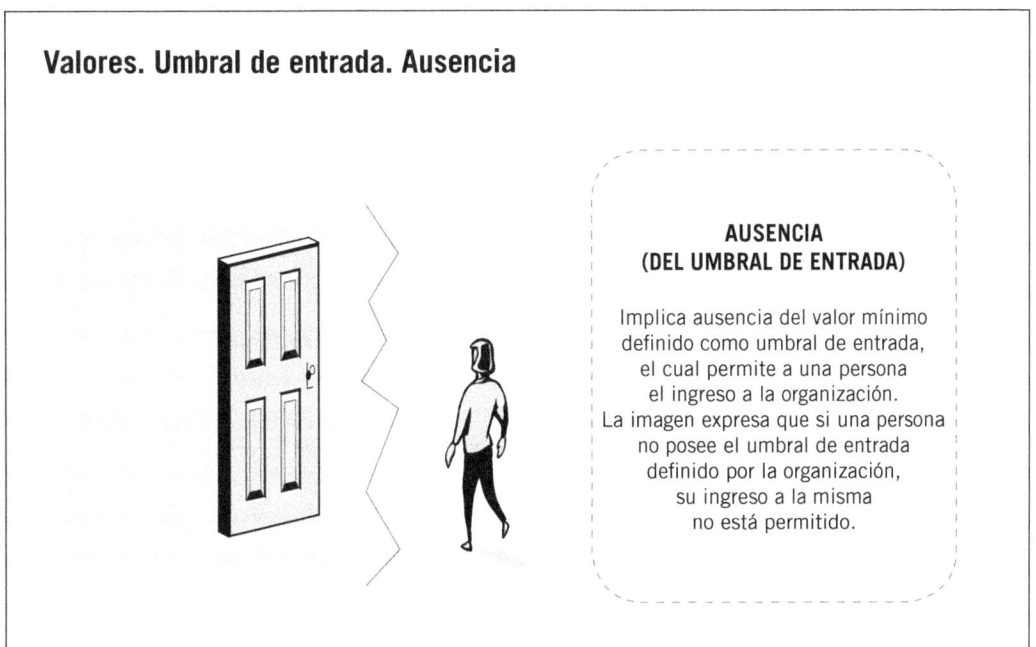

Crisis de valores

La palabra "crisis" utilizada para el título de la cuestión quizá pueda ser extrema, y no registrarse con frecuencia una situación que amerite su utilización. Sin embargo, en muchas ocasiones se verifican desajustes que, de agravarse, podrían generar una crisis. En cualquier circunstancia, es un tema a tener en cuenta.

Al inicio de esta cuestión planteaba que la ausencia de valores podría tener diferentes consecuencias, según de cuál se trate. Los valores que faltan en la sociedad pueden ser esenciales, como la falta de ética, y otros quizá no tan relevantes, como la falta de compromiso.

En algunos casos, la falta de valores o la diferente mirada sobre algunos aspectos podría incluso ser de tipo generacional. Usualmente se asigna a las generaciones más jóvenes una distinta postura respecto de la propiedad intelectual y/o sobre la disposición a asumir fuertes compromisos, tanto personales como laborales. Como también se dijo al inicio, cada organización deberá fijar pautas referidas a estos aspectos, para luego implementarlas a través de las buenas prácticas ya mencionadas.

En todo el desarrollo realizado hasta aquí me he referido a los valores que, con mayor frecuencia, podrían generar una situación preocupante, como la falta de ética o de respeto. Sin embargo, otros valores podrían generar situaciones negativas; por ejemplo, la falta de compromiso.

Como se decía al inicio, el contexto social internacional desde fines del siglo pasado e inicio del siglo XXI se ha visto influenciado, entre otros factores, por problemas derivados de la falta de valores; en especial se menciona ética, pero deben adicionarse otros, como respeto, integridad y justicia, solo por mencionar unos pocos. Las situaciones emergen y se solucionan o siguen un determinado curso de acción. La consecuencia es la pérdida de valores y, en algunos casos, la confusión respecto de qué cosas están bien y cuáles no. La repetición de situaciones negativas produce en las personas un cierto acostumbramiento, el cual genera aceptación y asimilación a las costumbres de estas situaciones indeseables. Comportamientos que hace unos años se consideraban reñidos con las buenas costumbres hoy no son vistos de esa misma manera.

En resumen, no es mi propósito analizar la moral y las buenas costumbres de la sociedad; solo advertir sobre esta situación, su complejidad y evolución. Las organizaciones deberán fijar sus propias pautas, definir sus valores organizacionales y competencias y, en cuanto a los valores individuales, fijar el nivel de umbral de entrada a la compañía, con indicadores concretos.

Esta fijación de indicadores deberá ser revisada periódicamente, para adaptarse a las nuevas realidades. Lo que no debe hacerse, en ningún caso, es ignorar esta problemática.

Cómo resolver la *cuestión 25* desde la mirada del jefe

Como en otros temas, según su nivel de responsabilidad, quizá no estará entre sus funciones fijar procedimientos en relación con esta cuestión. Sin embargo, en todos los casos, el rol de los jefes en la materia es fundamental.

Un jefe advierte los pequeños comportamientos (microcomportamientos) de sus colaboradores que predicen problemas futuros de envergadura. Esté atento. No para juzgar o tomar iniciativas por su cuenta. Todo lo contrario. Una observación a tiempo ayudará tanto al colaborador como a la organización.

Usualmente, cuando se produce un problema serio, jefes y compañeros recuerdan hechos que, vistos de manera aislada, no parecían de trascendencia, pero considerados en perspectiva se vinculan con lo finalmente acaecido.

En cualquier circunstancia, aténgase a comportamientos observados. No se base en juicios previos.

En cuanto al ingreso de nuevos colaboradores, consulte con su jefe y/o con el área de Recursos Humanos si hay procedimientos al respecto. Si no los hubiera, tenga en cuenta lo aquí expuesto cuando entreviste a futuros integrantes de su equipo. Observar a tiempo un comportamiento no deseado ahorra muchos esfuerzos y disgustos en el futuro.

Cómo resolver la *cuesti*ón *25* desde la mirada del responsable de Recursos Humanos

El área de Recursos Humanos, como en otros temas, debería liderar los métodos y procedimientos organizacionales sobre la materia expuesta en esta cuestión.

Como ya se expresara, en la sociedad en la cual se desenvuelve la organización podrán faltar o no algunos valores, los cuales podrán tener –a su vez– efectos negativos de diferente grado de gravedad o importancia.

Si fuese frecuente la ausencia de comportamientos éticos, la falta de respeto o de integridad, solo por mencionar algunos, deberían fijarse los indicadores mencionados en páginas previas de modo de impedir el ingreso a la empresa de personas que demuestren comportamientos no deseados.

Otro tipo de carencias, que muchas veces evidencian las generaciones más jóvenes, como un escaso compromiso y/o una diferente mirada sobre algunos aspectos, como la valoración de sus propios intereses por sobre los organizacionales, podría tener un tratamiento diferente.

En muchas organizaciones, el área de Recursos Humanos, junto con la máxima conducción, son los responsables por la fijación de los criterios a tener en cuenta en relación con los valores y su tratamiento. Las decisiones que se tomen al respecto podrán tener implicancias de cara al futuro y, de un modo u otro, podrán repercutir en la consecución de la estrategia y planes de la empresa.

Una vez fijados los criterios sobre cómo proceder, se deberá analizar exhaustivamente los subsistemas de Recursos Humanos para determinar el grado de inclusión en los mismos tanto de los valores organizacionales como de los valores personales de los colaboradores que ya forman parte de la organización, y también para el caso de definir nuevas incorporaciones. Una adecuada combinación de indicadores y herramientas será la clave, junto con los procedimientos respectivos.

Una vez que ha llegado a un diagnóstico, de ser necesario, deberá preparar un plan de mejora.

Cómo resolver la *cuestión 25* desde la mirada del número 1, CEO o dueño

En mi experiencia profesional, los número 1 que he conocido y tratado profesionalmente siempre me han manifestado su preocupación sobre los valores y su medición. Se tranquilizan sobremanera cuando les explico que todos los valores se pueden observar en comportamientos, que es sencillo hacerlo y todas las personas pueden medirlos.

Para medir valores y competencias se debe contar con indicadores (diccionarios de comportamientos) y, luego, aprender a observarlos. Todos los directivos y jefes, no especialistas en Recursos Humanos, lo pueden hacer.

Si la organización no cuenta con este tipo de indicadores ni de herramientas específicas, solicítele al responsable de Recursos Humanos un plan de acción para revertir esa carencia.

Continuar leyendo

Sugerimos leer, con relación a esta temática, las siguientes cuestiones:

1. Cuestión 1. *Qué hacer para enfocarse en lo esencial en materia de gestión de personas.*
2. Cuestión 9. *Qué hacer para motivar a los colaboradores. Cómo actuar cuando un colaborador no evidencia el comportamiento esperado para su puesto de trabajo.*
3. Cuestión 21. *Qué hacer frente a demandas particulares de los colaboradores, cómo atender sus diversas expectativas y planes personales, y cómo actuar con los jefes que hacen promesas a sus colaboradores que luego no pueden cumplir.*
4. Cuestión 23. *Qué hacer cuando el área de RRHH tiene bajo prestigio / poca credibilidad o simplemente se desea mejorar su nivel.*
5. Cuestión 24. *Qué hacer frente a resultados insatisfactorios en una encuesta de clima (encuesta de satisfacción laboral).*

Para los interesados en seguir leyendo sobre este tema, sugerimos las siguientes obras:

- *Diccionario de competencias. La trilogía. Tomo 1*
- *Diccionario de comportamientos. La trilogía. Tomo 2*

- *Diccionario de preguntas. La trilogía. Tomo 3*
- *Conciliar vida profesional y personal*
- *12 pasos para conciliar vida profesional y personal*
- *Las 50 herramientas de Recursos Humanos que todo profesional debe conocer*
- *Diccionario de términos de Recursos Humanos*
- *La Marca Recursos Humanos*

Unas palabras sobre la autora

Martha Alicia Alles es Doctora por la Universidad de Buenos Aires, área Administración. Su tesis doctoral se presentó bajo el título *La incidencia de las competencias en la empleabilidad de profesionales*. Su primer título de grado es Contadora Pública Nacional (UBA). Posee una amplia experiencia como docente universitaria, en diversos posgrados tanto de la Argentina como del exterior.

Con más de cuarenta títulos publicados hasta el presente, es la autora argentina que ha escrito la mayor cantidad de obras sobre su especialidad. Cuenta con colecciones de libros de texto sobre Recursos Humanos, Liderazgo y Management personal, que se comercializan en toda Hispanoamérica.

De su colección sobre **Recursos Humanos** ha publicado:
- Temas generales de Recursos Humanos y Comportamiento Organizacional:
  - *Dirección Estratégica de Recursos Humanos. Gestión por competencias* (nueva edición revisada, 2015).
  - *Dirección Estratégica de Recursos Humanos. Gestión por competencias. Casos* (nueva edición revisada, 2015). (En preparación.)
  - *5 pasos para transformar una oficina de personal en un área de Recursos Humanos* (2005).
  - *Comportamiento organizacional* (2007).
- Específicos sobre modelos de competencias:
  - *Gestión por competencias. El diccionario* (2002, y 2ª edición revisada, 2005).
  - *Diccionario de comportamientos. Gestión por competencias* (2004).
  - *Diccionario de preguntas. Gestión por competencias* (2005).
- Nuevas obras preparadas sobre la base de un enfoque diferente de la metodología de Gestión por competencias:
  - *Diccionario de competencias. La trilogía. Tomo 1* (2015).
  - *Diccionario de comportamientos. La trilogía. Tomo 2* (2015).
  - *Diccionario de preguntas. La trilogía. Tomo 3* (2015).
- Sobre selección:
  - *Empleo: el proceso de selección* (1998, y nueva edición revisada, 2001).
  - *Empleo: discriminación, teletrabajo y otras temáticas* (1999).
  - *Elija al mejor. Cómo entrevistar por competencias* (1999, y nueva edición revisada y ampliada, 2005).
  - *Selección por competencias* (2006).
- Sobre desempeño:
  - *Desempeño por competencias. Evaluación de 360°* (2004, y nueva edición revisada y ampliada, 2008).
- Sobre desarrollo de personas:
  - *Desarrollo del talento humano. Basado en competencias* (2005, y nueva edición revisada y ampliada, 2008).
  - *Codesarrollo. Una nueva forma de aprendizaje* (2009).
  - *Construyendo talento* (2009).

- Sobre Recursos Humanos, liderazgo y management:
  - *Diccionario de términos de Recursos Humanos* (2011).
  - *Las 50 herramientas de Recursos Humanos que todo profesional debe conocer* (2012).
  - *Social media y Recursos Humanos* (2012).
  - *La Marca Recursos Humanos* (2014).

De los siguientes títulos están disponibles solo en Internet (**www.marthaalles.com**, sección sala de profesores), materiales exclusivos para profesores, una edición de *Casos* y otra edición de *Clases: Comportamiento organizacional, Codesarrollo, Construyendo talento, Dirección estratégica de Recursos Humanos* (nueva edición 2015), *Desempeño por competencias, Desarrollo del talento humano. Selección por competencias, La trilogía (Diccionario de competencias. La trilogía. Tomo 1; Diccionario de comportamientos. La trilogía. Tomo 2 y Diccionario de preguntas. La Trilogía. Tomo 3), 200 modelos de currículum y Mitos y verdades en la búsqueda laboral.*

- De la serie **Liderazgo** podemos mencionar:
  - *Rol del jefe* (2008).
  - *12 pasos para ser un buen jefe en* (2008).
  - *Conciliar vida profesional y personal* (2010).
  - *Cómo transformarse en jefe entrenador en 12 pasos* (2010).
  - *Cómo delegar efectivamente en 12 pasos* (2010).
  - *12 pasos para conciliar vida profesional y personal* (2013).
- Su colección de libros destinados al **Management Personal** está compuesta por:
  - *Las puertas del trabajo* (1995).
  - *Mitos y verdades en la búsqueda laboral* (1997, y nueva edición revisada y ampliada, 2008).
  - *200 modelos de currículum* (1997, y nueva edición revisada y ampliada, 2008).
  - *Su primer currículum* (1997).
  - *Cómo manejar su carrera* (1998).
  - *La entrevista laboral* (1999).
  - *Mujeres, trabajo y autoempleo* (2000).
- En la colección de **Bolsillo** se publicaron:
  - *La entrevista exitosa* (2005 y 2009).
  - *La mujer y el trabajo* (2005).
  - *Mi carrera* (2005 y 2009).
  - *Autoempleo* (2005).
  - *Mi búsqueda laboral* (2009).
  - *Mi currículum* (2009).
  - *Cómo llevarme bien con mi jefe y con mis compañeros de trabajo* (2009).
  - *Cómo buscar trabajo a través de Internet* (2009).

Martha Alles es habitual colaboradora en revistas y periódicos de negocios, programas radiales y televisivos de la Argentina y de otros países hispanoparlantes, y conferencista invitada por diferentes organizaciones empresariales y educativas, tanto locales como internacionales. En los últimos dos años ha dictado conferencias y seminarios en Bolivia, Colombia, Costa Rica, Chile, Ecuador, El Salvador, Estados Unidos, Guatemala, México, Nicaragua, Panamá, Paraguay, Perú, República Dominicana, Uruguay, Venezuela, entre otros, además de numerosos seminarios en su país, Argentina.

Es consultora internacional en Gestión por competencias y presidenta de Martha Alles International, firma regional que opera en toda Latinoamérica y USA, lo que le permite unir sus amplios conocimientos técnicos con su práctica profesional diaria. Cuenta con una experiencia profesional de más de veinticinco años en su especialidad.

Es casada, tiene tres hijos, dos nietas y un nieto.

Martha Alles SA
Talcahuano 833 (Talcahuano Plaza), piso 2
Buenos Aires, Argentina
Teléfono: (54-11) 4815 4852
@marthaalles

Libros de Martha Alles de la serie Recursos Humanos, publicados por Ediciones Granica

Guía de lecturas: secuencia sugerida

- Comportamiento organizacional

- 5 pasos para transformar una oficina de personal en un área de Recursos Humanos

- Dirección estratégica de Recursos Humanos. Gestión por competencias.
- Dirección estratégica de Recursos Humanos. Gestión por competencias. CASOS

Trilogía:
- Diccionario de competencias. Tomo 1
- Diccionario de comportamientos. Tomo 2
- Diccionario de preguntas. Tomo 3

Libros complementarios de la **Serie Management Personal**

- Mitos y verdades en la búsqueda laboral
- 200 modelos de currículum

- Selección por competencias
- Elija al mejor. Cómo entrevistar por competencias

- Desempeño por competencias. Evaluación 360°

- Desarrollo del talento humano. Basado en competencias

- Construyendo talento
- Codesarrollo: una nueva forma de aprendizaje

Libros de Martha Alles publicados por Ediciones Granica relacionados con ambas series:

Recursos Humanos y Liderazgo

- Diccionario de términos de Recursos Humanos
- Las 50 herramientas de Recursos Humanos que todo profesional debe conocer
- Social media y Recursos Humanos
- La Marca Recursos Humanos

Libros de Martha Alles de la serie Liderazgo publicados por Ediciones Granica

Guía de lecturas: secuencia sugerida

 • Rol del jefe. Cómo ser un buen jefe

 • 12 pasos para ser un buen jefe

 • Cómo llevarme bien con mi jefe y con mis compañeros de trabajo. (Serie Bolsillo)

 • Conciliar vida profesional y personal

 • Cómo transformarse en un jefe entrenador en 12 pasos

 • Cómo delegar efectivamente en 12 pasos

 • 12 pasos para conciliar vida profesional y personal

Para conocer más sobre la obra de Martha Alles

Revista Técnica Virtual

alles@marthaalles.com
www.marthaalles.com

info@xcompetencias.com
www.xcompetencias.com

CORPORATE
T: +1 (786) 600-1064
A: 2020 NE 163 St, Suite 300-A, North Miami Beach, FL 33162, USA

ARGENTINA
T: +54 (11) 4815-4852
A: Talcahuano 833, 2 piso, Suite "E", Buenos Aires, (1013) Argentina

Martha Alles International

Martha Alles International

@marthaalles

Martha Alles International

www.ingramcontent.com/pod-product-compliance
Lightning Source LLC
Chambersburg PA
CBHW080051190426
43201CB00035B/2168